上海市公共管理一流学科项目资助
上海市Ⅰ类高原学科公共管理学科资助

就业失业论

黄安余 ◎ 著

中央编译出版社
Central Compilation & Translation Press

目　录

导　言 ··· 1

第一章　就业与就业衡量 ·· 1
　第一节　就业及其功能 ·· 1
　　一、就业的界定 ·· 1
　　二、就业的功能 ·· 8
　第二节　就业的衡量 ··· 12
　　一、国际就业衡量指标 ·· 13
　　二、美国的就业统计 ··· 17
　　三、我国的就业统计 ··· 19
　第三节　影响就业的因素 ··· 26
　　一、人口因素影响就业 ·· 26
　　二、科技进步影响就业 ·· 29
　　三、经济运行影响就业 ·· 33
　　四、就业制度影响就业 ·· 36
　　五、宏观政策影响就业 ·· 39
　　六、就业观念影响就业 ·· 42

第二章　就业的相关理论 …… 46

第一节　西方经济学的就业理论 …… 46
　　一、古典学派的就业理论 …… 46
　　二、凯恩斯主义就业理论 …… 49
　　三、新自由主义就业理论 …… 55
　　四、新制度学派就业理论 …… 58
　　五、理性预期派就业理论 …… 61

第二节　发展经济学的就业理论 …… 62
　　一、刘易斯托达罗就业理论 …… 62
　　二、乔根森的劳动力转移轮 …… 65
　　三、舒尔茨的改造传统农业 …… 67
　　四、钱纳里的就业结构转换 …… 69

第三节　马克思主义的就业理论 …… 71
　　一、相对过剩人口理论 …… 71
　　二、结构性失业理论 …… 73
　　三、社会分工与就业 …… 74
　　四、按劳分配与工资决定 …… 76
　　五、农村人口流动理论 …… 78

第四节　就业歧视的代表理论 …… 81
　　一、早期歧视思想 …… 81
　　二、偏见歧视理论 …… 82
　　三、垄断歧视理论 …… 84
　　四、统计歧视理论 …… 86
　　五、就业隔离理论 …… 87
　　六、搜寻成本理论 …… 88

第三章　我国就业理论研究 …… 92

第一节　劳动力市场培育与管理 …… 93
　　一、劳动力市场培育研究 …… 93

二、劳动力市场管理研究 …………………………………… 98
第二节　劳动力市场供给与需求 ………………………………… 100
　　一、劳动力市场供给研究 …………………………………… 100
　　二、劳动力市场需求研究 …………………………………… 105
第三节　劳动力市场分割与歧视 ………………………………… 108
　　一、劳动力市场分割研究 …………………………………… 108
　　二、劳动力市场歧视研究 …………………………………… 112
第四节　农业劳动力流动研究 …………………………………… 117
　　一、劳动力流动的原因研究 ………………………………… 118
　　二、劳动力流动的模式研究 ………………………………… 119
　　三、劳动力流动的影响研究 ………………………………… 121
　　四、劳动力流动特征与前景 ………………………………… 124
　　五、劳动力流动的对策研究 ………………………………… 127
第五节　经济增长与就业研究 …………………………………… 131
　　一、就业弹性系数变动与成因 ……………………………… 131
　　二、经济增长与就业不一致性 ……………………………… 135

第四章　失业与失业衡量 …………………………………………… 139
第一节　失业及其影响 …………………………………………… 140
　　一、失业与失业者 …………………………………………… 140
　　二、失业群集与影响 ………………………………………… 147
第二节　国际失业衡量 …………………………………………… 154
　　一、失业衡量指标 …………………………………………… 154
　　三、国际失业统计 …………………………………………… 160
第三节　失业的主要类型 ………………………………………… 163
　　一、摩擦性失业 ……………………………………………… 163
　　二、结构性失业 ……………………………………………… 165
　　三、周期性失业 ……………………………………………… 169
　　四、技术性失业 ……………………………………………… 171

五、季节性失业 …………………………………… 174
　　六、知识型失业 …………………………………… 176

第五章　失业的相关理论 …………………………… 183
第一节　失业归因理论 ………………………………… 183
　　一、人口失业理论 ………………………………… 183
　　二、经济运行失业理论 …………………………… 188
　　三、需求不足失业理论 …………………………… 191
　　四、工资失业理论 ………………………………… 192
　　五、技术失业理论 ………………………………… 198
　　六、劳动力市场失业论 …………………………… 200

第二节　充分就业与失业 ……………………………… 201
　　一、充分就业的多种释义 ………………………… 201
　　二、充分就业与失业的关系 ……………………… 204
　　三、充分就业的发展目标 ………………………… 206

第三节　失业与通货膨胀 ……………………………… 210
　　一、通货膨胀的一般界说 ………………………… 210
　　二、凯恩斯主义论失业与通胀 …………………… 212
　　三、新自由主义论失业与通胀 …………………… 216
　　四、理性预期派论失业与通胀 …………………… 218

第四节　失业与公平效率 ……………………………… 220
　　一、失业与公平的关系 …………………………… 220
　　二、失业与效率的关系 …………………………… 222
　　三、失业与两者的抉择 …………………………… 224

第六章　我国失业理论研究 ………………………… 227
第一节　对失业与失业率的研究 ……………………… 227
　　一、失业规模与失业率的研究 …………………… 227
　　二、关于城乡隐性失业的研究 …………………… 229

目 录

第二节　失业统计相关问题研究 …………………………… 234
　　一、统计制度与方法的研究 ………………………………… 234
　　二、统计弊端的原因与对策 ………………………………… 237
第三节　失业原因的多角度研究 …………………………… 239
　　一、总量失业与结构失业 …………………………………… 239
　　二、周期失业与转型失业 …………………………………… 241
　　三、分工失业与技术失业 …………………………………… 243
　　四、失业的其他原因研究 …………………………………… 245
第四节　失业与通胀关系的研究 …………………………… 248
　　一、对我国通胀原因的研究 ………………………………… 248
　　二、通胀并非减缓失业良方 ………………………………… 250
　　三、失业通胀交替关系之争 ………………………………… 251
第五节　失业特征与对策的研究 …………………………… 254
　　一、失业的主要特征研究 …………………………………… 254
　　二、缓解失业的对策研究 …………………………………… 256
第六节　大学生失业问题的研究 …………………………… 261
　　一、大学生失业的现状研究 ………………………………… 261
　　二、大学生失业的原因研究 ………………………………… 263
　　三、大学生失业的影响研究 ………………………………… 267
　　四、大学生失业的对策研究 ………………………………… 269

第七章　我国就业促进与失业治理 ………………………… 272
第一节　增加劳动力的总需求 ……………………………… 273
　　一、促进经济增长与结构调整 ……………………………… 273
　　二、重视劳动密集型发展方式 ……………………………… 275
　　三、发挥财税政策的就业功能 ……………………………… 277
　　四、鼓励立足社区的自主创业 ……………………………… 279
　　五、调整与优化劳动就业政策 ……………………………… 280

第二节　减少劳动力的总供给 ………………………………… 286
　一、调整人口教育政策 …………………………………… 286
　二、健全劳动预备制度 …………………………………… 290
　三、执行刚性退休政策 …………………………………… 292
　四、实施灵活弹性就业 …………………………………… 294
　五、调整就业空间结构 …………………………………… 295
第三节　健全劳动力市场功能 ………………………………… 297
　一、劳动力使用的灵活性 ………………………………… 297
　二、劳动工资的自主调整 ………………………………… 302
第四节　失业调控与失业保险 ………………………………… 308
　一、我国的失业调控 ……………………………………… 308
　二、我国的失业保险 ……………………………………… 311

主要参考文献 …………………………………………………… 320

导 言

就业是关系到国计民生的重大问题。从经济角度看，就业是一国宏观经济运行的重要指标之一。就业与经济增长紧密相关，是一种经济现象。经济增长可为就业提供有效的物质基础与保障，经济快速增长，就业机会得到增加；经济增长率下降，就业岗位可能会缩减。反过来讲，充分就业或不充分就业对经济增长将产生正反两方面作用，促进或阻碍一国经济增长和国民财富的创造。从人的全面发展看，就业是民众提升生活质量和追求自身全面发展的途径。就业涉及劳动者劳动权利的实现，因为劳动力是各种要素中有创造性的要素，这种人的主观能动性与创造性的发挥，决定着就业有特殊的规律和社会影响。从政治层面看，就业既是一个经济问题，又是一个社会问题和政治问题。就业问题能否得以妥善解决，是执政党执政兴国能力的重要考验，直接关系到社会的平等、和谐与稳定。如果就业形势严峻或失业率大幅上升，不但会影响劳动者的生活水平，而且会对社会稳定构成威胁。只有妥善解决就业问题，才能奠定社会长治久安的基础。因此，就业历来是各国经济和社会发展的关键问题之一，成为世界各国政府宏观调控必须关注的问题，是一国政府宏观经济决策需要考虑的关键变量因素。就业是一个国家宏观经济和社会政策的研究课题，是经济学、社会学、人口学、公共管理学、劳动法学、政策学等多种学科研究的课题。

长期以来，西方经济学、社会学等学者一直重视对就业问题的研究，并形成了各种就业理论学派，丰富了人类的思想宝库。相比之下，我国学界对就业问题的系统研究比西方国家要晚，这与社会生产方式的发展紧密相关。因为在自然经济、半殖民地经济环境下，缺少就业理论的社会需求。特别是在改革开放前的指令性计划经济体制下，我国理论界甚至否定劳动力是商品，进而认定社会主义制度不可能出现失业问题，并标榜这是社会主义制度的优越性之一。既然没有失业问题，充分就业自然是顺理成章的，因而对就业深入系统的理论研究没有紧迫性和需求。改革开放后，经济和社会发展使理论界对此有了重新审视，因为社会存在决定社会意识。特别是以国有企业建立现代企业制度改革为标志，计划经济时代长期累积的隐性失业逐渐走向显性化。数千万失业者离开了原来的就业岗位，也给社会公共安全埋下了隐患。在此前后，就业问题才引起理论界和政府的高度重视。面对严峻的就业形势，知难行易，寻找济世良方成为各界的共识。社会发展对就业理论研究有了迫切的需要，学界对就业理论研究才得以大规模地展开，并取得了丰硕成果。

就业是一个动态的行为。劳动者初次步入劳动力市场，可能是缺乏经验，或者对劳动条件不满意，或是雇主对劳动者过于苛刻等，劳动者在初次实现就业不久可能会出现失业，甚至更为严重的是在初次求职就面临失业。劳动者不可能坐以待毙，会通过劳动力市场或社会网络不断求职，大部分人可以获得就业岗位。可见，一个劳动者有可能经常在就业和失业两种状态间转换。就整个劳动力市场而言，失业是流动着的就业大军的暂时"港湾"或"避风塘"。不断有人"受伤"入港疗伤，同样不断有人"伤口治愈"后离港，重新加入就业大军。就业与失业是难以分割、相互交织的，有就业就有失业，有失业就有再就业，如此循环往复。事实上，这是一个问题的正反两面，是劳动的两种状态。当谈论就业问题时，必然要涉及失业；当论及失业问题时，也无法回避失业治理和再就业。因此，笔者将本书命名为"就业失业论"。望文生义地看，本书似乎涉及两个选题，其实则不尽然。

既然书名定为"就业失业论"，那么它就应以"论"为主，主要是一部理论著作，较少涉及实证研究和个案研究。本书内容包括三个部分，即国外主要流派的就业失业理论、我国就业失业理论研究，以及贯穿其中的笔者关于上述两个部分的评述、研究心得与成果。从章节结构看，全书分为七章，并不是以国别为线索，将就业和失业加以交替论述，否则，篇章结构就显得混乱，而是以问题为导向，对就业问题的正反两面依次展开论述，并在最后一章将两面予以糅合，提出了就业促进与失业治理。就业促进也就治理了失业；失业治理哪能离开就业促进。可见，这两方面有紧密的内在联系。因此，本书前三章研究就业与就业理论，第四至六章研究失业与失业理论，第七章研究就业促进与失业治理。

从章节内在联系看，"就业与就业衡量"是后续章节的基础，是不可或缺的结构安排。如果没有对就业基本的界定和对影响就业因素的研究，而直接触及就业理论就显得唐突。在对就业基本问题展开论述后，再涉及就业理论就顺理成章。"就业衡量"是笔者首次使用的概念，是一个广义范畴，包括两层意思：一是衡量就业的程度，就是政府广泛开展的就业统计；二是衡量就业的影响因素，究竟哪些因素在牵动着就业发展。从内在逻辑看，这些因素是就业理论研究根本无法回避的问题，或者说，就业理论在很大程度上正是研究这些因素及其相互关系，以及它们对市场和就业的影响。在此基础上，引入"就业理论"章节是对就业影响因素研究的深化。西方就业理论研究起步早、学派多、体系全、成就大，是学习和研究就业问题的思想瑰宝，有指导意义和借鉴价值。尽管如此，西方就业理论不是也不可能成为这一领域真理的终结。要结合国情运用外国理论，理论才有可能光芒四射。特别是对我国这样的发展中大国而言，改革开放的伟大实践是人类历史罕见的。在这样一个人口大国，要解决庞大的低素质劳动力就业问题，恐怕任何一个西方经济学派及其就业理论都有可能感到束手无策。因此，需要我国学者结合国情展开新的理论研究与创新。许多才华横溢的学人研究了我国就业问题的方方面面，提出了有价值的思想与资政建议，体现出学人的担当和经世致用的情怀。

在对就业基本问题和就业理论研究后，必然要涉及就业问题的另一面，那就是失业与失业理论研究。失业的基本概念、形式，以及产生失业的原因可能要比就业问题更复杂。与"就业衡量"相似，"失业衡量"一是衡量市场失业程度；二是衡量失业的基本成因。失业类型是与失业成因紧密关联的，或者说，不同失业成因造就了不同失业类型。研究失业类型或失业归因的实践意义是，为政府失业治理提供对症下药的依据。在此基础上，引入"我国就业促进与失业治理"章节就是一个必然的逻辑，从而使全书结构趋于合理，内在逻辑与联系较为紧密。

第一章 就业与就业衡量

长期以来，我国政学两界并未就就业问题达成共识，甚至在劳动力商品和市场这些关键问题上有分歧。昔日的官方就业统计曾反映出政府对就业认识的局限性，这种情形随着改革深入而有所变化。对劳动力市场的弹性就业、临时就业等多种形式的体制外就业，民众从缺乏社会认可度走向逐渐认同与坦然接受，社会心理的转变有利于就业岗位的拓展和社会宏观就业数量的扩张。在研究就业或失业理论之前，需要对就业的基本问题展开论述，诸如就业与就业者，就业的各种形式，就业质量与满意程度等。在此基础上，深入研究就业的各种经济与社会功能。对就业问题研究离不开就业统计、国际就业统计指标、美国就业统计方法与指标体系，以及我国就业统计是必须涉及的研究对象。研究就业必须要探讨影响就业的多种变量因素，旨在提高一国治理失业的针对性，并减少政府制定公共政策的盲目性。

第一节 就业及其功能

一、就业的界定

（一）就业与就业者

就业是指劳动者符合一国法定劳动年龄，有劳动意愿和劳动能力，实现了劳动力与生产资料的充分结合，创造出社会物质财富和精神财富，并取得合法报酬或经营收入的社会经济活动。第十三届国际劳工统计学家大会规定，就业被界定在参照期内从事任何一种工作以获取薪酬或利润的人员，或在此期间因生病、休假或产业争议等理由而暂时离开就业岗位的人员列入就业人员范围。① 除了社会目的外，就业是一种旨在满足劳动者本人和家属基本生活需求的谋生性职业行为。正当合法的社会劳动是符合国家法律规定的，无论用人单位经济成分是国有资本、民间资本，还是外国资本或中外合资；无论就业者是正式编制职工，还是无编制临时用工；无论是全日制就业，还是部分工时就业或弹性就业；无论是城市就业，还是农村就业；无论是受雇就业，还是自雇就业，都统计为就业人员。这种界定冲破了传统就业概念的桎梏，拓宽了就业领域，淡化了劳动者身份界限，也使整个社会逐渐从身份走向契约。

有些劳动不归就业范畴。首先，不以获取经济收入或盈利为目的的公益劳动、军队劳动等，不在就业范畴内。其次，雇用童工是非法用工，不是就业范畴。童工劳动，是指年龄在14岁以下的少年儿童所从事的劳动，是非法劳动行为。目前，世界反童工劳动取得了较大进展。一些国家承诺彻底解决童工特别是恶劣形式的童工劳动，提出了限时解决这一问题，应在一些特殊部门先消除童工。1992年，国际社会开始实施"国际消除童工劳动计划"，通过世界性行动以提高成员国处理童工问题的能力，以达到逐步消除童工的目的。计划针对的目标群体是奴役性童工、在有害工作条件和职业中的童工和年龄低于12岁的童工和女童工。国际消除童工劳动计划参加国家有巴西、智利、阿根廷、蒙古、印度等数十国；捐助国家有美国、加拿大、英国、法国、德国、西班牙、意大利、澳大利亚、日本等多国，以及欧洲委员会。1999年，国际劳工大会通过了消除最恶劣形式童工公约，国际消除童工劳动计划获得各方的支持，捐助资金快速增长。与其他项目相比，参与此项目的国际劳工局总部和地区分部的工作人员数量最多。长期以来，我国相关法律禁止使用童工，将之视为非法行为并明确规定了处罚标准。使用童工并强迫他们从事高空、井下、放射性、高毒、易

---

① 参见孔微巍主编：《劳动经济学》，科学出版社2011年版，第176页。

燃易爆以及国家规定的第四级体力强度的劳动,或造成他们死亡、伤残者,依照《刑法》强迫劳动罪或其他罪的规定,依法追究刑事责任。①

奥斯汀(Carol J. Auster)认为,就业者是从事有报酬劳动的人。肯特(K. Grint)指出,一个人从事何种活动可以被或不被界定为劳动者,并不取决于活动本身,而取决于从何种角度看待这种活动。人们对某一种事物与现象的界定蕴含着社会意义与利益,对现象界定是社会建构的结果,它不仅是一种文化象征,也是权利分布的体现。没有一种活动可被长久称为劳动,因而要给劳动一个准确定义是困难的。迄今,国内绝大多数学者比较强调就业者具有职业和有酬劳动的特征。

各国劳动统计对就业者还有一些不同标准,国际上通行的标准是,将在法定劳动年龄以上、符合下列条件的人界定为就业者。这些条件是:其一,劳动者在就业状态,在规定时间内从事有酬劳动;其二,有就业岗位但因故暂时脱岗;其三,雇主或个体经营者,或协助家庭经营企业或农场而不领取报酬的家庭成员,在规定时间内从事正常工时三分之一以上者;②其四,已办理离休、退休、退职手续,再次就业者。我国就业者应符合下列条件:具有就业资格,即有劳动权利能力和劳动行为能力;具有就业愿望,要求办理失业或求职登记;必须从事合法劳动,即国家和社会承认的职业;所从事的职业有一定的劳动报酬或经营收入,以维持本人及其家属的基本生活需要。

(二)就业的国别属性

就业范围界定是一个地域概念,不同国家对就业者的认定与其国情有关。一国劳动年龄的法律规定对调节劳动力市场供给产生影响,是与其人口数量、结构和社保基金运行等因素紧密相关的。不同国家的国情各异,因而不能用统一的劳动年龄标准。因此,国与国没有攀比的必要,应根据

---

① 参见谢良敏、吕静编著:《劳动法条文新释新解》,法律出版社2004年版,第43页。
② 根据1982年第13届国际劳工统计学家大会决定,这一类就业者可被称为"自我就业者",是指完成一定工作,并获取收益或家庭收入者。这一新标准将所有为自己或家庭从事物质生产或劳务者包括在就业人口范围内,因而符合发展中国家实际。许多非洲和亚洲国家将居住在农村的大多数劳动适龄妇女列入就业人口中,其根据就是她们为家庭耕种土地和饲养牲畜。

国情确定劳动者的法定劳动年龄、工时和工资下限。一些国家规定了就业起始年龄,意大利为14岁,加拿大、英国、日本为15岁,美国和中国是16岁。绝大多数国家规定了法定退休年龄,男性在60岁以下的有102个,60岁以上的有65个,其中,年龄为60岁的国家和地区有64个;其次是65岁有44个;再次是55岁有33个。多数国家规定女性退休年龄为60岁及以下,55岁退休的国家和地区有59个;其次是60岁的有52个;再次是65岁的有26个。美国男女退休年龄都是66岁;英国、意大利、澳大利亚、奥地利、阿根廷男性退休年龄为65岁,女性为60岁;西班牙、丹麦、德国、荷兰男女退休年龄都是65岁;日本、韩国、法国男女退休年龄都是60岁。

(三)就业的其他形式

1. 隐性就业

隐性就业(unregistered employment)是世界性的社会经济现象。国外学者认为,隐性就业包括企业秘密雇工;未登记的自营作业人员;未公开的兼职者;非法职业者等。改革开放以来,我国逐渐形成了一定规模的隐性就业。它是指那些失业者实际上有工作和收入。隐性就业人员包括国有企业下岗职工,领取基本生活费和享用企业提供的社会保险,同时又从事个体经营或在其他企业就业,却隐瞒就业收入;登记失业人员,他们在非公有制企业从事全日制或非全日制工作,或从事个体经营,却否认已就业或有意隐瞒就业事实;第二职业或兼职者;离退休退职人员的再就业;农民工进城就业;犯罪活动的职业化等。隐性就业是指未按规范就业渠道获取固定职业的一种就业和生活状态。选择这种就业方式的大学毕业生由于各种原因,没有得到固定的劳动合同,他们通过拆分时间,当翻译、做自由撰稿人、同时兼职几份家教等,能得到较好的收入。

隐性就业能减轻政府的就业压力,缓解失业对经济和社会稳定形成的冲击,促进了就业机制市场化。[①] 但是,多数隐性就业者内心缺乏安全感和归属感,因为他们与用人单位没有稳定的劳动关系、固定的劳动场所、

---

① 参见袁志刚、陆铭:《关于隐性就业的理论分析》,载《浙江社会科学》1998年第1期。

工时和劳动报酬,他们处于弱势,权益受到侵害,缺乏维权能力。对整个社会而言,隐性就业影响了政府对就业及收入生活水平统计的准确性,减少了政府的财政收入,导致了部分公有资产的流失以及就业摩擦与收入分配不公平,影响了劳动者的生产积极性。

2. 弹性就业

弹性就业(flexible employment)又称灵活就业、非正规就业,其形式是非全日制用工。它是指以小时计酬,劳动者在同一用人单位日均工时不超过5小时,累计每周工时不超过30小时的用工形式。劳动者可以与一个或多个用人单位建立劳动关系,订立书面劳动合同。① 弹性就业有三类:一是劳动标准、生产组织和管理以及劳动关系协调达不到现代化大生产企业标准的用工和就业形式,如临时工、季节工、承包工、劳务工、小时工、派遣工等。二是由于科技和新兴产业的发展、现代企业组织管理和经营方式的变革引起了就业方式的变革而产生的就业形式,如阶段就业、兼职就业、产品直销员等。三是独立于单位就业外的就业,包括自雇就业,如个体经营;自主就业,即自由职业者,如律师、作家、自由撰稿人、翻译工作者、演员、广告或软件设计人员、中介服务工作者等;独立服务性就业,如家庭小时工、街头小贩、待命就业人员和其他类型的打零工者。

弹性就业使劳动力市场机制富有变通性,其就业门槛低,对劳动者的技术、技能和资金要求低,就业选择空间较大。这种就业是以"被动型"或低质量就业为主,群体构成主要包括下岗、失业人员和农村转移劳动力。其发展与我国劳动力市场分割密切相关,即市场分割发展促使其产生,然而当这种就业发展到一定阶段时,市场分割又阻碍了其发展。② 弹性就业特征是:服务对象有较大随机性,劳动契约松散,虽有雇佣关系,

---

① 参见莫荣主编:《2003—2004年:中国就业报告》,中国劳动社会保障出版社2004年版,第41页。

② 参见吕红、金喜在:《灵活就业与劳动力市场分割的关系研究》,载《经济纵横》2010年第7期。

但不签订劳动合同，劳动关系随时可能中止；弹性就业人员收入不稳定，总体水平较低，平均收入仅略高于最低工资下限；工时依其职业性质，由雇主与劳动者协商确定，并可根据实际情况随时调整，如小时工通常为一天中某个时段；就业岗位不固定，组织松散，流动性强，经常更换就业岗位；弹性就业难以统计，与社保没有制度关联，或虽有规定但不被遵守等。我国发展弹性就业有助于开拓就业门路，增加就业岗位；缓解城镇贫困问题，确保社会和谐稳定；有助于完善社会服务体系。要促进灵活就业的发展，需要建立一体化劳动力市场，不仅要消除所有制和职工身份界限，还要冲破城乡隔离和地区封锁的格局。

3. 临时就业

临时就业（temporary employment），是指劳动者从事不规则工时、任务特定、有报酬的工作。它因客观原因而终止，通常不发生固定劳动成本，诸如社会保险、非工资福利、培训费、资遣费等。临时就业是相对于长期就业（permanent employment）而言的，它有三个要素：一是维持雇佣关系。不论合同是明文还是隐含的，只要雇佣关系不是长期的，就是临时就业。尽管雇佣合同或许会得到延长，但只要双方对是否延长雇佣关系有不确定性，该合同是临时性的。二是确定工时。如果双方都不能预期任务何时终结，可随意以不可预期的方式改变最低工时，就是临时就业。三是能否享受福利待遇，如果受雇者不能享有福利待遇如健康保险，受雇者就是临时就业者。

从就业行业结构看，临时就业多数发生于传统服务行业，并经常作为辅助性、补充性就业而存在。酒店、餐饮、娱乐、休闲、物流、零售等行业，使用临时就业者较多。从劳动力结构看，临时就业者多数是青年学生、妇女、老人和移民。从就业性质看，社会心理将临时就业界定为不理想工作，表现为就业不稳定、收入较低、福利较少、没有接受培训和晋升机会，流动率偏高，价值感和纪律性较差。从临时就业原因看，其增长与企业生产方式变化有关，主要是企业劳动雇佣行为改变的产物；在同行竞争激烈时，雇主要降低劳动成本，希望增加劳动力使用的自主性，临时就业者是后备就业人员，满足了这种用工需求。①

（四）就业质量

就业质量，是指就业机会的可得性、稳定性、场所的尊严和安全、机会平等、收入和个人发展等方面满意程度的综合。② 有学者将就业质量与国际劳工组织提出的体面就业③加以联系，认为体面的、高质量的就业应是自由的和非强迫的、机会平等的、安全的、有尊严的工作。但就业质量与体面劳动有区别：一是就业质量是中性的，只是描述劳动者收入和就业条件，无好坏区分，体面劳动是自由、公正、安全和有人格尊严的生产性就业机会，是高质量的就业。二是体面劳动除了就业的质量特征外，还包括了就业的数量特征。三是体面劳动既有质量标准，又包括了处理劳动关系的原则及实现体面劳动的手段。④

就业稳定性、工作质量、劳资关系、福利和保障、职业发展共同构成就业质量。就业稳定性，以劳动者将岗位保持六个月以上，以劳动者做过的工作平均持续时间来衡量。工作质量，研究工资、工时、劳动强度等，以平均工资和周平均工时来测量。劳资关系，一是衡量未订劳动合同的就业者、被迫签订不规范的劳动合同的就业者占全体就业者的比重，以及合同内容是由双方在平等、自愿基础上签订的就业者占全体就业者的比重；二是参与率，即能参与公司决策的就业者占全体就业者的比重。福利和保障，以是否享受福利和保险的劳动者占全体劳动者的比例来衡量。职业发展，以参与正规或非正规的技术培训的劳动者占全体劳动者的比例，以及培训的次数和晋升机会来测量。⑤

---

① 参见赵建：《临时就业问题研究评述》，载《经济学动态》2011年第7期。
② 参见秦建国：《就业质量评价指标体系探析》，载《广东行政学院学报》2011年第2期。
③ 体面就业（decent work），其特征有：一是生产性工作；二是权利保护；三是足够的工资；四是享受社会保险；五是三方社会对话。体面就业应包括四个方面：一是劳有所尊，即劳动者所从事的劳动是有尊严的。二是劳有所护，即劳动者在从事劳动过程中，面临风险被控制在可预见的范围内。三是劳有所得，即劳动者通过劳动获得正当回报。四是劳有所长，即劳动者通过劳动提升技能。参见刘金祥：《论劳动者体面劳动实现途径》，载《工会理论研究》2013年第4期。
④ 参见刘素华、董凯静：《再论就业质量》，载《河北师范大学学报》2011年第1期。
⑤ 参见李军峰：《就业质量的性别比较分析》，载《市场与人口分析》2003年第6期。

在我国就业质量和数量的关系中，就业数量起决定作用，它既是造成就业质量问题的根源，又是解决这一问题的关键；另一方面，就业质量已成为当前就业领域亟待解决的突出问题，制约着就业数量扩大，影响就业全局。低劣的就业质量会降低就业稳定性，使失业增加。一部分劳动者对现在工作不能忍受，总是处于求职状态；或对就业岗位不满意而影响劳动生产率，进而影响到企业效益，而效益下降会减少企业用工数量。[①] 当然，就业质量与企业性质和用工形式有关，私营企业和三资企业中的非正规就业劳动者的就业质量较差。这些企业对经济发展贡献大，其经营效率也较高，但损害了劳动者权益。

就业环境是就业质量的基础，经济发展水平低、地区差距造成了就业环境不同。就业能力表现在就业者人力资本不同，高素质劳动者能从竞争中获得高质量的就业岗位，其劳动效率较高。此外，还要建立高效一体化劳动力市场。要切实保障劳动者权益，促进三方协商机制的完善，既是构建和谐劳动关系，提高就业质量的需要，又是实现经济持续增长的基础。[②]

二、就业的功能

（一）就业的经济功能

一切社会财富都是劳动创造的，而劳动创造财富的前提条件就是劳动者实现了充分就业。可见，没有就业活动，人类财富就丧失了源泉。正是由于千百万劳动者参与社会劳动，企业组织才能顺利运转，并获得一定剩余价值。同时，实体经济的繁荣为政府提供了可靠的税收来源，是国防、外交、公共事业等的经济基础。从个体层面看，劳动者出卖劳动力是一种谋生行为，以换取工资收入和福利保障，是实现人的自由的前提。

1. 就业促进经济增长

人力资本投资高的劳动力实现充分就业对经济增长有利，因为它是经

---

① 参见刘素华：《就业质量：概念、内容及其对就业数量的影响》，载《人口与计划生育》2005年第7期。

② 参见赖德胜、苏丽锋等：《中国各地区就业质量测算与评价》，载《经济理论与经济管理》2011年第11期。

济增长必不可少的要素，现代经济增长更多依赖于技术进步和高素质劳动力，是全要素生产率（total factor productivity）提高的结果。高素质劳动力的劳动生产率高，对经济增长的贡献率更大；不仅如此，它有利于先进科技的应用与推广，从而创造出更多物质财富。劳动力素质高有利于经济增长方式转变和产业结构调整，使国民经济在更高层次上实现增长，有利于经济可持续发展。高素质劳动力能有效降低产业升级带来的结构性失业，使整个社会就业保持稳定。相反，如果人力资本投资不足的劳动力大量充斥于市场，不但限制了科技进步、产业结构的调整和经济增长方式转变，而且阻碍先进思想和技术的传播与应用，降低了生产方式变革速度，削弱了整个社会创造物质财富的能力。特别是在产业结构快速转变阶段，低素质劳动力必将承受更大结构性失业压力，不利于整个社会就业稳定，并给公共安全带来压力。从政治层面看，大量低素质劳动者的存在不利于政治民主化，而这又在很大程度上影响经济增长，反过来制约就业扩张。

2. 就业结构影响增长

充分就业是社会财富增长的基础。这是从就业规模角度分析就业与经济增长的关系。事实上，一个社会就业产业结构对经济增长可能更有现实意义。后发国家的经济增长已证实了这一点，因为工业化和城市化的实质是就业产业结构革命性转变。这一转变释放出巨大生产力，也推动了国民经济增长。因为农业是一个边际效益递减的产业，再加上土地供给刚性和生态环境恶化，以及城市居民饮食结构变化，传统农业对经济增长的推动力有限。如果大量劳动力集中在农业就业，无疑是国民经济损失和社会进步的延缓。任何一个工业国，其农业就业份额在结构比中都比较低。农业劳动力大量释出为工商业发展提供了劳动后备军，也带来了城镇新兴工业的繁荣。工业劳动生产率高于农业，这意味着更多劳动力在生产率更高的产业部门就业，从而创造出更多社会财富。后工业化社会的来临改变了这一发展现状，服务业成为吸纳就业的主要部门，特别是现代服务业的发展成为就业首选的产业部门，从而提高了整个社会劳动生产率。可见，就业结构高级化过程是社会劳动生产率提高和经济增长的过程，在此过程中，劳动力素质随着就业流动而得以提高，劳动者工资也因为流动而增长。由于劳动者收入的提高，其购买力随之上升，整个社会有效需求实现值就大。国民消费结构也随着收入增加而得以改善，通过传导机制，牵动着社会产业结构和就业结构升级，在更高层次上推动国民经济增长和结构高级化。

3. 就业缩小贫富差距

从社会财富占有的角度看，"橄榄形"社会结构是一个相对稳定的结构，而"哑铃形"社会结构是一个高风险结构。政府要扩大中产阶层人数，缩小豪富和赤贫阶层人数，使社会结构更加稳定，社会风险降低。要达到这一发展目标，促进充分就业是好途径。实现社会充分就业，就是使用劳动要素替代资本要素，特别是对资本要素短缺的发展中国家更加重要。我国台湾省有效使用劳动替代资本，实现了经济增长和"起飞"，在此过程中，台湾当局通过其他社会政策的有效执行达到了"均富"发展目标。充分就业和有效利用人力资源对实现社会"均富"有重大意义。另一方面，经济增长和社会财富增加提高了台湾当局进行收入再分配和使分配均等化的能力。

个人财产来源是多元化的。少数人财富来源于权力资源，是权力"寻租"的产物；少数人通过走私、贩毒等非法活动取得巨额个人财富。尽管上述财产来源是非法的，但在现实社会中却真实存在。一些人依靠资本要素获得收入，如通过资本市场、房屋出租、店面出租等增加收入；一些人依靠土地转让或动迁增加收入；一些人靠经营管理才能快速致富等。但绝大多人不可能通过上述非法的、合法的途径取得收入，让渡其劳动力就成为收入的唯一或主要来源。如果这些人不能顺利出卖劳动力，其本人和家属将要丧失生活来源，家庭可能沦为城市新的贫困阶层。如果社会失业率居高不下，必将加剧收入分配不平等，进而导致整个社会贫富差距扩大。充分就业能使多数人获得就业机会和收入来源，减少城市贫困发生率，使社会财富分配差距逐渐缩小。充分就业是实现人全面发展与和谐社会建设的途径，小康之家有能力进行人力资本投资，有利于高素质劳动力的再生产，实现经济发展与人的全面发展。

（二）就业的社会功能

就业作为一种经济活动，对社会发展与进步有重要作用。一国就业率越高，就业的经济效果就越好，社会可供分配的国民财富就越多，国民物质和文化生活水平就越高，从而促进社会的繁荣与发展。就业在满足人类自身需求的同时，推动着社会生产力的发展和劳动者素质提高，使人类社会在更高的物质基础上进行各种社会活动。所以，劳动不仅是人类生活的基本条件，也是社会发展的必要条件。劳动创造了物质文化财富，使人类文明不断提升。从世界范围看，各民族的文化遗存都是人类劳动的杰作，金字塔、万里长城、吴哥窟等经典建筑凝聚着人类艰辛的劳动。人类科学文化事业发展是建立在劳动基础上的，哲学、文学、艺术、自然科学、宗教文化、伦理道德等，无不来源于人类劳动，其素材源泉和创作本身都是人类辛勤劳动的结果。没有人类劳动，就没有璀璨的人类文明成果。

劳动创造了大量财富，奠定了人类教育事业发展的物质基础。如果没有人类劳动创造的经济基础，一国国民教育都将难以为继。特别是高等教育对人才培养、科学研究、文化传承、服务社会都产生了巨大作用。就人才培养而论，高等教育造就了大批劳动者，是人力资源投资和再生产的重要手段。高素质劳动者投身于经济建设和生产，反过来又创造出大量社会财富。如此循环往复，维系着人类社会的生存与发展，推动着人类文化教育事业的繁荣。

就业创造出大量财富，为人类社保和社会福利事业发展奠定了经济基础。人类不能将"丛林法则"引入社会竞争中，在追求经济效率的同时，人类还需要维系社会公平，建立社保制度和发展社会福利事业，使社会弱势群体能得以生存，这需要大量财富。只有最广大的劳动者都投入到社会劳动中，才能创造最充裕的社会物质财富，为社会事业的发展添砖加瓦。如果就业不充分，无论是不愿就业还是被迫失业，都会从根本上动摇社会事业发展的经济基础。

妥善解决就业问题有利于创造社会平等、和谐的氛围，从而降低群体性事件的发生率，更好地维护社会公共安全。因为充分就业能使社会成员各安其业，使正常工作、生活和社会秩序得以维持。如果不能妥善解决就业问题，那些长期失业者得不到就业岗位，不但本人和家属生活条件会下降，而且其思想意识特别是对政府的认同度将随着失业的加剧而发生着微妙变化。一部分人意志消沉、悲观失望，甚至出现了对社会的怨恨情绪和反社会倾向；另一部分人为了获得生活来源铤而走险，以身试法，从事盗窃、卖淫、贩毒等犯罪活动。失业率和犯罪率有相关性，失业率上升会导致社会犯罪率升高。当就业率较高时，社会安定；当失业率较高时，群体性事件频发，社会治安堪忧。

　　劳动者谋生性就业是人的基本需求，不仅是其自身和家属生存的物质基础，而且是延续后代生存和教育的财力保障。劳动者拥有良好稳定的职业能促进家庭和睦，并增强其与他人交往的自信心。劳动者自我实现类型就业，是人高层次的精神需求，因为人类共同的心理需求是通过就业活动显示和发挥其才能，以求得社会认可，并从中获得巨大的精神快慰。就业协调了社会分工和协作关系，使每个劳动者为自己和社会而辛勤劳动，从而为人们服务于社会提供了途径。劳动不仅体现了人与自然的关系，而且一开始劳动就在一定的社会关系中进行，人的劳动目标、方式和劳动能力发挥的程度等，都受到人和社会控制及历史条件的制约，所以劳动是社会劳动，体现了人与人、人与社会的关系。职业资源带来广泛的人脉关系提高了就业者的社会化程度，增强了其社会活动能力和效果。相反，长期失业者的社会联系与关系网络可能比较单薄，从而限制了其社会沟通能力，也影响后代职业选择与发展。就业有利于缓和不同阶层的矛盾，促进阶层间和谐相处，减少政府社会管理成本。

第二节　就业的衡量

　　劳动力是指在单位时间内一个能达到标准产出的劳动人口。劳动者的实际劳动力可能等于、超过或低于一个标准劳动力。因此，社会劳动者人数与劳动力总数并不相等，其差距与劳动人口的年龄结构、技术熟练度、劳动态度有直接关联。不同行业和职业标准劳动力的规定不同，但相同的是它决定于一个行业和职业劳动的平均强度和熟练度。劳动反映的是一个劳动者在使用价值生产过程中体力与智力的消耗行为，通常以活动持续的时间来衡量，计量单位是小时。就业统计，是反映社会劳动力资源得以利用的程度，其对象既不是劳动力，又不是劳动，而是劳动人口。①

就业总量是一国既定工资水平下的就业者数量总和。一国现时就业总量是与国民经济总量一同被决定的，而后者如国民收入总量，又是由社会总需求和总供给两个方面相互作用决定的。如果排除科技进步、要素价格、劳动力资源、市场竞争、消费结构等多种变量，整个社会生产能吸收的就业人数是所有企业愿吸收的就业人数总和。而企业对劳动力的需求是以利润最大化为原则的，因此要促进雇主提供就业机会，就需要结合相应数额的收益来考虑，它能满足全体雇主在进行个别劳动投入需求决策时对利润的要求。收益少于这个数据，雇主就要减少对劳动力需求，削减就业岗位和雇工数量。②

一、国际就业衡量指标

（一）人口就业指标

人口就业指标和失业指标提供了重要的劳动力市场信息，甚至可被视为市场状况有价值的指标。③ 因为有些政府缺少诚信，在发布的失业统计数据中，失业率被人为地降低了，劳动力市场低工资者、为数众多的非正规部门就业人员不能在指标中得以反映。尽管就业指标统计在很多国家普遍存在，一些农业部门从业人员或特殊就业群体，如自营就业者和家务劳动者等，未被纳入就业指标统计范围，但可从另一个侧面了解更多信息，使两者互补。

---

① 参见符钢战：《中国劳动就业的理论与统计界定——中国与国际通行的劳动就业统计体系的比较研究》，载《统计研究》1991年第5期。杨伟国提出了三个测量标准，即工时、劳动合同和社保。工时测量就业者是全时还是非全时就业。劳动合同关注就业者与雇主的劳动关系，书面或口头劳动合同都构成劳动关系的基础。而社保是指劳资双方按国家社保法律或政策履行权利和义务。参见杨伟国：《转型中的中国就业政策》，中国劳动社会保障出版社2007年版，第4—5页。

② 参见马培生主编：《劳动经济学》，中国劳动社会保障出版社2002年版，第176页。

③ 参见姚先国、陈凌：《中国人力资源开发与就业压力》，载《学术月刊》1999年第11期。

人口就业指标，是指全体就业人口在社会劳动适龄人口中所占的百分比，后者被认为有可能参与就业等经济活动。劳动力参与率（labor force participation rate）与之颇为接近，但人口就业指标能显示出不同趋势，原因是人口就业指标与一国宏观经济兴衰关系更为直接。人口就业率通常分为五个档次，即低于40%；介于40%至49.9%之间；介于50%至54.9%之间；介于55%至59.9%之间；60%以上。就人口就业指标而论，各国数据比较的障碍在于统计范围和年龄，是否将军人纳入就业统计范围，这会对就业总人数产生较大影响；不同国家对劳动年龄界定不同，从而使劳动年龄人口数量各异，研究者需要对此加以甄别。

（二）就业地位指标

指标提供了按就业地位划分的劳动者在劳动力市场的分布，表明一国总就业人数中，工资劳动者、经营企业者，以及从事无报酬家务劳动人员的数量。这对了解市场动态性和经济发展有现实意义，通过这些信息能掌握劳动者行为和就业条件，确定个人的社会阶层。如果一国大多数劳动者是工资劳动者（无论是非全日制工人、临时工人，还是正式工人、受保护的工人，所有种类的工资劳动者都纳入计算内），说明一国经济比较发达；如果一国经营企业且不雇用工人的自营就业者人数多，表明其正规经济部门的低就业增长率和非正规部门的高就业创造率，民营经济更加活跃并对就业贡献率大；如果一国有为数众多的无报酬家务劳动者，说明其经济发展落后，就业增长率较低，贫困发生面大，农业仍是其经济主体。

数据覆盖范围与可比性相关。如果数据只是来源于城镇地区，它就不能与来源于农村和城镇两个地区或者说整个国家的数据展开比较。在改革开放初期，我国就业统计数据来源于城镇地区，这种"城镇登记失业率"以及由此划分的就业地位指标并不包括农村劳动者，它与发达国家的就业统计数据没有可比性。再如，拉美多数国家的就业地位统计数据只覆盖城镇地区，没有农村劳动者的统计；非洲一些国家的自营就业者并不包括生产合作社成员，而一些国家包括了这一就业群体，其比较就丧失了信息价值。

（三）部门就业指标

从产业观察，就业可分为三次产业就业（就业的产业结构）；从行业细分，就业可以划分为农、林、牧、渔业，采掘业，制造业，电力、煤气及水的生产和供应业，建筑业，地质普查业，水利管理业，交通运输、仓储业及邮电通信业，批发零售贸易、餐饮业，金融、保险业，房地产业，社会服务业，卫生、体育和社会福利事业，教育、文化艺术和广播电影电视业，科学研究和综合技术服务业，国家机关、党政机关和社会团体，以及其他行业。这就是就业的行业结构。

有两种情形值得注意：其一，是否将军人和武警人员纳入到服务业就业统计内。如果将他们纳入计算范围，那么服务业部门与那些没有将上述人员计算在内的服务业就业数据就会出现明显差距。其二，自营就业者和无报酬家务劳动者容易被排除在分部门就业统计外。如果出现这种情形，与反映了按部门划分的全部就业数据的国家相比，农业部门就业份额就明显偏低了。拉美国家经常出现这种情形，农业就业份额就基本没有达到反映。

（四）非全日制工人指标

非全日制工人指标，是考察那些拥有就业岗位，但工时总量少于全日制工人正常工时的就业人数占就业总量的比例。[①] 非全日制工人指标由两个子指标所构成：一是非全日制就业总量占整个社会就业总量的百分比。全部非全日制工人的就业比例较低，或者说多数就业岗位是全日制性质，这是一国经济发展良好的积极成果。二是非全日制就业女工总数占整个社会非全日制就业总量的百分比。女性比男性更加倾向于从事非全日制就业，或是出于生理周期原因，或是出于角色冲突的理由。

要对指标的国际可比性加以辨别。其一，不同国家对全日制工作的理解和界定不同；同时，不同国家有文化差异与就业场所标准差距。其二，各国劳动力市场的准入和退出年龄不同，这必然会造成就业统计数据的差异，使与国的就业数据缺乏可比性。世界银行界定的就业年龄为 15 至

---

① 参见黄荣清、王静：《完善劳动力市场统计》，载《经济与管理研究》2003年第1期。

64岁，而美国就业准入年龄是16岁，退出年龄为66岁。就业年龄下限差一年，上限差两年，三年造成的人数差距可能以百万计，对一个人口大国来说，这一数量差会更加大。确定任何年龄截点，都会导致就业统计排除或多涵盖一部分人，这其中就有许多非全日制工人被遗漏或被覆盖。

（五）工时指标

国际社会对就业工时测量由三项指标构成：一是指那些每周总工时数小于10小时的就业者数量。它包括所有类型的就业人员，诸如临时工作、短时间工作和所有形式的非正规就业。世界多数国家工时统计会承认这一指标，以便进行有效的国际比较。在很多国家，每周工时数小于10小时的女性比男性数量庞大。工时数的差异是因为男性普遍较少承担家务劳动，因此他们就业时间比女性更长。二是指那些工时数超出规定工时的就业者数量，即每周工时数超过40小时的就业者人数。劳动者平时工作超出了一个有关工时界限，这个界限就是一个标准工作周。各国文化差异较大，由于缺少更便于操作的标准，选择40小时作为规定超量就业，以便于统计。三是指人均年劳动时数统计。在一些国家，雇主要求劳动者在标准工时外再工作，雇员可只工作一年或一周的一部分时间，可在夜间工作或周末工作。这样，劳动者就拥有变化的日工作或周工作表，作为确定一年长期限内工作总工时数。

工时统计是困难的，因为一些自营就业者、自由职业者、大学教师、在家就业者等，很难划分其个人活动时间与工时的界线。特别是大学教师，其工时不受空间限制，即使是在往返于大学的班车上，同样可以思考学术问题，或者说即使某天不上班也同样能研究某一现实热点问题。国际社会对工时的界定，起初可能考虑以机械操作人员为主要类别的就业岗位的工时，而没有精细分析上述各种就业方式的工时。应充分估计工时统计的困难程度，以及各国工时统计巨大差异和可比性。

（六）城镇非正规就业指标

城镇非正规就业指标，是指城镇地区非正规部门就业人员数量占该地区整个社会就业人员总数的比例。城镇非正规部门，是大多数发展中国家和部分工业化国家经济和社会生活的重要组成部分。因为非正规部门吸收了城镇地区大多数新增劳动力，特别是农村流向城镇的农业劳动力，成为国民经济和劳动力市场不可缺少的部分，对创造就业岗位、生产活动和提供收入都发挥了积极作用。

城镇非正规部门就业统计差别较大，因而统计数据的国际可比性同样有争议。争议有二，即数据来源不同和覆盖范围不同。有些国家城镇非正规部门就业涵盖所有经济部门（也包括农业），而另一些国家只包括制造业。城镇非正规部门的界定标准不一致，有些国家以企业用人规模为标准，用人规模的起始点也不同；有些国家以企业是否登记注册为标准等。[①]

二、美国的就业统计

美国就业统计是由劳工部统计局负责，军人不列入统计。统计包括当前人口调查、就业调查、开工与劳动力流转调查、就业和工资普查、商务就业动态、职业统计和年度社会经济调查。内容包括失业率、劳动力参与率、工时、薪酬、机构开工、招聘、辞职、辞退、地区就业、商业机构变动、职业就业人数、平均收入、就业经历、失业经历。统计对象有家庭和机构调查；调查频率有月度、季度和年度，调查方法有抽样调查和普查。

当前人口调查以家庭为对象，每月随机抽取约 6 万个。调查将 16 岁以上人口分为就业、失业和非劳动人口。调查指标包括就业数、失业数、非劳动人数、失业率、参与率和就业人口比。当前就业调查以机构为对象，每月按失业保险账户随机抽取约 14 万个，约有 41 万个就业场所，就业者数量占非农登记雇员的三分之一。调查就业者的行业、工时和薪酬。开工与劳动力流转统计以机构为对象，每月按失业保险账户抽取 1.6 万个机构。调查机构的新增岗位和就业、雇员辞职、辞退等状况。指标包括总量指标和比率指标，前者包括新增职位数、新增雇佣数、退出机构雇员数、辞职雇员数、辞退雇佣数；后者包括开工率、雇佣率、分离率。

[①] 参见国际劳工局编：《劳动力市场主要指标体系》，国际劳工与信息研究所译，中国劳动社会保障出版社 2001 年版，第 180 页。

美国使用了七种指标以反映劳动者失业全貌。这些指标是：长期失业率，用失业时间超过 13 周以上的失业人口除以劳动人口；失业率，用所有失去工作的失业人口除以劳动人口；成人失业率，用 25 周岁以上的失业人口除以劳动人口；全日制劳动失业率，用寻找全日制就业的失业人口除以劳动人口；通常失业率，作为一般指标的官方失业率；部分失业人口的失业率，寻找全日制就业的失业人口加上寻找部分就业的失业人口和目前从事部分就业的劳动人口中的一半除以劳动人口；失去求职勇气的失业人口的失业率，在部分失业人口失业率的基础上，分子和分母加上失去求职勇气的失业者获得的失业率。官方公布的失业率采用通常失业率的标准。①

各州劳动力代理局按失业保险法律规定，利用失业保险缴纳档案建立机构名录，并按失业保险需要记录就业、薪酬数据，劳工部统计局再进行汇集、整理。原始数据由雇主和联邦部门提供，其中雇主提供纳入失业保险的雇员数据，联邦部门提供纳入联邦雇员失业补偿的雇员数据，对拥有多个机构的雇主需要提供分机构数据。目前，约有 9 百万个机构，纳入统计的就业人员占全美就业人员的 95%。②

美国就业统计的特征：一是抽样技术统一，保持了多年连续性，从而为衡量不同时期就业和失业率提供了同一的标准，反映了经济周期变化和发展趋势。二是信息及时发布，按月进行的当前人口统计、当前就业统计和开工与劳动力流转统计都采用抽样调查。三是统计数据既有总体状况，又有分类统计，如失业率按种族、年龄、性别、婚姻状况、职业、失业原因，以及失业持续时间公布，从而有利于研究失业分布状况。四是以市场运行为中心，各种调查各有侧重，并相互弥补。当前人口调查着眼于供给量，开工与劳动力流转调查侧重于需求量，两者重点是反映劳动力数量，而当前就业调查重点反映工时和薪酬。五是重视私营企业就业统计，因为任何劳动者都是国民财富的创造者，不将他们统计在内是对其漠视。法国就业统计连保姆、发廊理发员、自由职业者、农业季节性工人等都纳入统

---

① 参见孙强：《中美失业统计方法的比较》，载《统计与决策》2008 年第 21 期。
② 参见张运峰、黄莹：《美国劳动就业统计及其启示》，载《统计与决策》2012 年第 15 期。

计范围。而我国只统计国家机关公务员和事业单位人员及公有经济单位职工。

美国就业统计的不足是：其一，官方就业统计数据既包括完全就业，又涵盖临时工。事实上，很多劳动者希望完全就业。其二，失业者必须是积极求职的人，许多人在求职失败后，通常自动放弃继续求职。其三，数据没有包括那些因经济环境被迫接受工资低于他们在充分就业时应从事的职业。上述三方面的局限性造成美国就业统计低估了劳动力资源未得到充分利用的程度。①

三、我国的就业统计

（一）我国大陆地区就业统计

在计划经济时代，我国对城镇就业人员的统计，是以劳动部门核定和经过备案的企事业单位以及个体单位的用人计划为准。由于没有对劳动者的工时长度加以界定，隐性就业难以统计，造成一部人既到劳动部门登记为失业人员，又通过各种临时性劳动或自谋职业获得收入。受到僵化的就业观念影响，民众认为一个人有了稳定的劳动关系，同时得到劳动部门或人事部门批准并由用人单位承担一切福利保障和退休金支付责任的职业，才是就业。因此凡不能满足上述条件的就业，社会意识和就业统计都将之排除掉。这种就业观念和就业统计方法不能适应市场经济发展。

改革开放以来，我国更加重视就业统计工作，国家统计局人口和就业统计司、人力资源和社会保障部是就业统计的执行机构，负责全国人力资源和就业统计事务。就业统计制度包括劳动综合统计报表制度、人口变动抽样调查、城镇劳动力抽样调查、人口普查等。② 劳动综合统计报表制度获得单位就业统计，国有单位、城镇集体单位、股份合作单位、联营单位、有限责任公司、股份有限公司、港澳台商投资单位、外商投资单位等就业统计来自于此。城镇单位就业定期报表制度统计的调查范围是，除私营企业、个体工商户和乡镇企业外的全部独立核算的法人单位，因

---

① 参见张德远编著：《西方劳动经济学》，上海财经大学出版社1999年版，第237页。
② 参见黄荣清、王静：《完善劳动力市场统计》，载《经济与管理研究》2003年第1期。

而产生的数字是所谓"单位就业"。① 目前,出版的代表性就业统计文献有《中国劳动统计年鉴》、《中国人口和就业统计年鉴》、《中国人力资源和社会保障年鉴》等。此外,《中国统计年鉴》、《中国社会统计年鉴》也有就业统计数据,一些地方统计年鉴中的就业统计数据是对国家统计年鉴的有益补充。我国后来对就业统计重新界定,并开始执行新的统计标准。就业人员,是指从事一定的社会经济活动并取得劳动报酬或经营收入的人员;已办理离休、退休、退职手续,但再次从业者视为就业人员;就业人员不包括从事经济活动的在读学生。就业统计对就业人员中的不充分就业者,即工时不足者、"收入不足的就业人员"和"就业不足人员"予以关注。②

《中国劳动统计年鉴》的统计要项有就业与失业、城镇单位就业人员和劳动报酬、国有单位就业人员和劳动报酬、城镇集体单位就业人员和劳动报酬、其他单位就业人员和劳动报酬、乡镇企业就业人员、职业培训与技能鉴定、劳动关系、劳动保障监察和工会工作等。《中国人口和就业统计年鉴》包括全国人口变动和劳动力抽样调查、城镇单位就业人员统计、部分国家及地区人口和就业统计等。《中国人力资源和社会保障年鉴》涉及就业统计项目有就业工作、人力资源市场建设与管理、职业能力建设、军转安置、专业技术人才工作、事业单位人事管理、公务员管理、劳动关系、机关事业单位工资福利、农民工工作、劳动保障监察等。《中国统计年鉴》有人口、就业人员和工资统计。

要完善我国就业统计,必须要注意几个问题:一是定义要符合国际标准,力求实现统计指标的通用性和灵活性相结合。就业统计要与国家统计指标保持一致,并且要符合国际统计惯例,如企业增加值、国内生产总值、资产负债、失业人数和失业率等。再如,劳动年龄人口、就业人口、失业人口、非经济活动人口等要与国际标准统一。另一方面,就

---

① 参见蔡昉、王美艳:《非正规就业与劳动力市场发育》,载《经济学动态》2004 年第 2 期。

② 参见杨河清主编:《劳动经济学》,中国人民大学出版社 2002 年版,第 261 页。

业统计目标是为就业及经济发展服务，要能及时反映市场新动态，因此统计指标要有灵活性，如增加再就业、生产自救、转业训练、富余职工、劳务输出、境外就业等。二是努力实现全面调查和非全面调查相结合。就业统计使用两种方法，一种是对住户抽样调查的方法，一种是定期报表的方法，即层层上报报表加总取得数据。劳动力抽样调查一年进行三次。城镇单位就业情况定期报表制度，统计范围是除私营、个体就业人员以外的城镇单位就业人员，这项统计每季度一次，由就业人员所在单位填写报表，自上而下，层层上报，由各级政府统计部门汇总取得数据。对有些指标如失业率、富余职工比率、农民工进城务工及收入等，采用非全面调查方法可能更好。三是力求实现简单统计表和复式统计表相结合。在统计人员水平较低和技术条件落后的情况下，简单统计表较多使用，其不足显而易见。复式统计表信息量大，有利于全面了解就业及其他经济发展信息。四是实现专业统计和综合统计相结合，力求克服同一指标在同一时期可能出现不同结果，以及数据出自多部门的现象。

(二) 我国台湾省的就业统计

1. 就业统计机构与职能

研究台湾就业统计，必须要提及"行政院"主计处。台湾"行政院"主计处下设有四个局、中部办公室和会计管理中心，主管公务及事业机关预算和统计业务、普查与抽样调查等，另设秘书室、总务司、人事处、政风处、会计室、视察室、人员训练中心、联络室、电子处理数据中心等。第一局主管公务机关预算；第二局主管营业与营业特种基金预算；第三局主管全省统计；第四局主管普查与抽样调查统计；中部办公室主管地方统计；会计管理中心主管会计、决算及内部控制、审核；秘书室主管法规和新闻等；总务司主管文书、事务及档案工作；人事处办理各机关主计人事管理；政风处主管主计政风工作；会计室办理本处主计工作；视察室开展主计机关单位督导；人员训练中心负责人员培训；联络室主管联络工作；

电子处理数据中心主管各机关计算机的审议、查核及作业支持。①

与就业统计相关的是"行政院"主计处第三局和第四局。第三局业务包括统计法制、标准与公务统计管理；社会指标统计；物价统计；国民收入统计；总供需估测与经济预测；产业关联统计；绿色国民收入统计；家庭收支调查及民间自建工程调查；统计信息管理与服务等。第四局业务包括人力资源调查；15岁以上民间人口结构与就业、失业等概况；按年附带办理人力运用、妇女婚育与就业等补充性项目调查；受雇劳动力工资调查及生产力统计，旨在把握宏观就业需求状况；按月办理受雇劳动力工资调查，包括各行业受雇劳动力人数、工资、工时与进退状况；按年举办受雇劳动力动向及事业人力雇用状况等调查。除了上述两个局外，"行政院"劳工委员会、一些地方行政部门，一直从事就业统计与分析。

2. 台湾省就业统计指标

长期以来，台湾就业统计覆盖面较宽，指标详尽，就业统计数据定期向社会发布，对就业和社会稳定发挥了积极作用。就业统计内容和指标涵盖以下多个方面。

第一，民间人口与劳动力参与率统计。就业与人口关系最为直接，如果不掌握宏观人口状况，则难以了解就业实情。台湾人口统计主要包括人口数量、空间分布、人口特征和人口增长，诸如性别比、抚养比、老化指数、人口三段位年龄分组、人口年增长率、自然增长率、社会增长率等。与就业相关的是，15岁以上民间人口数量，其中包括劳动人口数量和非劳动人口数量两个指标，特别是劳动人口的年龄、性别、教育结构等指标详细。劳动人口数量与劳动力参与率直接相关，台湾对劳动力参与率，以及

---

① 台湾"行政院"主计处的前身是国民党大陆统治时期的主计处。1930年11月，国民政府公布《国民政府主计处组织法》，次年4月组建国民政府主计处。1948年5月，主计处改组为主计部，在行政院管辖下，主计长由政务委员兼任。1949年，为了精简机构，主计部改为主计处。1973年11月，修订版《"行政院"主计处组织法》公布实施，1983年5月再次修订至今。台湾各种统计工作一直由"行政院"主计处负责实施。2010年12月，台湾主计机构共有4073个，其中"中央"机构1293个，地方机构2780个；全省主计人员达11147人，其中会计人员占90.4%，统计人员占9.6%。"中央"机关主计人员占55.0%，地方机关占45.0%。

指标按劳动者年龄、性别和教育程度实行分组统计,并进行国际比较。台湾就业统计还对未参与劳动的原因展开统计,包括求职未果且随时可以开始工作、求学及准备升学、料理家务、高龄以及身体障碍等。

第二,就业统计。这涵盖六个方面:一是就业数量和社会就业率统计,包括就业劳动者按年龄、性别、教育程度分组统计。二是就业产业和行业统计,即就业产业结构和行业结构,涵盖农、林、渔、牧业;工业包括矿业及土石采取业、制造业、营造业、电力及燃气供应业、用水供应及污染治理业;服务业包括批发零售,住宿及餐饮,运输、仓储及通信业,金融及保险业,不动产及租赁业,专业、科学及技术服务业,教育服务业,医疗保健及社会工作服务业,文化、运动及休闲服务业,公共行政业,其他服务业。三是就业分职业统计或职业结构,主要包括民意代表、企业主管及经理人员;专业人员;技术员及助理专业人员;事务工作人员;服务工作人员及售货员;农、林、渔、牧工作人员;生产及有关工人、机械设备操作工及体力工。四是就业按从业身份统计,包括雇主、受雇者、自营作业者和无报酬家务工作者四项指标。五是劳动力运用统计,包括就业者每周工时数,分段统计为未满35小时、35—39小时、40—44小时、45—49小时、50—59小时、60小时以上、有职业不在工作者。为了准确把握劳动力是否处于低度运用状态,台湾确定的主要指标有:每周工时未满35或40小时并且希望增加工时者占劳动者比率;每周工时大于35或40小时并且工作收入低于基本工资者占劳动者比率;受教育与职业不相称,以及失业人数。六是就业流动性统计,即按行业统计劳动力进入率和退出率,以及进入和退出某一行业的原因,如新招或召回进入该行业、辞职、解雇或退休退出该行业。

第三,失业统计。台湾失业统计指标包括全社会失业率、城市失业率、农村失业率、失业人数、失业频率、平均失业周数、初次失业人数及比率、由就业转失业的人数、失业者性别、年龄和教育程度构成、失业率地区分布、每月初申请失业保险人数、申请就业人口、职位空缺数、招工率、不充分就业、失业原因等。一些大指标下设置了分指标,以失业人数为例,失业者按年龄、性别、教育程度分组进行统计,如按年龄分组为

15—24岁、25—34岁、35—44岁、45—54岁、55—64岁、65岁以上；两性、各年龄段劳动者平均失业周数，长期失业人数占失业者的比率、占劳动力的比率；青年失业人数占失业者的比率、占劳动力的比率。失业原因统计有初次寻职失业者和非初次寻职失业者两项指标，后者包括场所歇业、对原工作不满意、健康不良、季节性就业终止、女性结婚或生育、退休、家务太忙和其他原因。

第四，工资统计。台湾工资统计指标包括基本工资及其调整；农业、工业和服务业劳动者平均工资及其差距；不同性别、年龄段劳动者每月平均工资；农户与非农户工资差距比较；初任劳动者每人经常性工资，包括国小及以下、国中、高中、高职、专科、大学、研究所及以上；各业受雇劳动者经常性工资的计薪方式，包括绩效制（有固定底薪、无底薪）、月薪制、按日计酬、按时计酬、按件计酬、按次计酬等，以及台湾工资的国际比较。台湾平均每户家庭支出，包括全年支出总额、食品饮料烟草、服装家具、房租水费燃料、医疗保健、运输通信、娱乐教育和其他。工资和支出数据对比能反映劳动者的生活水平。

第五，在台外劳就业统计。一是就业人数及年增长率统计。二是就业行业结构统计，按行业统计就业人数，如船员、制造业、营造业、社会服务业、专业人员有效聘雇人数。三是外劳国籍结构，按国籍分为泰国、菲律宾、印度尼西亚、马来西亚、越南、蒙古、孟加拉国等不同国家，以及非法外劳、合法外劳潜逃按国籍划分。四是台湾北部、中部、南部和东部外劳分布。五是台湾外劳与本土劳动者工资、工时比较。六是外劳犯罪人数和件数。

除上述统计外，台湾就业统计还包括劳资争议、就业辅导和就业服务、工会等统计指标。劳资争议统计指标有争议件数、类别（契约争议、工资争议、职业灾害争议等）、参与争议人数、损失工作日数、处理结果（协调解决、调解解决、仲裁解决、未解决件数等），以及台湾劳资争议的国际比较。就业辅导和就业服务统计涵盖求职人数、求才人数、求职推介就业人数、求才雇用人数。工会统计包括工会总数量、会员人数、职业工会数量和人数、产业工会数量和人数、不同地区工会数量和人数、工会组织率等。

3. 台湾省就业统计的经验与启示

统计数据是政府决策的重要依据，就业统计数据是制定社会政策和解决就业问题不可或缺的信息资源。台湾省就业统计的一些做法值得借鉴。

首先，依法统计并保障统计机构和统计工作的独立性。在大陆时期，国民政府曾专门立法保护统计机构和统计工作，台湾当局继承了这些法律并加以发展。1981年，台湾制定了《主计机构人员设置管理条例》，依法对统计机构和人员进行管理，从而形成了严格的统计管理制度。具体表现为：一是统计机构独立于行政机关之外，"行政院"主计处是最高统计和审计机关，从上至下形成了全省统一的独立的统计系统，实行垂直管理，不受其他同级政府机构干预。二是统计机构的人事是独立的，不会因所在机关主管的调离而有所变动。三是统计人员的工作职责是独立的，他们可以独立地行使其职权，不会受到任何机构干扰。严格地讲，只有统计机构和统计工作完全独立，才能保证统计数据的准确性和可信度；否则，统计机构不得不承受来自同级政府或上级政府的压力，执行了政府的意志而非科学统计，必将使统计数据丧失起码的准确性和可信度，成为某一级政府粉饰太平的工具。特别是在少数政府官员缺乏为政之德的情形下，必然出现"数字出官，官出数字"的统计游戏。

其次，统计口径的一致性和统计指标的全面性。台湾省失业率统计一度与国际统计口径不一致，台湾当局使用了狭义失业率统计口径，将大量从事无报酬家务劳动的女性排除在失业统计外，人为地降低了失业率，从而遭到了台湾学界的指责。近年来，台湾省失业统计进行了修正，采用了与国际失业统计口径一致的统计方法，增强了失业统计数据的国际可比性。不仅如此，台湾在劳动力数量统计上采用了世界银行的标准，数据的科学性和可信度高。而使用"城镇登记失业人数"和"城镇登记失业率"的失业统计方法，将农村劳动人口完全排除在失业人口外，得出的统计数据国际可比性较差。另一方面，台湾省就业统计指标覆盖范围宽泛，除了上文论及的主要内容外，指标还包括劳工保险、劳动力培训、职业灾害、家庭可支配收入、老年人就业、女性就业、青少年就业、残疾人就业、原住民就业，以及台湾省不同地区的就业统计等。就失业统计而言，各项统计指标多达数十种。

再次，统计数据的准确性和发布的及时性。台湾"行政院"主计处、劳工委员会和"经建会"发布的就业统计数据高度吻合，其准确性和可信度高。一些国家就业统计数据每年发布一次，只有就业统计年鉴；英、美、日等国都实行月发布制，至少也是每季度发布一次就业统计数据。台湾省很多就业统计数据实行每月发布一次，如《"中华民国"台湾地区人力资源统计月报》、《"中华民国"台湾地区劳动统计月报》、《就业市场情势月报》、《劳工统计月报》、《"中华民国"台湾地区薪资与生产力统计月报》、《"中华民国"统计月报》等。台湾省及时发布就业数据，为就业提供了便利，促进了社会稳定与经济发展。

第三节　影响就业的因素

一、人口因素影响就业

人口是劳动力的本源，人口向生产领域持续输送劳动力。人口的数量、结构、质量和空间分布直接影响就业水平。

（一）人口数量影响劳动力供给量

一国总人口数量直接影响着劳动力数量，因为劳动人口源于总人口，也是总人口的主体，人口迁移是以劳动人口的流动为主。总人口数量的变化必然引起劳动人口数量和劳动力规模的变化。人口繁殖快导致总人口数量增加，劳动人口和劳动力数量也将随之增加；反之亦然。总人口数量与劳动人口数量、劳动力数量呈正相关关系。这与总人口年龄结构和技术选择有关，在两者恒定时，一国总人口数量越多，劳动人口和劳动力的数量就越多，就业难度增加；反之亦然。一旦总人口年龄结构出现变化，劳动人口和劳动力的数量也将随之变化，变化方向将取决于总人口年龄结构的变化。

在总人口数量保持不变的情况下，劳动力数量与劳动力参与率有关。劳动力参与率的相关因素十分复杂，诸如工资、工时、劳动强度、性别年龄、家庭生命周期、社保等。仅以工资为例，发展中国家经济相对落后，就业机会相对少，工资率较低，基层劳动者倾向于增加劳动力供给，致使劳动力市场供给旺盛。在工资率逐渐上升后，劳动者可能会追求更高的生活质量，较高工资刺激劳动者增加劳动力供给的推动力不足，市场供给可能会减少。我国是一个人口大国，国民勤劳决定了劳动力参与率一直维持在较高水平，增加了劳动力市场的供给压力，使劳动力供过于求的状况维持了多年。

（二）人口自然结构影响就业结构

人口自然结构，是根据人口的自然特征予以划分，反映了人口的自然属性，包括人口的性别和年龄结构。前者是指人口性别分布及其相互关系，其变动也制约着劳动人口的数量与结构。一般来说，人类自然生殖规律决定了两性人口比例趋于平衡，市场两性劳动人口的数量基本相等。但是，由于社会文化因素的影响，女性劳动力参与率一度低于男性，从而使两性劳动人口的就业性别结构比失衡。从就业行业结构看，物质生产部门集中了大量男性，如建筑业、采掘业、冶金业、钢铁业、机械制造业等，因为这些行业劳动强度较大，对劳动者体力要求较高，只有身强力壮的男性才能胜任这些艰苦工作。在非物质生产部门一般集中了为数较多的女性，如商业零售、餐饮、银行、教育、医疗卫生等，因为这些行业的体力劳动强度相对较小，许多职业更加符合女性的天性。如果人口性别结构出现失衡将导致劳动者性别结构不合理，进而影响社会就业结构。

人口年龄结构是指人口年龄的分布状态。研究人口年龄结构，必须要注意年龄结构的平衡性。20世纪40年代以来，美国、加拿大、英国、法国、德国等发达国家的人口一直处于老年型人口结构，使每一劳动人口人均负担加重；70年代以前，亚洲、非洲和拉美发展中国家人口处于年轻型人口结构，导致劳动力供给不足；80年代以后，亚洲、拉美等大部分发展中国家人口结构逐步转向成年型人口结构，劳动力供给不足得以缓解；90年代以来，我国人口处于成年型人口结构，劳动力供给充裕，失业呈上升趋势。此外，老龄化是影响就业的另一个问题，它会减少市场供给，可能出现劳动力短缺。由于老年人储蓄减少并削弱社会总投资，再加上老年人消费结构的问题，都会影响经济增长和就业岗位创造。

（三）人口质量结构影响就业质量

人口质量结构是指劳动年龄人口的身体素质和文化素质结构。如果其数量是恒定的，那么因为劳动者身体素质的原因，他们所能提供的劳动生产率就不同。有些劳动特别是制造业、建筑业和采掘业等，需要年轻力壮、身体素质优等的劳动力才能胜任。我国一些企业存在着超时用工行为，长时间的艰苦劳作绝对不是一般体格劳动者所能承受的，所以在祖国大陆和台湾地区，采掘业劳动者的退出率都比较高。在这些艰苦劳动行业，劳动者长时间工作，体能透支也是导致职业灾害的原因之一。如果劳动者身体素质不好或体能比较差，其单位时间的劳动生产率比体能优等的劳动者肯定要低。而且这些身体较差的劳动者也难以常年坚持工作，其出勤率低于身体强壮的劳动者。在比较利益的驱使下，雇主必然寻找借口先解雇那些身体较差的劳动者，致使他们处于高失业风险中，其就业稳定性与就业质量相对较差。因为这些身体较差的劳动者为雇主创造的剩余价值相对较少，而却要消耗雇主更多医疗费用；另一方面，健康的心灵存在于健康的肉体中，身体健康不佳肯定要影响劳动者的精神状态与思维的敏捷性，制约着劳动者技能更新的冲动和技术创新能力。如果一国劳动者的整体身体素质不高，必将降低社会劳动生产率和经济效益，可能会延缓技术进步。

技能与文化素质对就业质量有影响。因为科技是第一生产力，而新技术和新知识的扩散是建立在一定人口素质基础上的。劳动人口的教育程度越高，越有利于吸收、利用和传播新技术和新知识，从而提高整个社会的技术进步水平和生产力。相反，在一个文盲充斥的国度，根本无法实现现代化。如果劳动人口的整体教育程度低下，即使技术进步缓慢，市场仍有可能出现结构性失业。不仅如此，劳动者因循守旧，安于传统的生产方式，这一点在传统农业生产中表现得格外突出。低素质劳动力不利于企业的技术创新和产业结构升级与经济增长方式的转变。低素质劳动者的就业收入一般较低,家庭经济积累相对较少,其改善家庭成员福利的能力较差,特别是对后代人力资本投入不足,影响高素质劳动力的再生产。这种不良的群体性特征有可能会在下一代身上得以复制,从而使贫困在代际之间出现恶性循环,不利于劳动力市场建设与社会就业质量提升。

(四) 人口分布影响就业地区结构

人口分布,是指人口在特定地域的聚集与扩散。通常而论,人口分布倾向于集中在生活条件较好的地区,诸如自然生态环境良好,比较适宜人居;经济较为发达,交通便利,比较容易谋生。人口分布存在区域失衡,形成了一些人口稠密和人口稀疏地区。这种总人口空间分布必然要影响劳动人口的分布,从而制约着不同地区劳动力供给数量,形成了就业不同的地区结构。经济发展影响人口分布,在自然经济占主导的时代,人口主要分布在农村,而在市场经济年代,随着工业和服务业的发展,大量农业劳动人口逐渐聚集到城市,人口集中和城市化,是与工业化和经济发展相一致的。另一方面,在人口密度过高地区,可能会出现劳动力过剩,从而产生失业人口;在人口密度过低地区,可能会出现劳动力短缺、市场狭小等不利于生产发展的因素。我国人口空间结构失衡明显。东部沿海地带,地域面积不如西部地区辽阔,却集中了大量的人口,特别是长江三角洲和珠江三角洲地区,人口密度高于中西部地区,从而导致上述地区劳动力供需矛盾较大,就业空间结构不合理。

二、科技进步影响就业

(一) 科技进步影响就业数量和结构

对就业而言,科技进步可能是一把双刃剑,对此需要展开具体分析。科技进步促进和扩大就业是一个远景,这也正是人类追求科技进步的动力。科技进步改变了人类的生产方式并提高了生产力,人类改造自然获取物质生活资料的能力增强,同时取得了剩余价值和资本积累增加,国家更有财力提升国民福利。这必然要引起国民消费的增加,并创造出更多就业岗位。另一方面,社会分工的精细化是建立在技术创新与进步的基础上,而技术创新必将催生出新的产业部门和职业门类。因为要解决复杂的科技问题，许多专业化的技能逐渐独立出来，成为生产中的新要素，也成为许多劳动者借以取得收入的新机会。计算机发明和应用，既能节省大量劳动力，又创造出新的计算机工业群体，并且在计算机的使用过程中，还需要有大量的程序设计人员、系统分析员、纸带打洞员、磁带管理员、设备调控员、机器检修员等。围绕先进机器、设备和生产工艺的使用、维护和改良而产生的许多专业化技能和知识，相互依赖与促进，拓宽了劳动者的就业领域。

技术密集型与资本密集型紧密联系，先进技术设备需要密集的资本支撑。技术进步会提高资本的密集度，使资本更加深化，这是一个普遍规律。众所周知，资本密集型增长方式不利于就业扩大；等量资本所产生的就业扩张效果不同。当然，不能因此阻碍技术进步，关键在于把握一个适度原则。人口小国就业压力小，快速技术进步可能被鼓励；人口大国就业压力大，并非技术进步越快越好。要考虑到技术进步对就业的替代速度，以及这种进步对产业结构和就业结构的影响。通常来说，科技进步对就业结构的影响是通过三次产业得以实现。农业就业在整个就业结构比中的份额逐渐下降，是劳动力绝对溢出的产业。农业内部就业份额也在调整，种植业产值比与就业份额同时趋于下降，养殖业、育种业、精致农业、观光农业等附加值高的农业产值比与就业份额呈现上升态势，农业中"绿色"就业近年来更加受到青睐。工业部门就业份额从上升到稳定再到下降，装备制造业的产值比就业份额上升快。非物质生产部门的产值比与就业份额同时持续上升。特别是现代服务业的快速兴起，吸纳大量劳动者就业，这使职业结构中"蓝领"人数减少，"白领"和"灰领"数量增加。

（二）技术和产业选择影响就业

我国公共政策选择必须要优先考虑国民就业，以体现共产党代表最广大人民群众的根本利益。促进社会主义和谐社会建设，同样要以优先解决国民就业为重要前提。这就触及到一个根本问题，究竟是以经济增长为政策优先选择，还是以国民就业为优先政策选择。科学发展观要求以人的全面发展为最终归宿，这就需要执行国民就业增长优先政策，这种发展思路需要体现在技术进步和产业政策实施中。就科技进步而论，技术进步的速度与选择对经济增长将产生重大影响,进而影响就业。因为技术进步改变着生产方式、生产组织形式和社会生产力水平,使人类有更强的改造自然与征服自然能力。新技术应用于产业导致了生产方式变化,使生产中出现了新工艺、新产品更新换代的速度加快,以及带动新兴产业的出现,成为产业结构高级化的促进力和经济增长的推动力。

任何一国的科技进步并非以同等速度在不同产业和地区间扩散,而是以一种非均衡的方式进行扩散。这就给一国政府以较大的选择空间,即在何种部门、那些地区使用新技术;在何种部门、那些地区仍维系着旧技术。这既是一个产业政策问题,又是一个就业问题。如果政府要淘汰那些技术陈旧、污染严重的企业,就可以选择对其进行技术更新改造,使用新技术和新工艺,从而推动这些行业部门升级,在此过程中,因为技术进步而导致失业将在所难免;如果政府要开发或振兴一个地区,就可以在这个地区引入新技术和新工艺,促使这一地区旧产业的退出和新兴产业的引入,在产业结构转换中,因为技术进步不但可能造成本地区结构性失业,而且也将引发跨地区流动就业。

(三)技术和技术类型影响就业

不同类型的技术进步对就业有影响。一种是技术密集型生产方式有可能带来就业摧毁效应,使更多的劳动者面临失业;一种是劳动密集型技术可能创造出更多的就业岗位。这两种技术类型和生产方式各有利弊。就技术密集型生产方式而论,它总是伴随着资本密集型,因为先进技术设备需要更多资金投入,等量资本投入到这两类技术类型与生产方式中,带来的就业扩张效果完全不同,劳动密集型生产方式的就业岗位催生数量可能是技术密集型或资本密集型的数倍。如果将一千万元的资金投入到技术密集型生产方式中,只能购买两台车床,吸纳十余名工人就业;如果将这笔资金投入到劳动密集型生产方式中,诸如兴办一个玩具厂或编织厂,就有可能为百余名甚至更多的工人提供就业岗位。可见,技术选择的就业扩张效果相差悬殊。

一个大国长期停留在劳动密集型生产方式,会降低国际地位与民族创新能力,这是难以容忍的。不仅如此,如果劳动密集型的生产方式得以固化，可能降低一个经济体的体质与竞争力，阻碍或延缓现代工业体系的建成，降低国家研发能力，容易使一国经济受制于人。这可能正是以毛泽东为首的第一代中国共产党领导集体坚定地选择重工业优先发展的理由；同时，这条重工业优先发展的国家工业化道路带来的就业扩张成果十分有限，也使得那个时代我国城市面临着严重的隐性失业。

重工业优先发展的技术扩张效果是突出的，这给了今人更多的选择余地。因为强大的国家工业化已完成，一大批技术密集型企业在我国建立，从而有效地增强了国民经济独立性和综合竞争力，并对今天国民经济增长产生影响。在改革开放的年代，国家建立和发展了一大批高新技术产业和产业园区，这能较好地保障经济增长的质量和降低环境污染，同时缩小了我国与发达国家的技术差距。国家对这种技术选择是必要的，但要格外遵循适度原则，并在它与劳动密集型技术类型间寻求平衡点，并非技术进步越快越好。我国劳动力数量庞大，选择劳动密集型技术类型会带来更好的就业扩张效果，为国民提供更多的就业岗位，以缓解市场长期供过于求的矛盾。我国农村劳动者整体教育年限较短，其文化知识和技术能力难以适应高新技术产业对就业的技术要求。

（四）科技人才有利于提升就业

科技进步与劳动力质量是相互促进的。随着科技进步的不断发展，高素质科技人才的数量和质量也将随之提高；反过来讲，科技进步依靠劳动力资源的支撑，需要大量从事科学研究和应用研究的科技人才，以及足够数量的具有技术技能的劳动者，这些科技人才是技术进步的前提。如果劳动力素质低下，可能制约引进和消化高技术含量的产业。经济发展依靠粗放经营和外延扩大，对集约型经济增长方式的实现有直接的制约后果。要实现经济的集约型增长，必须优化产业结构，从低层次向高层次产业转化，实现这种转化就要依靠具有技术能力的劳动力，因为科技应用于生产的进程不断加快，应用范围越来越广。大量科技人才的存在又推动着科技进步，并有效消除结构性失业和技术性失业，从根本上提升就业质量。

三、经济运行影响就业

(一) 经济体制转型影响就业

在计划经济体制下,我国就业完全是政府的责任,政府成为拓展和解决就业的唯一主体。这种经济体制和就业政策使劳动者对政府产生了较强的就业依赖思想,不愿主动开拓和创造就业机会;另一方面,劳动者普遍怀着国家职工的就业心态和优越感从事劳动。因为企业是国家的企业,职工是国家的职工,没有人能让职工离开企业,即使职工工作积极性不高甚至出工不出力也不会因此丧失就业岗位,从而造成整个社会的劳动积极性和工作效率低下。这种情形必然要削弱微观经济组织的经济效益和整个社会的经济增长,进而限制了经济增长提供就业岗位的数量,使我国城镇就业矛盾突出。这表明计划经济体制下的用工制度已走到尽头,改革传统就业体制成为一种必然选择。在此过程中,我国城乡隐性失业逐渐显性化,失业一时成为颇为棘手的难题。

随着市场经济体制的建立与逐步完善,我国就业体制发生了革命性变化。政府不再是就业唯一的责任主体,而是劳动力市场制度的供给者和市场行为的监管者。政府是从宏观层面调节和促进就业,而不是直接干预微观经济组织的经营与用工行为。企业不完全都是国家的企业,工人也不完全是国家工人。劳动力市场的用工主体从此走向多元化,不再是国家一元化用工体制,从而使政府肩负的就业责任被多方主体所分担,或者说,多元用工主体共同开拓就业渠道和创造就业机会,有利于整个社会就业容量的扩张。市场经济使劳动者就业心态发生了颠覆性变化,多数人不再拥有国家职工的优越感,劳动领域逐步淡化了从业人员的身份界线。这一变化深刻影响着劳动者的劳动态度和行为,过去那种消极怠工的劳动态度将逐渐随着用工体制的转型而改变,因为当企业支付的实际工资高于工人的实际劳动生产率(labor productivity)时,工人就必须失业。失业机制既惩戒怠工行为,又刺激工人提高技术水平,两者都将使微观经济组织的经济效益得以提高,从而使整个社会的经济增长率上升并创造出更多的就业岗位。可见,经济体制转型从多个层面影响就业。

（二）经济结构变化影响就业

经济增长必然促使产业结构变化，而这又影响着就业结构和社会就业容量。就业结构的变化规律就是"配第—克拉克定理"。配第（William Petty）在《政治算数》中有所阐述，后来克拉克（Colin Grant Clark）在《经济进步的条件》中进行了开创性分析，库兹涅茨（Simon Kuznets）通过对多国劳动力和国民收入在三次产业间的分布进行了研究，证实了该定理的正确性。产业结构不断调整与升级推动着就业结构高级化，影响就业容量和就业的产业结构。

改革开放前，我国产业结构低级化，是一个以农业为主导结构的经济体，工业和服务业发展滞后，这使多数劳动者只能在农业部门实现就业。改革以来，产业结构逐步走向高级化，工业和服务业在产业结构比中的比重增大，从而引发了大规模流动就业。如果没有产业结构的变化，绝对不可能出现如此规模的"民工潮"和失业。这一现象从深层次折射出生产力和社会分工的变化，要素从低生产率的产业向高生产率的产业流动推动了整个社会生产力的提高，反过来又将使社会分工更加精细化，并有利于就业扩大。当然，我国产业结构优化的空间较大。制造业在工业结构中比重过大，在内需不足的经济环境下，必然带来出口压力和贸易摩擦，使就业更多受到外部经济环境的影响。服务业特别是农村服务业的发展受到居民消费能力不足的制约，政府要设法增加农民收入，扩大农村消费市场并提高农业和其他物质生产部门的劳动生产率，促使更多劳动力转向服务业就业。因为非物质生产部门就业不容易受到外部经济兴衰的影响，就业质量更高。

经济结构的另一个方面是所有制结构，这与就业有紧密关联。我国所有制结构经历了从多元结构到单一结构，再从单一结构到多元结构的转变。20世纪50年代，社会主义改造消灭了股东，一个单一的国家所有制经济得以形成，并维系了近三十年，直到改革开放。改革开放使我国所有制结构出现了革命性变化，又从单一结构逐渐走向多元结构，从而使国民经济更加富有活力并维系了三十多年的经济高增长。迄今，民营经济在产值和就业份额两个方面都超过了改革开放前的水平，成为国民经济增长和吸纳就业的生力军。民营经济不仅提供了大量的就业岗位，而且就业机制灵活，对劳动力市场贡献颇多；另一方面，民营经济发展减少了政府投资，提升了政府公共财政能力，使政府更有财力投资于社保和国民教育，这又在更高层次上改善了就业。不仅如此，民间资本有了更宽投资渠道，使民间资本经营和致富的机会增加，产生了良好的示范效应，而更多的民间企业诞生又将增加就业岗位，缓解了社会就业矛盾并分担了政府的就业责任。民营经济的发展还提升了民间对政府的认同度，有利于中产阶层的成长和社会稳定，而社会稳定又是投资环境好坏的一个衡量指标，有助于吸引外来投资和经济增长，从而形成经济增长和就业增长的良性循环。可见，一个多元所有制结构有利于扩大就业。

（三）增长方式选择影响就业

国内外学界就经济增长对就业的影响展开研究。奥肯法则对两者的关系进行了分析，我国学者也对此展开了深入研究，探讨了就业弹性系数下降的原因。在经济运行景气与衰退的各阶段，就业都会受到不同程度的影响，没有必要对此赘述。即使一国能保持经济持续增长，是否就能妥善解决就业问题，是一个值得研究的课题。事实上，选择恰当的经济增长方式才能有助于解决就业问题。

对一个人口少的国家而言，劳动力资源相对较少，市场经常出现供给短缺。这时，选择资本密集型或技术密集型的经济增长方式更有利于就业问题的解决。因为资本密集型增长方式对国民生产总值的贡献率高，对就业的贡献率却较低，换言之，经济增长率高，就业增长率却较低。国家选择的是资本要素替代劳动要素的发展模式。技术密集型增长方式选择，是先进生产流水线代替了劳动力。这两种增长方式都适应了人口紧缺和劳动力短缺的国情。对一个人口多的国家来说，劳动力资源充裕，劳动力市场的常态是供过于求。这时，选择劳动密集型的经济增长方式更有利于就业问题的解决。因为国家选择的是劳动要素替代资本要素的发展模式，这种增长方式的就业弹性系数更高，产生的就业扩张效果更好。可见，对我国这样的人口大国而言，技术进步和经济增长方式的选择必须要考虑基本国情，以及劳动力素质偏低的客观事实，不能急于转变经济增长方式，要循序渐进地实施产业升级和增长方式转变,在经济增长方式与就业之间寻求平衡点。那种不顾国情,片面追求经济增长方式快速转变的政策是不合时宜的。

四、就业制度影响就业

一国就业制度对就业的影响是不可低估的。这些制度主要包括一国的就业方针、政策,用工制度的内容与形式,以及工资制度与政策等。就业制度是随着经济发展和社会变迁而不断变化的,从来就没有一成不变的就业制度。

(一)改革前的就业制度

改革开放前,我国实行城乡分割分治的就业管理制度,旨在确保国家工业化战略的顺利实施,以建立工业体系并赢得国际地位。这种分割分治就业制度的主体是,政府对城市适龄劳动人口执行全部安置就业政策,即城市劳动力全面就业制度与城乡劳动力分开就业制度相结合,严令禁止农村人口进入城市就业,并通过两种性质迥异的户籍制度和物资配给政策将农村居民阻隔在城市劳动力市场外。而城市居民却获得了超常的就业优先权,是分割政策和户籍制度的实际受益者。为了进一步落实上述就业制度,20世纪50年代中期后,政府刻意地加强了劳动领域的中央集权,使劳动用工和劳动力市场基本丧失了弹性和自由度,市场因此失去了存在的理由。劳动力资源转瞬成为政府集中调配的"物品",众多微观经济组织立即成为劳动力的"蓄水池",其经济职能部分地受到了压抑,政治责任却因此变得更加沉重,成为政府安置冗员并维系社会政治稳定的重要载体。在相当程度上讲,执政党政府建立的单位制,以及给予职工身份和福利的诱惑,是一种有利于社会动员和控制的超稳定结构,有效地压制了劳动领域的矛盾和纠纷,并将社会运动消弭于无形。如果读者能洞悉这一点,就能更加深刻地理解传统就业制度的初衷和社会效果。

农村是一个广阔的天地,可有效地分散社会运动的力量聚合。土地对劳动力的容纳限度有更大的弹性。出于消解城市物资供给和就业岗位稀缺的压力,改革开放前,政府将占我国总人口八成左右的农村人口定格在土地上，人民公社集体就业的制度成为当时一种必然的选择。政府不但不需要投资为农村居民创造和提供就业岗位，而且还能通过不等价交换从农村获取巨额的农业剩余资金，以支持城市和工业发展。农业集体就业制度的产业载体是农业，特别是在当时农村工业和服务业极为落后的环境中更加如此。这种集体就业制度的核心元素有三：其一，农民彻底丧失了对劳动力的支配权和生产经营的自主权，同时也丧失了对劳动产品的索取权，劳动剩余无偿贡献给集体或国家。其二，正因为农民对劳动成果索取权的丧失，整体劳动收入较低，从而限制了农民消费规模和农村消费市场的拓展。这反过来又限制了城市工业品在农村的销路，不利于城市就业扩张。长期以来，农村居民贫困和勤俭持家的消费惯性甚至成为制约当今农村消费实现值扩大的不利因素。其三，农村集体就业制度和"大锅饭"降低了农民的劳动积极性。由于劳动生产率低下，单位土地容纳的劳动力更多，农村集体就业制度掩盖了农民隐性失业的实情。这正是"家庭联产承包责任制"实施后，我国在20世纪90年代初期出现"民工潮"以及长期难以消解的制度根源。

（二）就业制度逐步变化

1. 计划就业与市场就业两制并行

我国经济体制改革与转型是一个渐进的过程，并非立即废止旧制度去推行新制度，而是在旧体制外围培育新制度的力量，等待新制度力量渐生渐大足以达到抗衡甚至取代旧制度时，旧制度顺理成章地退出历史舞台。这是一种政治智慧，娴熟地处理好改革、发展与稳定的关系，不至于因改革过急而引发社会矛盾与动荡。这一特点在就业领域表现得十分突出，那就是计划就业制度渐渐退至后台，市场就业制度慢慢走向前台。

改革开放前，计划经济体制下的就业制度有其合理成分，诸如体现出社会主义制度优越性和集中力量办大事，保持了整个社会的政局稳定与社会公平，特别是在各种资源匮乏的年代，这种就业制度增强了政府的资源调配能力，使政府能有效地解决部门、企业和地区之间的劳动力供需失衡矛盾。然而，维系这种就业制度的高昂代价是，微观经济组织的经济效益受损和整个社会经济增长缓慢。问题倒逼改革。我国对计划经济体制下就业制度的改革始于20世纪80年代初期。

就业制度改革的步骤和内容如下：首先，初步促成了就业责任主体的转变，从政府一元主体逐渐转变为政府、用人单位和劳动者多元责任主体。政府从此开始改变其角色担当，从国民就业的责任者和安置者转变为就业制度的供给者和市场的监管者，主要责任在于制度建设与市场监管，以及对国民经济与就业促进的宏观调控与指导。其次，初步动摇了以"固定工"为特征的劳动用工制度。这一改革的渐进性十分明显。我国政府并没有急于终止"固定工"制度，而是采用部分试用劳动合同制的用工政策，有区别地对待劳动者，不搞整齐划一。当时，这种就业制度的改革虽然不彻底，但其制度意义是巨大的。改革将传统就业制度打开了一个缺口，透出了一丝曙光，那就是就业领域的中央集权有所松动，权力资源开始逐步下移，微观经济组织的用工自主权将越来越大。综上，经过十多年的改革，我国就业领域出现了计划就业制度与市场就业制度两制并行的局面，前者仍有影响力，后者逐渐主导市场。因此，我国劳动力市场存在的一些矛盾就有了较为合理的解释。

2. 市场化就业制度的确立

20世纪90年代初期，我国就业制度改革进入了一个新阶段，政府开始实施全员劳动合同制，这标志着劳动力市场和市场经济制度将逐步走向成熟。这种变化深刻影响着劳动力市场和就业，主要表现在以下几个方面。

第一，明确了各方主体的地位与权利。事实上，全员劳动合同制是用人单位与劳动者间的一种契约关系，劳动者因此丧失了国家职工地位，成为企业合同制工人。在计划经济体制下，政府既与企业发生关系，又与劳动者发生关系。对企业来说，政府是一位大家长或慈父，赚钱要上缴、赔本政府还。既然如此，政府诉求就是企业的行为，政府将大批劳动者安置在企业就业就是一种合理逻辑，不管企业有没有需求。推行全员劳动合同制后，政府主要与企业发生间接关系，通过劳动法律规范企业用工行为和标准，而不是直接向企业输送劳动力，企业只需要遵守劳动法律和上缴国税。从就业角度考察，政府与企业关系得以简化，就业更多表现为用人单位与劳动者间的契约关系,换言之,是企业雇用劳动者而不是政府。用人单位和劳动者是两个完全平等主体,都有权利自由地选择对方。

第二,确定了工资和失业的双重调节机制。既然实行劳动合同制,就存在签订或不签订劳动合同问题。当劳动者提供的劳动生产率低于市场均衡工资或雇主愿意支付的工资额度时,劳动者将不可能得到劳动合同;反之,当劳动者提供的劳动生产率恒定时,不同雇主提供的工资额度不同,提供低工资的雇主将不可能得到劳动合同。这时,工资就成为调节市场就业流动的杠杆。较低劳动生产率的劳动者可能成为失业者,从而使失业成为一种惩戒力量调节劳动者的就业行为并提高其技能水平。毋庸置疑,市场化就业制度彻底扭转了"铁饭碗"的国民就业心态,使微观经济组织乃至整个社会经济效益得以提升。

第三,剥离了就业与社保的相互捆绑。我国传统的社保制度并不是严格意义上的"社会"保障,而是一种企业保障制度,或者说是一种就业保障。有就业岗位,有福利保障;无就业岗位,无任何保障。这种制度出台的初衷旨在保障市民,是与"固定工"就业制度相配套的制度设计,农村居民长期游离于制度之外。不难看出,这种就业与社保相互捆绑的制度安排有较大局限性,它限制了劳动者就业选择与就业流动。因为一旦劳动者离开原来的单位或地区,就可能丧失福利保障,特别是在所有制界限清晰和福利差距悬殊的体制环境下,劳动者选择就业岗位和就业地区需要格外谨慎。如果没有自由的就业选择与就业流动,就没有成熟的劳动力市场和市场经济体制。劳动合同制使企业承担了劳动者的部分保障责任,而不是全部责任,政府和劳动者分担了部分保障责任,从而使保障责任逐步从企业剥离,成为真正的社会保障,为劳动力流动创造了有利的制度环境。

五、宏观政策影响就业

任何政府能否制定或及时调整促进就业的各项宏观政策,如财政政策、货币政策、收入政策、技术政策和产业政策等,对就业影响巨大。这里主要以财政政策和货币政策为例,说明政府的宏观经济政策对就业的影响。改革开放以来,我国宏观财政政策和货币政策的就业效应逐渐增强,特别是财政支出中公共支出就业效应更加明显，有效地刺激了经济增长和扩大了就业。

第一，财政政策。根据政策目标不同，财政政策有扩张性和紧缩性两种。前者是指通过扩大政府购买、增加政府转移支付、降低边际税率等措施以刺激消费与投资，增加社会总需求，以提高就业水平的政策。当国民经济疲软时，总需求小于总供给，有效需求不足导致企业开工不足，市场存在着较高的失业率，政府可能会选择执行扩张性财政政策，如免税、退税、降低边际税率；增加公共工程的数量与支出，扩大政府购买数量；增加政府对社保、国民教育的转移支付力度等。后者是指通过减少政府购买和转移支付、提高税率等措施削弱消费与投资，减少社会总需求，以稳定物价的政策。当国民经济繁荣时，总需求大于总供给，通胀较为严重，政府可能会选择执行紧缩性财政政策。政府通过财政政策提高就业水平，可能会导致财政预算赤字的增加。虽然扩张性政策有利于扩大就业，但可能面对预算赤字增加和通胀风险。紧缩性政策有利于抑制通胀，但可能面临降低就业的风险。如何根据经济运行将两者自如地运用才是关键。

国家要更加关注财政投资的方向与结构。从促进经济增长和扩大就业的角度出发，财政投资应逐步从竞争性领域退出，转向加大对公共产品的投资，包括教育、卫生、环保以及基础设施建设等。退出竞争性领域，可节约大量的资金用于其他领域和行业的投资；另一方面，可为其他类型投资的进入提供更多的机会，通过竞争提高经济效率。①

第二，货币政策。货币政策是指政府以控制货币供应量为途径，通过利率变化调节总需求水平，以促进就业、稳定物价和经济增长的一种宏观经济管理政策。其终极目标是通过利率的变动影响投资、消费和政府支出，达到增加或降低有效需求，使总供给与总需求趋于均衡。由于货币政策对经济调控是间接发生作用的，政策效果缓慢。货币政策有扩张性和紧缩性两种。前者是通过增加货币供应量、降低利率，来刺激投资和消费，

---

① 参见史及伟、杜辉：《中国式充分就业与适度失业率控制研究》，人民出版社2006年版，第36页。

增加总需求的宏观经济政策。当国民经济疲软时，社会总需求小于总供给，生产能力闲置，失业率较高，政府可能会实行这种政策，如降低法定准备金率、降低贴现率、中央银行买进政府债券等。后者是通过削减货币供应量、提高利率，以减少总需求的宏观经济政策。当国民经济繁荣时，总需求大于总供给，通胀较为严重，政府选择执行这种政策。①

央行调整法定准备金率，要求管辖的商业银行将部分存款作为准备金无息存入央行，并规定了准备金比例，一般为商业银行吸收即期存款的2%至5%，从而使金融机构不能将吸收的存款全部用于放贷，必须保留一定资金，以备客户提款之需，因此存款准备金有利于保证金融机构对客户的支付。随着金融制度的发展，存款准备金逐步演变为一种政策工具。央行变动准备金率，就能影响商业银行的货币供应和利息率。当国民经济萧条时，总需求不足和失业增加，央行就降低准备金率，扩大商业银行的放款能力，使货币供应量增加，利息率降低，以刺激投资和消费，扩大总需求，提高就业。相反，当经济出现需求过度时，央行就提高准备金率，降低商业银行的放款能力，使货币供应量减少，利息率提高，以减少总需求。

贴现率，是指将未来支付改变为现值所使用的利率，或指持票人以未到期的票据向银行兑现，银行将利息先行扣除所使用的利率。各商业银行将已贴现过的票据作担保，用于向央行借款时所支付的利息。商业银行在资金不足时，可以用商业票据和政府债券向央行要求再贴现或抵押贷款。贴现率，是商业银行向央行进行贴现时所付的利息率。当央行认为总需求不足和失业增加时，就会降低贴现率或放宽贴现条件，增加商业银行放贷能力，同时商业银行贷款利率也会下降，使得企业更容易得到贷款，以刺激投资和扩大总需求。相反，当央行认为总需求过大，存在通胀风险时，就会提高贴现率或严格贴现条件，限制商业银行放贷能力，以减少投资和总需求，影响市场就业。可见，我国就业促进有待加强，还有利率、汇率等杠杆的就业促进作用，需要通过金融深化和金融体制改革来实现。

---

① 参见杨河清主编：《劳动经济学》，中国人民大学出版社2002年版，第364—367页。

六、就业观念影响就业

（一）计划经济时代主流的就业观念

在计划经济时代，社会普遍流行的就业观念有以下几种：

第一，就业依靠等待。"统包统配"的固定工制度确立后，就业自然成为政府的责任，国民就业、流动由政府劳动人事部门统一管理。劳动部门一次分配定终身，就业只需听从政府安排，个人不必为就业操心。如果没有劳动主管部门下达的就业指标，劳动者实现就业的可能性较小。我国劳动者就业依赖政府安置的观念较为普遍，从而造成政府解决就业问题的压力加大，社会就业渠道也因此变得更加狭窄，这对就业扩张极为不利。

第二，就业存有偏好。我国劳动者就业观念出现了偏好，一是偏好国家机关公务员、事业单位、国有企业等公有制单位，不愿选择在私营企业、个体经济、乡镇企业就业。就业偏好不同所有制的观念在多数职工心中根深蒂固、影响久远，只要进国有企业就定了终生，未来的就业以及生老病死应由企业负责，没有考虑过会失业，所以改革开放后国有企业刚开始分流冗员时，部分职工心态失衡。不少职工仍认为其全部生活和命运是与企业相联系的，于是就不愿离开企业。即使在劳动关系买断补偿较高的企业，仍有极少数职工宁愿放弃补偿费而选择待岗。① 二是偏好大城市和发达地区，歧视农村和落后地区。城镇有相当一部分失业人员并非不能再就业，而是不愿干苦、累、脏和低收入工作，他们依靠政府救济生活，而农村剩余劳动力却在城市谋到了收入颇丰的职业；另一方面，大学毕业生对经济发达地区的大中城市和收入较高的部门和单位趋之若鹜，而对边远地区和低收入单位较少问津，高学历专业人员毕业后就业困难，而农村教育与乡镇企业因师资匮乏或管理水平低下得不到发展。这种就业观念造成了市场就业的结构性矛盾。

第三，就业贪图安稳。我国新生代劳动者就业首先选择安逸与稳定的职业。多数人宁愿成为大型国有企业的普通员工，也不愿到乡镇企业、私

---

① 参见秦蓓、陆铭等：《论就业体制市场化后的就业重构》，载《上海经济研究》2003年第9期。

营企业中成为骨干，宁肯在家等待安置一个安稳的职业，也不愿意自谋职业或创业。① 改革开放后，随着外国资本和私人资本的大量涌现，我国经济成分日益多元化，新经济体相继出现，其灵活的经营机制和较高的工资对一些体制内劳动者产生了吸引力，一些勇敢者主动放弃了体制内就业岗位和国家职工身份，果断地流向工资高的新经济组织就业或自主创业。但是，更多的劳动者却留念国有经济单位的身份、就业稳定性、社保与福利。劳动者在职业选择与身份、福利保障发生冲突时，保留编制是多数人的首选。作为这种选择的必然结果，多数人选择在体制内流动，即在保持国家干部身份不变时，选择一个相对满意的就业岗位，诸如工资待遇高于原单位、人际关系相对简单、单位层次较高或前景较好。特别是对那些年龄较大的劳动者而言，更加不愿放弃多年的工龄，求稳是绝大多数人的首选。介于勇敢者与保守者之间的那一部分劳动者，选择了流向体制外就业，但却竭力谋求保持体制内单位的劳动关系或人事关系不变。劳动者"留职停薪"是经济转型时期就业观念的一种矛盾。这表明了劳动者既不愿放弃已获得的身份，又充满了在体制外发财致富的憧憬。这是当时较为普遍的一种社会心理，我国民营经济、个体经济、自主创业和自雇阶层难以获得社会认同，这使单一所有制结构得以固化，就业渠道因此变窄。而台湾省很多劳动者青睐于自主创业，在积累职业经验和启动资金后，他们放弃机构职位，选择自主经营。②

（二）市场经济条件下就业观念的转变

计划经济条件形成的就业观念不能适应市场经济发展的需要，这就要求劳动者要转变旧的就业观念，培养顺应时代发展和市场就业新变化的就业观念。这些就业观念主要有市场观念、效率观念、竞争观念和流动观念。

第一，市场就业观念。就业是一种市场化行为，劳动力通过市场选择实现资源的最佳配置，而不是计划经济时代的政府安排就业。劳动者在就

---

① 参见刘凤岐：《论劳动力买方市场条件下劳动者就业观念的转变》，载《延安大学学报（社会科学版）》1997年第2期。

② 参见黄安余：《大陆与台湾农业劳动力转移比较研究》，载《江海学刊》2005年第5期。

业的地区、行业、部门选择上有充分自由，可根据市场的就业信息和其特长选择就业。用人单位可根据生产组织规模和产品销售状况来决定使用劳动力数量，通过市场实现双向选择。政府责任在于提供市场活动的规则以规范市场行为，并保护劳动者权益。市场化就业观念要求破除等待就业和依赖政府安置就业的思想，要发挥劳动者的主观能动性与创造性，积极开拓进取和拓宽就业渠道。市场就业的流动性大于固定工就业制度，其中工资是调节供需和流动的杠杆。由于各种原因不能通过市场实现就业的社会成员依法享受失业保险待遇。

第二，效率就业观念。追求经济效率是市场经济的一个主要特征，体现在就业领域就是要追求就业的经济效率。劳动者在进行职业选择时，应充分考虑就业的经济效率，以及就业成本与收益的对比关系。因为劳动者就业实际上是人力资本投入经济活动中谋求收益的一种经济行为，如同其他投资一样，同样存在投入和产出的对比关系。劳动者在选择其就业行业与岗位时，要有全面的成本意识，不仅要考虑一般成本，也要考虑机会成本与社会成本。追求就业的经济效率必须克服计划经济时代"脑体倒挂"现象，在就业过程中要杜绝"大锅饭"分配体制，将就业收入与劳动者的人力资本、工作业绩直接挂钩。

第三，竞争就业观念。市场经济是一种竞争经济，体现在就业领域就是劳动力市场的就业竞争。因为政府退出市场领域，不再干预微观经济组织的市场行为，其市场选择必然带有竞争性，特别是市场出现了供过于求，劳动者围绕稀缺的就业岗位必然要展开激烈的就业竞争。这就要求每个劳动者要具有竞争就业观念，不但要有强烈的竞争意识，而且要具备就业竞争能力。劳动者竞争就业岗位，实质是用人单位对劳动力择优选用，也是劳动者人力资本竞争的过程。此外，劳动者还要具有不怕吃苦和高度敬业的劳动态度。市场经济尊重个体的自主性，提倡机会均等和公平竞争的良好环境。政府通过劳动立法确保就业竞争的公平和市场有序，限制用人单位的不当用工行为。

第四，流动就业观念。任何经济体的运行都存在着经济周期性波动，与此相适应，劳动力市场也将随之出现波动，从而导致就业的波动和流动性。再加上产业结构和产业空间布局的调整,都将使就业的流动性成为市场常态。没有一成不变的就业岗位。这就需要劳动者树立流动就业观念,彻底改变计划经济时代一次分配定终身的就业心理预期和对"铁饭碗"迷恋的就业情结。劳动者别无选择,只有顺应市场变化,调整其就业观念,才能更快实现再就业。随着国有企业改革的深入,流动就业是改革的必然结果,因为现代企业制度的建立要求企业兼并、联合、重组、破产、裁员、分流等行为不断发生,所以国有企业的多数职工面临着就业岗位空前的变动与重组,结构性失业和再就业的规模庞大。有些劳动者甚至面临从失业到再就业的数次轮回。对高校毕业生来说,由于我国知识失业较为严重,青年人没有职业经验或对就业的期望值过高,其就业流动性在各个就业年龄段中都较高,失业率居高不下。这就要求他们转变就业观念,不能怀有一步到位的就业心态,树立流动就业观念,在流动就业中积累人力资本和调整就业心态,给予自己以较为准确的职业生涯定位。[1]

农村青年就业的主体意识增强,既摆脱了制度的社会结构性抑制,又摆脱了家庭微观制约,就业经济趋向增强。随着就业形势的变化,青年就业呈现出职业类型、地理位置、就业途径的多元化。[2] 当然,与就业观念关联的是劳动者和家庭微观因素,它们会影响劳动者的就业观念,是微观因素这种客观存在的反映。由于个体兴趣、爱好、知识水平不同,个体从同一事物中感受到的效果不完全相同。有些人偏向挣钱,有些人注重修身,这必然影响其工时分配。这种决策也不完全取决于个人偏好,还与家境直接关联。穷人与富人家的孩子就业动机、心境和感受不同。如果个人参加社会劳动旨在获得收入,那么家庭越富有,工资吸引力越小。家庭富有会使青年人接受更多教育,从而减少潜在劳动力供给。因为不同家庭对人力投资的非经济性收益的重视程度不同,就会影响到其劳动力供给决策和就业。[3]

---

[1] 参见刘余镇:《转变就业观念,创建和谐社会》,载《经济与社会发展》2006年第2期。
[2] 参见刘成斌:《改革开放30年与青年就业观念的变迁》,载《中国青年研究》2008年第1期。
[3] 参见孔微巍主编:《劳动经济学》,科学出版社2011年版,第27页。

第二章 就业的相关理论

在不同历史时期，各国经济学家对就业理论展开了系统研究，并形成了各种学派。就业问题是随着资本主义雇佣劳动而出现的，特别是在大萧条时期，一些经济学家将就业作为重大理论课题进行研究。从早期古典经济学派到凯恩斯主义就业理论，从新自由主义到发展经济学的就业理论，特别是马克思主义就业理论中的相对过剩人口理论，揭示了失业的根本原因。经过长期研究，就业理论更加丰富，旨在解决当时社会失业矛盾。这也符合认识论所揭示的理论来源于实践，并指导社会实践。但是，对前人就业理论的运用要结合国情，采取扬弃态度。在古典资本主义时代，由于人口、技术进步、工业化发展等对经济影响力不足，就业矛盾不像现在这样突出，因而凯恩斯主义从宏观上研究了失业与经济周期的关系，在此之前，古典主义经济学并不承认有大规模失业，其着眼点是在微观劳动供求平衡和工资变动调节的层次上研究失业和解决就业问题。发展中国家与发达国家的技术环境不同、国民经济的资源要素和发展目标不同，面临就业矛盾以及解决的方法就自然不同。发展经济学就业理论的运用有一些成功案例，也有一些失败教训。无论如何，这些都是宝贵的思想财富。

第一节 西方经济学的就业理论

一、古典学派的就业理论

古典经济学（classical economics）就业理论发展于资本主义上升时期，

主要是指凯恩斯以前的就业理论，包括就业自动均衡论、均衡工资就业论和有效需求充足就业论等。在资本主义生产快速扩张时，失业矛盾并不大，只要存在着完全自由竞争，工资就能随着劳动力供求变化而自由涨跌，使一切可供给的劳动力被用于生产，从而实现充分就业。

（一）就业自动均衡论

萨伊（Jean Baptiste Say）倡导经济自由主义。他在《政治经济学概论》中提出了财富生产和销售理论，就是"萨伊定律"（Says Law of Market），成为传统就业理论的基石，即"供给自己创造自己的需求"。市场经济国家不会出现生产过剩的经济危机和失业，一种商品需要由另一种商品来购买，货币只是两者的交换媒介。一种产品生产出来，与它价值相当的其他产品就有了销路，也就是创造了需求。所以，某些产品供过于求并非货币不足，也不在于需求不足，而是因为能与之相交换的其他产品太少了，是产品结构出现了问题。结构失衡导致一些产品生产过多，而其他产品生产过少，从而出现产品供求失衡。生产越多，产品越多样化，销路就越好，经济就越繁荣；同样，购买国外产品能促进本国商品生产和销售；国家应促进生产发展，而不是鼓励消费或进行贸易保护。

萨伊就业理论核心有三，即依靠价格机制自发调节，以实现充分就业；失业是暂时的，因为它能自动恢复均衡；政府不要干预经济。当然，那时民众收入低并几乎用于消费，形成相应的消费需求。供给数量等于收入数量，收入数量又等于需求数量，因此需求正好等于供给，能实现总量自动均衡。[①] 然而，萨伊就业理论将货币职能局限于流通，忽视了货币的价值尺度、信用手段和贮藏手段等职能。马克思主义政治经济学者指责萨伊为资本主义经济制度辩护，凯恩斯学派则抨击该理论不能解释经济危机的产生。[②] 尽管如此，萨伊定律仍有现实意义。在谈到扩大内需时，强调扩大农村消费市场。企业要考虑生产出适合农民需要的产品，还要考虑到如何促进农业生产的发展。因为要提高农民的购买力就必须提高其收入，

---

① 参见王治平：《"萨伊定理"辨析》，载《中国社会科学报》2011年1月27日。
② 参见钟祥财：《萨伊经济思想再议》，载《贵州社会科学》2010年第4期。

而农民收入的提高取决于他们能否生产出更好的产品。

（二）均衡工资就业论

马歇尔（Alfred Marshall）是现代微观经济学和新古典主义经济学的奠基者。他在《经济学原理》中分析了资本主义失业现象后，提出了只要劳动力市场是自由竞争的，没有人为因素，就可以通过工资的自由涨跌和劳动力供需的自发调节，从而达到充分就业。他提倡自由放任的就业原则，反对政府对市场的干预。庇古（Arthur Cecil Pigou）在《失业论》中否认资本主义自由竞争制度下有大量失业，失业只是自愿的、暂时的、局部的和少量的。市场对劳动力的需求和真实工资呈反方向运动。在生产技术恒定下，产量取决于雇用工人的数量。但是，随着资本家雇用工人数量的增加，工人生产的边际产品递减。在完全竞争情况下，资本家要实现利润最大化，就要调整雇用工人的数量，使资本家为最后雇用的工人所支付的工资等于工人生产的边际产品的货币价值。这时，便达到了雇用工人数量的均衡状态，这种情形下的工资是均衡工资。

如果市场出现工资下降，均衡会被打破。资本家要实现利润最大化，就要增加雇用工人数量，但此时这些工人的边际产品又减少了，直至当增加雇用的工人较低水平的工资等于他们降低了的边际产品的价值时，新的均衡才会出现。当物价水平上涨而工资率不变时，也会出现类似调整。因为当一般物价水平上涨时，真实工资在下降。因此真实工资水平越高，就业水平越低；反之亦然。整个社会的就业量，就是就业扩大到最后雇用的工人的边际产品正好等于真实工资时的就业量。在此情况下，整个社会就业是均衡就业量，工资是均衡工资。①

（三）有效需求充足就业论

在凯恩斯之前，西方经济学家认定充分就业是交换经济（exchange economy）的正常状态，不会发生因全面生产过剩而出现非自愿失业。因为每一个生产者将自己生产的商品拿到市场上出售，都是为了交换其他产品；每一个生产者的供给都形成对其他商品的需求，所有的经济活动旨在

---

① 参见胡学勤、李肖夫：《劳动经济学》，中国经济出版社2001年版，第255页。

消费，消费依赖于收入，而收入来源于生产，因此每一个生产行为都代表对另外某种产品的需求。因此，市场经济不可能出现全面生产过剩和总需求不足。局部的生产过剩可能会发生，但只要通过市场的价格机制就能纠正。因为生产过剩行业的生产者，可以转移到其他行业就业。生产过剩不会存在，非自愿性失业也不存在。

西方经济学家还通过利息理论论证了有效需求是充足的。储蓄是现期收入中没有用于购买商品的部分，如果民众进行储蓄，总需求就会相应形成一个缺口。利息率是使投资和储蓄趋于均衡的因素。一国民众储蓄的数量大于资本家为了投资购买资本品所需的贷款数量，利息率必然会下降，这时储蓄会减少而投资会增加，利息率一直要降到投资和储蓄相等时，才处于稳定状态。在市场机制作用下，储蓄会自动转化为投资，就形成对生产资料的需求，储蓄存在不会引起总需求不足。

二、凯恩斯主义就业理论

（一）凯恩斯的就业理论

大萧条时期，数千万劳动者丧失了就业岗位。经济危机使多国的生产力遭受了破坏，也使市场自动调节达到充分就业的理论破产。西方宏观经济学的创始人凯恩斯（John Maynard Keynes）在《就业、利息和货币通论》中指出了资本主义无法依靠市场自发调节来消除经济危机，充分就业均衡难以实现，进而提出一些政府干预政策。这一理论成为资本主义国家社会经济决策的理论依据，并产生了国际影响。

1. 凯恩斯充分就业理论

充分就业是凯恩斯就业理论的基本概念。除了自愿性失业和摩擦性失业外，还存在非自愿性失业。它是指有就业能力的工人不愿接受现行工资或不愿降低已得到的工资而造成的失业。工资降低可能有工人辞职；在工资水平不变时，劳动强度过大，变相降低了工资，也可能有工人辞职。摩擦性失业，是指市场不健全，出现了暂时的供需失衡而造成的失业。劳动力异地流动、生产季节性变化、企业由于各种原因临时停产、信息不灵使得企业找不到合适的工人，工人无法得知就业机会而失业。① 非自愿性失业，市场出现工人愿意按现行货币工资受雇于资本家，资本家也希望能在现行货币工资下增加雇用这些工人，但实际就业水平却达不到双方所希望的就业水平形成的失业。如果这种状态继续存在，就说明社会尚未实现充分就业。这是庇古等人没有发现的失业类型。只要消除了非自愿失业，就实现了充分就业。"在实际生活中，没有非自愿性失业现象的存在。这种情况被称为充分就业。摩擦性失业与自愿性失业都与'充分'就业不发生矛盾。"②

2. 有效需求与扩大就业

有效需求（effective demand）不足引起失业。这是以商品市场供过于求和劳动力市场失业为特征的。③ 总就业决定于总需求，社会总需求增加，总就业人数增加；社会总需求减少，总就业人数减少。因为当总需求大于总供给时，这对雇主有利，雇主会扩大生产，使就业人数增加；相反，当总需求小于总供给时，这对雇主不利，雇主会缩小生产规模并解雇工人，使失业人数上升。一国出现失业是社会内需不足的表现，诸如民众消费谨慎、内外投资者观望。这种内需不振反映在劳动力市场就是失业。在不能赚钱的情况下，任何资本家都不会轻易地扩大生产规模，就业岗位自然随之缩减。要使资本家愿投资并扩大生产，就必须要使他们获得较好的利润，利润规模要使资本家基本满意甚至产生吸引力。在此情形下，资本家可能会扩大生产规模，就业机会可能会随之增加。如果所有资本家都积极扩充生产，社会失业就会降到最低程度。当然，有多少资本家选择扩大生产，或者说，生产规模扩大到怎样的水平，取决于社会总需求的旺盛程度与持续时间。如果一国社会总需求不旺盛或持续时间短暂，资本家可能面临制成品滞销的窘境，产品积压造成了资金压力与融资成本上升，迫使资

---

① 参见王雪梅、谢实编著：《西方经济学简史》，云南人民出版社2005年版，第23页。
② [英] 约翰·梅纳德·凯恩斯：《就业、利息和货币通论》，宋韵声译，华夏出版社2005年版，第13页。
③ 参见袁志刚：《失业经济学》，上海人民出版社1997年版，第165页。

本家大量解雇工人。失业就成为工人必然和无奈的选择。这时,失业是一种非自愿性失业。

3. 有效需求不足三大成因

有效需求分为消费需求和投资需求。前者的大小既取决于总收入规模,又取决于民众"边际消费倾向"。有效需求不足是三大心理规律使然。第一,边际消费倾向递减规律。当民众的收入发生变化时,增加的消费与增加的收入之比率被称为"边际消费倾向"(marginal propensity to consume)。事实上,影响家庭消费的因素较多,收入是决定性因素。当民众实际收入越来越高时,收入和消费的差距就越大。因为家庭首先满足基本生活需求,然后当收入继续增加时,就开始储蓄。随着民众就业和收入的增加,消费也会增加,但消费增加远不如收入增加得多,在增加的收入中,用于消费的部分所占比例缩小。这就是边际消费倾向递减规律,也是造成消费需求不足的原因。[①]

第二,资本边际效率递减规律。它是指这项资产的未来收益预期与其供给价格或重置成本的比例。由于资产收益是预期收益,在未来资产收益同其供给价格进行比较时,必须首先将未来收益折成现值。[②] 从长远看,资本预期利润率是下降的。因为随着生产规模扩大,对机器、设备等资本的需求更多,引起资本供给价格上升,使投资成本增加,因此预期收益率就会下降;另一方面,随着生产规模扩大,生产产品数量更多,导致市场产品供给增加,产品价格会下降,企业利润减少,引起投资预期收益率下降。当然,资本边际效率递减是投资需求不足的原因之一。如果资本家预期投资利润率小于市场利息率时,就会放弃投资而选择储蓄。如果预期利润率大于市场利息率,资本家才愿投资。

第三,流动偏好规律。货币是一种流动性强的资产,使用灵活方便,因此人们愿意持有货币。原因有三:一是交易动机,是指个人和企业为了

---

① 参见赵红梅、李景霞:《现代西方经济学主要流派》,中国财政经济出版社2002年版,第10页。

② 参见马培生等:《劳动经济理论研究》,经济科学出版社2011年版,第23页。

应付正常开支而需要货币,因为收支时间不同步。企业从购买原料到生产出产品,取得销售收入需要时间,供应商从进货到销售也需要时间,他们都需要流动资金应付开支,所以要持有货币。二是谨慎动机,是指个人和企业为了应付疾病、失业、事故等意外支出而需要持有现金。① 三是投机动机,以货币形式保有资产更好,等待各种条件的变化,再将货币转向更有利的投机。对未来债券市场价格变化的预测决定了投机性货币数量需求的大小。由于股票和债券等有价证券的市场价格瞬息万变,看涨者会用货币买进证券;而看跌者则会储存货币,以便等到证券下跌以后再买进,等上涨以后再卖出牟利。

4. 货币工资影响就业

古典主义认为,在经济萧条时,必须降低实际工资。实际工资降低,利润就会上升,就业人数随之增加,经济走向复苏。在一个自由市场经济国家,劳动者要为经济的周期波动买单。凯恩斯认为,其一,在经济低谷时,如果降低实际工资,会导致社会总需求减少,而这又会造成企业产品滞销和利润降低,并增加投资的风险,从而导致投资下降,使经济继续下行。总之,在经济低谷时,降低工资会使经济继续衰退,失业将会更加严重。② 其二,工资有向下刚性。当雇主设法降低货币工资时,会遭到工会反抗,只有在高度集权国家,才能运用工资政策使货币工资伸缩自如;而在市场体制下,工资是由市场决定的,政府不能强迫降低工资,雇主不得不终止降工资。为了扩大就业,要实行增加货币数量,反对降低工资,即执行有伸缩性的货币政策而非工资政策。因为在货币工资不下降时,通过增加货币数量,既可降低工人的实际工资和增加雇主的利润,又可避免劳资冲突。因为实际工资水平既决定于货币工资多少,又取决于物价高低。

5. 价格水平影响就业

货币数量增加只能直接影响利率。价格水平是否会随着货币量的增加

---

① 参见杨培雷主编:《当代西方经济学流派》,上海财经大学出版社2003年版,第76页。
② 参见黄树东:《大国兴衰——全球化背景下的路线之争》,中国人民大学出版社2012年版,第25页。

而上涨，要看当时社会有无闲置要素。首先，货币数量增加后，如果社会有大量闲置要素，其短期弹性大，扩大生产不会引起边际成本的提高。在此情况下，因货币数量增加而增加的有效需求只能使就业数量同比例地增加。其次，社会闲置的要素逐渐减少和就业数量不断增加后，物价会随着因货币数量增加而引起的有效需求增加而逐渐上涨。因为随着就业的数量的增加，劳动的边际生产产值递减，如果货币工资水平既定，则只有使物价上涨，使工人实际工资下降，才有利于维持新的较高就业水平。再次，社会已实现了充分就业，劳动力供给已失去了弹性，因增加货币量而引起的有效需求的增加就没有增加产量和就业量的作用。在此情况下，物价才会随着货币量的增加而上涨。在充分就业以前，货币数量的任何增加都不会导致通胀，货币数量增加有利于扩大就业；在充分就业以后，货币数量的增加才会发生需求过度的通胀。凯恩斯将工人失业归于货币供给量过少，因而通胀自然成为解决失业的一种选择。[1]

6. 凯恩斯国家干预理论

市场经济无法实现自我均衡，因而政府干预能应对经济危机。没有政府就没有均衡和效益。政府干预是实现效益和解决经济危机的出路，因为既不能通过失业，又不能通过降低工资来应对经济危机。凯恩斯不但提倡政府干预，而且强调政府要公平干预。其解决就业的政策建议有：其一，抛弃传统自由放任政策，扩大政府职能，将私人垄断资本主义变为国家垄断资本主义。[2] 他反对保持预算平衡，放弃健全财政，通过发行公债、实行财政赤字，以增加有效需求，对付经济危机并保持充分就业。其二，提倡奢侈性消费。一国倾向奢侈性消费，这个国家的生产和文化发展程度一定高。现代人不如古埃及人和中世纪人幸福，现代人太具有经济理性了，结果难逃失业之痛。其三，执行扩大消费和增加投资的政策。前者取决于边际消费倾向，后者取决于资本边际效率和货币利息率。在消费水平既定下，应实行投资社会化，由国家总揽投资。其四，扩大出口，限制进口。

---

[1] 参见胡学勤、李肖夫：《劳动经济学》，中国经济出版社 2001 年版，第 263 页。
[2] 参见马培生主编：《劳动经济学》，中国劳动社会保障出版社 2002 年版，第 171 页。

扩大对外商品输出和资本输出，能扩大有效需求，为国内滞销商品和过剩资本寻求出路，从而带来较多的就业机会和国民收入。贸易顺差过大不利于本国经济。顺差增加通过降低利率，刺激投资，扩大总需求，进而增加产出和就业；但在就业达到一定水平时，再增加对劳动力需求，就会导致工资上涨，这将使产品生产成本提高，从而使竞争力下降，这时不仅难以保持原有顺差，甚至可能出现逆差。贸易顺差使一国获利，也使他国遭受损失，要维持国内就业量，就不能不限制进口，竭力向国外推销本国商品，就是将失业转嫁给他国，可能招致国际竞争和他国报复。

（二）新古典综合派的就业理论

凯恩斯经济理论影响巨大，被称为"凯恩斯革命"。但理论中只有宏观没有微观理论，只有需求没有供给理论，只有短期比较静态分析，缺乏长期动态分析。尽管如此，凯恩斯仍拥有一批追随者，他们将新古典经济学的市场调节理论与国家干预理论相结合，被称为新古典综合派（Neo-classical Synthesis School）。代表人物有汉森（Alvin Harvey Hansen）、萨缪尔森（Paul A. Samuelson）、托宾（James Tobin）、希克斯（John Richard Hicks）、奥肯（Arthur Okun）、海勒（Walter Heller）、杜森贝利（James Duserberry）等。

该学派的就业理论包括：其一，资本主义经济增长是短期的、波动的、不稳定的，必须交替实行收缩与扩张政策，才有可能保持经济稳定增长。在经济衰退时采取扩张政策，增加货币供给量，降低利率，刺激社会总需求，以消灭失业；在经济膨胀时采取紧缩政策，减少货币供给量，提高利率，抑制社会总需求，以抑制通胀。[①] 其二，市场结构理论，包括技术结构、部门结构、区域结构、社会结构等方面。这是对凯恩斯就业理论的补充。托宾在《通货膨胀与失业》中指出，大公司和工会经济权利的集中助长了通胀，换言之，对物价和工资率的操纵促成了物价和工资交替上升的可能和现实。在存在失业时，工资水平不下降是工会操纵工资率的结

---

① 参见杨晓玄：《评新古典综合派对凯恩斯理论的发展和引申》，载《商业时代》2013年第9期。

果，而工资增长推动物价上涨又是大公司操纵物价的结果，所以即使在失业人数与职位空缺数目相等时，平均工资也会增长，物价也会上涨。其三，结构性失业理论。这是由于劳动力市场结构不相适应而造成的失业，表现为失业和空位并存。结构性失业可视为摩擦性失业的极端情况，各种职业培训就是为了解决这一问题，帮助失业者重新找到就业岗位。这是对凯恩斯总量就业理论的补充和发展。

三、新自由主义就业理论

（一）供给学派的就业理论

供给学派（The Supply-side School）产生于美国，他们批判凯恩斯主义，主张调节供给以实现经济的均衡发展。在自由竞争条件下，不能达到总供给等于总需求的充分就业，因为大量失业根源于有效需求不足，是需求创造并制约着供给，是有效需求决定了供给、产量和就业量，投资需求和消费需求不足，是造成失业的主因。由于资本主义经济危机不能自动调节供给和总需求趋于充分就业的均衡，需要依靠国家力量对经济的干预来刺激总需求，各国纷纷推行凯恩斯的需求管理政策，并在经济生活中取得了效果。但是，20世纪70年代中期，西方国家出现了高通胀与低增长并存的滞胀，刺激需求会使通胀走向恶化，而抑制通胀又会导致经济更加萎缩。供给学派代表人物有蒙代尔（Robert Mundell）、拉弗（Arthur B. Laffer）、温尼斯基（Jude Wanniski）、费尔德斯坦（Martin Feldstein）、吉尔德（George Gilder）等。

要增加供给，促进经济增长。经济运行的问题在于供给，由于储蓄和投资不足引起"资本供给不足"，造成技术设备、生产增产缓慢甚至下降，以及产品的竞争力弱等。他们主张实行供给管理，通过减税、削减政府开支、控制货币发行量、减少政府的限制性规章以消除滞胀、刺激供给增长。该学派并不完全否认政府干预，强调要尽量减少政府不必要干预，实现适当政府干预与充分的市场调节相结合。

第一，减税政策。减少税收刺激生产，是供应学派的理论精髓。凯恩斯主义和供给学派都致力于刺激生产，但区别是凯恩斯主义主张发行国债,加强国家干预,以政府为主体进行投资;而供给学派主张降低边际税率,把利润留给企业,以企业为主体进行投资。① 如果降低税率,工人就愿意加班劳动,可增加产量和就业量。一是要减少个人所得税,降低边际税率。因为富人储蓄能力大于穷人,多给富人减税可增加储蓄和投资。特别是中小企业所有者的供给弹性大,个税降低能提高其积极性,成为增加产量和就业的途径。二是要取消劳动收入和非劳动收入的税率差别,主要是减免资本收益税,鼓励民众投资。减税幅度要大,才能刺激储蓄和投资的积极性,从而增加供给。② 然而,供给学派减税思想引发争论,体现在减税对经济的传导机制、要素供给效应、产出与税收增长效应、赤字效应、通胀治理效应、分配效应等六方面,显示了学界和政策制定者在减税刺激经济增长方面的分歧。③

第二,削减政府支出。该学派反对实行强化政府干预、扩张公共开支或实施失业救济的就业政策。因为政府支出会排挤私人生产性支出,抑制了生产,导致财政赤字的出现。政府应压缩支出,特别是政府的社会福利支出。对政府在解决就业中的作用,他们反对政府执行公共部门扩张创造就业机会的政策。④

第三,减少政府对企业的限制。该学派主张企业自由经营,生产才能取得最佳效果,政府不适当管理和限制,会阻碍企业经营的主动性和创造性,并可能影响生产增长。该学派强调企业创新对生产发展的意义,因为它重视供给量的增加,更关注质的改善。⑤ 政府同样需要消除对劳动力市场的错误刺激和破坏。降低公司所得税比降低个税更能增加就业,因为这样能使单位成本不变而公司收入增加,从而增加对劳动力需求。

(二) 货币学派的就业理论

20世纪50年代,货币学派出现在美国,70年代得到快速发展,取代

---

① 参见康珂、周幼曼:《供给学派与中国经济转型》,载《理论研究》2013年第6期。
② 参见王雪梅、谢实编著:《西方经济学简史》,云南人民出版社2005年版,第198页。
③ 参见张俊:《供给学派减税思想争论的考察》,载《贵州社会科学》2014年第4期。
④ 参见李怀玉:《供给学派和凯恩斯主义的比较及启示》,载《商业时代》2014年第20期。
⑤ 参见钟祥财:《供给学派的思想价值和现实意义》,载《上海经济研究》2011年第1期。

了凯恩斯主义经济学，成为美英政府制定社会经济政策的理论依据。代表人物是弗里德曼（Milton Friedman）。由于在消费分析、货币理论等方面的成就，1976年他获得了诺贝尔经济学奖。

货币供给增加是通胀的根源，货币政策比财政政策对国民经济的运行有更大效应。货币学派从需求方面探讨如何抑制总需求的过度膨胀，将失业率降至正常水平。他们对凯恩斯借助赤字财政、通胀、刺激需求，以增加产量和达到充分就业持否定态度。非自愿性失业并不存在，失业仍是暂时性的摩擦失业。1967年，弗里德曼提出了"自然失业率"，它是指在没有货币因素干扰下，让劳动力市场和商品市场自发发生作用，在工资有伸缩性的条件下，劳动力市场达到均衡状态而形成的失业率，即与零通胀率或稳定的通胀率相适应的失业率。

自然失业率是不可逾越的，即使政府强行扩大总需求，将实际失业率降至自然失业率之下，不久也会回归。只有在下面情况下，政府的措施才可能生效。工人在要求提高工资时预期的物价上涨率低于实际发生的物价上涨率，从而使货币工资增长率低于物价上涨率。在此情况下，雇主愿意增加产量，就业量也随之增加。这时，失业减少必然伴随着物价上涨。但是，物价上涨又会影响到人们物价预期的重新调整。当工人发现货币工资增长率低于物价上涨率时，就会再提出提高货币工资的要求，使货币工资进一步上涨，实际工资恢复到原来的水平。如此一来，雇主也会因工资上升而减少产量、解雇工人，从而使失业率回到一个与较高的物价上涨率和较高的货币工资增长率相对应的自然水平上。在此情况下，政府继续扩大货币供应量并不能将失业率降到自然失业率水平下，而只能引起物价同比例的上涨。

为了降低失业率，货币学派提出了一些积极措施，主张减少政府干预，以便更有效地发挥市场调节作用，开辟新就业领域。政府要建立自由市场经济运行规则，而非直接参与市场运行。这些措施包括：一是主张实行浮动汇率制。它有助于国际贸易和收支均衡的维持，能减轻国际收支失衡对国内经济的不利影响。这有利于实现经济稳定增长，发展不受限制的多边贸易以及扩大就业。二是改善劳动力市场，提高工人的流动性，调整失业补贴和社会福利措施，减少工会对工资率和就业条件的干预。在工资率和就业问题上，货币学派反对最低工资法，颁布这些法令形式上是帮助低收入者，实际上损害了其利益。因为要求颁布最低工资法令的压力来自工会，其意图是提高最低工资，使会员免受竞争危害，但会使雇主由于成本过高而减少雇用工人。工会是一种阻碍就业扩大的垄断力量。对工资率的任何外在干预，如政府、工会或雇主联合会的干预，都会妨碍劳雇自由谈判，从而影响就业率。① 三是加强失业人员的培训，建立高效率的职业介绍所，为失业者及时获得就业岗位信息创造条件。

四、新制度学派就业理论

20世纪60年代前后，新制度学派（The New Institutional School）出现在美国。由于凯恩斯主义未能解决现代资本主义经济的各种问题，西方经济学家开始对资本主义制度的现状、矛盾进行了客观分析，采用了制度分析方法说明经济发展趋向，提出从结构方面进行改革的设想，因而被称为新制度学派。代表人物是加尔布雷思（J. K. Galbruith），其就业理论反映在《丰裕社会》、《新工业国》和《经济学和公共目标》等著作中。

（一）权力转移理论

在人类不同发展阶段，谁掌握了当时最难替代的要素，谁就掌握了权力。土地是封建社会重要的要素，地主掌握了权力；资本是资本主义社会重要的要素，资本家执掌了权力。随着工业的不断发展和科技进步，知识和科技在现代社会更重要，需要的专门知识越来越复杂，专门知识已成为企业成败的决定因素，权力又从资本家转移到具有"各种技术知识、经验或其他才能的人"手中。② 他们被称为"技术结构阶层"（经理、科学家等），是当代社会的主人。正是由于权力的转移，现代公司结构发生了变化，没有专门知识的股东在企业决策中的作用下降，而技术结构阶层掌握了公司大权。这使资本主义生产关系发生了变化，以受教育程度来区分阶级，其主要矛盾不再是无产阶级和资产阶级的矛盾，而是有知识的人和没

---

① 参见马培生等：《劳动经济理论研究》，经济科学出版社2011年版，第34页。
② 参见胡学勤、李肖夫：《劳动经济学》，中国经济出版社2001年版，第276页。

有知识的人的矛盾。

（二）企业目标变化理论

现代公司权力转向技术结构阶层，使资本主义企业的经营目标发生了变化。原来企业目标是追求最大利润，而现代成熟的大公司已不再以此为目标了，而是保证适当的利润，保持企业稳定、经济增长和技术完善。稳定是指企业要保持一种稳妥可靠的收入。因为技术结构阶层的收入来源是工资和奖金，而不是股息，他们认为追逐最大利润要冒风险，而且从中得到最大利益的是股东。因此，力求使公司保证适当利润，既不用承担风险，又不会使股东卖掉股票另寻投资，从而能巩固技术结构阶层的地位。经济增长是指公司要保持较高的增长率，来为技术结构阶层增加收入，提升职位和声望；同时，由于经济增长和规模扩大，可减少失业避免劳资冲突，也可增强企业竞争力。技术完善是指技术结构阶层对科技研究的兴趣，因为他们的目标自然成为公司目标。

（三）二元体系就业理论

当代一些国家的经济不是单一结构，而是由两部分既有区别又有联系的经济所组成的，即由计划体系和市场体系组成的二元体系。前者是由有组织的若干家大公司组成的，实行计划经济，按计划进行生产和销售，实行价格控制，生产者主权代替了消费者主权，它所涉及的部门包括大工业、交通运输业、金融业等，上述的"权力转移"和"目标变化"是在计划内部发生的。后者是由分散的小企业和个体生产者组成，基本特征是听命于市场、无法控制价格、消费者主权，它所涉及的部门包括农业、服务业、住宅建筑业、零售商业等。由于经济中两大系统的权利不平等，其消极影响是造成社会经济各部门畸形发展、比例失调，计划体系的生产发展过快而市场体系的生产发展缓慢，两个体系之间就业者收入不平等，出现了"马太效应"。[1]

这些国家有计划的和市场化的劳动力市场。前者受到两个因素的影

---

[1] 参见赵红梅、李景霞：《现代西方经济学主要流派》，中国财政经济出版社2002年版，第260页。

响：一是公司目标的变化使失业人员中有更多的非技术工人和缺乏专门知识的人员；二是工会及会员根本不关心上述失业者，因为工会认为使他们再就业是政府责任，而非工会责任。后者有其特点：一是小企业处于两面夹击的地位，外部有大公司的压力，内部有工会的对抗；二是这类市场中受雇工人多是非技术工人，他们可能没有参加工会；三是个体生产者迫于竞争和销售压力，只能延长工时和提高劳动强度，随时可能成为失业者；四是这类市场有后备劳动力，如家庭妇女和未成年者，他们对受雇者产生就业压力。可见，这是一个收入较低、工作条件较差、工时和劳动强度较大，存在失业风险的劳动力市场。

扩大市场体系中的劳动力市场就业包括要使小企业主能联合起来，以稳定其产品的价格和产量；政府直接调节市场体系中的价格和生产；鼓励组织工会；大幅提高最低限度工资率及范围；采取国际贸易保护政策；政府支持市场体系在教育、资本和技术方面的需求；缩小计划体系与市场体系在权力和收入上的差距。

（四）政府扩大就业政策

政府干预并扩大就业的政策建议：其一，政府调节总需求消除失业。储蓄和投资不协调引起需求不足或过度，只有通过政府税收和货币政策才能保证经济均衡，这种干预必须经常化。它反对将扩大就业与经济军事化相联系，主张军事公司实现国有化并停止军备竞赛，这才能更好扩大投资和增加就业。其二，政府执行工资和物价控制政策。现代经济中的通胀源于工资和物价的螺旋式上升，所以要重视工资和物价。要消除通胀不能只用增加失业，货币和财政政策对消除通胀和实现物价稳定是无效的，只有实行政府对工资和物价直接管制的政策，否则现代资本主义就无法生存。其三，政府制定教育和职工培训政策。经济发展取决于控制技术和资源力量，取决于创造革新的能力和采用革新。随着科技的迅速发展，社会迫切需要技术人员和熟练工人，而落后的教育制度不能满足要求，致使没有技术的人失业，而需要技术工人的部门又存在职位空缺。因此，要解决失业问题，就要改善教育制度，加强职工的技能培训，提高职工的技术素质。

五、理性预期派就业理论

20世纪70年代,一些资本主义国家出现了通胀和失业并存的滞涨局面,凯恩斯经济学和货币学派都无法应对困局。卢卡斯(Robert E. Lucas)、萨金特(T. Sargent)、华莱士(Neil Wallace)、巴罗(Robert Barro)等人形成了理性预期学派(School of Rational Expectation)。资本主义经济本质上是稳定的,凯恩斯主义旨在熨平经济波动,实施充分就业的需求管理政策,不仅是无效的,而且是导致通胀的原因。

该学派的就业理论有两点:第一,市场持续出清假设。它是指市场供需基本相等,不存在超额供给。无论是在产品市场还是在劳动力市场,产品价格和货币工资将适应供求迅速调整,具有充分的弹性。追求效用最大化的工人愿提供劳动力,恰好等于旨在追求利润最大化的资本家愿购买的劳动力。如果劳动力市场出现供给过剩,就会导致失业和工资下降,资本家愿雇用更多工人,使市场达到均衡。① 因而,目前失业者都能在低于现行工资率的情况下实现就业。事实上,由于正式或非正式契约的存在,以及其他垄断或非垄断因素的原因,价格、工资都未必能得到及时调整,因为价格和工资都有向下刚性。即使民众具有理性预期,政府货币政策也不会完全无效。②

第二,自然率假设。产出表现为稳定的增长率,它被称为自然率,取决于技术革新、劳动力供给增长、投资率和制度安排等因素,与需求量无关。在劳动力市场,与自然率相对应的是自然失业率,它是市场达到均衡,实现充分就业时的失业率。在任何时期,工人都要在就业和闲暇之间分配时间,这取决于两者的成本。如果当前实际工资超过正常实际工资,工人就有兴趣多工作,预料将来接受更多闲暇;如果当前实际工资低于平均数,工人就选择更多闲暇,预料将来接受更多工作。执行货币政策对产量和就业水平不会产生影响。由于价格和工资可以适应市场供求状况及时调整,则市场机制的内在作用有使经济趋于充分就业的趋势。如果政府执

---

① 参见王雪梅、谢实编著:《西方经济学简史》,云南人民出版社2005年版,第216页。
② 参见丁冰:《试析理性预期论》,载《经济学动态》1996年第8期。

行凯恩斯主义的需求管理政策,将可能引起通胀。理性预期学派并不认为自然失业率是固定的,它可能随着客观条件而变化。因为劳动者能否就业,是否愿就业,与很多因素有关系。因此,只要政府能拿出改善劳动力供给的政策,自然失业率可以降低。①

只有在完全竞争的市场上,每一个生产者和消费者才是价格的接受者,价格完全由市场供求关系来决定,因而具有完全的灵活性,从而保证了供求之间的相等。但是,现实经济中并不存在完全竞争的市场,更多的是不完全竞争或垄断竞争市场。在不完全竞争市场上,工资和价格由于经常受某些制度性因素的影响而具有刚性,短期内难以发生变动,无论是劳动力市场还是产品市场并非可以连续出清。

该学派的就业对策是,宏观政策的首要任务是为私营经济提供稳定可以预测的环境,政策目标必须具有长期性和稳定性。② 政府对劳动力市场人为干预或控制无助于解决失业,明智的选择是减少政府不当干预。只要经济增长与稳定,劳动力市场失业人数就会减少,根本不需要政府的控制与干涉就业问题。可见,政府不当干预不一定能治理失业,而市场经济自发调节是处理失业的有效方式。鉴于此,西方经济学界称该学派为彻底的经济自由主义派别。

第二节 发展经济学的就业理论

一、刘易斯托达罗就业理论

(一) 农业劳动力供给的无限弹性

刘易斯(William Arthur Lewis)是一位多产的经济学人。1954年,他在《曼彻斯特学报》上发表了《劳动力无限供给条件下的经济发展》一文,首次系统地提出了二元经济(dual economies)结构学说。由于他揭示

---

① 参见刘欣、徐长生:《理性预期模型的内涵及启示》,载《学术月刊》1997年第3期。
② 参见陆建新:《理性预期学派的主要思想及对我们的启示》载《江苏社会科学》1996年第2期。

了农工关系这类发展中国家经济发展的本质矛盾，因此获得了诺贝尔经济学奖。

刘易斯就业理论的核心观点是，发展中国家经济由两个性质截然不同的部门所组成。这两个部门是：使用可再生资本的资本主义部门，不使用可再生资本的非资本主义部门。资本主义部门主要是指城市中以制造业为中心的现代经济部门和其他行业；非资本主义部门主要是指农村中的农业生产部门和手工业生产部门为主体的传统经济部门。刘易斯研究了两个部门资源或要素的投入方式、技术进步速度、劳动组织方式、劳动生产率、工资率等一系列经济活动中的变量因素，并将两个部门的各种变量因素加以比较，认为传统农业部门就业者的收入规模通常只能勉强维持其本人和家庭成员的最低生活水平，因为农民收入来源主要取决于农副产品的产量。在缺乏甚至没有外来净资本投入和土地投入刚性的情况下，农副产品的产量不可能出现大幅增长，农民也将长期处于贫困状态（在一些发展中国家，政府不实行计划生育与人口控制政策，农民因传统观念、生产劳动与养老保障迫使他们选择多生多育，致使人口增殖过快）。相反，城市现代经济部门有较多的净资本投入，再加上技术进步和生产方式的快速变化，其创造出的财富规模超过传统农业部门。城市工人工资比传统农业部门农民工资高出50%，工人一般生活较为富足。可见，在比较利益的引诱下，农民必将选择离开农业部门，转向城市现代制造业等工业部门就业，资本家具有完全的用工选择权，可获得源源不断的劳动力供给。在二元经济的某一节点上，农业劳动力的供给也将丧失完全弹性。这时，发展中国家二元经济结构就转变为一元经济结构。

刘易斯就业转换理论的出发点是，利用传统农业部门的隐性失业来支持现代工业部门的发展，是一种"以农养工"的政策取向。其就业理论是建立在封闭经济基础上的，存在着明显的局限性：其一，对农村和农业的判断。他基本上漠视了农业与工业部门的经济往来，以静态的视角来观察传统农业与农村的发展，认为农业经济基本停止增长，农村发展缓慢甚至没有发展，农业工人的工资率长期保持不变，农业劳动力流出不会降低农产品产量，以及农业劳动力供给具有无限性等。这些观点不完全符合部分发展中国家的实际。近年来,我国农业劳动力供给出现了短缺,也降低了其就业理论的解释力。其二,对城市和工业的判断。城市劳动力市场完全出清,没有严重的失业或隐性失业。这不符合发展中国家的现实,特别是像中国这样的人口大国更加如此。事实上,一些发展中国选择了"赶超"策略,谋求在较短的时间内实现国家工业化并走向富裕。在此过程中,资本密集型、技术密集型发展模式能更有力加速国家工业化,自然成为一种不二之选,但就业可能不会随着这两种投资模式而出现较大增长。这样就带来了一个问题,城市如何能吸纳蜂拥而至的农业劳动力而不出现失业,刘易斯就业理论没能对此给出合理解释。

(二) 比较利益下的农业劳动力供给

托达罗 (Michael P. Todaro) 的就业理论弥补了上述理论的不足。面对发展中国家工业部门失业率的持续上升,仍有大量农业人口不断地流向工业部门寻求就业,造成农业劳动力流入城市的基本原因是城乡比较利益的悬殊。他们选择进入城市工业部门就业是一种预期的决策,而不是现实的两个部门之间的收入差距。预期收入差距,包括劳动力收入水平和就业概率 (employment probability)。如果未来城市预期的就业收入大于未来农村预期的农业经营收入,农业劳动力将选择离开农业部门而蜂拥至城市工业部门。当然,这种预期收益的实现程度与城市市场的拥挤程度密切相关,即城市市场提供的就业机会越少,预期价值实现的可能性越小;反之,城市市场提供的就业机会越多,预期价值实现的可能性越大。如果劳动者不能实现就业,一切预期等于零。

在工业化初始阶段,发展中国家人口的主体居住在农村。随着工业化和城市化的快速发展,城镇现代工业部门兴起并能提供较多的就业岗位(我国台湾省城镇加工工业发展就是一个典型例证)。驱使农业劳动力流向城市的动力正是工农业两个部门收入规模的悬殊,以及城镇外部市场存在较多的就业机会。随着更多农业劳动力前往城市谋求职位,城市市场的拥挤逐步显现,特别是在比较利益没有消除的经济环境下更加如此。公共政策制定者会采取措施进一步推动城市经济增长,力求缓解城市市场的就业压力。但是,这些政策选择都是徒劳无益的,因为在就业连锁的作用下,国民经济本质上是一个连通器,不可能将次要和主要劳动力市场截然分开。

托达罗提出了解决这一矛盾的对策,要加快农业部门和农村地区的发展,通过进一步发展农村地区,改善农村居住环境和增加农民收入,有效缩小农业部门和工业部门的比较利益差距,降低城市就业对农民的吸引力。只有这样,才能通过利益格局调整变相阻止农民流向城市劳动力市场,城市就业压力才能从源头消除,这对一个人口大国更加富有资政意义。可见,托达罗就业理论的"以农养工"色彩较为淡薄。农业部门劳动者是否流向城市就业,关键并不在于是否有剩余,而是在于比较就业收益的大小。他更加强调农业部门和农村的发展,从农村内部解决失业问题。

笔者认为,托达罗就业理论的某些思想对我国解决农业就业问题有借鉴作用。因为大量农业劳动力流动就业是一种谋生性就业,而不是一种发展性就业,更不是城镇加工工业或现代工业的快速发展对劳动力有巨大需求。换言之,只要能在农村谋取生活出路,农业劳动者未必一定要外出就业。这就需要政府扩大农业收益和改善农村生活条件,特别是提高农村公共服务的供给与质量。我国政府提出的"工业反哺农业"和建设社会主义新农村蓝图,对缓解城市就业压力将产生影响。能否从实践上证明这一理论更加值得期待。

二、乔根森的劳动力转移轮

1967年,乔根森(Dale W. Jogenson)在《过剩农业劳动力和两重经济发展》一文中提出了一个新的二元经济理论。农业产量的剩余对经济增长有决定作用,否认了农业有边际生产率等于零的劳动力存在,也不承认农业与工业的工资率是固定的。其假设是,经济系统分为现代部门和落后部门;落后部门的发展取决于劳动和土地,土地供给固定,并且边际报酬递减,不存在资本积累;现代部门的发展取决于资本和劳动,工资和利润绝对额都呈上升趋势,但相对比重不变;两个部门的产出随时间而自动增长，这是技术进步的结果。①

乔根森对农业劳动力向工业部门转移进行了论述。其一，农业劳动力向非农业转移是消费结构变化使然。因为民众对农产品的需求有生理限度，而对工业品的需求是无限的。当农产品已满足人口需求时，农业就会丧失需求拉力，劳动力就会转向需求旺盛的工业部门。其二，农业劳动力向工业部门转移的基础是农业剩余。即使在一个经济陷于低水平的均衡状态中，劳动力增加也会带来农业产品增加。只有农业剩余的出现，才为农业劳动力流向工业部门提供了条件。就工业部门而论，只要有一定量的初始资本，那么这种由于农业剩余而造成的劳动力转移就会给工业带来增长。只要农业剩余是递增的，工业增长就会持续。农业剩余越大，劳动力转移规模也越大，工业部门就越有可能更快发展。因此，农业剩余是经济发展的必要和充分条件。② 其三，农业剩余是指农业部门产品的增长快于人口的增长，即人均粮食供给增长率大于人口增长率。人口增长是由经济增长所决定的，而且有一个生理界限，而经济增长则有不断进步的技术作为保障，因此经济增长超过人口增长和农业剩余出现是必然的。其四，在农业人口向城市工业部门流动的过程中，工资水平并不是固定的，而是不断上升的。不但城市工业部门为了吸引农业劳动力要提供高于农业部门的工资，而且农业部门由于劳动生产率的提高，农业工人工资也在上升。③

刘易斯以边际劳动生产率为零的剩余劳动力为基础，而乔根森以农业剩余为基础，将农业剩余视为劳动力从农业部门转移到工业部门的前提，这就强调了农业进步和农业发展对工业以及整个经济发展过程的重要作用。费拉农业剩余也是劳动力顺利转移的关键因素，但这里的农业剩余是与剩余劳动力密切联系的，与乔根森以最大人口增长率为前提的农业剩余是不同的。乔根森否定了固定工资假设，更着重市场机制在劳动力转移中

---

① 参见张清泉：《二元经济结构条件下的中国农民工》，经济科学出版社2008年版，第23页。
② 参见戴炳源、万安培：《乔根森的二元经济理论》，载《经济体制改革》1998年增刊。
③ 参见李爱：《农村劳动力转移的政府行为》，山东人民出版社2006年版，第36页。

的作用,从而使他的理论比上述理论更有解释力,更接近大多数发展中国家的现实。发展中国家二元经济发展过程与农业剩余劳动力的转移过程是一致的。工业化体现为农业剩余劳动力的转移过程,整个经济发展也同样离不开农业剩余劳动力转移。但是,乔根森理论仍忽视了对农业物质投资的重要性以及城市的失业等问题。

三、舒尔茨的改造传统农业

后发国家农业滞留了大量剩余劳动力,引导他们向非农产业转移,是改变二元经济结构的途径,但不是唯一选择,另一个有效选择是改造传统农业。20世纪60年代前,发展中国家普遍"重工轻农",忽视了农业自身发展。为了工业化积累资本,苏联和中国几乎达到掠夺农业的程度。但偏爱工业并不能促进经济发展,反而出现了生活资料短缺。1964年,舒尔茨(Theodore William Schultz)在《改造传统农业》中肯定了发展农业的积极作用。一国现代化农业能对经济增长有所贡献,对经济增长没有贡献的是传统农业。在农业现代化最成功的国家,农业生产率的提高比工业快得多。将传统农业改造成为现代化农业,这为我国农业剩余劳动力转移提供了新思路。要对传统农业注入现代要素,不能只靠农业自身积累。[①]

传统农业,是指完全以农民世代使用的各种要素为基础的农业,是一种特殊类型的经济均衡状态。其特征包括:一是技术状况长期保持不变,生产要素供给和技术条件不变;二是农民没有改变传统生产要素的动力;三是农民的储蓄为零,因而没有投资的经济能力。[②] 传统农业的问题不在于要素配置缺乏效率,重新配置农民所拥有的要素并不会使农业生产有所增加。首先,传统农民并不愚昧,其行为是理性的。农民对市场价格变动有迅速反应,农民经营活动会考虑边际成本和效益,经过农民多年的努力,现有的要素配置达到了最优化,没有一种要素未被充分利用。其次,

---

[①] 参见潘锦云、汪时珍等:《现代服务业改造传统农业的理论与实证研究——基于产业耦合的视角》,载《经济学家》2011年第12期。

[②] 参见杨永华:《舒尔茨的〈改造传统农业〉与中国三农问题》,载《南京社会科学》2003年第9期。

传统农业不存在部分从事农业劳动的边际生产率为零的情况，农业劳动力减少会引起产量下降和农产品不足。

改造传统农业关键是引进现代农业要素：其一，建立适合于改造传统农业的制度。一是依靠行政命令；二是以经济刺激为基础的市场方式。要运用市场方式通过农产品和要素价格的变动来刺激农民，不要采取命令式和搞大农场，通过所有权和经营权合一的、能适应市场变化的家庭农场来改造传统农业。① 其二，农民愿意接受新要素，并有接受的能力。这种接受能力不会自动形成，也不是从传统经验中产生，需要进行人力资本投资。② 其三，在促进农业生产力增长过程中，土地差别并不重要，农业使用传统类型的物质资本量的差别也不重要，新要素的差别相当重要，而农民能力的差别更重要。因此，对农民进行人力资本投资和提供信息，使他们掌握新要素使用。农民必须具有较高的文化素质，否则会阻碍农业进步。

舒尔茨还以历史事实论证了改造传统农业与人力资本的关系。战后，西欧一片废墟，但很快就摆脱了战争阴影，经济迅速恢复和发展，这得益于幸存下来的人力资本对经济恢复的巨大作用。如果印度在一夜之间获得了美国那样先进雄厚的物质资本，那么由于物质资本和人力资本之间的鸿沟实在太大，仅靠技术水平和知识储备，印度农民很难应用自如。当农业是依靠开辟新土地、拓宽市场而增长时，学校教育起不了多大作用，但当技术进步成为推动农业前进的主要力量时，学校教育就至关重要。

发展中国家的现实表明，大多数国家农业生产条件落后，生产率较低，产出受到自然条件的影响较大。由于人口压力，发展中国家对土地等自然资源进行长期掠夺式开发，使农业生产环境恶化，抵御自然风险的能力较弱。土壤退化，农田荒漠化，水资源短缺和污染，自然灾害频繁。要改造不良环境包含了大量的就业份额，在农业生产条件具备时，改造传统农业的过程也存在着大量就业机会。改造靠天收和小农耕作的传统农业不

---

① 参见杨培雷主编：《当代西方经济学流派》，上海财经大学出版社2003年版，第488页。
② 参见邓大才：《改造传统农业：经典理论与中国经验》，载《学术月刊》2013年第3期。

仅是产业之间良性转换和经济持续循环的需要，也是就业创造和实现国民收入再分配的有效途径。①

四、钱纳里的就业结构转换

产业结构变动必然带来就业结构的相应调整。在经济初始期，社会劳动资源集聚在生产效率低下的农业部门；随着科技发展，现代工业部门兴起，吸纳了大量的劳动者就业，农业部门的就业逐步减少；当代技术进步加快促使工业部门劳动生产率空前提高，既排斥劳动力过多进入，又为商业、金融、技术服务为主的服务业快速发展提供了新机遇，使就业逐步转向以第三产业为主。这被称为"库兹涅茨法则"。②钱纳里（Hollis Cherery）、塞尔昆（Moises Syrquin）认为，在发达国家工业化中，农业产值和就业向工业的转换基本上是同步的。但是，一些发展中国家产业结构转换快于就业结构转换。它们面临技术革新，使用先进工业技术以便节约劳动力，现代工业部门创造产值的能力高于创造就业能力，特别是对人口众多的落后国家来说，就业结构转换在初期是缓慢的。发达国家人均国民生产总值达到300美元（刘易斯转折点）时，工业化加速发展，国家投资策略开始转向，同时经济也开始走上稳定协调高速发展阶段。对发展中国家来说，历史条件完全不同，现代大工业对劳动力的需求弹性下降，因此当达到刘易斯转折点时，虽然工业比重已占据主导地位，但是劳动生产率和技术水平没有达到发达国家水平。另一方面，发展中国家和地区工业产值比重高的原因在于工业品价格偏高，农产品价格偏低。③相比之下，就业结

---

① 参见马良华、郑志耿：《经济增长、充分就业和农业发展——兼对中国长期经济增长问题的研究》，浙江人民出版社2004年版，第160—161页。

② 参见陈桢：《经济增长的就业效应研究——基于经济转型与结构调整视角下的分析》，经济管理出版社2007年版，第64页。

③ 台湾"稻谷征收"和"肥料换谷"政策的实施，使1956至1960年农业年均资本净流出达到9.5亿元新台币，占同期农业生产总值的6.1%左右。参见黄安余：《论台湾农业剩余剥夺政策及其影响》，载《台湾研究》2009年第1期。

构变动指标比产业结构变动指标更能真实地反映产业结构的实际变动状况。①

伴随着工业化进程,就业结构和人口居住方式也发生了变化。在二元经济结构转换过程中,这种变化的意义格外重大。如果从这个角度看,我国重工业优先发展的就业成果是颇为有限的,因为工业化的推进并未带动整个社会经济结构的实质性转变,全社会以就业结构衡量的工业化程度较低。工业化并未导致农业就业人口的明显减少,没有吸收更多农业劳动力转向工业就业。在工业化快速推进的同时,农业劳动力在就业结构比中份额较大,未出现大规模农业劳动力向城镇转移就业现象,使农业剩余劳动力转移的正常途径被打断,造成劳动力在农村大量积压,而一旦将制约农村人口非农化的闸门开启,农业劳动力将形成一种非常规的转移道路和方式。② 相反,以重工业为主导的发展战略却形成了不合理的产业结构。我国产业结构和就业结构出现了严重偏离,就业结构转换落后于产业结构转换。我国三大产业的产业结构与就业结构变动方向基本一致,但也存在较大差异,这在第一产业中表现得最为突出。在经济发展过程中,各产业技术进步程度不完全一致,产业结构与就业结构不可能绝对对称。由于发展中国家人口增长过快,劳动力供给超过了非农产业对劳动力的需求,加之在经济结构转换中,工业技术进步速度快于农业,就业结构转换要慢于产业结构转换。与其他发展中国家相比,我国就业结构滞后性更为突出,产业结构与就业结构严重失衡,造成了结构性扭曲。这说明,劳动力在社会各产业之间的转移还有较大阻碍;同时也表明不同产业间的劳动生产率差距较大。

国家发展战略、体制制约等多种原因造成了这种结构转换的不一致性。此外,国家或地区的资源禀赋可能是一个重要成因。战后,我国台湾省是一个劳动力资源充裕而资本和自然资源相对匮乏的地区,决策者选择

---

① 参见刘家强主编:《缓解西部地区城乡就业矛盾对策研究》,西南财经大学出版社2007年版,第13页。

② 参见邹农俭:《中外农村劳动力转移模式的比较研究》,载《人口学刊》2001年第5期。

了使用劳动力要素替代资本要素，实现了城镇加工工业的快速发展，使劳动力从农村转移到城镇工业就业，有效提升了就业的产业结构。相反，建国初期，我国大陆地区劳动力资源同样充裕，资金和外汇相对短缺，在此资源禀赋下，第一代领导集体却选择了使用稀缺资源替代充裕资源的配置方式，走出了一条资本密集型的重工业发展道路。这就使得我国重工业发展充分、轻工业发展不足，这种重型的产业结构一度得以固化并出现了惯性，制约着产业结构与就业结构转换。我国工业内部也发生了某种变化，资本有机构成有所提高，人均资本占有量上升，单位资本对就业的贡献率下降，导致在经济增长率恒定下的就业岗位缩减。①

第三节 马克思主义的就业理论

一、相对过剩人口理论

19世纪中叶以后，随着资本主义经济发展和人口的快速增长，经济周期性危机、失业和贫困等一系列问题逐渐显现。恩格斯（Friedrich Engels）在《政治经济学批判大纲》中将人口问题与经济制度加以联系，认为资本主义社会中过剩人口的根源是资本主义制度。劳动力过剩是始终同财富过剩和资本过剩存在着关联。这种人口过剩是相对于就业而非生活资料来说的过剩。他在《英国工人阶级状况》中深刻分析了英国工业革命后工人的贫困化趋势，并阐明了资本主义市场失业后备军的形成过程。马克思（Karl Marx）是较早研究就业问题的经济学家，他在《政治经济学批判》中批判了马尔萨斯将一定数量的人口和生产资料相联系是不充分的，认为不同社会生产方式，有不同的人口增长规律和过剩人口增长规律。

第一，失业是指劳动力作为商品没有成功让渡，其使用价值未能在生产中发挥作用。劳动力市场化自由配置导致失业，正是资本主义社会基本矛盾运动的结果。资本主义生产方式提升了竞争压力，资本家为了扩大利

---

① 参见喻桂华、张春煜：《中国的产业结构与就业问题》，载《当代经济科学》2004年第5期。

润，必须选用先进生产手段，资本结构的变化是失业人口产生的直接原因。① 资本家用较少量的劳动力可推动较多的机器和原料，从而产生失业。相对于资本对剩余价值而产生的相对过剩人口，包括流动的、潜在的和停滞的过剩人口。资本家通过绝对剩余价值生产延长工时，并尽可能多雇工以扩大剥削范围，从而扩大了工人就业；资本家通过相对剩余价值生产缩短必要工时，相对延长剩余劳动时间，使生产相同的剩余价值所需要的劳动力数量减少。

第二，资本积累和剩余价值相关。"过剩的工人人口是积累或资本主义基础上的财富发展的必然产物，但是这种过剩人口反过来又成为资本主义积累的杠杆，甚至成为资本主义生产方式存在的一个条件。"② 只有当资本积累达到一定的规模后，资本家才有能力扩大生产和投资规模，使用先进的设备进行生产，缩短工人的必要工时，相对延长剩余劳动时间，更多剥削工人的剩余价值。使用先进的设备直接带来了资本有机构成提高，不变资本比重增加，从而使可变资本相对减少，就业数量的减少比可变资本的减少要快，因此失业人数更多。"过剩的工人人口形成一支可供支配的产业后备军，它绝对地从属于资本，就好像它是由资本出钱养大的一样。过剩的工人人口不受人口实际增长的限制，为不断变化的资本增值需要创造出随时可供剥削的人身材料。"③ 过剩工人人口可以随时满足资本主义扩大再生产对劳动力的需求，从而成为产业后备军，是资本主义经济波动发展的必要条件之一。过剩劳动力的存在也增加了在职工人的失业压力，有利于降低工人工资，使资本家能加强对工人的剥削。④

第三，社会主义计划经济解决了资本主义劳动力和生产资料分离导致的失业问题，依靠社会主义的计划，能合理地安排劳动力的分配和使用，

---

① 参见王敏：《马克思主义经济学与凯恩斯主义经济学失业理论比较研究》，载《学术界》2013年增刊。

② 《资本论》第一卷，人民出版社2004年版，第728页。

③ 《资本论》第一卷，人民出版社2004年版，第729页。

④ 参见刘家强主编：《缓解西部地区城乡就业矛盾对策研究》，西南财经大学出版社2007年版，第15页。

消灭资本主义生产无政府状态下的失业。随着社会主义公有制的建立，劳动者与生产资料结合，劳动者成为生产资料的主人，不再是被雇佣者。作为生产资料的主人，劳动者共同占有生产资料，都有参加劳动的权利。事实上，由于受到生产资料的限制，以及技术水平的制约，在社会生产中需要的劳动力有一个合理的数量问题，不可能无限制扩大劳动力的使用。[1]在资源短缺的条件下，过多的劳动力与其所掌握和使用的其他资源相比就显得相对过剩。

二、结构性失业理论

过剩人口有三种形式，即流动过剩、潜在过剩和停滞过剩人口。流动过剩人口是指短期失业人口。潜在过剩人口是指失地农民，他们需要流入城市求职，但有一定的转移障碍，只能滞留在农村，成为农业中的隐性失业者或农业过剩人口。停滞过剩人口是指那些长期处于失业状态的人口，他们很多是来源于工业、农业过剩人口，以及由于机器使用造成手工业和工场手工业生产者破产出现的失业人口。这又与结构性失业和技术性失业有关联。

机器排挤工人的数量多少、程度大小与替代工人进度的快慢、幅度大小有关。如果这种替代是在短期内完成，没有过渡时间，则对工人的排挤是严重的，特别是对传统手工业和工场手工业来说，这种矛盾就格外突出。被排挤的工人由于技能结构限制，难以再就业，即使再就业，也属于低报酬工作，因而社会的总体失业率会上升。如果减少雇佣工人的可变资本正好用于投资机器更新，那么资本并没有游离出来，而只是可变资本转化为不变资本，即使这部分可变资本用于购买机器后还有剩余，也不能完全使被排挤的工人就业。假如生产新机器的工厂会增雇工人，由于还需要购买原料，资本家要获利，这部分增加的资本也不能如数地雇用被排挤的工人。因为减少可变资本，会使对生活资料的需求下降，从而导致其价格下降，如果这种状况持续时间长范围广，生产生活资料的在职工人有可能

---

[1] 参见张建武：《劳动经济学：理论与政策研究》，中央编译出版社2001年版，第170页。

被解雇。在此情况下，只有追加资本的投入才能缓解工人失业。只有迅速追加投资，才能雇用一些被机器排挤的工人，而要想使所有的工人全部就业，则追加投资的数量就要达到相当大的规模。

机器使用改变了劳动力需求技术结构，很多职位只有受过教育、掌握技术知识的工人才能得到。从机器使用引起的自动体系的日益发展，从难以加工的材料日益不可避免地被应用，如以铁代替木材，到开拓新的销售市场等，"所有这些都是自然发生的任务，要解决这些任务到都碰到人身的限制。"① 这是指机器发展所需要的有知识、懂技术的劳动力，说明人才紧缺在那个时代已初步显露。同时，劳动条件恶化和工时不断延长，导致工人身体素质下降。资本主义工业化和城市化的发展使城市人口密度增加，城市贫民区不断扩大，工人生活条件恶化，而工人失业和贫困不仅破坏了工人家庭关系，也加速了工人人口再生产的过程。

三、社会分工与就业

生产分工可以分为两类：一类是自然分工，即在纯生理基础上的一种自然分工，这是由于性别和年龄的差别所致，最初在家庭内部和某一个生产单位进行。自然经济时代的男耕女织等。一类是社会分工，即从原来不同而又互不依赖的生产领域的交换产生的。就业会随着社会分工而变化。因为机器大生产在一个工业部门的扩大，为它提供生产资料的部门也会增加生产，就业人数也会增加。机器生产的扩大又会刺激以其为原料的工业部门的扩张，使其劳动力需求上升。通过产业的前后联系，机器生产的就业扩张效应得以发挥。在资本积累的过程中，产业结构不断变化，因此通过生产部门的扩大对就业的影响较为显著。就业扩张效果的好坏，取决于各部门的资本有机构成的高低。如果就业人数上升过快，资本家可能会使用技术设备替代工人。产业分工的确对就业增加有推动作用，使就业部门结构发生变化。

企业内部的分工也将对就业产生的影响。工场手工业要求工人在同一

---

① 《马克思恩格斯全集》第44卷，人民出版社2001年版，第440页。

时空生产商品,劳动方式与行会手工业相似,这是不分工的协作。分工可以分为两种:一种是以不同工种的独立手工业的结合为出发点,形成了混成的工场手工业;另一种是以同一工种手工业者的协作为出发点,出现了有机工场手工业,其分工程度更高。劳动分工对工人就业产生的不利影响是使他们长期从事同一种局部的劳动,才能得不到充分发挥,技能单一,这对工人身心健康造成伤害;同时,技能单一使工人在失业后难以再就业。机器大工业被资本家当作剥削工人的手段,使他们长期依附于机器。①

分工与就业流动有关联。"现代工业通过机器、化学过程和其他方法,使工人的职能和劳动过程的社会结合不断地随着生产的技术基础发生变革。这样,它也同样不断地使社会内部的分工发生革命,不断地把大量资本和大批工人从一个生产部门投到另一个生产部门。因此,大工业的本性决定了劳动的变换、职能的更动和工人的全面流动性"。② 这一切对工人的威胁是在他承担局部职能变成过剩的同时,他提供的相应劳动也过剩了,工人面临失业威胁。因此人们必须承认这种劳动的变换,从而承认工人尽可能全面发展是现代经济的规律,并为工人的全面流动创造条件,而不要使他们只能承担一种社会职能。专业分工的提高降低了工人在各种技能之间转换的总成本,这使工人原有领域的技能过剩,从而有利于他们在新领域就业。一个在传统机电产业失业的工人,就可能在现代信息产业找到工作,因为信息产业整体上需要高素质劳动力,由于专业化分工很细,也产生了许多只需要简单劳动的就业机会。全面流动性是劳动者能在专业化分工体系中发现其优势,如果每个劳动者都因为流动性受阻而无法做到学有所用、用有所长,国家每年花费巨大投资培养出来的各种专业人才就很难成为社会、经济、科技发展的价值资本,这不仅是教育资源的浪费,也是

---

① 亚当·斯密认为,资本家通过劳动力之间的专业化分工与协作,可取得三种利益:"第一,劳动者的技巧因业专而日进;第二,由一种工作转到另一种工作,通常须损失不少时间,有了分工,就可以免除这种损失;第三,许多简化劳动和缩减劳动的机械的发明,使一个人能够做许多人的工作。"所以,专业化分工增加了等量劳动力提供更多有效劳动量的能力,从而提高了劳动生产率。

② 《马克思恩格斯全集》第20卷,人民出版社1971年版,第319页。

劳动力价值的损失。①

四、按劳分配与工资决定

(一) 按劳分配理论

马克思在《哥达纲领批判》中提出了按劳分配理论，即具备劳动能力者应各尽所能为社会劳动，社会以其劳动作为收入分配的标准，按照劳动者提供的劳动数量和质量分配个人收入，等量劳动领取等量报酬。这一理论的具体内容有以下四个主要方面：其一，要从社会总产品中扣除如补偿消耗的生产资料、扩大生产的追加部分等，才能对劳动者实行消费品分配。其二，社会应以劳动作为收入分配的标准，必须按照劳动的时间和强度来确定劳动者提供的劳动。其三，生产资料公有制和生产力水平不高是按劳分配的前提。其四，按劳分配的直接原因是劳动还是谋生手段，体现了劳动者的平等关系。②

在市场经济条件下，旧理论遇到了新问题。劳动力市场价格不等同于按劳分配。市场价格是按劳分配的起点，是签订劳动合同和确定企业职工底薪的依据。按市场价格分配与按劳分配是两个不等的量。对我国出现的"劳动分红"，学界提出了三种观点：一是非公有制企业利润是被资本家、私人或股东所分享；国有企业利润如何分配，由投资者、劳动者、经营者等共同创造的利润，应由他们共享。二是劳动者创造的利润，不能全部归其所有，要经过各项扣除。当这个企业的劳动者按同行业的平均资金利润率上缴国税和利润后，如果出现了剩余利润，那么它归企业劳动者分享。三是将剩余价值分给劳动者就不是剩余价值，利润分给劳动者就不是利润。劳动者已按市场工资率，通过谈判确定了工资，并获得了报酬，没有理由再获得劳动分红。③

(二) 工资决定理论

劳动力供求与工资关系紧密。"对劳动的需求同资本的增长并不是一

---

① 参见牛润霞：《技术变迁中的失业问题研究》，人民出版社2007年版，第184—185页。
② 参见马培生等：《劳动经济理论研究》，经济科学出版社2011年版，第94—95页。
③ 参见马培生主编：《劳动经济学》，中国劳动社会保障出版社2002年版，第164—165页。

回事，劳动的供给同工人阶级的增长也不是一回事，所以，这里不是两种彼此独立的力量互相影响。"① 在资本主义经济中，劳动力供求并非彼此独立的两种力量相互影响的结果，而是受到资本的控制。"资本在两方面同时起作用。它的积累一方面扩大对劳动的需求，另一方面又通过'游离'工人来扩大工人的供给，与此同时，失业工人的压力又迫使就业工人付出更多的劳动，从而在一定程度上使劳动的供给不依赖于工人的供给。劳动供求规律在这个基础上的运动成全了资本的专制。"② 虽然资本积累会增加对劳动的需求，但对劳动力需求并非相应增加，甚至可能出现下降，这取决于资本有机构成的提高；而劳动供给增加也不表明就业的劳动力数量增加。劳动力供给并不仅是由于人口的自然增长率以及劳动者的偏好决定的，它同样受到资本积累的影响。在资本有机构成不变的情况下，是资本增长引起可供剥削的劳动力的不足，是资本减少使可供剥削的劳动力过剩。工人就业人数是与资本积累的周期变动紧密联系的，劳动力供给更多受到资本积累的影响，劳动力需求更是由资本追逐利润的目标直接决定的。对资本家有直接意义的是劳动供需，而对失业起决定作用的是劳动力供需。

工资是由在职劳动供求决定的，而在职劳动或劳动者的数量是由资本家确定的，因而工资仍受到资本家的控制。失业人口增加会对在职工人形成外在的压力，促使工资下降。而工资上升却是很少发生，幅度也是有限的。即使资本有机构成不变，随着资本积累的扩大对劳动的需求增加。与资本积累对应的是剩余价值转化为资本，是剩余劳动；与工资对应的是必要劳动，因此两者是必要劳动与剩余劳动的关系，资本积累是工资变化的根本原因。③

市场机制所决定的工资不是随意波动，也不是单纯由劳动力市场供求

---

① 《资本论》第一卷，人民出版社 2004 年版，第 737 页。
② 《资本论》第一卷，人民出版社 2004 年版，第 737 页。
③ 参见刘家强主编：《缓解西部地区城乡就业矛盾对策研究》，西南财经大学出版社 2007 年版，第 18—19 页。

决定，而是由一组决定该国简单劳动力价值量的生活必需品的价值综合决定。这些生活必需品既包括在该国满足普通人基本物质生活需求的物品，也包括在该国满足普通人基本精神文化需求的物品。所以，国与国之间在一定时期的工资水平由于生产力水平差距而有较大差别。一个生活离不开鸡蛋、牛奶和蛋糕的国家的工资水平，与一个只能依靠粗茶淡饭维持温饱的国家的工资水平是无法对比的，原因是劳动生产力水平的差距所造成的生活必需品价值差距较大。①

五、农村人口流动理论

农业劳动力数量从相对减少到绝对减少，在就业结构中的比例逐渐下降。"农业工人的人数同工业工人的人数相比会减少。"② "商品经济的发展从而就意味着愈来愈多的人口同农业分离，就是说工业人口增加农业人口减少。"③ "农民——这是中国工人的前身。将来还要有几千万农民进入城市，进入工厂。如果中国需要建设强大的民族工业，建设很多的现代化的大城市，就要有一个变农村人口为城市人口的长过程。"④ 近百年来，无论何种现代化，都要有一个农业劳动力减少，非农业劳动力不断增加的过程。

机器在农业中的使用是形成农业劳动力剩余的直接原因。这将使农业部门所需要的劳动力总量减少，或者农业部门劳动力占社会劳动力总量减少。人口流动的原因在于社会分工和生产的社会化发展。随着人类活动的地域不断拓宽，不同人类群体之间的接触和交流逐渐增多，并产生了彼此对对方产品的需求，引起了产品相互交换，从而出现了最初的社会分工。分工促进了社会生产的发展和生产工具的进步，进而引起了社会生产的进一步分化。这必然形成农业部门的劳动力向非农业部门转移。因为社会分工使不同的人从事不同社会劳动，没有社会分工和新兴产业部门的形成，

---

① 参见牛润霞：《技术变迁中的失业问题研究》，人民出版社2007年版，第184—185页。
② 《马克思恩格斯全集》第26卷，人民出版社1971年版，第220页。
③ 《列宁全集》第3卷，人民出版社1984年版，第19—20页。
④ 《毛泽东选集》第三卷，人民出版社1991年版，第1077页。

农业劳动力的转移是不可能的。资本主义工业的发展导致了人口的全面流动,因为现代工业技术为人口的大规模流动创造了条件。

在经济发展水平较高和发展速度较快的国家和地区,对农业剩余劳动力的吸纳能力较强,农业剩余劳动力向外部流动具有广阔的外部市场,因此他们会以较快的速度和较大的规模向这些非农产业部门和城市转移。相反,在经济发展水平较低的国家和地区,现代工业部门和其他城市非农产业发展较慢,总体上对农业剩余劳动力的吸纳能力较弱。虽然在城市生活的诱惑下,农业剩余劳动力也会流向城市,但部分人可能成为城市无业游民或极不稳定的临时工,部分人则会因为在城市失业而流回农村从事农业生产。①

这种不同的发展状况也造成了城乡经济差距,19世纪后期的俄国,工业工人的境况比农业人口好,这使得农业人口不断变为工业人口。"经济发展的差异决定了农民流动的方向,通常资本主义最发达地区吸引的流动人口也最多,而流出人口最多的地区资本主义则极不发达。在商品经济不发达的条件下,农民由于生产条件本身的原因被固定在他们所居住的地区,但商业性农业和资本主义农业的不同形式和地区的不同形式,使得农民不得不在全国各地迁移。"② 人口流动是为了追求就业机会和好的生活。随着资本主义市场经济的发展农民和手工业者纷纷破产,出现了失业问题,而美洲由于新兴工业的发展和大量闲置土地要开垦,需要大量劳动力,而且就业机会多,经济收入高,从而使欧洲人口流向美洲。

农村流动人口是城市发展的强大动力。"在工业国的英格兰,工业后备军是从农村得到补充,而在农业国的爱尔兰,农业后备军则是从城市,从被驱逐的农业工人的避难所得到补充。"农业人口流动是资本主义发展的推动力量,廉价劳动力为资本主义工业的发展创造了条件;同时,如果一国以农业为主的经济结构向以工业为主的经济结构转变,必然伴随着农业劳动力向工业部门转移,否则,经济结构的转变就难以完成。当剩余劳

---

① 参见李亚伯:《中国劳动力市场发育论纲》,湖南人民出版社2007年版,第26页。
② 《列宁全集》第3卷,人民出版社1984年版,第542页。

动力大量滞留在农业部门时，农业生产的自给自足特征就很难被打破，劳动生产率和农产品商品率同样难以提高。只有剩余劳动力从农业部门转移出来，现代工业才有更广泛的农村市场。农村人口向城市流动是消灭城乡对立的条件。只有农村居民流入城市，只有农业人口和非农业人口混合和融合，农业人口和非农业人口的生活条件才有可能接近。

农村人口流动对农民自身产生了影响。其一，农村人口流动开阔了农民视野，提高了文化素质，增强了商品经济意识。"'转移'意味着造成居民流动。转移是防止农民'生苔'的极重要的因素之一，历史堆积在他们身上的'苔藓'太多了。不造成居民的转移，就不可能有居民的开化，而认为任何一所农村学校都能使人在独立认识南方和北方、农业和工业、首都和偏僻地方时所能获得的知识。那就太天真了。"① 其二，农村人口流动可以促进经济发展，并使流动者生活得到改善。"大机器工业建立了许多新的工业中心，这些工业中心有时候是在没有人烟的地方以空前未有的速度产生的。没有工人的大批流动，就不可能有这种现象。"② 对工人而言，"外出做非农业零工不仅提高了外出雇用工人的工资，而且也提高了留在当地工人的工资。"③ 其三，农村人口流动改变了家庭关系。人口流动到城市后，削弱了旧家庭的父权，妇女参加劳动，取得了经济独立，不再依附父母和丈夫，她们获得了与男子平等的地位。

劳动力流动造成了市场过度竞争，使劳动力价格降低，许多流动的工人失业而没有收入；其次是资本主义条件下的劳动力流动，所造成的强烈竞争，使劳动者在极端恶劣的条件下从事劳动，不但劳动条件差和报酬低，而且连起码的生活条件也难以保障。再次，人口流动使农村人口中的优秀人才流失，从而使农村日渐荒凉，造成了先进的工业与落后的农业、城市与农村的落差。

---

① 《列宁全集》第 3 卷，人民出版社 1984 年版，第 531 页。
② 《列宁全集》第 3 卷，人民出版社 1984 年版，第 503 页。
③ 《列宁全集》第 3 卷，人民出版社 1984 年版，第 532 页。

第四节 就业歧视的代表理论

就业歧视是指那些具有相同教育、培训、经历、能力并表现出相同的劳动生产率的劳动者，由于非经济个人特征引起的在就业、职业选择、晋升、工资水平、接受培训等方面受到的不公正待遇。非经济个人特征，是指种族、性别、肤色、年龄、家庭背景、民族传统、宗教、身体原因和国籍等。这种歧视包括工资歧视、就业歧视、职业歧视。工资歧视是指从事相同工作的劳动者，由于非经济个人特征而产生工资差距。就业歧视是指在同等条件下，甚至部分劳动力供给者具有更好的供给条件，但由于这部分劳动者个人的非经济特征而遭到雇主拒绝，因而被迫失业。职业歧视是指某些劳动力即使能胜任，却因非经济个人特征而被限制进入某些职业，或被排挤到同一职业中档次较低的位置上。经济学家对劳动力市场歧视的研究较晚，这一领域较早的研究成果是贝克尔（Gary Becker）的《歧视经济学》。

一、早期歧视思想

19世纪中期，就业歧视研究集中于三大问题，即收入分配不平等、性别歧视和种族歧视。早期的研究者探讨了劳动者收入分配不平等的基本原因，认为不同劳动集团之间收入差距的原因有三：一是劳动者遗传因素表现在能力上的差异所致；二是劳动者现实的实际能力差异所致；三是即使劳动者的劳动生产率相同，收入差距是劳动力市场歧视所造成的。前两种论点否认了市场歧视是造成劳动者收入差距的原因。

对女性性别歧视出现较早，研究者认为女性工资收入较低的原因是劳动生产率低下、缺乏工会支持、受教育程度低、生活标准较低、就业面狭窄、就业的从属特征等。有研究者否定女性劳动生产率低的观点，认为女性工资较低首先是家庭与社会习惯使女性在劳动力市场缺乏就业流动性，其次是男性不情愿与女性共同工作，特别是不愿接受女性上司的领导和管理。女性总体收入低于男性是由于她们被排挤出更广泛的产业部门，这些部门被工会所控制，女性就业被限制在狭窄的职业领域。

对种族歧视的研究起源于美国。有些研究者提出了黑人消失假说，认为黑人消失的原因在于黑人先天遗传的劣等体质，容易感染某些疾病，死亡率高，以及黑人比其他群体缺少经济动机和经济理性。这是一种极端的种族歧视论调。另一种观点认为，有色人种死亡率高是由于物质生活条件、社会条件的不同，而不是先天体质劣势，只要采取合适的激励方法，黑人同样可以实现高绩效水平。必须提及的是冈纳·缪尔达尔提出的累积因果原理。他明确指出，黑人问题起因于三种要素的相互作用及不断强化，并形成了一种恶性循环。这三种要素是白人长期反对黑人的行动、黑人的贫困状态和黑人的人力资本投资低下。①

二、偏见歧视理论

（一）雇主歧视

雇主歧视，是指雇主对某种特征的雇员有偏见，在条件许可下更加倾向于雇用一些劳动者，而可能拒绝聘用另一部分劳动者，即使其边际劳动生产率相同或相似。劳动力市场存在对女性劳动力的歧视，偏见与歧视越深，实际生产率被打折扣的幅度就越大。雇主偏见可能缩小劳动力需求的选择范围。

雇主可能采取行业联合行动，合谋对某种劳动集团进行压制，从而造成被压制群体不得不接受买方垄断工资的局面。如果雇主合谋将女性员工或少数民族员工固定在低工资的就业岗位上的行为获得成功，雇主歧视将得以维持，他们将能从中获得垄断利润。所以，资本所有者是歧视的受益者，劳动者是歧视的受损者。如果并非所有的雇主都遵守合谋协议，劳动力市场将会出现一种现象：遵守协议的雇主都不雇用女性员工或少数民族员工，不遵守协议的雇主可以以较低价格雇用到这些劳动者，于是通过这种方式，他们可以有效地提高自己的利润。如果违背协议者不受到惩罚，合谋歧视行为就会破产。遵守协议总是要牺牲有利的机会，如果参与合谋

---

① 参见姚先国、谢嗣胜：《西方劳动力市场歧视理论与中国歧视问题的研究现状》，见杨河清、郑宇硕等主编：《新世纪人力资源开发与就业》，中国劳动社会保障出版社2004年版。

的人数目众多，合谋失败的可能性也相应增大。

雇主歧视意味着歧视性雇主是追求效用最大化，而不是追求利润最大化。然而，由于带有歧视性的企业会比那些没有歧视性的企业要付出更高的成本，那么歧视性雇主将会被逐渐驱逐出劳动力市场，即存在歧视行为的企业将会受到惩罚，歧视也将难以为继，除非企业的所有者愿意接受低于市场水平的收益率，所以最有可能导致雇主歧视存在的情况是，企业的所有者不需要为生存去追求利润最大化。因此，在面临政府管制的垄断企业中，歧视问题通常更为严重，这类企业有机会又有动力去追求效用最大化。①

（二）雇员歧视

雇员歧视是一个就业群体对另一个就业群体的歧视，是出于对性格特征、体态特征、宗教信仰等非经济个人特征的厌恶。白种人对黑人持有偏见，以至于白人不愿意与黑人共同工作，可能出现两种情况：一是白人员工辞去工作。如果要留住他们，企业必须要满足一部分员工的偏好，支付给他们一定程度补偿工资，这将导致雇主难以实现利润最大化。二是在存在职业隔离的情况下雇用黑人员工，因为企业改变雇用取向，将蒙受利润损失的风险。不愿意承担风险的企业，会尽力去适应一部分员工的歧视性偏好，因为这一部分雇员歧视的存在对雇主来说虽然成本可能很高，但是要摆脱他们，成本同样很高。针对雇员歧视进行适应性调整的方法之一就是，在工作隔离的前提下进行雇用，这样不同人口群体背景中的雇员就不需要彼此发生联系。②

国际劳工组织不仅关注种族、性别、宗教等传统理由的就业隔离和职业歧视，而且将其他弱势群体也纳入国际劳工组织的标准制定和就业与社会政策中，如移民工人、老年人、残疾人、艾滋病病毒携带者和艾滋病人。造成劳动者相互歧视的原因：一是由于有些职业的相关信息是封闭的而不是开放的，只有与那些在职雇员私下接触时才能获取，这就使得劳动

---

① 参见杨伟国主编：《劳动经济学》，东北财经大学出版社2013年版，第161页。
② 参见杨伟国主编：《劳动经济学》，东北财经大学出版社2013年版，第162页。

者的个人社会网络在职业竞争中展现出更大魅力；二是由于妇女生命周期特征，诸如怀孕、生育子女、哺乳、照料幼子等花费了较多时间，造成其劳动经验积累相对较少，以及劳动边际生产率较低，难以为雇主提供更多的劳动剩余。[①]

（三）顾客歧视

顾客歧视，是指由于顾客的偏见所形成的，在某些场合下，顾客可能偏好于让某类劳动者提供服务，而在另一些场合下却偏好于让另一类劳动者来提供服务。如果顾客对男性劳动者的偏好扩大到责任程度要求更高的就业岗位之上，诸如外科医生、机械工程师、飞机驾驶员，顾客喜欢男子所提供的服务；如果顾客对女性劳动者的偏好界定在要求承担相对较低责任的就业岗位之上，诸如护士、导游、饭店服务员、空中小姐，顾客则更加喜欢女性或少数民族成员提供的服务。顾客歧视的直接结果是导致相互隔离的就业场所产生，例如白人和黑人不同的就业领域，男性或女性职业的相互划分等。

如果要满足歧视性顾客的偏好，企业必须雇用白人或男性劳动者，向他们支付更高的工资，同时也必须向顾客收取更高的价格以弥补劳动成本损失。不难预见，歧视性顾客会被更高的价格驱使改变自己的行为，但也有可能这样的高价只是他们总体消费支出中很小的一部分，还不足以动摇他们对偏好效用的追求，只要他们愿意，就难以阻止他们继续个人偏见行为。顾客歧视的结果产生两个方面的影响：一是受到歧视的服务人员要谋求一个职位就要接受比未受到歧视的服务人员更低的工资待遇，否则有可能丧失就业岗位；二是受到歧视的服务人员要获得职位必须要投入更高的人力资本，人力资本投资高可能会要求更高的工资待遇，也就增加了雇主的劳动成本，雇主要转嫁成本，这意味着顾客要支付比不存在顾客歧视的条件下更多的成本，当然顾客可以获得自由享受歧视的效用。

三、垄断歧视理论

不充分竞争的劳动力市场分为买方垄断与卖方垄断两种市场。在买方

[①] 参见陈晓云：《就业行为管理》，上海人民出版社2007年版，第105页。

垄断条件下，形成了较低的工资；在卖方垄断或工会参与的条件下，形成了较高的工资。考虑到我国劳动力市场的实际，这里的垄断主要是指买方垄断。它是指企业是大量劳动力的唯一的买主，而歧视正是由于个别企业垄断所造成的。在经济发展中，大公司的形成遏制了企业主间的竞争，形成了劳动力的买方垄断。与此相适应，出卖劳动力的一方也必须建立工会，遏制工人间的竞争，共同与企业主相抗衡。只有经过集体交涉，单个工人才有可能抵抗工资标准下降的压力；也只有经过集体谈判，才能使工资公平合理。①

垄断歧视（discriminating monopoly）理论提出了一些观点：男性工资将高于不存在歧视情况下的一般工资；女性工资比男性和没有歧视时的一般工资都低；在有歧视的情况下，企业获取利润的规模必然会增加；在产品市场完全竞争的条件下，如果其他竞争对手采用歧视性用人政策而某些企业不这样做，将因其相对较高的劳动力成本而处于不利地位；市场竞争将导致歧视减弱的理由是不充分的，有必要采取公共政策措施应对歧视。②

女性劳动力的供给弹性小于男性，这是因其工资歧视造成的。其一，一些女性的职业选择受到局限，主要表现在就业区域和职业选择两个方面。一方面，由于她们长期游离于劳动力市场之外，更多地承担家务，这种非就业角色导致了她们必须跟随丈夫生活在某地。即使她们有劳动力参与的意愿，也不能如愿以偿地选择其就业地点，她们可能要照顾幼子和丈夫，换言之，角色冲突使很多妇女为了家庭做出了牺牲。另一方面，由于社会职业分工，妇女的就业机会和职业选择范围不如男性广泛，这使某种工资水平的变化所引起的职业变动，男性要比女性大。妇女对工资变化的反应小于男性，女性劳动者的职业选择范围小于男性。其二，工会是造成两性劳动力供给弹性差别的原因之一。因为男性劳动者比女性更加热衷于从事政治和社会活动，如加入工会。由于工会可以通过集体谈判确定统一的工资标准，从而限制了垄断雇主对工人的剥削和对劳动力市场的影响。

---

① 参见童星、汪和建等编：《劳动社会学》，南京大学出版社1996年版，第213页。
② 参见孔微巍主编：《劳动经济学》，科学出版社2011年版，第162页。

在这类企业中,没有参加工会的女性劳动力供给弹性小于男性,这就造成了她们不得不接受歧视性的工资待遇。①

四、统计歧视理论

任何企业都需要对求职者的能力进行评价,统计性歧视理论(theory of statistical discrimination)可以看成是甄别问题的一个组成部分。它是将某个群体的代表性特征视为这个群体中每位成员所具备的个体特征,并用它作为雇佣标准而出现在劳动力市场。由于获取信息的方式和成本等因素不同产生了统计性歧视。② 统计性歧视可能不是故意损害部分人的利益,但它广泛存在并伤害了部分人的利益,特别是在雇主不了解劳动者个体特征,而这些特征又在迅速地变化,以至信息滞后时才进行雇佣决策调整。③

在雇用之前,雇主无法直接观察求职者的边际劳动生产率或职业潜力,而只能根据应聘者所提供的个人信息加以判断,诸如性别、年龄、学历或工作经历、已有学术成果等。有鉴于此,求职者普遍重视投资于教育,以便获得某种形式的符号,以此作为使雇主相信他具有某种水平生产能力的凭证,在这方面投资的个人将会获得更高的经济收益,而不进行投资者则获得较少的收入。如果应聘者提供的个人劳动生产率指标不是准确的资料,雇主仍利用这些资料进行劳动力雇佣决策,就不可避免地产生劳动力的雇用歧视。例如,某家知名报纸招收编辑部主任,在对大学教师和中学教师两个不同群体的求职人员进行选择时,尽管求职者的其他特征如劳动者个人的结构性因素等基本相同,雇主一般倾向于选择大学教师甚至是重点大学的教师。雇主通常会认为,大学教师的知识储备和能力肯定要比中学教师优良。事实上,大学教师的整体水平高,并不是每一位大学教师的学术水平和知识能力都很强;中学教师的整体水平要低于大学教师,并不是每一位中学教师的学术水平和知识能力都会差。大学中有学术水平

---

① 参见张德远编著:《西方劳动经济学》,上海财经大学出版社1999年版,第149页。
② 参见谢嗣胜、姚先国:《劳动力市场中统计性歧视的模型分析》,载《数量经济技术经济研究》2004年第9期。
③ 参见张抗私:《劳动力市场歧视成本分析》,载《财经问题研究》2001年第4期。

差的教师,中学中也有学术水平好的教师,对此需要加以甄别。当代的一些学术大师如钱穆、叶圣陶等都是来自中学。由外在符号造成的统计性歧视广泛地存在于劳动雇佣行为和各国劳动力市场之中,如果雇主不能对此加以科学甄别,也将蒙受一定的经济损失。只是这种甄别需要时间和其他高昂成本的付出,才使得雇主不愿或不能实现有效甄别,也使劳动力市场的统计性歧视一时难以根除。

在一种特殊的情况下,雇主将统计性歧视用于雇佣决策,其成本将是高昂的。如果两性劳动者接受了同等程度的教育,人力资本歧视消失,雇主选择只雇用男性。雇主可能雇用了不合格的男性求职者,却没有雇用合格的女性;另一方面,如果雇主根据两性劳动者的离职率进行雇佣决策,有可能付出较大的代价。在相同工作、同等晋升机遇下,两性离职率相差无几。经过一段时间后,两个群体的平均特征融合得难以区分,如果雇主继续实施统计性歧视的雇用政策,为此付出的成本将会更高。

五、就业隔离理论

就业隔离(occupational segregation)是指某些职业对求职者的性别限制,是指主观地将职业与性别不恰当联系。在不同的经济发展水平、政治体制和社会文化背景下,劳动力市场都存在就业隔离,它是为了在某些特定的行业中降低工资而故意采取的隔离政策所造成的。西方国家性别和种族造成的就业隔离由来已久,它导致了女性劳动力供给弹性较低,也是解释垄断歧视理论中以性别为基础的工资差别的关键。就业隔离是根据简单的供求概念,分析将妇女和黑人限制在有限就业范围内的后果的理论。劳动力市场中存在着就业隔离,特别是按照性别形成的职业隔离较为普遍,使某些职业女性或男性比重过大和集中,女性主要集中在文艺、教育、卫生、服务、文秘、公关、社会福利等职业,而冶金、矿山、机械、建筑、运输等行业中女性就业者数量很少。像护理职业,女性工作人员的比重高达到九成以上,就是一种典型的职业隔离。有学者对非正规就业性别隔离展开研究,发现女性比例高于60%以上的行业主要有:农林牧渔业、地质勘探业、水利管理业、批发零售贸易、餐饮业、金融保险业、社会服务业等。①

客观而论，性别隔离职业影响到女性的经济收入和社会地位，也是劳动力市场刚性和经济无效的因素之一，值得引起那些关注公平、效率和社会公正的政策制定者的重视。出现职业隔离的原因主要有两大方面：

第一，经济原因。从人力资本积累看，女性人力资本投资总体上不如男性，再加上结婚生子、看护幼子、家务劳动等，使得女性接受职业培训少于男性。女性职业生涯比男性短，职业间断比男性频繁，导致其工作经验较少。因此，女性倾向于选择工时有弹性、有较高的初始工资、工作经验要求较低的职业。雇主更倾向于将需要较高教育水平和工作经验的岗位提供给男性雇员。女性的高缺席和人事变动等使她们被认为是高成本的劳动力，降低了雇主为女性提供岗位的意愿。②

第二，社会原因。根据性别隔离职业有复杂的传统、文化和习俗的背景，其一般模式和地区差异保持不变。这表明传统、文化、习俗和历史等因素仍是影响职业隔离程度和模式的决定性因素。女性定位于家庭，她们应承担绝大多数家务劳动，如果担任领导职务，时间分配可能会发生冲突，因此便为女性进入某些职业设置障碍。③ 两性的先天能力有差异，或者是后天能力的差异使得女性所从事的工作的类别与男性不同。如果两性在某种工作中具有相同的劳动生产率，但是女性却得到低于男性的工资，有些人认为原因在于妇女主动地挤进了某些特定种类的工作，从而使得这些工作上女性的供给大于需求，因此她们只能获得较低的工资，而且这种较低的工资又使她们对企业有着更强的吸引力，这就产生了职业隔离。由于某个职业中女性劳动力超量供给难以改变，因而歧视被固化。

六、搜寻成本理论

搜寻成本理论（the theory of search）认为，无论寻找工作的人是新进

---

① 参见谭琳、李军锋：《我国非正规就业的性别特征分析》，载《人口研究》2003年5期。
② 参见刘艾玉：《劳动社会学教程》，北京大学出版社2004年版，第382页。
③ 参见李军峰：《就业质量的性别比较分析》，载《市场与人口分析》2003年第6期。

入劳动力市场,还是工厂倒闭形成的失业者或在职需要更换工作的人,信息不完全性迫使求职者在企业间寻找有关工资、就业条件等招聘信息。同时,具有空缺职位的企业也会在市场搜寻那些能与其空缺职位相匹配的求职者,这需要了解求职者的个人信息。市场信息不完全性使匹配需时间,即使是劳动力供需相等,也会有摩擦性失业。① 就业要对就业岗位和工资等信息的搜寻,如果信息对称,他们在求职过程中就能较为全面地了解岗位与工资,以避开低工资的就业岗位而选择高工资者。低工资企业必须提高工资,直到与高工资企业保持相同的工资水平,从而使市场实现工资均衡。但是,现实与假设的劳动力市场不完全相同,前者工资、就业机会和就业条件等信息透明度低,为了获得职业信息,求职者必须要花费大量时间开展职业搜寻。

并非所有雇主都有歧视行为。正在求职的劳动者对此可能一无所知,他们没有能力掌握市场的全部信息,因此只能增加搜寻力度。只要遭遇了有歧视的雇主,他们就不得不增加求职成本,因为信息是一种稀缺商品,获取它需要时间、努力和金钱。一般来说,劳动者是异质的,求职者在劳动力市场求职时间越长成本越高,越有可能获得满意的工作。当然,他们不可能无限期地寻找,大多数求职者都根据企业偏好适度搜寻。一旦找到尚可接受的工作便终止搜寻,即当搜寻工作的边际收益等于边际成本时,求职者就会停止搜寻。

男性或多数民族等不受歧视的群体,由于工作搜寻成本较低,只要他们所在企业减少工资,必然会导致这些工人辞职;而增加工资,就会从其他厂商那里吸引来求职者。因此,其劳动力供给和边际成本费用弹性较大,利润最大化的雇主支付给他们的工资较高。相反,女性、少数民族和种族的劳动者虽然可能与男性员工等具有相同的生产率,但是他们的劳动力供给和边际成本费用弹性更小,因为他们得到的工资较少。如果两类工人同时被一家企业雇用,具有较高工作搜寻成本的工人,很可能会被安排到工资较低的工作职位上去。

---

① 参见孔微巍主编:《劳动经济学》,科学出版社2011年版,第193页。

社会网络（social network）提供的信息十分重要。就业者并非通过市场而是通过社会关系选择雇主，即求职者通过熟人获取工作。事实上，求职者通过市场实现就业的比例较小，多数求职者倾向于使用非正式渠道，利用个人接触等手段，因为其信息成本低、质量高。格兰诺维特（M. Granovetter）认为，在搜寻工作中，弱关系比强纽带更重要。强纽带有彼此重叠的社会关系，人际关系网络中的每个人都互相了解，并发生频繁接触，所以就业信息是同质的，异质的信息较少，而那些弱关系则可提供更多的新信息。[1]

职业搜寻数量和持续时间受制于下列因素：一是就业结构和工资差异性。两者差异性越大，求职者数量就越多，求职时间也越长；反之亦然。二是新增劳动力数量越多，求职者就越多；反之，求职者就越少。三是宏观经济形势越好，求职者就越多，因为经济形势好提供的就业机会多、就业的报酬高；反之亦然。四是失业者的保障越好，求职者就越多，持续时间也越长，求职成本会提高，寻找职业中就可能提高保留工资水平[2]，从而加剧摩擦性失业。

新技术革命对职业搜寻产生的影响。互联网使职业搜寻发生了变化，求职者通过它完成职业搜寻，因为其信息量大、效率高使搜寻成本理论出现变数。职业搜寻者既能了解宏观市场的工资水平，又能掌握微观企业的工资价位，选择心仪雇主面谈。互联网有跨越时空、隐秘性强、风险成本低等优点，特别是它改变了职业搜寻范围，使人们不再局限于地域和行业，以便找到符合其偏好的职业，这使全球化职业搜寻成为可能。[3]

综上，就业歧视剥夺了部分人的尊严，否定了个人施展才能和实现经济价值的能力，加深了社会不平等。就业歧视也带来了社会结构问题，包括日益恶化的贫富悬殊、社会不稳定和人力资源浪费。在所有歧视中，就

---

[1] 参见刘艾玉：《劳动社会学教程》，北京大学出版社2004年版，第242—243页。

[2] 保留工资，也就是条件工资，是劳动者对工资水平设定的一个起码的心理价位，是决定是否就业的临界点。参见蒋选：《我国中长期失业问题研究——以产业结构变动为主线》，中国人民大学出版社2004年版，第29页。

[3] 参见杨伟国主编：《劳动经济学》，东北财经大学出版社2013年版，第140—141页。

业歧视更加普遍和突出，受到歧视的人群最为广泛。就业歧视不仅破坏劳动力市场公平竞争，而且造成社会矛盾激化。因此，反就业与职业歧视是国际社会的共识，国际社会为此付出了巨大的立法和政策努力。

第三章　我国就业理论研究

将就业文献全部加以整理是不可能的，笔者只能对代表性文献①进行提炼而舍去重复文献，以便将我国就业理论的核心问题呈现给读者。改革开放初期，计划经济体制仍主导着我国经济运行，城乡二元经济结构仍将庞大的农业剩余劳动力禁锢在土地上，而城镇仍实行以计划为主的就业安置体制和以"固定工"为特征的劳动用工制度，加上苏联意识形态主导理论界对就业的定位，从而使本已尖锐的就业矛盾被隐藏了。

我国学界研究就业问题的成果十分庞杂，笔者选择以下五个最主要的方面：一是研究劳动力市场培育与管理；二是研究劳动力市场供需；三是研究劳动力市场分割与歧视；四是研究农业劳动力流动问题；五是研究经济增长与就业增长的关系。就我国学者研究就业问题的整体成果而论，尚未形成完整的理论体系，研究质量远落后于国际学术界。

新世纪以来，这种状况得到较大的改观，在借鉴国外就业理论基础上，学界注重结合我国国情研究就业问题，取得了一些理论原创性成果。

---

① 何为有代表性文献呢？笔者认为，一是研究选题具有代表性、新颖性，切中某个时期就业的要害或引起高度关注的问题，是经世致用的研究；二是研究质量高，代表了当时较高的学术研究水平或比较正确的理论观点；三是研究机构有代表性，能代表最高研究水平，如中国社会科学院人口与劳动经济研究所、经济研究所、国务院发展研究中心等；四是就业研究的资深或权威学者；五是权威出版机构及其出版物，如人民出版社、《中国社会科学》、《经济研究》、《管理世界》、《中国人口科学》等刊载的高质量就业研究成果。笔者基本上按上述思路对就业文献进行筛选。当然，这种选择文献的方法可能有其局限性。

特别是"不少学者针对我国庞大的农村剩余劳动力以及与之紧密相连的户籍就业制度、社会成员身份就业制度、社会观念性的单位就业制度,以及与苏联模式相伴而生的意识形态就业羁绊等所做出的一系列有独特价值的研究,还是体现了我国学者所具有的探索和创新精神。这些创新性研究成果目前已经成为了我国进一步推进经济社会改革的有效理论力量"。①

第一节 劳动力市场培育与管理

一、劳动力市场培育研究

(一)辨析劳务市场与劳动力市场

在社会主义制度下,劳动力是不是商品呢?在劳动力商品存有争议的背景下,使用"劳务市场"来替代"劳动力市场"是一种无奈的选择,劳务市场外延狭窄。② 劳务是劳动者用劳动力为消费者提供服务的行为,包括商品部门、服务行业的活动,还包括文化、艺术、教育、卫生等部门的劳动。劳务是产品,是劳动力活动过程中创造的使用价值和价值,而不是要素。③ 劳务是不以实物形式而以提供活劳动的形式满足他人某种特殊需要的活动。劳动和劳务都是劳动力的支出和使用。④ 劳务市场是一种劳务性的职业介绍场所,是劳动行政部门的分支机构,通过它实现各种技工、工程师等人才交流。劳务市场是由当地组建的一个职业介绍所,带有地区性,而从全国范围看,这种地区性劳务市场信息不灵、规模较小,不能全面反映劳动力供需状况。劳动力市场是以省市甚至以全国为中心的劳动力

---

① 谢茂拾:《中国就业评析与前瞻——金融危机对中国就业的影响态势评估及应对策略》,经济管理出版社2012年版,第20—21页。

② 参见"中国劳动力市场及工资改革"课题组:《培育劳动力市场必须承认劳动力是商品》,载《经济研究》1993年第3期。

③ 参见冯兰瑞:《积极培育劳动力市场——兼论劳动力的商品性》,载《开放导报》1995年第2期。

④ 参见肖大荣、范天森等:《培育和发展劳动力市场实现劳动力资源的优化配置》,载《江苏社会科学》1994年第4期。

大市场,即劳动力供需中心。① 劳动力市场是一种要素市场。

(二) 研究培育劳动力市场的意义

在社会化大生产下,由于社会分工精细,生产部门增多,生产结构不断变化,社会对劳动力的需求数量和结构都在变化;另一方面,劳动力供给也随之变化;劳动力资源的总量依照其内在的规律发生着数量和结构变化;就每个劳动者而言,其体力、技能和知识结构都在更新过程中。因此,建立劳动力市场是社会主义市场经济发展需要。商品、商品交换、市场三者是市场经济有机的统一整体,是市场经济内在的必然联系。与其他商品一样,劳动力流动要采取商品交换的形式,通过市场的交换实现其价值和使用价值。② 市场经济发展必然要求建立统一、开放、竞争、有序的劳动力市场。这种支柱市场的启动和运行是我国市场经济体制完善的标志。劳动力市场的建立将在全社会实现劳动力与生产资料的最优配置,因而避免了社会物质和人力资源浪费。需要就业或失业的劳动者在市场上找到了新的就业岗位,既减轻了沉重的社会就业负担,又促进了生产和经济的发展;同时,用人单位通过劳动力市场根据其实际需要选择、录用劳动者,不再实行过去由主管部门的统包统配,使企业真正做到生产要素的最佳结合,改变了企业过去的用工行为,有利于企业改制、改组、改造和实现高效益的经营目标。③

(三) 研究培育劳动力市场的目标

我国劳动力市场培育的总目标是:建立竞争公平、运行有序、调控有力、服务完善的现代化劳动力市场。④ 具体表现为:其一,市场主体。劳动力市场主体地位明确,供给方和需求方有充分的自主权和选择权。国家不再是市场的直接指挥者,而是市场秩序的维护者、市场总量与结构的调

---

① 参见汤国钧:《论劳动力是商品和培育劳动力市场》,载《经济科学》1994 年第 1 期。
② 参见肖立见、林志平:《我国劳动力市场的培育和发展》,载《经济体制改革》1993 年第 2 期。
③ 参见潘留栓:《对培育和发展劳动力市场问题的思考》,载《兰州大学学报(社会科学版)》1996 年第 3 期。
④ 参见梁洪学:《试论培育和发展我国劳动力市场》,载《当代经济研究》1998 年增刊。

节者。具体表现为：一是国有企业用工自主权逐步扩大；二是非国有企业及其职工的主体地位基本形成；三是通过劳动合同建立劳动关系逐步完善。其二，市场机制。市场价格与竞争机制完善，劳动力流动机制更加合理，市场运行的法制环境逐步改善。[①] 市场机制发挥作用，企业之间、劳动者之间的竞争初步开展，劳动力的流动成为趋势。在一定范围内的工资调节供求，形成供求决定工资的格局。其三，市场秩序。劳动部门竭力推动劳动立法，颁布了多项劳动法律、法规和规章，旨在保护市场正常运行和竞争中的弱者。在社会服务体系的建设上，建立了一套社会服务体系，并发挥了作用。[②] 其四，劳动关系。社会主义市场经济体制不健全，我国劳动关系和谐度并不高，要将劳动关系和谐确立为劳动力市场培育的目标。市场培育要最终实现劳动力资源商品化、市场机制健全化、市场主体和中介组织化、市场管理制度化和劳动关系和谐化。[③]

我国对劳动力市场应以间接调控为主，表现为：一是调控劳动力总供给。即制定人口政策和调整教育结构，调控和影响劳动力长期供给，并通过加强就业培训改善供给。通过国家对劳动力供给的调节和影响，将就业摩擦减少到最低程度。二是通过制定就业促进法、职业介绍法等法规来规范市场，运用劳动监察监督市场，解决劳动力资源配置过程中出现的争议。三是调控劳动力总需求。国家依靠宏观经济政策，调整国民经济增长速度，实施合理的产业政策调整产业结构，制定工资政策改善就业结构，调整利率和税率，鼓励企业增加投资，扩大基础产业投资，发展公共工程，创造就业机会。[④]

劳动力市场培育可划分为培育和完善低层次和高层次市场两种。市场

[①] 参见李宏：《中国劳动力市场的培育问题研究》，载《价格月刊》2005年第4期。
[②] 参见劳动部"我国劳动力市场培育与发展"课题组：《我国劳动力市场的培育与发展研究》，载《管理世界》1994年第3期。
[③] 参见徐长玉、冯菊香：《我国劳动力市场培育的目标模式定位》，载《生产力研究》2009年第11期。
[④] 参见谢晓凌、辛仁周等：《培育劳动力市场的若干理论与现实问题》，载《管理世界》1994年第4期。

经济要求将企业推向市场，这实际上是将企业的产品和劳动力推向市场。培育和完善高层次劳动力市场，又称为人才市场。这类市场除了要解决好与劳动力市场面临的相似问题外，还要着重解决以下问题。一是进一步放开人才市场，改变人才的地区、部门和单位所有制；二是要对人才的投资与调配体制进行改革。① 近年来，培育农业劳动力市场受到关注，因为这是适应现代适度规模农业发展的需要，并为之提供劳动力来源。② 培育农村劳动力市场，使农民成为市场的供方主体，使用劳动力的企业成为需方主体，两者按照市场价格平等交换。要冲破户籍制度和农村产权制度的双重壁垒，建立健全农村劳动力流动合理机制，使市场在劳动力资源配置中发挥作用。要发展农村非农产业，提升农村产业结构，推动城镇化发展。③

（四）研究培育劳动力市场的障碍

改革初期，我国培育劳动力市场存在一些障碍：一是理论障碍。学界不承认劳动力是商品，这妨碍了市场培育。社会主义劳动力商品论违背了公有制和按劳分配原则。④ 资本家与雇佣劳动者的关系是剥削关系，这才是劳动力成为商品的实质所在。⑤ 二是体制障碍。我国劳动力市场是由政府分割管理，人事部管理人才市场，劳动部门管理劳动力市场，农业部管理农民工和农村劳动力市场，中组部管理党政干部人才市场。市场培育要以政府为主导，消除政出多门现象。⑥ 三是结构障碍。二元经济结构对市

---

① 参见林国光：《确认劳动力商品属性加快培育劳动力市场》，载《经济学家》1994年第3期。

② 参见潘义勇：《对农业适度规模经营实现形式和农业劳动力市场培育的探讨》，载《南方农村》2011年第2期。

③ 参见安晓宁、杜晓春：《农村劳动力市场培育与发展的策略构思》，载《经济问题》1994年第4期。

④ 参见卫兴华：《社会主义公有制经济中的劳动力不应是商品》，载《学习与研究》1993年第11期。

⑤ 参见王正萍：《论社会主义劳动力的非商品属性——兼论工人阶级的主人翁地位》，载《高校理论战线》1995年第4期。

⑥ 参见孙正林、范明：《我国劳动力市场分割的体制性因素分析》，载《中国人力资源开发》2005年第5期。

场的制约。四是利益障碍。市场培育的困难在于利益障碍,从制度层面看,打破劳动者身份界限,会使全民所有制职工和干部丧失优势;从结构上看,打破长期存在的二元结构,大量农民工进城,城市人口增加,就业和住房等都会与市民产生竞争。① 要培育劳动力市场,只有通过深化改革、克服障碍,大胆改革旧经济体制、劳动管理体制和劳动制度;优化外部环境、改善市场条件,探索和寻求合理的市场发展模式;充分发挥市场机制的基础作用,尽快完善各种运行机制;加强市场管理的法制建设,完善法律监督体系并建立必要的政府协调工作系统。只有这样,劳动力市场才能健康发展。

(五) 研究培育劳动力市场的对策

要加快劳动力市场培育,一是要打破城乡分割、行政分割的体制障碍,建立城乡一体化市场。冲破城乡分割的户籍制度、区域分割的迁徙制度、统包统配的就业制度、刚性就业体制、人才部门所有制、员工身份限制。要消除市场存在的职业流动歧视。② 二是健全各级各类就业服务机构,如街道、城区、县城、乡镇的劳动服务站、职业介绍所,为用人单位和求职者沟通信息,提供服务。三是完善市场运行规则,通过强化市场的法制管理,使供求双方的行为规范化。③ 四是加强法治化的监督调控。在市场经济条件下,必须确认劳动者权利制度,要赋予企业劳动用工权,以劳动合同的方式确定双方权责,国家要逐渐以市场来配置劳动力资源,加强市场管理,创新国有企业工资分配和失业保障制度。④ 完善劳动保障法律法规体系,依法调整劳动关系,形成完善的劳动关系调节机制,加大依法劳

---

① 参见李相合:《论劳动力市场健全和完善的障碍及其对策》,载《内蒙古师大学报》1996年第1期。

② 参见王春光:《中国职业流动中的社会不平等问题研究》,载《中国人口科学》2003年第2期。

③ 参见陈孝兵:《我国劳动力市场配置的两个问题》,载《经济学家》1998年第4期。

④ 参见黄宪:《劳动力市场培育:制度创新》,载《吉林财专学报》1997年第2期。

动监察的力度。①

二、劳动力市场管理研究

（一）对劳动力市场管理内涵的研究

劳动力市场管理包括三个方面：一是市场需方管理，即改革劳动计划体制；改革固定用工制度；改革干部制度；深化分配制度改革，建立新的工资制度；完善社保体系为劳动者提供社会保障；建立完备的劳动法律体系，将劳动力市场纳入法制化轨道；加强统计工作和信息管理工作。二是市场供方管理，即全面提高劳动力素质；实行市场调节为主，合理控制劳动力的流动；运用各种调节手段引导劳动力的合理流动。三是市场中介管理，即对市场中介机构或调节机构的管理，涉及管理型中介机构、服务型中介机构和经营型中介机构。②

市场管理对象包括劳动者、用人单位、职业介绍机构。狭义的市场管理，是指对进入职业中介机构招聘和求职的用人单位、求职者，以及职业中介机构的管理；与此对应的是就业服务体系。广义的市场管理，是指对劳动者从求职、就业、失业、转业、直至退休全过程的管理，而且涉及对劳动者的职业培训、报酬给付、社保、劳动保护等环节的管理，涉及对劳动关系的确立、调整和终止，以及市场中介服务、信息引导、法律规范、宏观调控等诸多方面的管理；与此对应的就是服务体系、社保体系、统计信息服务体系、劳动保障法律咨询服务体系、劳动安全监察体系、宏观调控体系等。③

（二）对劳动力市场管理意义的研究

在计划经济体制下，企业没有用工自主权，不能实现劳动力合理流动和充分利用，不利于发挥劳动者的才能；加剧了行业发展失衡，不利于产

---

① 参见卢国存：《我国劳动力市场的培养与完善》，载《中国新技术新产品》2010年第7期。

② 参见褚可邑：《试论市场经济条件下劳动力市场的科学管理》，载《深圳大学学报》1995年第4期。

③ 参见陈爱华：《当前劳动力市场管理现状及对策研究》，载《中国农业银行武汉培训学院学报》2004年第4期。

业结构调整；滋长了平均主义，不能体现按劳分配原则；限制了劳动者的自由择业权利等。要改变劳动力市场的现状，实现劳动力管理社会化，建立一个完善的劳动力市场，必须要实行市场科学管理。由于劳动力市场存在局限性，其发育面临的宏观环境，如总量过剩和结构短缺、盲目流动和就业观念滞后、市场机制不健全等，政府要加强劳动力市场宏观管理，诸如加强法制建设；建立新的劳动用工制度，推行全员劳动合同制；建立市场决定工资，完善市场运行机制；加快社保制度改革；加强市场监督管理。① 要开展劳动者权益保护，并对工时、合同、工会设置等问题进行分析，市场带来的社会问题是城市贫困和社会不公平。在城市贫困群体中，失业群体和农村流动人口占据了大部分。市场化改革带来了劳动者收入差距被拉大。②

（三）对劳动力市场管理目标的研究

从劳动力市场建设科学化、规范化、现代化（"老三化"）到实现就业服务制度化、专业化、社会化（"新三化"），这是劳动力市场建设与管理的发展目标。就业服务制度化，是将强化就业服务纳入各级政府职责范围，建立公共就业服务制度；就业服务专业化，是围绕服务对象的需求，加强公共就业服务机构专业化建设，从而提高就业服务的效率和质量；就业服务社会化，是面向社会服务、动员社会资源、接受社会监督，推动就业服务工作在全社会普及提高；社会化主要是解决整合服务资源，形成开放市场的问题。③ 要建立劳动力市场信息管理系统，有利于提高市场配置效率，减少摩擦性失业，避免劳动力大量盲目流动；降低市场交易成本，提高市场运行效率；为国家教育培训战略的制定提供信息支持；实现劳动力资源的最优化配置。信息管理系统功能在于信息收集、整理和发布，信息统计分析、战略制定、搜索引擎、求职论坛，社会保障，档案管理、信

---

① 参见杨晓波：《试论劳动力市场宏观管理》，载《行政论坛》2000年第5期。

② 参见"中国城镇劳动力流动"课题组：《中国劳动力市场建设与劳动力流动》，载《管理世界》2002年第3期。

③ 参见游钧主编：《2005年：中国就业报告——统筹城乡就业》，中国劳动社会保障出版社2005年版，第302—305页。

用管理,检查监督。①

(四) 对劳动力市场管理问题的研究

在政府统筹协调下,由各行业协会、民间组织参与市场管理,按照"城乡统一、覆盖面广、信息灵敏、服务完善、运行规范"的要求,建立职业介绍、职业培训、技能开发、劳动咨询、劳动监察等服务管理体系。②我国劳动力市场主体意识缺失。一是法律意识缺失。目前,劳动保障法规还不健全,市场主体的法律意识淡薄。农村外出务工者的合法权益经常受到侵害;另一方面,农民工在合法权益受到侵害时,不会通过法律途径维护合法权益。二是诚信意识缺失。用人单位特别是众多民营企业普遍缺乏诚信,克扣或拖欠农民工工资。成因之一,就是政府职能转变还不到位,行政管理体制不完善,对失信行为打击不力。三是人本意识的缺失。一些企业为了保持劳动力成本低廉的竞争优势,主要是通过降低劳动者合理的劳动待遇、降低基本的劳动条件和基本社保实现竞争。③

第二节 劳动力市场供给与需求

一、劳动力市场供给研究

劳动力供给(workforce supply)是一个复杂问题,它受到个人偏好和所处经济、社会环境影响。市场作为一种自动进行劳动资源分配的组织体系,其发育完全可由其中的劳动力供需主体的行为方式得以显示和印证。④

(一) 养老保障与劳动力供给

社会保障制度是以劳动力市场为依托,必须依靠劳动力市场税费来维

---

① 参见唐红杰、闵根:《对建立我国劳动力市场信息管理系统的探索》,载《经营管理者》2011年第8期。

② 参见陆桂初:《我区劳动力市场培育与管理探讨》,载《广西经贸》1999年第10期。

③ 参见马永国:《新农村建设与农村富余劳动力市场管理》,载《河南商业高等专科学校学报》2006年第4期。

④ 参见符钢战:《论劳动供给行为市场化趋势》,载《经济研究》1991年第4期。

持,反过来对它产生双重影响,提升或降低劳动力参与率和流动率。① 养老保险作为一种社会保险制度,使劳动者在退出就业岗位后,由国家和社会向其提供稳定经济来源,但养老保险对劳动力供给的影响尚存争议,在不同的养老模式下,基金筹集和偿付对劳动力供给会产生不同影响。我国现行养老保险制度缺少对就业的激励,会产生闲暇替代就业,使劳动力参与率下降。多元化制度使机关事业单位与企业的劳动收入不同,造成劳动力供给在机关事业单位与企业之间差异悬殊。② 养老保险代际转移,低工资与高替代率使劳动者提前退休成为可能。③ 而养老保险对劳动力供给不利影响将牵动养老金支付。为降低养老保险的开征对劳动力供给的影响,应考虑限制提前支取,适度变动减额率,必须兼顾劳动力市场供需,增加全社会就业压力。④ 受教育水平对退休老年人的再就业产生影响。在社保体系不完善的前提下,退休金收入直接决定着老年人是否再就业。退休金越低的人,越容易产生就业冲动,越会积极主动地重新寻找就业机会。文化程度与受教育水平,直接决定着老年退休人员再就业的目的与收入。⑤ 当然,养老金并非肯定造成劳动力供给的减少或增加,而要视具体情况而定。⑥

(二)税收政策与劳动力供给

税收制度会改变劳动者收入分配,进而影响劳动力供给行为。劳动力供给理论表明,所得税制度改革会引起劳动选择的两种效应,即收入效应和替代效应。如果收入效应小于替代效应,劳动力供给将增加;否则,劳动力供给会减少。特别是在个人所得税率上升时,个人劳动增加处于最大

---

① 参见李棉管:《社会福利制度研究中的中轴原理——论社会福利制度与劳动力市场的关系》,载《社会科学战线》2014年第6期。
② 参见蔡亮:《养老保险对劳动力供给的影响》,载《中国商界》2009年第1期。
③ 参见黎雄辉:《社会保障与劳动力供给》,载《市场论坛》2013年第11期。
④ 参见卢元:《浅析养老保险对劳动力供给的影响》,载《市场与人口分析》1999年第7期。
⑤ 参见张翼:《受教育水平对退休老年人再就业的影响》,载《中国人口科学》1999年第4期。
⑥ 参见李莉:《养老金对劳动力供给的影响研究综述》,载《财经科学》2005年第4期。

时数状态，不会出现闲暇替代劳动的负激励替代效应。一国税收对全社会劳动力供给的影响，还取决于所得税制覆盖面，纳税人占全体劳动者的比例，即取决于个人所得税占全部税收的比重。① 在个税提高时，私营企业劳动者大多会重新选择，并转嫁所得税；国有企业和机关企事业单位的保障及福利比较成熟，劳动者对所得税承担的份额较大。② 所得税制度改革的当期效应和中期效基本上是等同的，劳动力供给的增加完全是由就业率上升引起的。我国所得税税收制度设计和评价可以忽略微观个体劳动力供给的反应。③

（三）健康状况与劳动力供给

劳动者的健康状况会影响其劳动能力、收入和财富积累。居民健康状况变化对不同群体劳动力供给有不同影响。健康状况对中老年人劳动参与有显著的正影响，劳动参与不仅无损于健康状况，反而有利于健康。在老龄化压力日益增大的当今社会，要保持劳动力市场中有足够的老年劳动力供给。④ 健康与劳动力供给和家庭收入的关系在城乡居民和性别之间有差异，即市民和男性更加容易因健康恶化退出劳动力供给，村民和女性会因健康改善增加劳动力供给。我国建立市场经济体制后，家庭收入不断提高不能呈现出多元化趋势，其他收入不断增加，工资率也不断上升，然而同期城镇劳动力供给呈现出下降趋势。⑤ 我国家庭劳动力供给反常，负担重、条件差的家庭被动接受低工资或退出市场，财产收入高的家庭就业优势互

---

① 参见沈玉平：《税收影响劳动供给的因素分析》，载《财经论丛》1998年第2期。
② 参见于洪：《我国个人所得税税负归宿与劳动力供给的研究》，载《财经研究》2004年第4期。
③ 参见张世伟、周闯等：《个人所得税制度改革的劳动供给效应——基于自然实验的研究途径》，载《吉林大学学报》2008年第7期。
④ 参见田艳芳：《中国中老年人的健康状况对劳动参与的影响》，载《山西财经大学学报》2010年第3期。
⑤ 参见张川川：《健康变化对劳动供给和收入影响的实证研究》，载《经济评论》2011年第4期。

相强化或主动退出市场。①

（四）研究农村劳动力的供给

从宏观上看，农村劳动力流动能使要素边际效率改善。在劳动力充分供给时，农民从中西部地区流向东部地区，推动了东部劳动密集型产业发展；在劳动力供给短缺时，要素价格发生了变化，从改革初期的资本缺乏、劳动力过剩转变为资本过剩、劳动力短缺。特别是新生代农民工自我意识强，造成了供给短缺。②要提升农业劳动力供给潜力，只有提高劳动生产率，包括改善农业生产条件，提高农业科技水平，改进经营组织形式，调整和优化农业生产结构及布局。③

贫困地区农户对非农就业参与的动机在于分散收入波动所带来的风险、人力资本变量对农户形成非农劳动力供给决策有促进作用。④我国农村两性劳动力供给存在着就业时间的相互替代性，女性非农就业时间特别是农业劳动时间对男性非农就业时间有影响，两性在农业就业时间上没有任何相互替代关系。⑤农户家庭特征变量中的劳动力总数、劳动者平均年龄、总耕地面积、户主受教育年限、家庭非农收入总和、农户家庭中是否有需要照看的婴幼儿等是影响农户非农劳动时间配置的主要因素，而社会环境和地域特征虚拟变量并不显著。⑥年龄轻、家庭平均受教育程度高、家庭初始经济能力强会增加家庭非农劳动供给决策和非农劳动时间；家庭中男女劳动力比例对非农劳动供给时间有不同影响，土地资源匮乏是家庭

---

① 参见丁仁船：《家庭经济因素对城镇个人劳动供给决策的影响》，载《人口与经济》2009年第4期。

② 参见李浩：《农民工劳动力供给行为异动与或然走向》，载《改革》2012年第6期。

③ 参见付保宗：《农村劳动力供给变化与工业发展新趋势》，载《宏观经济管理》2013年第3期。

④ 参见都阳：《教育对贫困地区农户非农供给的影响研究》，载《中国人口科学》1999年第6期。

⑤ 参见李实：《农村妇女的就业与收入——基于山西省若干样本村的实证分析》，载《中国社会科学》2001年第3期。

⑥ 参见句芳、高明华等：《中原地区农户非农劳动时间影响因素分析——基于河南省298个农户的调查》，载《中国农村经济》2008年第3期。

从事非农劳动供给的重要原因。① 当地经济发展是否以农业为主、农村经济是否以粮食等作物种植业为主、人均耕地、块均耕地、女性年龄以及家庭财富等都是农业劳动时间的显著影响因素；女性受教育程度对其农业工时有负向影响，家庭赡养系数对女性农业劳动力供给有正向影响。② 影响农村留守妇女劳动力供给行为的因素来自于受教育程度、子女个数、赡养老人的个数和家庭的纯收入，在我国从计划经济向市场经济体制的转变过程中，女性劳动力供给在诸多因素的综合作用下发生了作用。③

（五）研究我国的民工荒现象

改革开放以来，我国农民工供给已实现了从"民工潮"到"民工荒"的转变。农民工短缺在局部地区客观存在，劳动力特别是年轻女工相对短缺，工资待遇低、就业环境差、劳动强度大的企业缺工更加严重。原因在于工资待遇长期徘徊、劳动者权益缺乏保护、企业用工快速扩张、经济增长方式面临变革等。④ 当然，劳动力短缺预示着二元经济结构正在发生转变，是农村剩余劳动力从无限供给向有限剩余转折的信号，经济发展的"刘易斯拐点"（Lewis Turning Point）正逐步呈现。⑤ "民工荒"标志着我国经济发展长期依靠的"人口红利"即将消失，已进入必须提高绝对工资才能保证劳动力持续供给的新阶段。⑥ 随着国家加大中西部发展支持力度，以及经济结构调整升级过程中产业在区域间的转移，有力促进了中西部地

---

① 参见弓秀云、秦富：《家庭非农劳动供给时间的影响因素分析》，载《技术经济》2007年第6期。

② 参见任晓静：《农村已婚妇女农业劳动供给影响因素的实证分析——基于河南省254个样本的调查》，载《农业技术经济》2009年第5期。

③ 参见崔惠斌：《农村留守妇女劳动供给的实证研究》，载《中国劳动经济学》2010年第1期。

④ 参见游钧主编：《2005年：中国就业报告——统筹城乡就业》，中国劳动社会保障出版社2005年版，第76—82页。

⑤ 参见蔡昉：《刘易斯转折点与公共政策方向的转变——关于中国社会保护的若干特征性事实》，载《中国社会科学》2010年第6期。

⑥ 参见李宾、马九杰：《劳动力供给保障水平、"民工荒"成因与宏观经济影响》，载《经济与管理研究》2013年第7期。

区经济发展,加速了中西部地区农村劳动力的就地就近转移,农业转移人口在城镇落户增加,农村剩余劳动力供给面临拐点。①

目前,农业剩余劳动力供给的"刘易斯拐点"已成为学界争议的热门话题。一种观点是拐点并未到来,"民工荒"是劳动力供给的短期性和结构性短缺。我国城市化水平低,农业劳动生产率与工资水平低,无论从需求还是供给看,剩余劳动力还大量存在。②国内外学者对我国"刘易斯拐点"到来的时间、标志性特征、对经济发展影响等方面的认识存有分歧,但共识是要进行体制创新,加强就业和培训管理,促进经济平稳和健康发展。③"民工荒"形成并不是因为农民工数量不足,从影响农民工供给行为的微观机理上看,可知收入、成本和预期等都直接或间接影响到农民工的劳动行为,而且第二代与第一代农民工不同。④"民工荒"将对我国经济产生影响,表现为促进产业升级并提高资本有机构成,加快农村土地流转并推动户籍制度改革,以及改善农民工的工资待遇和劳动条件。⑤推进二元劳动力市场一元化和第二代农民工市民化是解决农民工问题的根本出路。⑥

二、劳动力市场需求研究

(一)从体制角度研究劳动力需求

从不同体制角度研究企业劳动力需求(workforce demand)特征,国有企业劳动力需求是政府行为,而非企业劳动力使用效率使然。企业劳动力配置中的就业高于利润,而服从上级是企业管理者的政治需要。改革以后,企业要追求利润,市场调节机制将影响企业劳动力需求,国有企业劳

---

① 参见朱剑红:《农村剩余劳动力供给面临拐点》,载《人民日报》2014年5月13日。
② 参见袁志刚:《关于中国刘易斯拐点的三个疑问》,载《当代经济》2010年第10期;另参见周天勇:《中国的刘易斯拐点并未来临》,载《江苏农村经济》2010年第11期。
③ 参见刘钧:《我国农业剩余劳动力供给的"刘易斯拐点"争议综述》,载《经济学动态》2011年第7期。
④ 参见胡伟清、张宗益:《农民工劳动供给行为的理论分析——"民工荒"的微观经济视角》,载《经济论坛》2007年第4期。
⑤ 参见赵丁琪:《"民工荒"的政治经济学分析》,载《西安财经学院学报》2013年第6期。
⑥ 参见刘传江:《农民工劳动供给行为变迁及其市场效应》,载《学习与实践》2006年第2期。

动力需求要追求利润最大化。在以内部劳动收入平均分配为基础的自主经营下，企业内部收入共享将成为国有企业被赋予的经营目标，这使企业在经营过程中追求职工收入最大化，并形成了特定的劳动力需求。作为一种控制收入分配手段，工资包干只是从绝对量或从相对量上限定了国有企业可支配的工资总额，而并未限定用工规模。如果在工资包干的同时，在工资形成、就业安置和人员解雇等方面仍有行政约束，服从动机仍在用工决策中占支配地位，工资包干企业的劳动力需求与行政体制下的国有企业劳动力需求并无不同。①

（二）从产业角度研究劳动力需求

我国劳动力需求的产业结构和所有制结构出现了失衡。第三产业无法吸纳农业剩余劳动力，他们逐渐转移至第二产业。但是，第三产业新增劳动力需求集中在新兴行业中，需要拥有专业技能的劳动力，并不能吸纳从第一、二产业中转移出来的低素质劳动力；第二产业仍有吸纳就业的潜力。私营个体企业的劳动力需求较大，吸纳就业弹性高于国有企业。这是因为大量国有企业转变为私营企业，原国有企业劳动者转变为私营企业劳动者；另一方面，私营企业吸纳就业的弹性高于国有企业。②第三产业是劳动力需求多的产业，其次是第二产业，但是这种格局尚在变化中，第三产业劳动力需求所占比重有下降趋势，而第二产业比重逐渐上升。从三次产业岗位需求变动贡献率分析，在经济上行阶段，第三产业对劳动力需求增加的贡献率大；在经济下行阶段，第三产业对劳动力需求减少的影响大，它是受经济波动冲击明显的产业部门，而第二产业是劳动力需求变动较为稳定的部门。从行业角度分析，可发现制造业、初等服务业仍是劳动需求的主要行业。③工业劳动力数量与产出规模呈现正相关，实现了雇用增加与产值上升并存的局面。工业劳动力需求出现了新特点，诸如兼有

---

① 参见胡汝银：《劳动力需求行为的微观分析》，载《南开经济研究》1992年第2期。
② 参见赖德胜、吴春芳等：《论中国劳动力需求结构的失衡与复衡》，载《山东社会科学》2011年第3期。
③ 参见顾国爱、田大洲等：《我国劳动力需求变动的产业与行业特征》，载《中国人力资源开发》2012年第9期。

技术密集和劳动密集特点的行业比重提高，原料工业比重下降；技能、技术劳动者需求增幅大于平均水平，以及制造业对低文化程度劳动力的需求旺盛。但是，工业劳动力需求出现了结构矛盾，诸如行业内部劳动生产率差别明显；技能、技术劳动者数量难以满足工业增长和结构升级的需要，以及局部地区、行业劳动条件的吸引力下降。①

我国农业劳动力需求与农业生产季节有关，在需求旺季，各地区农业劳动力需求显现出南北不平衡的特征。农业劳动力需求的季节性导致了季节性剩余与紧缺并存。农闲是农业劳动力季节性剩余时间，其长度决定了这部分农业剩余劳动力转移的难易、方向和地点。农业劳动需求的季节性特征，是影响农业季节性剩余劳动力从事其他行业意愿大小的因素。②

（三）从投资角度研究劳动力需求

外商投资能缓解我国经济发展中资本供给不足，扩大对劳动力需求。但仍存在就业质量不高等问题，表现为劳动者就业稳定性下降；用人单位随意用工增多，部分单位不依法与劳动者签订劳动合同；劳动合同期限变短、职工变动频繁较为普遍，以至劳动者在劳动关系上处于绝对劣势地位。由于投资对劳动力市场有显著影响，在深化改革中应适度引进外资，合理利用外来资本，关注和构建与贸易投资有关的就业收入保障和救济措施，从而增强经济发展对稳定就业的正面作用，降低外资对劳动力需求的负面影响。③ 近年来，我国劳动力成本快速上升，制造业外商投资撤离对劳动力需求产生不利影响，非熟练劳动者将会遭到更大冲击。我国非熟练劳动力比例较大，因此投资撤离降低劳动力需求将持续存在。④

---

① 参见刘湘丽：《中国工业劳动力需求变化分析》，载《中国经贸导刊》2012年第7期。

② 参见杜学振、王丽红等：《我国农业劳动力需求的季节性研究》，载《中国农业大学学报》2009年第6期。

③ 参见孟杰：《劳动力需求弹性与就业效应》，载《重庆理工大学学报（社会科学）》2012年第4期。

④ 参见韩民春、张丽娜：《制造业外商直接投资撤离对中国就业的影响》，载《人口与经济》2014年第5期。

第三节 劳动力市场分割与歧视

一、劳动力市场分割研究
(一) 研究劳动力市场分割的形式与特征

我国劳动力市场分割划分为：体制内分割与体制外分割、传统部门与新生部门分割、城乡二元、三元甚至四元劳动力市场分割。[1] 经济体制改革使城乡劳动力市场分割演变为体制内和体制外分割。[2] 体制内市场又分割为体制内存量合同工准劳动力市场与临时工、农民工劳动力市场；体制外市场则分割为体制外城乡劳动力市场。[3] 我国劳动力市场分割还表现为市场城乡分割、地区分割、部门分割，以及正式市场与从属市场的分割。[4] 制度性分割逐渐淡出。[5] 劳动力市场所有制分割在逐步弱化，但国家对重要行业实施全部或部分垄断，限制非国有企业进入，从而形成劳动力市场行业分割。[6]

我国逐渐出现了二元劳动力市场分割，表现在市场进入准入、不同子市场的演变和发育程度、子市场的特征、进入市场后缔约的影响因素、市场主体包括雇主和雇员自身的特征等各个方面。城市居民获取就业信息是通过现代化的就业市场服务渠道，而农村居民主要依靠社会资本。[7] 国有企业中参与工资分享的还包括退休职工，其养老金由国家统一筹集和负

---

[1] 参见张炳申：《智力劳动的分配决定效应及模型》，载《经济研究》2002年第7期。

[2] 参见赖德胜：《论劳动力市场的制度性分割》，载《经济科学》1996年第6期。

[3] 参见李萍、刘灿：《论中国劳动力市场的体制性分割》，载《经济学家》1999年第6期。

[4] 参见李建民：《中国劳动力市场多重分割及其对劳动力供求的影响》，载《中国人口科学》2002年第2期。

[5] 参见谷彬：《劳动力市场分割、搜寻匹配与结构性失业的综述》，载《统计研究》2014年第3期。

[6] 参见张杰、张建武：《我国城镇劳动力市场行业分割的测度》，载《求索》2014年第5期。

[7] 参见肖文韬：《劳动力市场城乡二元分割：缔约视角的分析》，载《学术月刊》2006年第6期。

担,企业并未为职工积累起这种基金。非国有经济就业与工资决定是市场行为,它们在计划控制外得到发展,无需吸纳超出需求的劳动力,也不额外承担职工其他福利,因而没有收入分享机制,工资水平根据特定行业的企业对劳动力需求,以及符合需求劳动力的市场供给决定。① 目前,劳动力市场没有一价定律,市场分割依然存在,但分割构成部分此消彼长,预示着市场会内生出走向一体化的力量。② 随着户籍制度的松动以及城市经济发展的需要,农村剩余劳动力涌向城市寻找就业机会,而他们竞争的都是低端劳动力市场的职位。③

(二)研究劳动力市场分割的原因与影响

1. 对劳动力市场分割的原因研究

劳动力市场分割根源于建国初的制度安排,主要是户籍制度使然。④ 户籍限制农村劳动者进入主要劳动力市场,城镇户籍劳动者既垄断了主要劳动力市场就业,又在次要劳动力市场处于有利地位。⑤ 户籍分割与其他分割结合,使城乡劳动者面临不同的工资决定机制,而机会与工资差异内在关联,使户籍分割的工资效应被部分隐藏在部门、岗位差异等分割形式下。⑥ 社保制度对劳动力市场分割产生影响,表现为城乡二元制度难以接续。进城农民工不能被城市接纳,使城市劳动力市场被细化为体制内与体制外市场。新旧体制转轨中旧体制的惯性与新体制成长不足,导致不同身份劳动者之间劳动力市场运行机制、规则的不协调。市场产业分割,是改

---

① 参见蔡昉:《转轨时期的就业政策选择:矫正制度性扭曲》,载《中国人口科学》1999年第2期。

② 参加陈瑛:《中国劳动力市场分割向一体化演进的验证分析:从工资收敛角度》,载《云南财经大学学报》2013年第1期。

③ 参见吴愈晓:《劳动力市场分割、职业流动与城市劳动者经济地位获得的二元路径模式》,载《中国社会科学》2011年第1期。

④ 参见张华初:《非正规就业:发展现状与政策措施》,载《管理世界》2002年第11期。

⑤ 参见乔明睿、钱雪亚等:《劳动力市场分割、户口与城乡就业差异》,载《中国人口科学》2009年第1期。

⑥ 参见余向华、陈雪娟:《中国劳动力市场的户籍分割效应及其变迁》,载《经济研究》2012年第12期。

革条件下传统劳动制度安排在国家垄断和市场机制结合地带的延续。市场发展在很大程度上依赖企业间的竞争，而不是正式的制度变革。① 我国劳动力市场分割导致劳动密集型产业快速发展，而这导致了人力资本收益降低和人力资本投资不足，反过来加剧市场分割。②

2. 对劳动力市场分割的影响研究

劳动力市场分割影响是多方面的：其一，降低就业流动性。特别是农村劳动力进入城市垄断行业的就业机会，已成为新的割据因素，阻碍了市场一体化进程。大学生就业难是转型过程中市场供需双方相互选择的结果，其中分割造成了过高就业转换、解聘和户籍等成本影响着双方的职业搜寻行为。③ 就业流动已成为劳动力市场常态，并对劳动者收入的影响作用越来越大。④ 其二，影响劳动者收入分配。市场分割表现在城乡居民、各行业劳动者和地区居民之间收入差距的扩大，这是市场分割的结果。⑤ 东部地区工业部门劳动力供给过剩使工资增长落后于经济增长，从而使劳动者整体报酬率呈现不断下降态势，劳动报酬占国民收入比重也会出现反转。⑥ 城乡劳动者在东部地区工资差距最大，中部地区工资差距最小；东部地区同工不同酬的程度最高，中部地区就业机会不均等的程度最高，而西部地区的户籍歧视最为严重。⑦ 其三，制约人力资本积累。在完全隔离

---

① 参见张展新：《劳动力市场的产业分割与劳动力人口流动》，载《中国人口科学》2004年第2期。

② 参见苏永照：《劳动力市场分割的可持续性研究》，载《经济理论与经济管理》2010年第2期。

③ 参见赖德胜：《欧盟经济一体化中的劳动力市场分割》，载《世界经济》2001年第4期。

④ 参见吕晓兰：《就业流动、市场分割与行业收入差距分析》，载《产业经济研究》2012年第5期。

⑤ 参见许经勇、曾芬钰：《竞争性的劳动力市场与劳动力市场分割》，载《东北财经大学学报》2000年第9期。

⑥ 参见付文林、赵永辉：《价值链分工、劳动力市场分割与国民收入分配结构》，载《财经研究》2014年第1期。

⑦ 参见孟凡强：《劳动力市场多重分割下的城乡工资差距》，载《人口与经济》2014年第2期。

的市场，由于劳动者不能获得预期的投资回报，他们会倾向于减少人力资本投资，包括正规教育、接受在职培训和流动。在内部和外部市场分割的情况下，由于相对绩效比绝对绩效更加重要，加之缺乏必要的淘汰机制，当劳动力被提升无望时，他只会保持最低的努力水平。① 其四，削弱出口竞争力。市场分割会抑制行业出口竞争力和比较优势，因为要素有效流动受阻使企业得不到最优效率和足够的要素，影响其生产效率和扩大再生产，继而影响企业的利润和技术升级，企业国内外竞争力都会受到削弱。② 其五，影响经济持续发展。分割造成了劳动力需求主体的不公平竞争，并制约劳动力在各个产业的流动，进而会影响地区经济的平衡与可持续发展。政府是制度的供给者，政府制度变革是消除市场分割的决定力量。③

(三) 研究消除劳动力市场分割的对策

要从精简机构和改善政府职能入手，将农民工就业统一纳入就业制度内，使城乡劳动力市场逐步达到统一；④ 同时，要继续改善社会保障制度和市场信息发布制度。⑤ 伴随新型工业化和城镇化发展，转变经济发展方式和产业结构，利用资本和劳动力自发调整以改善市场分割，使农村劳动力融入城市，城乡劳动力差距不断缩小，市场分割将会逐渐减弱，进而实现劳动力合理配置，使市场机制能有效解决市场分割问题。⑥ 还需要改革垄断体制，降低主要劳动力市场进入壁垒；加快教育体制改革，尽快从行政主导型转变为市场主导型，培养劳动者专业素质和职业能力，强化教育

---

① 参见徐林清：《中国劳动力市场分割问题研究》，经济科学出版社2006年版，第95页。

② 参见陈媛媛：《市场分割与出口竞争力：基于中国数据的经验研究》，载《世界经济研究》2013年第11期。

③ 参见谭友林：《劳动力市场分割与上海经济可持续发展》，载《西北人口》2000年第1期。

④ 参见参见孙正林、范明：《我国劳动力市场分割的体制性因素分析》，载《中国人力资源开发》2005年第5期。

⑤ 参见沈琴琴、张艳华：《中国劳动力市场多重分割的制度经济学分析》，载《西安交通大学学报》2010年第2期。

⑥ 参见伍艺、刘后平：《"两化"互动发展中的劳动力市场分割问题探讨》，载《农村经济》2014年第2期。

市场定位和功能分类；为次要劳动力市场就业者提供财政扶持和专业培训，使他们能获得上升通道。① 要改变农民工组织化程度低，组建农民工工会，提升其工会化率和维权能力。②

二、劳动力市场歧视研究

（一）对劳动力市场城乡歧视的研究

我国存在针对农村劳动力流动就业的城乡歧视。分割市场对农民工的歧视表现为户籍歧视。改革以前，劳动力配置缺乏流动性，因此两个市场歧视覆盖了全社会。③ 改革以来，不同地区户籍歧视对城乡工资差异的影响不同，东部地区最高，中部地区最低。户籍歧视使城乡劳动者的社保享有率和劳动合同签订率差距更大。④ 农民工城市就业成本较高，一些地方政府对农民工城市就业进行歧视性收费，强迫他们办理各种证件，为农民工进入城市就业增设了壁垒，增加了就业成本。⑤ 其实质是城乡劳动者就业的分割，市场的这种城乡分割具有中国特色，包含了人为因素，有其制度基础，用经济学理论对其进行解释是不够的。⑥ 农村劳动力基本上不能进入城市正规部门就业，进城农民工仍不能逾越户籍界限，造成丧失社保权利。在就业形势严峻时，城市政府通常会保护本市人口的就业权利而排斥外来农民工。⑦ 城市市场对农民工的就业歧视有：一是进入限制，通过

---

① 参见宋林、张丛：《劳动力市场分割下大学生低水平就业的困境解析》，载《西北大学学报》2012年第1期。

② 参见蔡武：《劳动力市场分割、劳动力流动与城乡收入差距》，载《首都经济贸易大学学报》2012年第6期。

③ 参见郝静：《劳动力市场双重分割下农民工被歧视问题研究》，载《湖南行政学院学报》2005年第4期。

④ 参见孟凡强、吴江：《中国劳动力市场中的户籍歧视与劳资关系城乡差异》，载《世界经济文汇》2014年第2期。

⑤ 参见于雁洁：《农民工就业歧视问题分析与解决对策》，载《商业时代》2010年第25期。

⑥ 参见王解静：《西方劳动力市场歧视理论与我国农民工就业歧视问题》，载《兰州商学院学报》2006年第6期。

⑦ 参见陈桢：《经济增长的就业效应研究——基于经济转型与结构调整视角下的分析》，经济管理出版社2007年版，第159页。

各种手段限制农民工进入当地市场。二是行业限制,通过招工限制农民工进入好的行业,一些大城市将行业和工种分为农民工禁止进入、限制进入和允许进入三种类型。在一些大城市只允许外地劳动力进入较差的市场,而较好的市场就限制或禁止外地劳动力进入。三是同工不同酬和劳动用工形式和福利保障等方面体现出的隐性的不平等。农民工公平就业权不但不受国家制度的保护,反而许多制度设立本身就是为了限制农民工就业。①市场城乡歧视表现为城市失业者受到社会各界的关爱,政府从多方面采取措施,帮助其再就业,解决其生活困难,而进城民工则基本上处于一种被漠视的地位,多数地区对进城农民工设置了各种门槛。此外,年龄歧视、社保及福利方面对农民工的歧视同样较为普遍地存在于市场中。②

劳动力市场城乡歧视的另一种表现是对农民工工资的拖欠。首先造成这种状况的原因并非农民工与雇主之间的非正式口头契约无法实施,而是国家明文规定的、应由国家作为第三方强制实施的正式契约无法得到实施。其次,国家作为强制实施第三方,无法有效保护农民工的合法权益。作为国家强制实施的直接工具的司法体系的相对权力又被强势利益群体所削弱,无法有效进行强制。再次,国家作为第三方在保护农民工合法权益方面的失效,导致农民工选择契约的其他执行方法,可能导致私人暴力的无序使用,危及社会稳定。③ 要"通过立法建立农民工最低工资保护制度",在农民工工资拖欠方面,需要通过加大处罚力度确保企业不故意拖欠农民工工资。④

(二)对劳动力市场性别歧视的研究

两性就业收入差距在改革前是被政府行政力量所抹杀,而女性在这方

---

① 参见朱启臻、李敏等:《对城乡劳动力就业不平等的再思考》,载《经济与管理研究》2004年第3期。

② 参见高浙彬:《歧视对我国劳动力市场的影响及其对策》,载《中国市场》2013年第16期。

③ 参见杨瑞龙、卢周来:《正式契约的第三方实施与权力最优化——对农民工工资纠纷的契约论解释》,载《经济研究》2004年第5期。

④ 参见梅建明:《我国城市化的主要途径:进程农民工市民化》,载《经济学动态》2007年第1期。

面的相对地位有所恶化是市场化的结果,在市场化进程越快的地区和部门,两性在收入方面的差距越大。我国女性劳动力参与率超过其他国家,而市场化是导致其参与率下降的重要原因。① 女性在收入和就业方面的相对地位下降是导致她们退出市场的力量,其他经济转型国家女性劳动力参与率下降也印证了这一理论。从中观上看,企业特征变量是引起工资歧视的原因,包括就业时间、等级水平、组织部门、岗位类型等。在有工会企业就业的女性所得到工资要高于没有工会的企业;有工会企业通常能通过集体谈判,争取同工同酬,缩小性别工资差距。工会领导致力于消除工资歧视,但对晋升歧视却视而不见。② 从微观上看,女性要承担怀孕生育、照顾子女、老人等责任,不得不中断就业或减少工时,缺少就业经验,使她们在市场中处于不利地位。我国人力资本投资中存在性别歧视,在家庭人力资本投资有限的条件下,女孩子不是家庭投资的优先考虑对象,因此在基础教育和高等教育中,女性入学率都低于男性。教育投资中的性别歧视造成了两性劳动力供给的不同特点。③ 大量女性劳动者在农业和非正式劳动力市场就业,导致了两性工资差距。而女性受教育水平较低阻止了她们向高收入的非农产业以及正式劳动力市场转移。④ 总之,雇主是性别歧视的受益者,但放弃雇用劳动生产率高的女性会给雇主造成经济损失;同时,增加了女性职业搜寻成本和心理障碍。⑤

---

① 参见张丹丹、王美艳等:《劳动力市场的性别视角》,载蔡昉主编:《中国人口与劳动问题报告——城乡就业问题与对策》,社会科学文献出版社2002年版。

② 参见戴晓辉、李广义:《对劳动力市场性别歧视影响因素的研究思考》,载《特区经济》2014年第3期。

③ 参见蔡昉、王美艳:《女性劳动力供给特点与教育投资》,载《江海学刊》2001年第6期。

④ 参见邓峰、丁小浩:《人力资本&劳动力市场分割与性别收入差距》,载《社会学研究》2012年第5期。

⑤ 参见石莹、黄镇国:《我国劳动力市场中的性别歧视和户籍歧视》,载《东岳论坛》2011年第10期。

(三) 对劳动力市场歧视原因的研究

我国劳动力市场歧视是二元经济结构中的经典歧视。① 改革开放前，就业歧视是政治型歧视。② 它不是产生于贝克尔所分析的歧视偏好，而是属于制度型歧视，是社会、经济、历史等综合原因所致。③ 产生歧视有制度性和非制度性原因。前者是户籍制度以及派生物，是行政力量对市场的干预，加重了劳动力市场二元甚至多元分割。户籍制度支持了市场的就业歧视，增加了劳动力流动就业的迁移成本，限制了劳动者平等择业权利，导致了很多的同工不同酬现象。后者是劳动力供求比例失衡，供给量大于需求量，会导致歧视和加剧歧视。因为求职者之间竞争使得劳动者不能轻易放弃就业机会而接受歧视待遇，而雇主也能在足够多的求职者中按其主观偏好以比较低的成本雇用劳动力。④ 再加上市场信息不充分性，完全竞争市场存在的前提是市场信息充分化，但现实的供需双方信息不充分是一种市场常态。⑤

就业歧视也是出于地方保护主义。一些大城市政府认为，外来劳动力构成了对城市职工的就业竞争压力。基于这种认识，大城市反失业政策的核心是通过经济的、行政的甚至舆论的手段排斥农村劳动力在城市就业，所以目前的反失业手段大都是地方性的，其特点可概括为"歧视性就业政策"。⑥ 理由是"劳动力需求恒定假说"，就业有一个规模固定的总量，从

---

① 参见卢周来：《当前我国劳动力市场中的歧视问题透视》，载《经济体制改革》1998年第3期。
② 参见郭正模：《劳动歧视问题初探》，载《经济科学》1994年第2期。
③ 参见周小亮：《劳动力市场城乡歧视及其社会经济效应》，载《当代财经》1994年第9期。
④ 参见孔微巍主编：《劳动经济学》，科学出版社2011年版，第165—166页。
⑤ 参见郭正模：《劳动力市场歧视及其经济规范性判定标准》，载《中州学刊》2014年第3期。
⑥ 参见蔡昉：《二元劳动力市场条件下的就业体制转换》，载《中国社会科学》1998年第2期。

而使就业成为"一方收益、另一方受损"的活动。①

(四) 对劳动力市场歧视影响的研究

劳动力市场歧视加剧了城市收入不平等，同时国有企业存在制度歧视，只招收城市户籍劳动者，所以其工资成本较高，而三资企业、私营企业依据效率原则招收市场工，工资成本较低。歧视影响市场供求关系和工资，限制人才自由流动，进而给劳动者和社会造成隐性经济损失，使市场发育受阻，是局部利益损害整体利益。② 有人对转轨时期农村迁移劳动力的工资歧视进行计量分析，将农村迁移劳动力和城市劳动力的一系列个人特征造成的工资差异从工资决定中分离出来，测度了歧视对工资差异的影响，认为工资差异中的大部分可以用歧视来解释。③ 由于受到歧视而不得不接受较低的工资水平，被歧视者在经济、精神两方面遭到伤害。从社会角度看，它使经济效率不必要地降低了。④ 对农民工歧视不但限制了劳动力的自由流动，而且还影响产值，进而影响到整个社会福利水平，容易导致一系列社会问题。⑤

(五) 对劳动力市场歧视对策的研究

目前，我国宪法和《劳动法》明确指出了劳动者就业权利和机会平等，但这些法律还是原则性的规定，缺乏相应的法律保障和经济救助。我国应仿效美国设立一个独立性的保护公平就业机会的委员会。但是，对如何消除市场歧视研究不够，特别是缺乏定量分析。因此，政策建议过于笼统且缺乏可操作性。

用法律的完善对歧视加以禁止，用改革相应的制度来消除歧视，发挥

---

① 参见张兴华：《对外来工的政策歧视：效果评价与根源探讨》，载《中国农村经济》2000年第11期。

② 参见常向东：《劳动力市场歧视产生的新根源及其影响》，载《生产力研究》2000年第7期。

③ 参见王美艳：《转轨时期的工资差异：工资歧视的计量分析》，载《数量经济和技术经济研究》2003年第5期。

④ 参见杨劲帆：《我国劳动力市场中的性别歧视问题与相关对策研究》，载《内蒙古科技与经济》2004年第7期。

⑤ 参见刘玮：《农民工歧视现象的经济学分析》，载《甘肃农业》2005年第1期。

弱势群体的主观能动性来弱化歧视。① 要改革劳动人事制度和户籍管理制度，打破束缚劳动合理流动的各种身份等级制，促进劳动力跨地区、跨行业、跨所有制的充分流动；要建立和完善职业分类制度，实行职业资格考核和认证制度；要继续社会保障制度改革，建立健全适应市场经济发展的社会保障制度等。② 要改变传统观念，消除个人成见；要加强劳动力市场环境建设和制度建设；要建立和完善就业服务体系，进行高、中、低档的职业培训；要对没有歧视的企业进行反歧视政府补贴等。③ 完全消除劳动力流动的制度障碍，有赖于三个条件：一是地方政府发现那些阻碍市场发育的政策既无助于解决失业，其实施也不再有充足的合法性；二是市民发现外地劳动力并不直接构成就业竞争，他们能充分就业并不取决于外地劳动力存在与否；三是城市福利体制社会化，依赖自我融资而不再依赖补贴。④ 适当控制农民工进城的规模总量是必要的，但采取工种、身份分类，以及就业机会封闭的职业保留政策是不可取的。在户籍制度的基础上进行职业保留，是户籍制度和就业制度改革进程的一种逆转，它强化市场已有的城乡分割和制度歧视，容易侵害外来劳动者的合法权益。⑤

第四节 农业劳动力流动研究

农业剩余劳动力是指从事农业不充分就业的劳动力，包括季节性、常年性、结构性剩余劳动力。季节性剩余劳动力，是指农忙时要参加农业劳动，平时脱离生产者；常年性剩余劳动力，是指农忙时可脱离农业生产，而结构性剩余劳动力，是指文化素质差，不能适应农业结构调整与发展需

---

① 参见田新豹：《新时期就业歧视及其对策》，载《山西财经大学学报》2001年第12期。
② 参见罗双发：《我国劳动力市场性别歧视现状分析》，载《社科纵横》2004年第5期。
③ 参见刘宁：《劳动力市场歧视原因与对策分析》，载《改革与战略》2005年第11期。
④ 参见蔡昉、都阳等：《户籍制度与劳动力市场保护》，载《经济研究》2001年第12期。
⑤ 参见国务院发展研究中心"结构调整中的就业问题"课题组：《缓解就业压力要坚持城乡统筹——城市中的农村劳动力问题》，载《经济工作者学习资料》1998年第65期。

要的劳动力。① 其流动经历了禁止流动、控制流动、允许流动、规范流动、公平流动等阶段。②

一、劳动力流动的原因研究

首先,人口与资源的矛盾。剩余劳动力出现是由于农村人口多和资源少,加上产业结构失衡和城乡隔离体制等。③ 人地矛盾限制了农业产业结构调整,形成了农业发展依靠种植业。有限资源和过多人口造成了劳动生产率难以提高,农村经济状况、农业生产和农民收入难以改善。④ 家庭联产承包责任制使土地按人口均分,没有考虑农民人力资本差异。这使农户无法根据各自的人力资本大小实现农地数量的对应,农民对土地投资没有规模效益,这也是农业劳动生产率低和农民外流的原因。⑤ 其次,比较效益的差距。农民不愿种粮是因为种粮的比较效益低。⑥ 劳动力迁移来自比较经济利益的刺激,迁移者能获得净收入较高的就业机会,虽然是趋利性的但并非是投机的,是一种理性经济行为,而不是非理性行为,剩余劳动力非农转移与充分就业,旨在增加经济收益。因此,只要预期净收益高于本地农业部门,就会形成农业劳动力的转移。⑦ 再次,劳动生产率的提高。家庭联产承包制赋予了农民经营权,使农户能对劳动力的转移进行选择。

---

① 参见孔微巍主编:《劳动经济学》,科学出版社 2011 年版,第 149 页。
② 参见孟凡友:《论中国劳动力流动制度变迁的路径依赖》,载《劳动经济与劳动关系》2003 年第 1 期。
③ 参见陈俊生:《关于农村劳动力剩余和基本对策》,载《人民日报》1995 年 1 月 28 日。
④ 参见陈桢:《经济增长的就业效应研究——基于经济转型与结构调整视角下的分析》,经济管理出版社 2007 年版,第 106 页。
⑤ 参见石人炳:《中国农业劳动力短缺转移问题研究》,载《湖北大学学报》1997 年第 5 期。
⑥ 参见陈吉元:《坚持和逐步实现农业剩余劳动力转移》,载《中国农村经济》1990 年第 10 期。
⑦ 参见何景熙:《开源断流:寻求充分就业的中国农村劳动力非农化转移理论与模型》,载《人口与科学》2002 年第 2 期。

随着农业机械化、劳动生产率的提高,剩余劳动力流向非农业产业成为可能。① 国家对农产品适当保护,其供给能满足经济发展和社会消费需求,剩余劳动力的转移有了物质基础。第四,外部市场与环境的变化。农业劳动力减少是非农业产业对劳动力有需求。农业劳动力转移取决于劳动生产率及其提高的速率;市场对农产品消费水平及其提高速率;人口和劳动力自然增长速率。② 农产品统购统销制度改革,城市粮食供给制度改革,城市主副食品市场的放开,为没有城市户口的农民提供了便利。③

二、劳动力流动的模式研究

英国和美国是依靠工业化和城市化转移农业劳动力的典范,日本农业劳动力转移是兼业型。美国人少地多,资源丰富,而日本国情不同。我国既要防止大城市人口膨胀,又要避免中小城镇转移劳动力成本高、效率低问题。应实行大城市导向、大中小城市合理布局、兼业型的全方位、多层次农业劳动力转移体系。④

(一)"就地转移"的发展模式

就地转移是通过调整农村产业结构,实现农业劳动力就业向农业深度和广度发展,被称为"不离土不离乡"。通过在农村内部发展商品经济、兴办乡镇企业,或让农民入厂进镇,在本地从事非农业就业,使脱离农业的人口增加,被称为"离土不离乡"。⑤ 其做法:一是减少粮食作物的种植;二是农户部分劳动力从事农业生产,其余从事各种兼业生产,从而实现剩余劳动力在家庭统筹安排。就地转移并非原地不动,随着小城镇的发展,一部分离土农民将进入小城镇,但这种变动是在农村区域内进行的。国家难以拿出大量资金办厂建市,同时农业人口转为非农业人口数量大,

---

① 参见王卫、佟光霁:《农业技术进步、非农技术进步与农村劳动力转移——基于1978—2011年全国数据的实证研究》,载《山西财经大学学报》2013年第11期。

② 参见张玉璞、刘庆唐:《宏观劳动力配置》,中国劳动出版社1989年版,第80页。

③ 参见余贤:《农村剩余劳动力跨区域流动研究》,载《江淮论坛》1995年第2期。

④ 参见刘生、赵东威等:《典型国家(地区)农村劳动力流动的制度变革》,载《湖北经济学院学报》2014年第3期。

⑤ 参见杨小苏:《中国农业劳动力转移模式述评》,载《江淮论坛》1991年第1期。

两者共同决定了只能是就地转移,而不能向大中城市集中。①

就地转移是农民在旧体制下无奈的选择,②这会使农业剩余劳动力压力大的矛盾得到缓解,但必然会造成工业布局分散,难以发挥聚集效应,也限制其溢出效应,更无法带动产业结构升级和建设现代服务业。③过于分散乡镇企业基础设施投资过大,从而制约企业对劳动力的吸纳;同时,由于村庄数量太多,不利于城市化发展,并不能从根本上解决农村剩余劳动力转移。④我国分散发展农村工业成本高,还是要走发展城市道路。因为城乡就业行业不同,农业劳动力进入市民不愿干的行业,他们流入不会加重城市失业。⑤

(二)"易地转移"的发展模式

易地转移是指从社会总劳动力考虑,在国民经济和社会大系统中综合调配。因此,符合经济发展要求的应是"易地进城,离土离乡"。劳动力从农业转向其他产业,从此处迁往他处,并在此基础上实现城市化。⑥不能简单认定农民工进城会加剧城市就业矛盾,我国城乡劳动力都存在剩余和就业不充分,要从就业结构和体制转换角度加以研究。城市规模扩张带有普遍性,大中城市有规模效应和集聚效应,良好的基础设施、现代化通讯和交通网络,完备的服务系统等为新兴产业发展创造了"外部经济"环境。这些是小城镇无法企及的。⑦在小城镇分散兴办工业是浪费。我国产业和工业布局不合理,规模扩张势必耗费大量资源,必然影响整体效益,

---

① 参见赵喜顺:《论"离土不离乡"》,载《社会科学研究》1984年第4期。
② 参见黄祖辉:《我国农业劳动力的转移》,载《中国社会科学》1992年第4期。
③ 参见刘健、杨德才:《农村劳动力流动的过去、现在和未来》,载《经济问题》2012年第7期。
④ 参见张运生、曾志远等:《关于农村剩余劳动力解决途径的探索》,载《人口与经济》2003年第2期。
⑤ 参见周天勇、胡锋:《托达罗人口流动模型的反思和改进》,载《中国人口科学》2007年第1期。
⑥ 参见国务院研究室课题组:《中国农民工问题调研报告》,中国言实出版社2006年版,第10—11页。
⑦ 参见杨小苏:《中国农业劳动力转移模式述评》,载《江淮论坛》1991年第1期。

小城镇道路造成工业分散，根本无法集聚经济效益。[1] 城市人口及劳动力数量扩张的来源是农村人口，城市就业量伴随着农村劳动力不断扩大，而城市经济发展又不断创造出对劳动力的需求，这些新就业岗位又吸引更多的农业劳动力流向城市求职。[2]

通过发展大中城市来转移农业剩余劳动力不符合国情，而且容易出现"城市病"。大中城市的兴建和扩建要依靠国家投资，国家财政无法支撑。一些资本主义国家畸形发展大中城市，农村经济不仅得不到发展，反而日益萎缩，从而形成大量失业，造成了农村失业与城市失业并存。因而，在转移农业剩余劳动力时，还要适度发展农业规模和农村非农产业。

（三）"多元复合吸纳"的模式

多元复合吸纳，是指乡镇消化、城市导流、国内移民、国际输出、协调配合、共同吸纳的模式。其构想如下：一是充分挖掘和发挥县城和小市镇的吸纳能力；二是利用城市辐射功能吸纳剩余劳动力；三是促进剩余劳动力向西部横向流动；四是打开劳动力转移的国际市场。我国农业剩余劳动力转移有苏南乡镇企业就地转移模式，温州以个体私营经济为主的乡镇企业综合转移模式，珠江三角洲外向型经济为主的合资企业就地转移模式，山东省以个体私营经济为主的农业产业化综合转移模式，上海郊区"三集中"转移模式。[3]

三、劳动力流动的影响研究

（一）农业剩余劳动力转移对农村的影响

1. 对农村的积极影响

将大量农民定格在有限的耕地上，既是人力资源浪费，又影响农业现代化进程。这就要求部分农民脱离耕地，使土地向种田能手集中，农业劳

---

[1] 参见李士慧：《关于农业剩余劳动力转移模式及其理论分歧》，载《农业经济问题》1987年第1期。

[2] 参见章玉钧、郭正模：《试论农村劳动力流动与城市就业》，载《经济学动态》1999年第9期。

[3] 参见宋金平、王恩儒：《中国农业剩余劳动力转移的模式与发展趋势》，载《中国人口科学》2001年第6期。

动力流出能加快土地流转速度，实现土地集约化经营和产业化发展，使农民分享了规模经营的利益。① 可见，农业劳动力转移对农村经济发展有促进作用。② 农业剩余劳动力转移，是农业乃至整个国民经济发展战略，是我国现代化建设的组成部分，是实现传统农业向现代农业转移的关键。③ 在土地刚性下，农业剩余劳动力会排斥资本和技术进入农业，阻碍农业机械推广。④ 农业劳动力流出促进了农业生产经营方式的转变，使农业发展走上专业化、规模化、市场化和组织化道路。⑤

农业剩余劳动力转移对输出地农民收入增长贡献较大，能缓解落后地区的贫困。⑥ 农业劳动力流动能缩小城乡收入差距，在贸易开放的城乡收入分配效应中起关键作用。⑦ 从社会层面看，农业劳动力转移就业引发了社会结构的分化与变迁，也影响了农民的思想观念。⑧ 他们从农业分离出来，从事非农就业，能增加收入和开阔视野。这种转移状况又与农村工业发展、特别是乡镇企业的扩张密切相关。⑨

---

① 参见匡远镜：《农村劳动力流动影响粮食安全的新解释》，载《人口与经济》2010年第5期。

② 参见李实：《中国农村劳动力流动与收入增长和分配》，载《中国社会科学》1999年第2期。

③ 参见陈吉元：《坚持和逐步实现农业剩余劳动力转移》，载《中国农村经济》1990年第10期。

④ 参见郑毅敏：《试论农村剩余劳动力向小城镇转移问题》，载《陕西经贸学院学报》2000年第4期。

⑤ 参见王宝文：《农村劳动力流动对中国农业发展的影响》，载《南方农村》2012年第2期。

⑥ 参见陈俾、乔治：《论农村劳动力流动对缓解农村贫困的影响》，载《时代金融》2014年第1期。

⑦ 参见喻美辞、郑金铃：《贸易开放、农村劳动力流动与城乡收入差距》，载《华南农业大学学报》2014年第3期。

⑧ 参见农业部农村经济研究中心课题组：《农村劳动力外出就业对农民、农业及输出地的影响与对策》，载《中国软科学》1996年第12期。

⑨ 参见黄祖辉：《我国农业劳动力的转移》，载《中国社会科学》1992年第4期。

2. 对农村的消极影响

农业劳动力流出使部分粮食主产区从事粮食生产者减少,特别是青壮年劳动力流出,导致粮食生产率增长缓慢。① 粮食主销区的工业化、城市化程度高,非农占地幅度大,导致这些省份粮食总产量减少和自给能力下降,加剧了粮食供求失衡。② 农村文化素质较高、青壮年男性转移导致农业粗放经营、科技难以运用、农业发展缓慢和技术创新受阻。③ 在劳动者文化素质整体下降时,农业生产关键性技术滞后,农产品产量下降。另一种观点是,紧张的人地关系阻碍资本向农业渗透,使农业以劳动密集型技术为主。劳动力流出为农业技术进步提供了条件,使之向高层次提升。④ 农业劳动力转移一般能促进劳动生产率提高,而我国则不尽然。因为留在农村的多数是老弱者和文化、技能较低的劳动力。高素质劳动力大量外流,一些农村基层政权近于瘫痪,有些村庄找不到合适的干部,正常的社会组织和管理方式都难以建立。⑤ 劳动力流动就业改善了家庭的生活条件,但对留守儿童的内心情感与性格产生深远影响,儿童与外出父母较为陌生。⑥

(二)农业剩余劳动力转移对城市的影响

农业劳动者进城开辟了农民投身工业化的新天地,促进了城市社会经济的发展;农业劳动力流动冲破了城乡封闭、区域间劳动力不流动格局,

---

① 参见梅艳:《农村劳动力区域性流动特征及其对粮食供求格局的影响》,载《中国人口科学》2010年第2期。

② 参见刘春艳、李秀霞:《农村劳动力流动对农业及粮食生产影响分析》,载《吉林师范大学学报》2012年第2期。

③ 参见龚晓莺、王朝科:《"三农"问题形成原因探讨——基于劳动力流动的分析视角》,载《经济问题》2007年第12期。

④ 参见张永丽、王宝文:《农村劳动力流动对农业发展影响的研究》,载《调研世界》2012年第3期。

⑤ 参见石人炳:《中国农业劳动力短缺转移问题研究》,载《湖北大学学报》1997年第5期。

⑥ 参见陆继霞:《留守儿童情感缺失:工业化进程中的社会之痛》,载《中国农业大学学报》2011年第9期。

促进了城市就业体制的改革和劳动力市场的发展。① 进城农民工与城市职工劳动态度形成反差,其体现的市场经济的用工机制和行为规范,对城市职工改变就业观念产生了作用。② 城市经济利用低成本农民工获得快速发展,很多企业使用低成本农民工,成为城市资本获得收益的要素。城市企业从使用低成本农民工中获得降低成本的效益,刺激了对低成本农民工的需求,改变了限制使用劳动力的不合理行为。城市传统服务业使用低廉的农民工为市民和企业提供优质服务,获得巨大利润。③ 剩余劳动力进城是对城市建设的有效补充,而不是竞争替代,这种补充是利大于弊,市场配置人力资源是合理的,如果政府无理干预,只会导致经济发展不协调。

四、劳动力流动特征与前景

(一) 农业剩余劳动力转移的特征

1. 农业劳动者的结构因素特征

流动的剩余劳动力结构性特征有:年龄是以青壮年劳动者为主体,新生代年龄下降;性别是男性高于女性,但新生代农村年轻女性脱离农业的倾向有所提高;④ 婚姻状况是,男性中已婚者多于未婚者,女性中未婚者多于已婚者;文化教育程度是,劳动者文化水平高于非外出就业的劳动者;职业特征是以建筑业、制造业和传统服务业就业为主。此外,外出方向是以跨省流动就业为主;外出方式是由亲属或本村村民带出的,村集体或乡以上行政单位介绍的,很少通过职业介绍机构。⑤

---

① 参见周娜:《产业转移与农村劳动力流动对经济发展的影响》,载《合作经济与科技》2013年第10期。

② 参见章玉钧、郭正模:《试论农村劳动力流动与城市就业》,载《经济学动态》1999年第9期。

③ 参见逄军:《城市农民工收入与就业矛盾及政策调整》,载《经济学动态》2004年第5期。

④ 参见张永丽、李意:《农村劳动力流动行为的代际差异研究》,载《开发研究》2014年第2期。

⑤ 参见农业部农村经济研究中心课题组:《农村劳动力外出就业对农民、农业及输出地的影响与对策》,载《中国软科学》1996年第12期。

2. 流动的盲目性与低质化特征

农业剩余劳动力流动就业带有盲目性。一部分农民流动后,长时间不能就业。盲目流动的受害者是流动者本人。事实上,任何主体的市场行为都有一定盲目性,这是一种市场风险,而就业机会往往就在这种盲目性中。① 农业剩余劳动力转移出现了低质化,因为建立在土地上的生产方式导致农民保守、依赖和封闭,贫困地区农民更加如此。由于条件限制,农民信息不对称,只能安于现状,对政府产生依赖。外流农民挣钱返乡享受生活,多数人回乡后兴建新房,能从发展当地经济出发,带动一批人脱贫的还是少数。② 在城乡统筹不断深化、城乡差距逐步缩小和农民平等享受公共服务时,回流颇为正常。地方政府要认识到劳动力回流对当地经济发展产生了有利影响,发展了农村生产力,转变了农村经济发展方式,优化了农村产业结构,活跃了农村文化氛围。③

3. 农业劳动者的三元就业特征

剩余劳动力转移有三元就业特征和三种就业形式。前者是指开发农业、乡镇企业和跨区域流动就业,后者是指家庭经济就业、自我组织创办企业就业和外出务工就业。土地承包和市场调节下的家庭经济,自主经营,不但投资发展农林牧副渔,而且兴办家庭工厂或其他非农产业,成为创造就业机会的一种基本载体。农民利用家庭、乡村社区资源,自我组织创办和发展企业,实现向非农产业转移就业。这包括办个体企业、合伙企业、乡村集团或合作企业,是农民创业解决自己的就业。外出务工包括外出就业和乡镇企业就业。④

---

① 参见赵树凯、孙希普:《农民在创造充满活力的劳动力市场》,载《经济日报》1994年1月18日。

② 参见黄晓玲:《农村剩余劳动力转移的形势、特点及质量分析》,载《重庆社会科学》2001年第3期。

③ 参见蔡伟、杜丹:《城乡统筹背景下农村人才返流与经济发展平衡》,载《中国商贸》2014年第1期。

④ 参见蒋选:《我国中长期失业问题研究——以产业结构变动为主线》,中国人民大学出版社2004年版,第226—227页。

4. 流动的梯度性与可逆性特征

我国农业劳动力转移有梯度性和可逆性特征。前者是剩余劳动力转移的第一步,他们进入农村非农产业和城市边际经济空间,特别是技术层次较低的非农产业。他们在省内和区内流动的比重较大;从西部向东部流动是基本流向;城乡和地区之间存在着梯度转移。以农村内部就业为主,在社区内部发展乡镇企业实现就地转移。① 后者是指农业劳动力进入非农就业并非逐渐沉淀,形成城市化和工业化过程中的生力军,而是时去时返。回流是农业劳动力流动的转折,回流者通过其才识展现,为回流地输入资金、技术和人才,带动当地新型劳动密集型产业的开发。② 农业劳动力转移呈现出某种零和效应,非农业部门的劳动力终将沿着就业阶梯向更现代化的产业部门递进,零和转移终将变为正和转移。

5. 流动的兼业型与分离型特征

农业劳动力是以"兼业型"转移为主,"分离型"转移为辅。兼业受到产业结构、家庭耕地面积、劳动力和未成年人数、劳动力结构影响。靠近大中城市和发达地区,劳动力容易从事兼业就业。③ 我国生产力水平低,单一经营风险大,农民将土地视为保障,农户劳动力季节性剩余促使他们在务农和务工之间变换。④ "分离型"转移者没有真正城市化,其收入较低。大量农民工成为城市被"边缘化"的特殊群体。农户收入低导致兼业,劳动力剩余使兼业成为可能,农户对农业生产的依赖使兼业成为现实。由于这些因素的存在,农户兼业化即使有地区差异,深入发展当属必然。⑤

---

① 参见韩俊:《我国农村劳动力转移的现状与特点》,载《江淮论坛》1995年第2期。
② 参见邱海盈:《农村劳动力回流与劳动力密集型产业的开发》,载《人口学刊》2001年第3期。
③ 参见朱明芬、王磊等:《农业劳动力兼业行为及发展趋势》,载《调研世界》2000年第6期。
④ 参见李爱:《农村劳动力转移的政府行为》,山东人民出版社2006年版,第17—18页。
⑤ 参见胡浩、王图展:《农户兼业化进程及其对农业生产影响的分析》,载《江海学刊》2003年第6期。

(二) 农业剩余劳动力转移的前景

在剩余劳动力被吸收殆尽时，二元经济结构逐步消失，"刘易斯转折点"显现。但对这个转折点本身进行判断，却与劳动力供需长期格局变化有关；同时，当一国经历"刘易斯转折点"时，经济发展进入一个崭新阶段。如果转折点并没有一个清晰时点的话，我国经济已进入刘易斯转折区间。[1] 城市化滞后是影响剩余劳动力转移的原因。[2] 我国农村劳动力市场发育不足，绝大部分劳动力是自发转移，转移成本较高。[3] 如果让他们在短期内涌入城市，会造成城市经济和社会问题。特别是大批剩余劳动力进城，会给城市就业带来冲击。[4] 农村乡镇企业是农业劳动力转移的又一外部市场，对解决就业发挥了积极作用。但是，发达地区乡镇企业与国有工业同构。[5] 可见，未来农村就业压力来自存量和增量，随着劳动生产率的提高和耕地面积减少，农业还将催生剩余劳动力。我国正处于新旧体制转换期，劳动力资源地区合理配置尚未实现。剩余劳动力转移面临四种制约因素，即劳动力充分供给与国民经济发展有限需求的矛盾；劳动力素质结构与产业结构不相适应的矛盾；劳动力合理流动与传统管理体制的矛盾；劳动力转移规模和速度超过国民经济承受力的矛盾。[6]

五、劳动力流动的对策研究

(一) 发展农村工业吸纳农业劳动力

农村工业对吸收剩余劳动力有决定作用，发展劳动密集型非农产业，

---

[1] 参见蔡昉：《中国劳动力市场发育与就业变化》，载《经济研究》2007年第7期。
[2] 参见陈书荣：《我国城市化现状、问题及发展前景》，载《城市问题》2000年第1期。
[3] 参见时俊雄：《农业劳动力转移的新阶段及对农民收入增长的影响》，载《统计研究》2001年第5期。
[4] 参见赵玉阁：《我国农村剩余劳动力转移的对策思考》，载《农业经济》1999年第11期。
[5] 参见宋金平、王恩儒：《中国农业剩余劳动力转移的模式与发展趋势》，载《中国人口科学》2001年第6期。
[6] 参见中国农业剩余劳动力利用与转移课题组：《中国农业剩余劳动力转移的道路选择》，载《中国农村经济》1990年第10期。

才能大量吸收剩余劳动力。① 要将农副产品加工工业作为农业剩余劳动力转移的支柱产业，既可充分利用农业资源，减少农产品加工和运输损失，又有利于促进农业生产发展，加快现代农业进程。② 要关注农村工业技术进步的类型选择，提高其吸纳劳动力的比重。农村工业在发展中大量吸纳农业剩余劳动力，具有社会效益，要改变单纯依靠投资增长和产值增长来带动就业增长。对农村工业技术进步要给予调控，尽可能选择劳动密集型技术，发展既能大量容纳劳动力，又有经济效益的乡镇企业。③ 中西部农村工业发展要重视承接东部地区产业转移。④

（二）建立多元载体吸纳农业劳动力

首先，建立剩余劳动力转移的多层次空间。工业是以大城市为中心，向外围扩展，而技术层次也呈现从高到低的分布。工业技术层次高，资金密集的部分集中在大城市。因此，工业技术层次高的部分是集中的，技术层次越低越分散。劳动力转移的空间分布也是如此。这就形成了以大城市为中心，中小城市、县城和乡镇协调发展的城市化空间。⑤ 其次，发展小城镇以吸纳剩余劳动力，因为小城镇与农村联系紧密，农民进入小城镇就业稳定。小城镇与农村距离近、消费低，这对农民有吸引力。发展小城镇吸纳剩余劳动力成本低，小城镇技术含量和资本有机构成低于大城市，吸纳劳动力成本比大城市低。发展小城镇可充分利用乡镇企业资源优势，让技术含量高的企业集中到小城镇，以扩大小城镇规模，吸纳剩余劳动力。⑥

---

① 参见陈吉元、胡必亮：《中国的三元经济结构与农业剩余劳动力转移》，载《经济研究》1994年第4期。

② 参见中国农业剩余劳动力利用与转移课题组：《中国农业剩余劳动力转移的道路选择》，载《中国农村经济》1990年第10期。

③ 参见黄祖辉：《我国农业劳动力的转移》，载《中国社会科学》1992年第4期。

④ 参见周娜：《解决农村劳动力流动问题之我见——基于产业转移视角》，载《经济研究导刊》2012年第34期。

⑤ 参见中国农业剩余劳动力利用与转移课题组：《中国农业剩余劳动力转移的道路选择》，载《中国农村经济》1990年第10期。

⑥ 参见张运生、曾志远等：《关于农村剩余劳动力解决途径的探索》，载《人口与经济》2003年第2期。

再次，城市化与城镇化相结合吸纳剩余劳动力。工业化从生产、需求和结构转变上带动了城市化，需要剩余劳动力向非农产业转移，而非农产业发展也带动了城镇化发展，并导致就业结构转变，这是由于就业结构的工业化和非农化带动了就业人口流向城市。工业化使城市化水平上升，这与工业和非农产业比重上升有关，特别是服务业比重变化，因为服务业发展对非农产业就业增长有带动效应，而非农产业的就业增长比产出增长更直接推动城市化。①

（三）开展制度创新吸纳农业劳动力

首先，要扩大土地流转权。劳动力流动与土地流转有相互促进关系。对经济发达地区和欠发达地区，应从促进劳动力流动着手，各级政府应制定政策促进劳动力流动进而促进土地流转；而对经济发展居中的地区，应直接从促进土地流转入手，通过土地流转促进劳动力流动。② 当农业劳动力流动是由收入下降引起时，农地流转减少，劳动力流动与农地流转反向互动；当劳动力流动是由非农收入上升引起时，农地流转增加，劳动力流动与农地流转正向互动。③ 其次，应允许农民工进城定居。由于曾经禁止迁徙，进城农民缺乏稳定预期和长期规划。迁徙不自由、劳动力市场处于多元分割，农民工福利待遇较差，削弱了社会公平。

（四）完善政府管理促进劳动力转移

政府要完善劳动力的流动机制，建立有调控的市场，改变劳动力要么滞留农村，要么盲目流向城市的无序状况。加快发展地方劳动力市场，提高农村的信息水平，降低农民的工作搜寻成本。④ 要建立城乡一体化劳动

---

① 参见刘社建：《中国就业变动与消费需求研究》，中国社会科学出版社 2005 年版，第 208—209 页。

② 参见孙云奋、唐贞涛：《农村劳动力流动与土地流转关系研究——基于理论与实证》，载《天津农业科学》2014 年第 8 期。

③ 参见侯明利：《农村劳动力流动与农地流转的学理探究》，载《商业时代》2013 年第 17 期。

④ 参见巨文辉：《工作搜寻成本及信息对农村劳动力转移影响的理论分析》，载《经济学动态》2005 年第 3 期。

力市场，加强职业信息发布，消除制度障碍，促进劳动力转移。利用网络技术，使市场供求信息通畅，为农民工提供政策咨询、信息发布、求职登记、职业指导、职业介绍等就业服务。① 要实现农业劳动力跨区域有序流动，政府要健全就业服务体系，并加强宏观调控。② 我国采取了增加农业教育、生产投入等政策，不但没有解决城市化和农业劳动力流动，反而使城市化出现倒退。应加快农业剩余劳动力向城市的转移进程，取消户籍制度，利用城乡收入差距引导他们向城市流动。③

（五）发展教育事业促进劳动力转移

加大对教育和培训的公共投入，提升剩余劳动力素质有利于实现转移。劳动者经常遭受结构性是人力资本与市场需求不相适应。④ 我国农业劳动者受教育年限短，文化层次低，缺乏工业生产必备的技能，他们只熟悉农业生产，如果他们要流向城市工业部门就业，将面临生产技术不足问题。⑤ 农村教育远远不能满足农村城镇化、现代化的要求，特别是职业教育落后，会加重农村就业压力。⑥ 各级政府应适应农村经济发展的需要，提高教育普及率和农村教育质量，政府应加大农村教育投入比重，大力扶持农村教育事业。⑦

---

① 参见李勋来：《农村劳动力流动与城乡收入差距关系研究综述》，载《中共福建省委党校学报》2009年第2期。

② 参见张永平：《未来10年内我国农业剩余劳动力状况分析与转移对策》，载《河北学刊》1999年第6期。

③ 参见周天勇：《托达罗模型的缺陷及其相反的政策含义——中国剩余劳动力转移和就业容量扩张》，载《经济研究》2001年第3期。

④ 参见蔡昉：《中国就业格局变化与挑战》，载《全球化》2013年第5期。

⑤ 参见夏耕：《中国城乡二元经济结构转换研究》，北京大学出版社2005年版，第130页。

⑥ 参见冯蔚：《我国农业剩余劳动力出路的若干思考》，载《人口与经济》2001年第5期。

⑦ 参见赵国珍：《再论新农村建设中的劳动力流动》，载《学术交流》2000年第5期。

第五节 经济增长与就业研究

就业矛盾出现是经济转型的产物,大批劳动者失业,是为提高经济效率和效益付出的代价,是计划经济向市场经济转型的成本。产业结构调整和经济增长方式转变使经济体吸纳劳动力能力下降,在新兴产业、采用新技术领域、新经济成分中不断创造新的就业岗位;另一方面,在传统产业、采用旧技术领域、旧经济成分中不断摧毁大量旧的就业岗位。当旧岗位被摧毁的规模和速度超过创造新就业岗位时,就会引发大规模、突发性的就业压力。市场分割也加剧了就业矛盾,劳动力供需结构性矛盾日益突出。①

一、就业弹性系数变动与成因

(一)研究我国就业弹性系数的变化

就业弹性系数,是经济增长与就业增长的关系。它是以经济增长为自变量,以就业增长为因变量计算出来的数值,是指在影响经济增长的其他因素不变时,经济增长变化一个百分点所引起的就业变化的比率,即经济增长对就业的贡献率。我国曾出现经济高增长和失业高增长并存,学界对两者的关系以及就业弹性变化展开了研究。有人采用计算平均就业弹性系数,说明经济增长的就业拉动效应。② 有学者通过对劳动人口参与率的估计,研究我国真实失业率,从而说明经济高增长并未带来就业的相应增加。③ 有人通过对各产业就业弹性的估算,研究不同产业产出增长的就业效应。④ 我国经济增长方式根本性转变与就业弹性系数降低的互动结果,对传统的充分就业模式和劳动力就业增长速度可能要发生一定程度的反作

---

① 参见刘允岩:《我国经济增长与就业增长不一致问题分析》,载《商业时代》2012年第14期。
② 参见李红松:《我国经济增长与就业弹性问题研究》,载《财经研究》2003年第4期。
③ 参见蔡昉、王美艳:《中国城镇劳动参与率的变化及政策含义》,载《中国社会科学》2004年第4期。
④ 参见胡鞍钢:《关于宏观经济政策与促进就业》,载《中国劳动》2004年第5期。

用影响，充分就业的实现面临着经济增长方式根本转变过程中产业就业弹性系数降低的压力。① 东部地区产业就业弹性高于中西部和东北地区，这与东部地区劳动密集型为主的企业组织形态有关；中部和东北地区产业就业弹性波动幅度较大，表明产业结构相对单一，对就业拉动效果受经济变化的影响较大；西部地区经济增长处于低水平，对就业拉动效果较低。②

奥肯定律在我国短期内失灵，是由于其前提条件还不完全具备，但从长远看，其基本思想在我国仍是成立的。在转轨期间，我国经济波动较大，政府经济政策变化快，引起产出和失业率的不规则变化。后来，就业弹性系数基本变化不大，并没有出现急剧下降，因此"高经济增长，低就业增长"的矛盾并不存在。③ 学界对两者关系的研究不能令人满意，应进行更深层次研究。其一，企业才是两者关系或就业弹性系数的关键。由于经济增长是产品和劳务增长，就业增长是要素投入增长，而企业则是产品市场和劳动力市场的纽带。其二，两者都是宏观经济研究的问题，但对此研究不能忽视和脱离宏观经济运行的微观基础。其三，两者有复杂的传动关系。产品市场需求通过企业供需来平衡，并将这种需求传导到劳动力市场上，形成市场需求。而企业对市场需求在要素市场上表现为就业机会的创造和提供，它还必须同市场劳动力的供给方相匹配。

（二）研究就业弹性系数下降的原因

第一种观点是，要素禀赋论。要素价格扭曲是造成失业增加和就业弹性系数下降的根本原因。④ 资源禀赋结构是指劳动和资本结构对经济增长的影响。在劳动力缺乏的国家，可能选择劳动节约型道路，技术密集型或资本密集型产业发达，就业弹性低；在资本缺乏的国家，可能选择资本节

---

① 参见史及伟、杜辉：《中国式充分就业与适度失业率控制研究》，人民出版社2006年版，第188—189页。

② 参见田洪川、石美遐：《再谈经济增长对就业需求的影响》，载《生产力研究》2013年第5期。

③ 参见邓正旺、蔡晓帆等：《就业弹性系数急剧下降：事实还是假象》，载《人口与经济》2002年第5期。

④ 参见盛仕斌、徐海：《要素价格扭曲的就业效应研究》，载《经济研究》1999年第5期。

约型道路，劳动密集型产业发达，就业弹性高。① 我国经济快速增长主要依靠资本投入和积累，而这就使企业在技术选择上倾向于使用资本替代劳动，使技术路径偏离了要素禀赋结构，劳动力在经济增长过程中受到了排挤。国家长期实行的低利率政策导致了过度投资和资本积累，绝大多数贷款为国有经济部门所获得，银行不主动提高利率，是因为利率上升会威胁债台高筑的国有企业，这将抑制国有经济发展潜力，扩大就业较为困难。② 劳动力价格上升与资本价格偏低，是经济运行中的资本深化倾向在改革开放以来出现不断加速趋势，造成资本劳动比率上升，资本对劳动的替代作用加强，投资高增长并没有带来就业高增长。③ 资本过度投资和积累是导致技术进步加快的决定条件，技术进步对就业弹性系数产生重要影响。当然，要素禀赋条件并不构成影响就业弹性系数变化的重要因素。④ 从技术进步促进产品开发、社会分工和生产规模扩大等角度展开分析，得出技术进步促进就业总量增加的判断。⑤ 技术进步对就业影响体现在就业的结构方面而非就业总量方面。⑥

第二种观点是，产业结构论。产业结构对就业弹性有影响，因为产业技术构成有差异，所使用资本和劳动的密集程度有差别。各个行业产出增长的就业弹性系数相差悬殊。就业弹性系数下降与产业发展有关。改革开放后，轻工业等劳动密集型产业迅速发展，农业剩余劳动力向城市转移，传统农业出现了萎缩，而长期以来现代农业发展缓慢，农业从业者数量大

---

① 参见陈桢：《经济增长的就业效应研究——基于经济转型与结构调整视角下的分析》，经济管理出版社2007年版，第53页。

② 参见周其仁：《机会与能力——中国农村劳动力的就业和流动》，载《管理世界》1997年第5期。

③ 参见郭怀英：《我国制造业就业演变趋势的分析与判断》，载《宏观经济研究》2005年第8期。

④ 参见常进雄：《中国就业弹性的决定因素及就业影响》，载《财经研究》2005年第5期。

⑤ 参见焦利芳、云正强：《科技进步与增加就业的关系探析》，载《科技进步与对策》2003年第11期。

⑥ 参见毕先萍、李正友：《技术进步对就业的综合作用机制及社会福利影响研究》，载《中国软科学》2004年第5期。

幅下降。纺织、服装等劳动密集型轻工产业充分发展，对劳动力需求大。产业结构升级，资本与技术密集型产业发展，对劳动力需求减少，所以就业弹性下降。服务业就业弹性超过工业，成为吸收就业的重要产业。① 第二产业就业弹性系数的下降是整个就业弹性下降的驱动力，第二产业中的工业部门是技术密集型产业，创新不足引起的核心就业不足是就业弹性系数在较长时间内处于较低水平的根本原因。② 我国经济转型时期，经济增长方式转变导致企业有效劳动的实际增加，对就业弹性变化产生一定作用。③ 经济增长速度快慢在不同经济结构状态下，为社会所创造的就业岗位迥然不同。经济结构变化所引起的就业结构变化，进而对总就业水平影响，刘易斯二元结构理论、费景汉—拉尼斯三段论、哈里斯—托达罗人口迁移理论，从一定程度上给予了论证，但它们似乎只涉及人口在城乡结构内和产业结构内移动的动力，很少阐述这种变化对就业产生影响。④

　　第三种观点是，增长阶段论。就业弹性系数下降与经济增长阶段有关。高速经济增长能拉动就业增长，但增长至饱和后，由于技术和资本等要素投入结构发生变化，会对就业产生挤出效应，就业量并不必然随之增长，甚至可能出现下降。这就需要政府制定积极的就业政策。经济增长、产业发展对城镇的就业增长要大于农村；另一方面，农业发展吸纳就业不足，劳动力迁移趋势明显，而工业发展则超出其吸纳就业的能力，工业劳动力不足；服务业发展则相对均衡。⑤ 此外，体制因素、技术进步、收入水平都会对就业弹性产生影响。好的体制能使要素合理配置，要素市场出

---

　　① 参见冼康：《我国经济增长结构的转变与就业增长分析》，载《中共桂林市委党校学报》2013年第2期。

　　② 参见李向亚、郭继强：《中国就业弹性急剧下降的原因解析》，载《经济体制改革》2003年第5期。

　　③ 参见龚玉泉、袁志刚：《中国经济增长与就业增长的非一致性及其形成机理》，载《经济学动态》2002年第10期。

　　④ 参见潘光军：《中国就业问题的宏观经济研究》，中国财政经济出版社2006年版，第63页。

　　⑤ 参见夏海清：《经济增长、产业发展与就业结构在中国的实证检验》，载《经济问题》2012年第1期。

清,减少失业。技术进步直接促进劳动生产率提高,使就业弹性系数下降,而又间接引起就业弹性系数提高。收入对就业弹性的影响是通过居民在闲暇和收入的选择上产生的效用不同,进而影响劳动力供给。①

二、经济增长与就业不一致性

第一种观点是,资本投资使然。资本驱动增长模式是经济增长的主要模式,通过扩大投资来推动经济增长,对资本高投入依赖性强。随着企业资本深化的加速,造成企业经营中资本对劳动力吸纳力降低,尽管每年资本投资率相当高,但并未相应导致企业劳动力需求的高增长,因为投资领域主要向资本密集型产业集中。② 我国经济增长靠政府庞大的基本建设投资支撑,政府长期实行积极的财政政策,以扩大固定资产投资带动内需,使固定资产投资对经济的贡献率高。投资集中在基础产业、基础设施行业、农业基础设施等。③ 这些大多属于资本密集型产业,资本有机构成不断提高,使经济增长对劳动的需求相对减少,导致我国经济快速增长的同时,就业增长率并没有相应提高,经济增长与就业增长出现了不一致。④

第二种观点是,技术进步使然。改革开放以来,由于技术进步在经济增长中发挥了巨大作用,技术进步加剧企业运用资本代替劳动的程度,导致对劳动力的需求减少,从而对就业产生排斥。⑤ 在走向农业现代化的进程中,在工业从劳动密集型转向资本密集型技术密集型的过程中,劳动力被挤出。⑥ 这种观点有其合理性,技术进步在改革后经济快速增长中发挥

---

① 参见陈桢:《经济增长的就业效应研究——基于经济转型与结构调整视角下的分析》,经济管理出版社 2007 年版,第 52—53 页。
② 参见刘键、蓝文永等:《对我国经济增长与就业增长非一致性的探讨分析》,载《宏观经济研究》2009 年第 3 期。
③ 参见乔忠民:《中国经济增长与就业增长的非对称性关系探析》,载《经营管理者》2012 年第 15 期。
④ 参见齐义军、付桂军:《促进经济与就业协调增长的路径选择》,载《经济纵横》2012 年第 5 期。
⑤ 参见谢娟、王斌:《我国经济增长与就业非一致性分析》,载《新经济》2013 年第 10 期。
⑥ 参见陈莉花、叶成徽:《我国经济增长下的失业现状及成因实证分析》,载《改革与战略》2011 年第 8 期。

了重要作用,也在一定程度上形成了对劳动的替代,但并不能完全解释经济增长与就业增长的非一致性。这是由于技术进步在经济增长中对劳动力使用有双重效应,并不能认为技术进步是导致经济增长与就业增长不一致的主导因素。

第三种观点是,结构调整使然。改革开放以来,随着产业结构和所有制结构的不断调整,就业结构也发生了变化。就业受到了两者的影响,失业人数不断增加,在经济快速增长的同时,没有带来就业快速扩张效果。大量农业剩余劳动力向城镇转移,但由于他们缺乏相关技术培训,出现了结构性失业和摩擦性失业。[①] 这种观点在一定程度上解释了经济增长与就业增长不一致性的原因,但同样不能成为决定两者不一致性的决定因素。因为就业结构能否顺利调整仍主要取决于就业人员的人力资本含量、知识技能结构的更新能力以及企业用人自主权的能力等。

第四种观点是,有效劳动需求使然。由于我国名义劳动与有效劳动需求量在经济体制改革过程中并不一致,往往是经济增长带来有效劳动需求量增加,而名义劳动需求并没有相应增加,存在大量无效就业人员的情况下,多数企业宁愿有效利用无效的就业人员,也不愿新增工人,同样能增加产出、提高劳动生产效率。[②] 这种观点并不能完全解释经济增长与就业增长的不一致性。随着就业体制改革的逐渐深化,国有企业冗员数量逐渐减少,名义劳动需求与有效劳动需求的差距逐渐缩小。[③]

第五种观点是,过度劳动使然。我国就业人员过度劳动,是导致就业岗位被挤占和失业恶化的成因。目前,过度劳动的行业包括采掘业、建筑业、服装加工业、技术含量较低的制造业加工生产线、出租车行业等。其内在机制为在二元结构转换期,农民工大量进入这些就业领域并产生人力

[①] 参见梁盛伟、李广义:《中国经济增长与就业增长的关系研究》,载《中国商贸》2014年第2期。

[②] 参见张岩:《我国经济增长与就业增长关系的实证研究》,载《生产力研究》2013年第12期。

[③] 参见刘社建:《中国就业变动与消费需求研究》,中国社会科学出版社2005年版,第55—56页。

资源溢出和降低工资压力。过度劳动造成对行业其他劳动者的排斥，从而使行业的实际就业人数低于应该就业的人数。这些行业的产量增长并未因此而降低，出现了经济增长与就业增长的不同步。①

我国就业弹性曾出现波动，这是由于国有企业和集体企业大规模重组导致了失业；另一方面，与乡镇企业发展速度下降有关。这种下降有阶段性，因为前者释放劳动力的过程已基本结束，没有理由相信较低的就业弹性将会持续。如何使市场具有合理的就业弹性，是解决就业问题的关键。一是要彻底打破现有的城乡壁垒；二是就业创造和增长的真正源泉在于城市各种产业，特别是劳动密集型的制造业和服务业部门的发展。② 近年来，我国经济增长对就业有明显的拉动作用，国有企业劳动力需求增长对稳定劳动力市场产生积极作用。这可能是政府反周期操作使然，巨额投资多数是通过国有企业和政府部门实施，从而带动了相关部门就业增长，使市场的就业弹性系数有所回升。我国经济转型尚未完成，市场经济体制并未臻于完善，包括行业变化、人口地区流动和技术进步等都有可能影响两者关系的变动。③

就业变动对消费需求的影响是通过影响经济增长、收入分配与消费者行为等来实现对消费和结构的影响。在就业变动对消费需求有重要影响的同时，消费需求对就业变动也有重要影响。消费需求对就业变动的影响是通过消费水平和消费结构的变动影响产业结构与经济增长，产业结构与经济增长又促进就业结构的相应变动。④ 国有和集体企业规模扩张和就业增加意味着收入和消费增加，同时，由于存在对工人就业的体制性承诺，职

---

① 参见王艾青、杨兆兰：《中国经济高增长与高失业并存原因探析》，载《理论导刊》2007年第2期。

② Ray Brook、陶然：《中国劳动力市场：绩效及其挑战》，载袁志刚、Nick Parsons主编：《经济全球化下的就业政策》，中国劳动社会保障出版社2004年版。

③ 参见孙文凯：《中国近年来经济增长与就业增长间数量关系解释》，载《经济理论与经济管理》2014年第1期。

④ 参见刘社建：《中国就业变动与消费需求研究》，中国社会科学出版社2005年版，第133页。

工普遍没有对未来不确定性的心理准备，谨慎动机的储蓄不足，职工收入大部分用来消费，导致社会总需求大于总供给，引发通胀。改革使企业低效暴露，政府不得不让无效率的企业破产，失业增加不仅使失业者收入和购买力下降，而且增加了在职职工的压力，并产生对未来不确定感。在此情况下，他们消费减少、增加储蓄，应对未来可能出现的失业，必然导致消费水平下降。[①]

[①] 参见赵志君：《通缩、就业与消费》，载《经济学动态》2003年第12期。

第四章　失业与失业衡量

在自给自足的小农经济时代，不可能出现大规模的劳动力失业。① 因为在人均产出不能满足人类生存基本需求的情况下，劳动者只有努力工作才能勉强维持温饱。相对于自然资源和简单生产工具而言，劳动力是一种稀缺资源。当人均产出或社会一定时期的产出总量，能满足社会成员基本生存需求，而且出现了剩余产品时，社会劳动才能形成必要劳动和剩余劳动，才会出现一定规模的失业。因为一是需要劳动生产率的大幅提高，失业是生产力发展的产物，劳动生产率提高降低了资本对劳动力的需求。二是资本主义制度的确立与发展。② 雇佣关系出现使劳动力成为商品。随着我国市场经济体制的建立，失业问题也逐步暴露，失业与市场机制有伴生关系。市场经济的资源配置方式可能导致失业。微观经济组织要权衡各种要素的成本与收益，一旦出现某种要素的收益低于成本时，这种要素将不被使用，各种资源的配置都将遵循这一铁律。在现实经济运行中，劳动力与资本两种要素可能有一种过剩，价格必然成为一种调节机制。如果劳动力供给超过资本供给，其价格就会下降，即工资率相对于利息率下降，资本家选择使用更多的劳动力以替代资本；反之亦然。这是失业现象的本质。

---

① 在农业社会中，虽然有失业，但不是一种引起普遍关注的社会问题。这是因为土地对容纳农业劳动者有足够弹性，而且农业社会的同质性较强，职业分化程度较低，农民就业基本上是一种自然就业。

② 参见袁志刚：《失业经济学》，上海人民出版社1997年版，第5页。

第一节 失业及其影响

一、失业与失业者

(一) 失业的基本分类

中外学者对失业有较多的研究，有学者将失业看作是失去了职业；不管是否有职业，凡是无事可做者，都是失业；还有人认为，劳动力与生产资料结合就是就业，两者分离产生失业；失业是有劳动能力的人找不到岗位的现象。①

1. 广义失业与狭义失业

失业有"广义失业"和"狭义失业"两种。前者是指社会一切要素未被利用并停止收入的状态，它包括劳动者未利用劳动力、土地所有者未利用土地、资本所有者未利用资本取得收入，以及技术未被用于生产领域并创造出价值等。它不但包括公开失业，也就是克里希纳（R. Krishna）将失业界定为零工时和零收入；而且包括非公开失业，指劳动者实际工时少于他能够并愿意工作的时间。每月只工作 15 天，即人力资源处于低度运用等。狭义失业，是指劳动力完全处于闲置状态的公开失业或劳动者的"非自愿性失业"。国际劳工组织认为，失业者是指在一定年龄以上，在规定的调查时间内没有职业或就业时间没有达到规定标准，有劳动能力，并且正在寻找有报酬工作的人，包括因就业合同暂时停止或已终结的人、从未受雇的人、已退休并正在寻找工作的人、尚未就业但已安排好工作的人、暂时被解雇而又没有工资收入的人。这个定义一是劳动者应面向市场；二是失业用于评估宏观经济运行状态，而不是衡量个人经济困难程度。② 失业率的分类有两种，即广义和狭义失业率，我国台湾省曾使用狭义失业率发布数据，因为其外延相对狭窄，从而刻意降低了劳动力市场的实际失

---

① 参见刘艾玉：《劳动社会学教程》，北京大学出版社 2004 年版，第 342 页。
② 参见何承金主编：《劳动经济学》，东北财经大学出版社 2002 年版，第 300 页。

业率。①

2. 非自愿性失业与自愿性失业

非自愿性失业（involuntary unemployment），是指在市场经济条件下，劳动者愿接受现行的劳动条件和工资水平，但仍不能与就业岗位匹配。非自愿失业的类型较多，如摩擦性失业、结构性失业、技术性失业、周期性失业、季节性失业等。成因是国内有效需求不足，只要出现这种情形，工人即使愿接受较低工资率，仍不能实现就业。换言之，假定产品没有销路，即使工资率再低，并且工人愿按低工资被雇用，厂商也不会增加雇工数量。因此，要消除非自愿性失业，关键在于提高国内有效需求。非自愿性失业，是凯恩斯对传统失业理论的发展，只有消除了非自愿性失业，才能真正实现充分就业。

自愿性失业（voluntary unemployment），是指劳动者所要求得到的实际工资超过了其边际劳动生产率，或在现行劳动条件下能就业，但不愿接受此就业条件而未被雇用所造成的失业。虽然劳动者有就业意愿，但由于才能得不到充分发挥或个人原因，劳动者自愿放弃就业岗位而形成的失业。另外，对社会提供的就业岗位，劳动者因为嫌弃劳动条件差，或嫌收入低等原因而不愿接受工作，也是自愿失业。为了追求自身学历层次的提高，劳动者主动离开就业岗位进入高校深造；为了履行公民义务，大学生毕业后服兵役；为了追求更高收入、个人前途、闲暇时光等而主动离开就业岗位。这两种失业的关系是紧密的，不能割裂。自愿性失业也可能是长期性的非自愿性失业的结果。失业衡量的关键条件是求职行为，如果由于长期找不到工作而放弃求职，就会被列入自愿性失业的行列。常见的非自愿性失业的人群包括高校毕业生，他们对工资等劳动条件过于挑剔，出现高不成低不就而失业；以工作太累不适应为由，自动放弃就业岗位而赋闲在家；部分年轻人有强烈的创业愿望，但缺乏真才实学而又不甘心充当打工者；频繁跳槽者；单位下岗的年轻人；文化和技能差较差者。

---

① 参见黄安余：《台湾经济转型中的劳工问题研究》，人民出版社2010年版，第135页。

3. 显性失业与隐性失业

显性失业（open unemployment，又称公开失业），是指劳动者完全处于闲置状态，即在劳动年龄内的劳动者没有工作、无事可做的情况。20世纪90年代中期后，我国推行现代企业制度和企业改制，使企业经营机制发生了革命性变化，企业在人财物、产供销方面奉行自主经营、自负盈亏。企业要生存与发展，必然要将追求经济效益最大化作为目标，而不是承担其他额外责任，因而首先要消除企业冗员，从而使隐性失业逐步变为显性失业。

20世纪30年代，罗宾逊夫人提出了隐性失业。由于有效需求不足而解雇工人，许多工人不得不从事更加劣等的职业。他们的边际生产率为零或为负，这种就业被称为"伪装失业"。不仅发达城市工人有伪装失业，不发达国家农业部门也有伪装失业。可见，隐性失业（disguised unemployment，又称非公开失业），是指劳动力与生产资料只有形式上而非实质的结合。隐性失业可分为长期隐性失业（administered disguised unemployment）和短期隐性失业（transitory disguised unemployment）。前者是指因为政府部门为控制失业率增长而向企业施加压力，使企业雇用超过其所需要的工人，或限制企业裁减工人特别是大批解雇工人的行为。企业之所以愿意接受这些冗员，是因为这会给企业向政府争取资金或其他政府配给资源增加筹码。市场需求变化、新竞争者的出现，或市场环境中的其他一些会导致企业产品销售量减少的变化，都会使长期隐性失业的规模扩大。后者是由于生产资料的短缺或宏观经济的波动引起的。①

隐性失业包括以下五种情形：一是就业不足（underemployment），是指那些实际工时少于他们能并愿意工作时间的劳动者，或者说劳动者未能充分有效发挥个体劳动能力。就业不足也包括数量和质量两个方面。它不同于失业，是指劳动力利用不足，而不是完全失去就业岗位。② 劳动者未

---

① 参见杨伟国：《转型中的中国就业政策》，中国劳动社会保障出版社2007年版，第9页。
② 非个人原因，在调查周内工时较短，一般为标准工时的一半，即20小时，并愿从事更多工作的人员。

在全部应当劳动时间内参与经济活动，而只是部分时间参与社会劳动；劳动者所从事的工作未能发挥或充分发挥个人劳动能力，并且以上两种情形交叉并存。不充分就业既存在于农业社会又存在于工业社会，其表现形式不同。农业受到土地资源的限制，劳动者无法发挥全部劳动能力；工业表现为就业时间不足。在既定的工时内，如果劳动者对闲暇的评价高于收入则会产生"过度就业"，如果劳动者对工作收入的评价高于闲暇就会出现"时间富余"。① 在不同的情况下，可选择不同的不充分就业与失业的相互替代策略。二是伪装的就业不足（disguised underemployment），是指一些人表面上全日制就业，但他们提供的劳动成果只要更少的时间就能完成，或者说在形式上仍是全部就业，但实际上并不能获得相应的收入，而只能获得标准收入的一定份额。三是隐蔽性失业（hidden underemployment），是指有一些人因无工作可做而被迫选择非就业的活动，如受过一定的教育的人想工作而找不到工作，选择继续学习。四是健康受损（the impaired），是指由于营养不良、工伤或疾病等原因，劳动者身体和体力出现了问题，可能不胜任全日制就业。五是无生产性（the unproductive），是指本来有生产性劳动者，因补充性的物质资源不足，生产率极低，生产出来的成果以至于不能补偿他们的生活必需品。②

　　隐性失业与显性失业不同，前者有政府的影子，是政府出于政局稳定而刻意压制市场使然。政府用行政手段强制将失业人口安置到企业中，或下放至农村，从而表面上保持劳动力与生产资料相结合。我国隐性失业的政府行为是与计划经济和国有企业紧密联系的，计划经济是体制背景，国有企业是重要载体，是就业与社保的合一。通过就业与社保捆绑的制度安排将公开失业转变为隐性失业，忽略了实体经济的效益，并将社保（政府责任）转变为企业责任，使企业成为冗员的蓄水池。在计划经济体制下，我国"企业办社会"既是整个社会管理的一部分，又是部分社会成员的变

---

① 参见王诚：《中国就业转型：从隐蔽失业、就业不足到效率型就业》，载《经济研究》1996年第5期。

② 参见刘艾玉：《劳动社会学教程》，北京大学出版社2004年版，第344页。

相社会福利。①

4. 市场失业与自然失业

在就业领域存在着"市场失业率"和"自然失业率"（natural rate of unemployment）。前者是指劳动力市场实际存在的失业率，后者是指在没有货币因素干扰下，任由劳动力市场和商品市场的自发供求力量发挥作用时出现的失业率，或者说自然失业率是通胀不变时的失业率。摩擦性失业、结构性失业和季节性失业共同构成了自然失业。因为当劳动者从一种生产活动转移到另一种生产活动时，通常会出现时空间滞后，由此产生摩擦性失业，它并不意味着就业岗位缺乏，只是需要时间和信息将劳动者和就业岗位加以联系。当技术进步或产业结构变动造成一部分劳动者的技能无法适应新的岗位需要时，便产生了结构性失业，它并不表明就业岗位数量少于劳动者数量，只是后者的技能不能适应新的就业岗位。经济发展本来就包含了技术进步和产业结构升级，任何经济体都不能消除摩擦性失业和结构性失业。自然失业率可从不同角度加以解释：从离职率和就职率的关系、从通胀率和失业率的关系、从充分就业和失业率的关系来理解自然失业率，自然失业率也就是充分就业时的失业率。②

影响自然失业率的因素包括：其一，劳动力结构变化。劳动力中不同的人口统计组别存在不同的失业率。如果那些失业率较高的组别在劳动力中占有较大比例，自然失业率就会上升。妇女、青少年和低技术工人经常变换岗位，使失业率上升。③ 其二，市场障碍。只要发挥市场竞争因素的作用，提供充分的市场信息，增加劳动力的流动性等，就有可能将自然失业率降低；反之，如果阻碍市场竞争因素发挥作用，市场信息不充分，劳动力缺乏流动性等，自然失业率就可能上升。它使合意的劳动力供给小于愿意的劳动力供给，两者的差额就是自然失业人口。尽管有部分失业人口

---

① 参见马培生主编：《劳动经济学》，中国劳动社会保障出版社2002年版，第176页。
② 参见史及伟、杜辉：《中国式充分就业与适度失业率控制研究》，人民出版社2006年版，第125—126页。
③ 参见曾湘泉、于泳：《中国自然失业率的测量与解析》，载《中国社会科学》2006年第4期。

经过一段时间后能实现就业，但同时又会从就业人口中不断游离出新的失业人口。这类失业是由经济发展过程中的产业结构所引起，产业结构要求劳动力在不同部门之间流动。① 其三，市场工资刚性使然。刚性工资不利于劳动力市场均衡的实现，从而提高了自然失业率。这与一国最低工资立法以及工会干预有关。自然失业率虽然无法直接在现实生活中观察，但可通过观察失业率与其他经济现象的联系进行估算。我国劳动力市场条件乃至整个经济体制都处于不断变化中，市场改革力度加大，都会导致自然失业率的升高。②

自然失业率作为宏观经济政策制定和决策参考有重要意义。当自然失业率比实际失业率低时，通过扩大总需求而不加速通胀就能使实际失业率下降。当实际失业率比自然失业率低时，只有采取提高劳动力市场效率来降低自然失业率的政策才是正确的。因此，关于自然失业率本身的水平及其变动也是现代宏观经济学研究的课题之一。

（二）我国失业界定

我国失业界定经历了曲折，出现了一些不符合国际惯例的失业称谓。首先，"待业"。我国曾以"待业"表示劳动年龄内有劳动能力、愿意就业而不能就业的现象。《中国统计年鉴》公布的"待业人口"包括两部分：一是每年新增劳动力中尚未安排就业的人口；二是被企业辞退或终止聘用合同、尚未实现就业的人员。事实上，"待业"等于失业，这一名称包含了某些消极因素。"待业"暗示了失业者只要等待，就能实现就业，从而抹杀了劳动者的主观能动性和积极创造就业岗位的精神，增加了他们对政府的依赖性。只要社会上有劳动者"待业"，政府不论国民经济运行好坏都要安排就业，从而增加了财政负担。

其次，"下岗"。劳动部和国家统计局曾指出："下岗职工是指由于企业的生产和经营状况等原因，已经离开本人的生产和工作岗位，并已不在

---

① 参见杨伟国主编：《劳动经济学》，东北财经大学出版社2013年版，第268页。
② 参见蔡昉、都阳等：《就业弹性、自然失业和宏观经济政策——为什么经济增长没有带来显性就业?》，载《经济研究》2004年第9期。

本单位从事其他工作，但仍与用人单位保留劳动关系的人员。"可见，"下岗"体制是指即使员工停止在企业工作，但他们仍被视为企业职工，企业对他们要承担责任。"下岗"一是指非个人原因离开就业岗位，劳动者个人主动离开单位不属于"下岗"。二是离开了原单位，并且没有在本单位其他岗位上就业。三是他们在原单位保留劳动关系，被解除或买断劳动关系的人员不是"下岗"者。

我国对失业新的定义是，在规定的劳动年龄内，具有劳动能力，在调查期内无业并以某种方式求职的人员。它包括16岁以上各类学校毕业或肄业学生，初期求职但未能找到工作者；企业宣告破产后，尚未找到工作者；被企业终止、解除劳动合同或辞退后的无业者；辞去原单位工作，仍没有新工作的人员；符合失业人员定义的其他人员。根据上述界定，下列人员不属于失业人员：正在就读的学生和转学人员；在调查期内在各种经济类型单位从事临时性工作并获得劳动报酬的人员；个体劳动者及帮工；家务劳动者；尚有劳动能力但需要特殊安排的残疾人；自愿失业人员及其他不符合失业者定义的人员。①

（三）失业者的界定

对失业者身份的认定，必须同时具备"有就业意愿"和"目前没有就业岗位"两个基本事实。"有就业意愿"，就要看失业者是否正在积极寻找工作，如到政府指定的失业登记机构进行失业登记，到招聘单位求职、面谈，与招聘单位通过电话联系应聘，或委托亲戚朋友帮助寻找工作。"目前没有就业岗位"，要看失业者是否从事任何有收入的劳动。如果一个人在规定时间内从事了任何有收入的经济活动，无论是在某单位或岗位正式任职，在某单位或某种岗位短期就业，或在一次性的活动中暂时就业，承包一项业务，甚至是个人或合伙从事某一项事业等，都不能认定为失业。

---

① 企事业单位凡在劳动部门核定的用人计划范围内的用工人数，属于计划内用工；超出劳动部核定的用人计划范围的用工人数，经过劳动部门备案批准的，属于"计划外用工"；凡未在劳动局备案批准的用工，均属于"非计划用工"。企事业单位这部分"非计划用工"，以及个体工商户不经过劳动部门登记备案的雇工，尽管按照统计定义处于事实就业的状态，但都不属于目前"就业人口"的统计范围。

二、失业群集与影响

（一）失业群集

失业群集（unemployment clusters），是指失业集中恶化、扩展与叠合，表现为时间、空间、行业和个体群集等不同形式。失业群集往往会产生失业群集的叠合，当这种现象出现后，就形成了严重的失业问题。国外对此研究起源于经合组织国家，其失业率的异质性以及相关性引起了关注，只关注国家制度及机构等内部因素对失业率的影响是不够的，还应关注国家间的异同。[①] 我国失业群集现象体现在以下四个主要方面。

第一，时间群集。它是指在一段时间内失业率快速上升或持续处于较高水平的一种失业现象。20世纪90年代中期后，由于国有企业要建立现代企业制度，在"减员增效"的口号下，它们对未达到退休年龄的职工进行分流，通过买断工龄、下岗、提前退休或内退等方式减少企业冗员。同时，随着国有企业消化冗员速度的加快和培育劳动力市场调节机制的加强，国有企业下岗人员逐步离开了"再就业中心"，开始走向市场化就业。从形成机理考察，失业时间群集既是由于这一时期较高的自然失业率，又与国家财政政策的导向有关。[②]

第二，空间群集。它是指失业人群集中在某一或某些特定地区。经济发达、产业结构超前的地区，人口密集程度高，失业对社会的影响大；反之亦然。我国东北、西北和中部地区失业空间群集严重，这是地区部分行业劳动力需求不足使然。地区经济发展滞后与非均衡引起了失业的地区群集。[③] 东北地区是重工业的集聚地，产业结构较为单一，是以工业原材料、能源、重型机械等工业为支柱产业，国有大型企业集中。一些丧失了比较优势的国有企业释放出大量的失业人员，另一些资本密集型的国有企业缺乏就业吸纳能力，其高福利增加了用工成本并阻碍了劳动力需求扩张，再

[①] 参见杨伟国主编：《劳动经济学》，东北财经大学出版社2013年版，第228页。
[②] 参见杨伟国：《我国的失业群集与政策》，载《中国人民大学学报》2006年第3期。
[③] 参见杨伟国：《转型中的中国就业政策》，中国劳动社会保障出版社2007年版，第192—198页。

加上一些资源型城市和企业因资源枯竭而导致劳动力失业。东北地区很多老工业城市,如黑龙江省内的重点城市,以及辽宁省的本溪、抚顺、阜新、鞍山等城市,大量企业开工不足,失业人员增加。西部地区的资源没有得到合理利用,农业技术改进缓慢,对劳动力的吸纳程度低。在"三线建设"期间,国家在西部地区建设了一些军工企业,企业经营与转型困难,失业较多。中部地区进入国际市场存在区位劣势,其产业结构相似度高,资源禀赋不如西部,产业层级又低于东部,特别是制造业发展受到影响,导致传统工业城市下岗和失业。① 改革开放初期,国家对沿海地区的优惠政策拉开了地区差距,特别是劳动力流动的制度性障碍又推动了中部地区的失业群集化。

我国东、中、西部三个区域第三产业的就业比重都有所提高,第三产业具有较强的吸纳就业能力。但是,中西部第一产业就业比重过高,说明该地区扭曲的产业结构并没有大的改变,工业化进程仍比较缓慢。中西部地区第二产业就业比重偏低,不仅对这两个地区当前就业增长产生制约作用,而且还影响到未来就业增长。② 要消除失业空间群集,就必须健全劳动力市场功能,鼓励并引导劳动力跨区域流动。

第三,行业群集。它是指失业的行业特征。我国城镇失业的行业群集在纺织、煤炭、机械冶金、林业等行业,这有深刻市场和制度背景。从产品市场看,纺织行业和机械冶金行业是传统行业,产品供过于求,要进行总量控制和设备更新,失业在所难免。煤炭、林业是资源型行业,由于可持续发展的要求,国家天然林保护工程实施将减少产量,加上可采伐、采掘的资源已接近枯竭,政府不得不采取措施调整产业结构,限采、限伐、砸纱锭加大了这些行业劳动力释出的数量。③ 一些垄断性行业在改制、重组中裁减职工,中石油、中石化、电力、电信、国有商业银行等行业裁员

---

① 参见杨云彦、徐映梅等:《就业替代与劳动力流动:一个新的分析框架》,载《经济研究》2003年第8期。
② 参见叶仁荪:《中国地区就业结构的比较分析》,载《经济体制改革》2003年第6期。
③ 参见杨宜勇:《中国转轨时期的就业问题》,中国劳动社会保障出版社2002年版,第94页。

超过了120万。这些行业人员供过于求严重，职工下岗急剧增加，而信息技术、电子、通讯等行业从业人员供不应求。[①] 消除行业垄断等壁垒，是缓解行业失业群集的措施之一。

第四，个体群集。它是指失业人员的人口统计学特征高度集中，如年龄年轻化，文化程度较低。青年劳动者缺乏企业所需要的基本技能和工作经验，他们失业可能性大。虽然他们能依靠父母生活，但他们血气方刚、易于冲动，对社会稳定产生的危害更大；中年人已成家立业，生活负担沉重，失业造成家庭生活水平下降，承受能力较差。他们比青年失业人员理智，对社会稳定产生的危害更小。困难行业失业者主要是熟练工和低技术等级的技工，女性和年龄偏大者，他们在社会竞争中处于不利地位。煤炭工人与采伐工人技术单一，没有任何特长，再就业困难。一般来说，企业劳动力需求首先考虑增量就业；同时，企业要衡量现有人员工时与新增人员替代选择的成本收益，从而降低增量就业。

（二）失业的积极影响

失业和任何其他事物一样都具有两面性，是积极因素和消极因素的矛盾对立统一体。就失业的积极影响面而言，主要体现在以下两个方面。

一国经济增长需要保持适度的失业率。虽然失业与经济运行周期有相关性，但失业同样能为经济周期发展提供劳动力后备军。当经济处于低迷阶段时，企业会缩减劳动力数量，劳动力市场出现了失业；当经济处于高潮阶段时，失业后备军将成为经济增长急需的劳动力补给，特别是在产业结构变动较快、新兴产业快速发展时期，劳动力后备军就显得十分必要。改革开放以来，我国曾出现了较为严重的失业。特别是在国有企业改革、建立现代企业制度的过程中，企业隐性失业显性化，社会曾出现了就业"三碰头"现象。但是，正是由于失业的存在，才使国有企业减轻负担，走出了困境；才使劳动用工制度、社会保障制度、劳动者身份等制度改革出现了革命性变化；才使我国建立了市场化的失业机制，直接推动了劳动力市场的恢复、发展和完善；才使民众具备了初步的资源和环境意识，自

---

① 参见孙胜利：《我国就业问题对财政的影响与压力》，载《经济学动态》2003年第1期。

觉地接受政府的计划生育政策，使人口过快增长得到了有效控制。

失业是仅次于死亡、入狱的第三大压力源。由于有了失业的强制机制，劳动者就会不断地提高科学文化水平和职业技能，而每个劳动者素质的提高有助于促进社会整体劳动力供给结构的升级，从而提升就业质量并能有效降低结构性失业；另一方面，劳动者职业技能的升级必将提高劳动生产率，这将产生就业挤出效应。换言之，高效率的工作并不能保证每个劳动者就业，低效率的工作却能保证每个劳动者就业。为了尽力保全自己的就业岗位，失业威胁成为劳动者保全就业岗位而努力工作的充分理由。劳动者只有通过大量的职业搜寻，才能找到符合自己气质、性格、能力和知识的职业，职业搜寻和职业流动会导致一定程度的失业，但却提高了劳动者的职业声望和职业收入，增加了其就业的满意度。

（三）失业的消极影响

失业的消极影响可能更容易被理解和接受，也是政府宏观调控必须要面对和切实解决的问题。其消极影响主要体现在以下两大方面。

从宏观层面看，失业的消极影响有三大方面：首先，失业是要素的浪费。任何一个经济体所面临的核心问题就是高效配置人力、土地和资本等资源，使要素使用效率最大化。如果存在大量的失业人口，表明劳动力资源未能被有效使用，造成国民产出总量减少，特别是知识失业将更加如此。失业既是劳动力资源的浪费，又是整个社会生产的损失。它意味着生产达不到充分就业时的水平，不符合充分利用一切资源发展社会经济的原则，降低了一国为公众提供福利的能力。[①]

短期失业与长期失业对资源所造成的损失不同。前者属于摩擦性失业，由于许多人不断流入流出失业大军，这种失业的负担有许多人来承担，每个人承担的损失较小。后者可能是市场结构性因素或工资刚性所致，这种失业的负担主要由少数人来承担，所以其社会成本更高。另一方面，由于失业者可能停止交税，还有可能得到社会保险的帮助或其他政府转移支付，这使失业的产量损失也会由就业者即纳税人来承担。特别是当

---

① 参见胡学勤、李肖夫：《劳动经济学》，中国经济出版社2001年版，第292页。

失业者领取的失业救济金总额接近于他们就业时所得到的收入时,失业者不会因为失业而遭受损失,社会总产量损失主要由就业者承担,因为失业救济金是通过向在职人员征税所获得。①

其次,失业扩大了收入分配差距,加剧了社会贫富分化并影响消费。造成收入分配差距扩大化的原因较多,失业是其中之一。收入分配差距对我国社会基础阶级的社会心理产生了不良影响,并造成总消费下降,反过来剥夺就业机会。工人失业和农民失地造成的收入减少或相对减少,使他们生活水平下降。人们普遍存在消费短视行为,即消费对当期收入反应过度。在经济衰退时,失业与收入下降可能会引起消费的过度下滑,后者更加对经济产生消极影响,并带来福利损失,将有可能达到消费总额的较大份额。如何遏制失业危机下消费过度下滑,是劳动经济学的研究课题,以前的研究视角集中在失业保险、消费券等政府救助项目上。但政府援助范围有限,能否启动普遍的商业手段特别是无抵押信贷来遏制消费下滑,成为近年来人们关注的焦点。低收入居民的无抵押消费信贷并没有在失业期间明显增加,只有中间收入居民才有所增加,因为失业期间消费下滑严重是低收入者。②

改革开放以来,我国大批农民流向城镇非农业部门就业,即使外流就业的农民收入有所增加,又缓和了农村隐性失业矛盾,使留守耕种的农民收入得以提高。农民整体收入规模增长有助于扩大农村消费市场,为城市工业制成品拓宽销路,从而减少城乡市场失业。我国外贸依存度高于改革开放之前,因而外部经济环境波动造成了实体经济的衰退,进而使城镇就业岗位减少和失业增加。这种情形对农民流动就业冲击较大,迫使部分农民在经济下行时被迫返乡,可能会面临无地可种的尴尬,造成收入减少和消费下降。这既影响了农民内部的收入分配,又扩大了农民与其他阶层的收入差距。

---

① 参见吴琼编著:《西方经济学》,上海财经大学出版社2005年版,第286页。
② 参见丁守海、蒋家亮:《经济衰退背景下失业问题研究新进展》,载《经济学动态》2009年第11期。

我国曾是一个农业大国，农民是一个基本的社会阶层，其人数众多。毛泽东解决了农民土地问题，使他们获得了实际利益，从而将农民利益与革命利益乃至共产党的利益紧密结合，使共产党找到了民主革命的力量源泉。事实上，土地问题背后蕴含的是就业和收入分配等利益问题。从这个视角观察，农民土地、失业与收入问题从来就是一个政治问题。在改革开放三十多年后，如果农民的失业和贫困问题得不到有效解决，会降低这一阶层对社会的认同度。在社会矛盾日益复杂的情势下，某些偶发因素也将成为群体性事件的诱因，可能酿成较大的社会祸端。这不能不引起有关部门的重视。与其耗费大量的人力物力以维持社会稳定，不如从源头化解社会矛盾，真正妥善解决民生问题。特别是要防止失业和贫富差距扩大，减少困难人群数量，不仅如此，要扩大中间阶层人数。事实表明，贫富差距过大业已使民众的社会心理发生了较大变化，阶层之间、不同阶层与政府之间的关系正在出现变化。如果失业再恶化、贫富差距再上新台阶，那么社会稳定真的堪忧。①

再次，高失业将会增加社保基金的给付压力。失业与社保有紧密关联。当失业保险标准过高或给付时间过长时，造成自愿失业数量增加。如果养老保险保障程度高，可能会鼓励部分人提前退休或激励他们向往退休。我国养老保险基本是现金支付、均额支付、全期支付的单一模式，缺乏弹性变化，缺少对就业的激励。社会保障要从经济发展着眼，制定科学的标准，设置合理的项目。② 如果社会就业不足，失业率高居不下，将损害社保的经济基础。社保基金一部分来源于雇主与劳动者的缴费，是建立在充分就业的基础上，越是充分就业，缴费单位与个人就越多，所筹集的基金也就越多；反之，如果失业率偏高，那么社保基金的来源必将减少，需要支付社保待遇的人数反而增加，可能会威胁到社会保障制度的存续。

---

① 参见章元、刘时菁等：《城乡收入差距、民工失业与中国犯罪率的上升》，载《经济研究》2011年第2期。

② 参见张映芹：《论社会保障对微观资源配置的影响》，载《唐都学刊》2000年第1期。

从微观层面看，失业使失业者遭受经济损失，中断了正常的收入，使本人和家庭成员福利水平下降，特别是对依赖工资生活的工薪家庭打击更大。这种消极影响将会随着失业时间的延长而加剧。因此，分析失业的消极影响必须要看失业周期。通常而论，短期的失业负面影响较小，如果能得到家庭成员的帮助，消极影响会有所减轻。台湾社会有浓郁的人文关怀，失业者一般都能得到族人的援助，从而减轻失业对社会的冲击。如果失业者处于长期失业状态，特别是家庭主要经济收入者长期失业，消极影响更大。失业者要么尽快谋求再就业，要么动用储蓄或接受政府的失业救济，或成为城市新的贫困者。台湾省农工就业互动性强的特征有利于缓解失业产生的负面影响，使城市失业者能回流农村，在农村找到一个暂时的庇护所，这也是农民在后来两次土地改革中不愿卖地的原因之一。因为土地是这部分人重要的生存保障，在社保制度尚不健全的情况下，土地为农民提供基本的生活资料，它有利于防止失业者的赤贫化。①

失业对失业者的精神伤害无需赘述。重要的是，失业会使失业者的人力资本流失，如劳动技能退化等。在经济萧条时，由于失业减少了对工人的培训或对工人降级使用，使工人的素质不能提高或有所下降。这将增加他们再就业难度，特别是对于那些长期失业者则更加如此。因此，政府一定要将失业率控制在社会能承受的范围内。衡量一个经济体的失业承受力，可从以下几个方面考虑：一是社保制度的完善程度。如果失业保险制度完善，社会失业承受力就大；如果社保制度不健全，社会失业承受力就小。二是家庭负担系数的大小。它是指家庭每一个就业者所负担的人口数量。家庭负担系数越大，社会失业承受力就越小。三是生活费用的上涨率。如果生活费上涨较快且涨幅较大，社会失业承受力就越小；如果生活费上涨缓慢且涨幅较小大，社会失业承受力就越大。② 可见，无论是从经济发展还是从社会公共安全着眼，政府都必须关注并妥善解决失业问题。

---

① 参见黄树东：《大国兴衰——全球化背景下的路线之争》，中国人民大学出版社2012年版，第25页。

② 参见何承金主编：《劳动经济学》，东北财经大学出版社2002年版，第313页。

第二节 国际失业衡量

一、失业衡量指标

(一) 失业率指标

经济学用失业率 (unemployment rate) 和失业持续期来衡量显性失业的程度。失业率是衡量失业最常用的测度，是衡量一个国家或地区劳动力市场运行的重要指标之一，能测量出未被利用的劳动力数量。如果将劳动力市场失业率和就业率相加，这两项指标代表了经济活动和市场中关键的信息。失业率表明没有就业并在积极求职的劳动力占总劳动力的比例。不同国家对失业覆盖范围的界定因各种因素而不同。它们包括劳动者年龄界限、求职准则，以及对临时解雇、对就业前景失去信心或首次求职者等情况。失业率并不反映失业者或家庭经济状况，对失业指标的使用应限定在衡量劳动力的利用上，而不应扩大至国家经济的其他方面。失业率是失业人数占劳动力总数的百分比。依据不同的劳动集团展开失业统计，使人们能看出失业人口种类和失业地区类别。

失业率是衡量一国宏观经运行的指标之一，表明一国国民经济的周期变化情况，低失业率说明国民经济运行良好，高失业率可能预示着经济即将衰退；失业率是国民经济运行效率的衡量指标，它与国民生产总值呈反方向变化；失业率与国民的物质生活质量紧密关联，失业率低，国民生活水平就高，失业率高，国民生活水平就低。既然失业率如此重要，那么工会、雇主、政府、学界难以就恰当的失业率达成共识，还需要平衡失业与通胀的关系。当然，失业率有被高估或低估的可能，对此要加以具体分析。

我国对失业率的衡量曾采用"城镇登记失业率"和"城镇调查失业率"。前者是指城镇登记失业人数同城镇从业人数与城镇登记失业人数之和的比。其中，城镇登记失业人员是指非农业户口，在一定的劳动年龄内，有劳动能力，无业而要求就业，并在当地就业服务机构进行求职登记的人员。国外一般不分城乡人口。后者定义为"年龄在16周岁以上,有劳动能力,在调查周内未从事有收入劳动,当前有就业可能并以某种方式正在寻找工作的人员。"

由于国情不同,各国失业率统计不同,数据可比性要加以甄别。这些差别主要有:一是不同国家采取不同衡量方法,有些国家严格遵守国际标准,另一些并非完全依照国际标准统计,从而造成有关统计口径与数据差别,使国与国之间的失业率比较丧失意义。二是数据收集的来源、频率、尺度不同,样本规模与覆盖面不同,调查人员的技术能力不同,这些不能不影响失业率统计的最终结果,如何进行有效比较是值得深思的,因而不能简单地判断一国失业率的高低,并因此不出不恰当的结论。

(二)青年失业指标

青年劳动者通常被界定为年龄在15至24岁之间的人员。青年失业率高是其相对较低的边际劳动生产率和高度的就业流动性使然。其工资比较低,就业无保障,这促使他们迫切要求改善经济条件。多数青年人不愿安于现状,他们努力寻找高收入工作。一个人越年轻,他所进行的任何人力资本投资,包括流动所获得的收益就越大。因为投资收益期越长,收益的现值也就越大,青年劳动者收益会大到足以弥补流动所花费的成本,因为他们有较长的就业年限享受新地区、新岗位所带来的高收入回报。[①]

青年失业指标有四项:青年失业率、青年失业率占成年人失业率的百分比、青年在失业总量中所占的比例、失业青年在青年人口中所占的比例。[②] 青年失业率本身的变化通常要比青年对成年人失业率大得多。因为青年失业率和成年人失业率主要是由于宏观经济中总需求的变化所致。在一些国家,青年失业率占总失业率的百分比正在下降,因为青年劳动力人数和青年失业人数处于双重下降的态势(这与教育规模扩张有关)。如前所述,青年失业率在一些国家之间的可比性较差。工业化国家和亚洲多数国家采用入户调查数据,这完全符合国际标准;而在经济转型国家,失业

---

① 参见马培生主编:《劳动经济学》,中国劳动社会保障出版社2002年版,第138页。
② 参见黄荣清、王静:《完善劳动力市场统计》,载《经济与管理研究》2003年第1期。

数据是以机构就业记录和失业登记为依据计算得出的,不完全符合国际标准。在高福利国家,失业登记是领取失业津贴的前提条件之一,虽然非正规部门的工人能登记为失业者,但他们仍处于就业状态中;在经济转型国家,上述工人仍占据着企业的就业岗位,却没有任何实际工作可做,也没有收入。

在计划经济时期,青年失业表现为城市"待业"问题。由于政府忙于从事政治运动,因而为"待业"青年创造就业机会一度被忽视。在城市就业矛盾和物资匮乏的双重压力下,政府通过知识青年"上山下乡"的政治动员来消解城市失业矛盾,将大批城市失业青年分散到农村地区。[①] 改革开放以来,虽然就业机会和高等教育机会大量增加,但每年新增劳动力数量与就业岗位增加数量形成了较大缺口,青年失业问题依然较为突出。然而,面对失业群集问题,我国政府的兴趣中心在于关注体制转型导致的失业,重点是解决国有企业失业职工的就业问题,而对青年失业未给予应有的关注。在大学毕业生失业严重的情形下,青年失业必将成为未来政府失业统计和政策研究的重点之一。

(三) 长期失业指标

它是从失业期限的角度研究失业,包括长期失业率和长期失业发生率。前者是指失业一年或以上的人数在劳动力中所占的百分比;后者是指失业一年或一年以上的人数在失业人员总数中所占的百分比。[②] 失业持续期限越短,失业就越轻。失业持续期,是指失业者处于失业状态的持续时间,一般以周为时间单位,通常计算平均失业持续期。如果一个人求职的时间越长,那么他的失业程度就越严重。并非每个人都能领到失业保险金,因为其覆盖范围是有限的。领不到失业保险的人可能是新进入劳动力市场的人。当然,研究失业持续期的成因还要考虑市场组织的发育程度、

[①] 参见岳经纶:《中国劳动政策:市场化与全球化的视野》,社会科学文献出版社2007年版,第107页。

[②] 参见国际劳工局编:《劳动力市场主要指标体系》,国际劳工与信息研究所译,中国劳动社会保障出版社2001年版,第269页。

劳动力结构、失业者求职要求和能力、职业种类和提供的就业机会。美国在统计长期失业率时，由失业时间超过13周以上的失业者除以劳动人口获得。我国将长期失业者失业时间定义为6个月及以上，近年来长期失业率和长期失业的影响范围有所扩大。

必须注意的问题有二：其一，家庭劳动力调查数据比登记数据更具有国际可比性，但同样存在局限性。因为问卷设计、调查时间设定，以及各国在所包括的年龄和其他问题上有差异性。研究者需要了解一国失业保险覆盖范围，缺乏全面覆盖范围会对一国长期失业产生影响。上述情形都可能直接降低数据的可比性。其二，对失业者失业时间长短的准确把握存在困难。换言之，失业期限的数据比劳动力市场其他数据有更大的虚假性。因为随着时间的推移，失业者对失业持续期限的记忆能力在降低，经常会给出错误的记忆。特别是当失业期限可能会因有限的就业期限而中断，或者说有可能是两者混淆了。

（四）教育别失业指标

它是指全部失业者在五大类教育程度中分布的百分比。其标准是：不足一年的教育、初级水平以下、初级水平、中级水平和高级水平。这种分类源于《教育分类国际标准》，是由联合国教科文组织所设计。这项指标最主要的教育水平是初级教育、中级教育和高级教育。初级教育旨在提供教育的基本要素，如小学、初中教育。中级教育是指高中、师范学校和职业技术学校。高级教育是指大学、师范学院、高等职业学院等。[①] 在先发国家，由于产业结构的高级化并对劳动者就业技能要求较高，因此他们受教育程度高，失业率就低，这是劳动者积极进行人力资本投资的理由。因为受教育程度越高搜寻信息的能力越强，求职成功可能性就越大。随着受教育程度的提高，两性失业率的差距在缩小。发展中国家的情况则不尽相同，在这些国家，受教育水平较高的劳动者，失业率可能更高。我国曾出现失业峰值在受教育水平为初中、高中和中专这几个群体上，而受教育程

---

① 参见杨宜勇：《中国转轨时期的就业问题》，中国劳动社会保障出版社2002年版，第50—51页。

度更低的人口群体，失业率反而较低。因为受教育程度最低的群体的劳动力参与率通常比较低。①

教育别失业指标的国际比较有局限性，因为数据来源与收集、问卷调查及时间、抽样规模、覆盖范围等不同。不同国家在认定一个人所接受教育水平的标准不同。在有些国家，只有当一个人完成了某种级别的教育，才能被认定接受相应级别的教育；而在另一些国家，可能是按照接受教育的最高级别来认定教育水平，不论一个人的最高级别教育是否完成；同时，教育分类国际标准使用也不一致。这使人们难以用一个统计尺度来衡量不同国家劳动力的教育水平，比较就丧失了信息价值。

（五）离职率指标

离职率又被称为解雇率，是指某一时期内退职、解雇以及退休的总人数在就业总人数中所占的百分比，从而表明就业减少或失业增加的状况。就业增长率和离职率还能反映经济周期的状况，就业增长率提高、离职率下降表明经济正走向繁荣；反之，国民经济可能逐步走向衰退。就劳动力流动而论，动态属性是劳动力市场的常态，正因为就业流动才使市场有活力。在比较利益的驱使下，劳动者选择发达地区、更好的行业和更高工资的就业岗位，以增加流动的红利。② 劳动力流动是市场功能健全与成熟的象征，但这种流动要保持适度，也要对劳动力流动的影响展开具体分析。过于频繁的流动或跨部门劳动力流动可能会使他们较长时期处于非熟练工状态。台湾省劳动力的流动就证明了这一点。③ 台湾劳动者能从工会获得的实际利益并不多，这就降低了工会对劳动力流动的制约。④

（六）失业率分布指标

失业率分布反映各集团失业和各种失业原因的比例，有利于深入分析

---

① 参见莫荣主编：《2003—2004年：中国就业报告》，中国劳动社会保障出版社2004年版，第102—103页。

② 格拉威《人力经济学》一书的研究表明，产业部门劳动所得差异是导致其劳动力流动状况不同的关键因素。

③ 参见黄安余：《论台湾经济转型及其对劳工的影响》，载《台湾研究集刊》1999年第2期。

④ 参见黄安余：《台湾经济转型中的劳工问题研究》，人民出版社2010年版，第82页。

失业结构。失业率可以按年龄、性别、所受教育程度、职业、地区、原因等资料分组统计。按某一分组统计时，分母和分子的范围要保持统一，所计算出的失业率可以反映某一特定群体的失业程度。台湾失业率分布与劳动者的年龄密切相关，即不同年龄段的失业率有差距。15至19岁、20至24岁年龄段失业率最高，并且变化较大。30岁以上各年龄段的失业率相对较低，就业的稳定性较好。台湾劳动力市场曾出现了中高龄失业潮，这是指45至65岁的劳动年龄人口。这些劳动者失业是出于失业硬核的原因。台湾失业分布还与性别有关，两性失业率差距逐渐缩小，并已从过去女性高于男性转变为男性高于女性。这种变化反映出女性受教育水平与社会地位的提高，参与经济活动与市场就业的意识增强。

（七）对隐性失业的衡量

对隐性失业的衡量有直接和间接两种方法。前者一是通过测定劳动的边际生产率来直接测定隐性失业量和过剩劳动力的方法；二是通过比较劳动力供给主体所希望的就业时间和实际就业时间来测定剩余劳动力的方法。间接方法有：一是设定投入在一定生产资料上的必需最佳人员或时间，然后通过与实际就业人员或时间进行对比推算出剩余劳动力。二是先拟定出收入标准，然后比较在生产资料一定的条件下能保证标准收入的最少人口和实际人口。三是最佳人口法，采用这种方法首先要运用人口等学科理论，拟定出理论上最佳人口密度，然后将它与实际的人口密度进行比较，推算出过剩人口，然后比较在生产资料一定的条件下能够保证标准收入的最少人口和实际人口。[①]

可采用比较统计分析方法。在不同产业产值比重相当的国家或历史时期中找出一般的劳动力比重标准，然后用某一个具体国家或地区实际的劳动力比重与此标准对比，超出的部分是隐性失业。[②] 可采取国际比较法衡量隐性失业。以农村隐性失业为例，可在农业产值比重相当的国家或历史

[①] 参见何承金主编：《劳动经济学》，东北财经大学出版社2002年版，第311—312页。
[②] 参见杨善林：《农村隐性失业人口的统计方法》，载《吉林省教育学院学报》2009年第5期。

时期中找出一般农业劳动力比重标准，将我国农业劳动力比重与此标准对比，多出的部分是农业隐性失业。其理论依据是各产业产值份额与相应产出的劳动力份额比值是劳动力的产值率，可以间接反映劳动力生产率水平。农村隐性失业统计还可以用抽样调查估算法。国家统计局、国家计划委员会、劳动部、农业部等权威部门曾做过抽样，在此基础上，中国社会科学院王诚归纳出一个估计隐性失业人数的公式。①

二、国际失业统计

（一）部分国家的失业统计

失业必须同时具备三个特征，即有劳动能力、愿意就业和找不到工作。各国会根据国情开展失业统计。美国使用劳动力调查，调查周中劳动者未就业，过去4周内曾在求职，有工作能力的16岁以上者，包括被暂时解雇和等待30天开始新工作的工人。英国实行职业介绍机构业务统计。调查日中未就业，有工作能力者，向失业保险所提出救济申请者。德国实行职业介绍机构业务统计。调查日中在职业介绍机构登记求职者，并且希望每周19小时以上及3个月以上的付薪雇用，有工作能力者。

各国主要失业统计方法有下列几种：其一，工时统计，根据失去的工时统计折算得出的失业人数，进而计算出的失业率。其二，劳动力抽样调查，据此得到失业和在业人数。这种调查所使用的定义接近国际劳工组织国际建议书所推荐的标准，便于开展国际比较。由于它是通过使用来自同一调查的失业人员估计数和总的劳动力估计数计算得出的，失业人员比例数据更加可靠。其搜寻成本较高，相对于通过就业机构统计取得资料而言，时效性较差，每季而不是每日产生结果。其三，社会保险统计，依据失业保险覆盖和发放情况来了解失业状况，其失业率则由享受失业保险待遇的人数与参加该保险项目的总人数相除得出。然而，用这种方法来判断其对一个国家失业总体水平的代表程度是困难的。其四，就业机构统计工作记录获得有关数据，失业人员是指正在求职并且每个月底在就业机构进

---

① 参见周婵：《隐性失业：中国失业统计不可缺少的部分》，载《统计与预测》2002年第3期。

行登记的人员。除了没有工作岗位的人员外,该数据还包括罢工人员、临时生病而不能工作的人员以及在失业救济项目中从事劳动的人员,但不包括实际有工作而准备更换工作的人员。大多数国家采用劳动力抽样调查和就业机构统计两种方法。①

(二) 我国失业统计

1. 失业统计的动态性与复杂性

我国曾颁发《关于建立劳动力调查制度的通知》,决定建立劳动力调查制度,计算调查失业率。2005年11月,国家统计局正式启动城乡劳动力调查制度,期望通过抽样调查方式获取真实失业率。但是,现实的失业统计是动态的,人口与劳动力的转换复杂,表现为:一是就业人口与失业人口的转换。前者有部分人失去工作,变成失业人口,而失业人口也有部分人找到了工作,变成了就业人口。二是就业人口与非劳动力人口的转换。前者有部分人不愿就业,因此变为非劳动力人口,而非劳动力人口中部分人不愿就业的人现在又实现就业,因此又变成就业人口。三是失业人口与非劳动力人口之间的转换。前者有部分人可能由于长期失业而没有找工作的信心,进而不愿求职而成为非劳动力人口。非劳动力人口中的部分人想再就业,但又无法立即找到工作成为失业人口。②

2. 我国失业统计方法

城镇登记和城镇调查失业统计是我国失业统计常用的做法。虽然这种失业统计不符合国际惯例,但也是我国较为完整的失业统计数据。

首先,城镇登记失业率。城镇登记失业人口是指有非农业户口,在一定劳动年龄内,有劳动能力,无业而要求就业,并在当地就业服务机构进行求职登记的人员。城镇登记失业率为:城镇登记失业人数同城镇单位就业人数、城镇私营企业及个体就业者和城镇登记失业人数之和的比。其中,失业登记的统计对象范围基本上是户口在本城镇的人口。因为登记失

---

① 参见杨宜勇:《加入世贸组织后的失业统计与失业控制》,载《广西经济管理干部学院学报》2003年第3期。

② 参见李晓春、曲兆鹏编著:《劳动经济学》,南京大学出版社2011年版,第13页。

业人数和城镇就业人数的统计口径不同，所以计算出来的城镇登记失业率可能缺乏准确性。多年来，城镇登记失业率及其相关数据已定期发布并产生影响，其局限性在于：其一，失业统计对象的年龄上限偏低。我国劳动年龄为男性16至60岁，女性16至55岁；而城镇登记失业者的年龄为男性16至50岁，女性16至45岁。这就人为地缩短就业期限10年，将大量失业者排除了。其二，非农业户口，不包括农业户口失业者，也不包括初次求职未果的新增劳动力。其三，没有包括各种原因未进行失业登记的失业人口。

其次，城镇调查失业率。城镇调查失业人数是从具有城镇户口的劳动人口中减去从业人员。城镇调查失业人数是指在过去两周内工时不足一小时的人员。城镇调查失业率为：城镇调查失业人数与城镇调查失业人数和调查从业人数之和的比。在城镇劳动力调查中对城镇16岁以上，有劳动能力并同时符合以下各项条件的人员列为失业人员：一是在调查周内未从事为取得劳动报酬或经营利润的劳动，也没有处于就业定义中的暂时未就业状态；二是在某一特定期间内采取了某种方式求职；三是当前如有就业机会可在一个特定期间内应聘就业或从事自营职业。调查失业率在调查口径的界定方面，借鉴了国外以工时作为判定就业和失业标准的方法。调查失业率一直没有进行官方数据发布。①

失业统计主要使用两种方法，一种是通过对住户抽样调查的方法进行，另一种是定期报表的方法。劳动力抽样调查一年进行三次，分别在每年的5月、10月和12月。由于5月和12月的调查只在城镇地区进行，因此这两次调查只能取得城镇就业和失业情况。10月的调查以人口变动抽样调查的样本为载体同时进行，人口变动调查是全国性的，调查取得的数据不但可以取得城镇就业与失业情况，而且可以取得全国就业和失业情况。城镇单位就业情况定期报表制度，统计范围是除私营、个体就业人员以外的城镇单位就业人员，这项统计每季度进行一次，由就业人员所在单位填

---

① 参见杨宜勇等：《劳动就业体制改革攻坚》，中国水利水电出版社2005年版，第129—130页。

写报表,由各级政府统计部门汇总取得数据。这种制度的缺点是,只能反映城镇单位的就业情况,不能反映城镇全部就业情况;其优点在于,在取得的信息中,不但可以反映单位就业人员数据,而且可以反映劳动报酬数据等。

第三节 失业的主要类型

一、摩擦性失业

(一) 摩擦性失业的概念、原因和形式

摩擦性失业(frictional unemployment),是指在生产过程中因局部、暂时的劳动力市场功能失调而引起的短期失业。劳动力市场存在着一些职位空缺;另一方面,也有与此数量相对应的求职者。这是由于劳动力供求信息不畅通、市场组织不完备等原因所致。[1] 在任何时期,摩擦性失业都存在,即并非所有求职者都能如愿以偿,也不是所有雇主都能弥补就业岗位空缺。

摩擦性失业原因有三:一是劳动力市场的动态属性。市场不是静止的,因为经济发展和产业结构不断变化,用人单位对劳动力需求标准在变化,劳动力市场是一个流动的市场。每个时期都有人进入市场寻职,也有人退出市场另谋高就,摩擦性失业难以避免。二是信息不通畅。信息灵敏度、失业者求职速度与信息传递方式及市场制度有关,如一些企业因劳动力需求变化而解雇工人,另一些企业却需要增加工人,两者信息不对称,致使用人单位和劳动者都不能及时得知彼此的信息。三是失业者和需要招工的雇主相互寻找和洽谈所需要一定的时间。四是现行经济制度安排。如果失业救济金过高,劳动者的工作搜寻过程就会延长;如果社会福利水平过高,不利于劳动者积极求职。因为就业速率与就业信息传播速度有关,政府应建立就业岗位特别是空缺职位的数据库,提高公共就业服务质量。

---

[1] 参见胡学勤、李肖夫:《劳动经济学》,中国经济出版社2001年版,第287页。

摩擦性失业形式有二：其一，搜寻性失业。它是指劳动者在就业岗位之间变换所产生的失业。劳动者从收益较少的就业岗位转换到收益较大的就业岗位，辞去现职寻找新职；失业后寻找新工作；首次进入劳动力市场求职；重返劳动力市场等。求职需要成本，包括显性成本如支付就业服务机构中介费、面试往返交通费等，还有隐性的机会成本。放弃已找到的工作，不断搜寻新工作的成本是放弃已找到的工作的收益。其二，等待性失业。并非全部摩擦性失业都有搜寻特征。失业工人有时被雇主暂时解雇后，他们宁愿等待被重新召回。季节性失业就是一种暂时解雇，当然是一种等待性失业。建筑工人在冬季失业，农业工人通常在种植和收获时节实现就业等。台湾省相当多的人不愿从事制造业、营造业，而涌向服务业。除了因为部分服务业待遇较高外，另一个原因就是服务业就业轻松和工作环境好。①

求职者在搜寻工作中先在手中积累数个就业机会，再从中挑其满意的就业岗位。但那些技能等级较低的求职者，并不总能攫取多个职位。国家对家庭困难和就业困难的高校毕业生提供就业援助，他们可到政府所属的公共就业服务机构寻职。如果入学前是城镇户籍，可到相应街道或社区劳动保障基层平台进行登记；如果入学前是农村户口，可到户籍所在地县及县以上公共就业服务机构进行登记。符合条件的，由他们提供就业帮扶，如优先推荐参加见习、向用人单位重点推荐、帮助自主创业等。如果不能就业，可通过政府开发的公益性岗位进行安置，落实社会保险补贴和公益性岗位补贴等就业扶持政策。

（二）治理摩擦性失业的公共政策

要有效治理摩擦性失业，政府必须加强劳动力市场信息化建设，扩大就业岗位信息的流动性，特别是要改善公共就业服务平台的功能。公共就业服务从面向城市劳动者转向面向全体劳动者，这是市场机制和政府职能的双重转变，同时也是一项重要的建设工程。完善各级就业网络服务功能，建立一套完善、可行的利用网络进行报表统计、上传、汇总的制度。

---

① 参见黄安余：《剖析台湾高失业的原因》，载《港澳经济》1996年第11期。

搞好信息发布,在劳动力供需信息库的基础上,建立市场供求趋势分析系统,包括劳动力市场职业供求分析信息、工资指导价位信息等,通过大屏幕、触摸屏和信息栏等方式发布市场供求信息。完善网络管理制度,建立对各级职业介绍机构上网情况的综合监督、检查、通报制度,发挥信息网络在劳动力资源配置中的决定性作用。目前,我国部分城市已按照要求,向全国劳动力市场信息网监测中心上报职业供求信息综合月报数据库,并按要求建立了劳动力市场工资指导价位制度,发布本地区工资指导价位信息。各级政府应建立健全市场信息基础设施,充分发挥它在促进就业、稳定社会和保持经济增长中的作用。为此,政府要加大对资金、组织和物质技术保障的投入,促进市场信息基础设施建设。①

政府要增加民众获得工作空缺与求职者技能信息的可能性,既了解企业的用工需求,又全面了解各地劳动力信息,并帮助求职者与雇主联系,通过降低不必要的流动而减少摩擦性失业。美国曾允许工人在一个有限时期内休假而不是要求辞退工人来减少摩擦性失业。因为休假后再次进入劳动力市场是就业者;而辞退后的身份是失业者。②

二、结构性失业

(一) 结构性失业的概念、原因和特征

结构性失业 (structural unemployment),是因产业兴衰转移、产业结构或产品结构变化所造成的失业。其变动要求劳动力技能迅速适应这些变化。产业需求与劳动力需求结构性调整,在国民经济各产业部门重新配置劳动力所需要的时间越长,总需求结构变化造成的劳动力在产业间的转移所需要的人力资本投资越多。这种失业比例大、根治难。

结构性失业首先根源于劳动力供需结构的不相称,并非表现为总量的供过于求,即使在供求平衡状态下,也可能出现失业与缺工并存的局面。在一定时期内,一国有劳动者失业;另一方面,有一些企业出现了招工困难,特别是在一个经济高速增长的国家更加如此。非技能劳动力过剩,高

---

① 参见黄安余:《经济转型中的中国劳动力市场》,上海人民出版社2010年版,第361页。
② 参见孔微巍主编:《劳动经济学》,科学出版社2011年版,第191页。

技能劳动力紧缺。其次,求职与求才空间结构矛盾。由于各地地理状况差别较大,劳动者在地区间变换岗位需要适应新环境,这不利于劳动力流动。政府要有计划地组织劳动力地区转移。结构性失业和摩擦性失业的共同点是每有一个失业者,就有一个职位空缺。在摩擦性失业中,劳动力供给结构与需求结构是吻合的,对每一个求职的失业者,都有一个适合于他的职位空缺,只是由于失业者不知道职位空缺信息,尚未实现就业而已。在结构性失业中,劳动力供给结构与需求结构是不吻合的,即使求职的失业者知道职位空缺信息,也找不到与其技能、职业、居住地相符合的工作。①

结构性失业特征有二:一是群体性特征,如以地域、年龄、受教育程度、技能高低为标志形成的不同群体。他们没有较高的劳动技能,只是普通工人,或居住在经济发展滞后地区而缺少就业机会。二是失业周期较长。因为任何一国的经济结构都有一定的刚性。一旦形成了一个以低端产业为特征的产业结构,要改变它需要时间,给经济造成的波动也较大。调整产业结构意味着将一部分资源从低端产业抽出,重新配置到较为高端的产业。资源重新配置必然导致低端产业出口下降,在短期内外汇收入减少。培育一个新产业需要时间、市场、资本和技术。②再如技术进步使大量工人被机器设备所取代,或经济不景气、产业衰退迫使大批工人丧失就业岗位,难以在短期内得以解决。缩短结构性失业的期限,通常涉及更新技术与就业岗位的匹配,在这种调整过程中培训和再培训发挥关键作用。如果劳动者学会另一种职业的速度较快,那么寻找新职业就快。受教育好的人总是远离结构性失业。③

高校毕业生对需求和技术变化反应灵敏,有广泛的职业选择空间,比那些较少接受正规教育的人容易就业。近年来,上海研究生就业形势变化

---

① 参见吴琼编著:《西方经济学》,上海财经大学出版社2005年版,第281页。
② 参见黄树东:《大国兴衰——全球化背景下的路线之争》,中国人民大学出版社2012年版,第25页。
③ 参见杨河清主编:《劳动经济学》,中国人民大学出版社2002年版,第291页。

较快,从"卖方"市场转向了"买方"市场,但研究生并非完全感受到这种变化对他们的挑战。相反,就业期望值有逐年上升的趋势。随着国家经济结构的调整,企业优化重组,用人单位对需求毕业生的质和量都发生了变化,表现为标准提高和数量减少。这种变化与研究生过高的期望值形成了较大落差。面对高期望值与现实满足的落差,研究生以自我为中心,未能在社会大环境中衡量其竞争力,及时调整就业心态,以至在择业过程中遭遇挫折。[1]

(二) 结构性失业的类型

1. 结构调整型失业

它是指经济结构调整导致对劳动力需求结构包括工种、技能、技术、知识、经验等发生了变化,而劳动力的供给结构不能相应发生变动而引起的失业。如我国产业结构调整促使第一产业、传统产业对劳动者的需求减少,第三产业、新兴产业对劳动者的需求增多。但不同产业对劳动者要求不同。如果劳动者无法对自身技能及时更新就不能顺利转入服务业、新兴产业从而导致失业。此外,产业结构的升级也会促使用人单位提高对劳动者技能要求,不适应要求的低素质劳动者就会失业。同时,许多企业却缺少高级技工,从而出现空位。近十年来,台湾工业结构变化加快,因劳动密集型产业大量外移,制造业迅速缩减,服务业和营造业则因市场需求增加而大幅增长。这种变化带动就业结构乃至整个社会劳动观念的更新。服务业为大量非技术劳动力提供就业岗位,吸引数量庞大的基层劳动力竞相投入。

2. 经济制度及其转轨型失业

它是指经济制度本身的原因以及经济制度转变导致劳动力供求结构不一致而产生的失业。任何一种制度都有利弊,它在给社会带来利益的同时也会招致各种代价。最低工资法是保护低收入者的政策,能使社会收入相对均等。但劳动力供给增加,需求却在减少,市场供大于求必然导致失

---

[1] 参见杨丽:《上海低龄失业群体现状分析与问题思考》,载《市场与人口分析》2003年第6期。

业。这种制度使一部分非熟练工人得到了提高工资的利益，但造成了另一部分能就业的非熟练工人失业。再者，失业津贴政策，可以保障失业者有收入，有利于社会安定，但可能会导致一部分失业工人不急于求职而延长了失业时间。① 计划经济体制下，企业要实现充分就业，市场经济条件下企业对要素投入组合的选择以成本最小、利润最大化来确定。在成本硬约束下，国有企业中那些边际生产率低于社会平均边际生产率的职工就会失业。同时，非公有制经济迅速崛起，对劳动力的需求量大。但由于各种条件的限制，国有企业中下岗的员工并不能转入非公有制企业，造成了失业。

3. 其他结构型失业

首先是地区结构不匹配型失业，是指劳动力供需的地区差异造成了失业。不同地区经济发展水平不同，劳动力为追求高收入，从落后地区流向发达地区，从而导致落后地区劳动力短缺。同时，不同地区劳动力技能有差异，落后地区劳动力技能相对偏低，低素质劳动力更容易被淘汰，这些地区失业率上升。其次是年龄结构不匹配型失业，是指劳动力供需的年龄差异造成了失业。用人单位对聘用对象的年龄要求都偏低，而一部分失业者超过了年龄，从而出现了失业。再次是性别结构不匹配型失业，是指劳动力供需的性别差异造成了失业。

（三）治理结构性失业的公共政策

政府对结构性失业的治理可采取多种公共政策，形成政策组合。这些政策如下：一是教育与培训政策。政府通过有计划地支出，降低人力资本的投资成本，从而提高人们求职能力，它不会随着新技术的出现而变得过时。消除结构性失业有效方法之一就是培训，政府制定一些计划旨在为那些结构性失业者提供技能和就业经验的在职培训，将政府项目交给为难以就业的年轻人提供就业技能服务的职业公司。② 培训包括一般性和专用性

---

① 参见史及伟、杜辉：《中国式充分就业与适度失业率控制研究》，人民出版社2006年版，第137页。

② 参见孔微巍主编：《劳动经济学》，科学出版社2011年版，第192页。

技能培训。一般性技能培训就是通用性培训，该项技能培训旨在提高工人的通用性技能，即这项技能可应用到很多企业，提高劳动生产率。一般电脑办公技能培训或英语学习培训是通用性技能培训。专用性技能培训，该项技能只能用于单个企业，只能在单个企业提高劳动生产率。如果工人离开了特定的企业，技能就失效。士兵在军队里学习到的战争技能，如果士兵退役，这种技能将难以被应用。① 二是平等就业法和公共部门就业政策。政府以法律形式禁止在雇用和晋升中有种族或性别等歧视，以排除产生结构性失业的制度障碍。政府可直接雇用那些长期结构性失业人员，并提供在职培训；同时，要求预期工厂倒闭或有大量裁员的厂商预告，从而使工人能立即寻找新工作或报名参加培训。三是加快城镇化进程，促进劳动力有序流动。通过市场重新配置劳动力资源和就业结构，从而解决部分结构性失业，缓解就业压力。政府可在就业政策上做出相应调整，鼓励不同层次、不同技能的劳动力合理流动，在政策、资金、技术和环保等方面给予乡镇企业大力支持，促进乡镇企业的发展，扩大农村就业空间。四是劳动力市场调整政策。长远政策在于减少市场分割，促进市场统一与协调发展；中期政策是促进劳资双方双向搜寻以减少结构性失业。②

三、周期性失业

（一）周期性失业的概念与成因

周期性失业（cyclical unemployment），是指经济运行总是处于周期性循环状态，对就业需求产生周期性波动而形成的失业，通常又被称为循环性失业或需求不足失业。一国在一定时期的就业量取决于消费与投资；消费状况取决于消费倾向，由于消费倾向递减，储蓄倾向递增，使消费需求不足。投资状况取决于资本边际效率与利息率的比例，而资本边际效率又取决于预期收益和资本市场价格，由于预期收益和资本市场价格波动，使资本边际效率不确定，导致投资需求不足；由于投资需求不足，就不能使

---

① 参见李晓春、曲兆鹏编著：《劳动经济学》，南京大学出版社2011年版，第122页。
② 参见谷彬：《劳动力市场分割、搜寻匹配与结构性失业的综述》，载《统计研究》2014年第3期。

因消费需求不足而产生的储蓄转化为投资,从而产生非自愿失业。

失业根源于有效需求不足,产品滞销,企业被迫停产或压缩生产,减少雇工而导致失业,这种非自愿失业,是经济萧条时期固有的经济现象。其明显的特点:一是因为经济周期深度不同,各个周期的失业率有差别;二是周期性失业具有普遍性,一旦发生可能遍及国民经济各个部门,而物质生产部门所受到的冲击更大。周期性失业的出现是因为没有足够的工作可做,劳动力市场不存在就业岗位空缺。

由于宏观经济资源构成中劳动力比例过高,加之投资主体缺乏风险约束,因此以投资膨胀为起点,结构性资源瓶颈为信号,国家采取主动的宏观紧缩政策为结局的经济周期波动是一种常态。由于投资扩张的带动,市场需求旺盛,企业生产任务充足,不仅使企业隐性失业减少,而且还能吸收一定数量的农民工就业,我国就业矛盾得以缓解。随着投资紧缩的出现,市场需求疲软,导致企业产品积压和工人失业。[1] 周期性波动除了根源于经济体系内在结构外,外部冲击也是成因。外部因素是打破经济稳定或推动经济发展的力量,而内部因素是稳定经济,使之产生规律性运动的力量。外部冲击包括宏观经济政策、消费者偏好、消费结构与消费模式等因素的变化。内部因素包括经济体制、结构、规模等。无论是何者,都对经济波动产生影响。[2] 改革开放前,我国经济出现了多次波动,失业都是与这些波动有密切关联,如建国初期的失业高峰、后来的知青返城所造成的城市失业。周期性失业的波及面较大、失业人数较多,需要较长时间才能彻底治愈。台湾省是典型的外向型经济体,这决定了其经济周期并不完全是内部经济运行的结果,而是受到外部经济兴衰的影响,从而造成了台湾失业与国际经济周期有关联。[3]

(二) 治理周期性失业的公共政策

政府可借助公共政策来减少周期性失业,发挥宏观调控的职能,如调

---

[1] 参见袁志刚:《失业经济学》,上海人民出版社1997年版,第63页。
[2] 参见杨来科:《改革开放以来我国经济非良性波动的原因及对策》,载《财经研究》1999年第12期。
[3] 参见黄安余:《剖析台湾高失业的原因》,载《港澳经济》1996年第11期。

整财政政策和货币政策,以确保经济持续稳定增长。在经济衰退开始时,政府及时以税收减免或宽松的货币政策进行干预,能降低经济衰退由此造成的失业。通过政府谨慎制定支出与税收政策来增加总需求,从而增加国内产值和就业量;采取谨慎措施以增加国内货币供应量,降低利率与增加产品和劳务的总需求。① 政府还可扩大公共支出,通过增加或提前实施政府采购,增加国内总需求,带动就业规模的扩大。周期性失业与外部经济环境有关联,为了降低其风险,政府可适当地调整产业结构,减少制造业结构比,降低外贸依存度;同时,要防止其他国家通过扩大对我国出口将失业风险转嫁给我国。

四、技术性失业

(一)技术性失业的概念与类型

技术性失业(technological unemployment),是指资本家用先进技术代替劳动力,以及改善生产方法和管理所造成的失业。科技进步对就业的扩张和摧毁效应要进行具体分析。在经济体内部,劳动力总需求并不因为使用技术而受到影响,除非一些特殊等级和类型的工人需求会造成长期不利的影响,其数量相对有限。由于使用节省劳动力的机器和技术,劳动力可能遭遇失业。科技会极大地提高劳动生产率,降低产品的单位成本,同时提高产品的精细度和质量,使产品在市场畅销,从而排挤了旧设备和生产方式下生产出来的产品,变相排挤劳动力。这些劳动者接受资本主义生产方式,成为资本主义工厂的劳动力,不得不忍受着资本家的剥削。不仅如此,资本家为了扩大利润规模,选择使用工资更低的童工或女工替代男性,导致整个市场工资下降,并由此激化劳资关系,这可从欧洲早期工人运动得以证实。劳资关系动荡和工人对工资的要求会影响资本家雇工数量。

技术排挤出的工人能否迅速在原部门或其他部门重新就业,从而将技术性失业降到最低程度,要对此展开具体分析。

---

① 参见孔微巍主编:《劳动经济学》,科学出版社2011年版,第193页。

第一,产品需求弹性越大,对失业影响越小。当某一产品的需求弹性较大时,引进新技术设备降低了生产成本和产品价格,导致了产品需求量增加,产量必然要随之增加,以满足市场需求,被解雇的工人可能因为购置机器被重新雇用。当某一产品的需求弹性较小或没有需求弹性时,价格下降并不能引起需求量的上升,被解雇的工人一般难以重新回到原就业岗位。这时,消费者多余的购买力可能用于购买其他产品,导致产品需求结构的变化,技术性失业转变为结构性失业。

第二,工资弹性越大,对失业影响越小。采用先进的新兴技术提高了劳动生产率,市场供给发生了不可逆转的变化,劳动力也将因技术革新而丧失了就业岗位,因为这些领域逐渐将市场让位于现代化领域。技术进步造成某些行业衰落,并且这种衰落是永久性的,即使工资下降也无法维持就业,这时技术性失业就等同于结构性失业。农业让位于手工业,手工业让位于近代工业,近代工业中的传统产品和技术被新产品和技术的现代工业所替代。汽车出现和普及,以及汽车出租行业的快速发展,造成了人力运输行业持久衰落,人力车夫等职业的工资下降,也无法实现就业。铁路取代了运河,而汽车、飞机生产成本下降又降低了人们对铁路运输的需求;电视和新媒体挤占了传统报业的大部分市场等。技术变迁所造成不可逆性与替代彻底摧毁了拥有传统技能劳动者赖以生存的空间。[①]

(二)技术性失业的补偿机制

大萧条初期,美国肯定技术性失业的存在,并提出暂停技术进步。20世纪50年代末,自动化技术普及和失业率上升,技术进步与就业关系再受到关注。技术进步的确导致失业。在自由市场经济条件下,技术性失业是存在的,并且不能完全依靠市场力量予以消除。承认技术性失业并不意味着要排斥科技进步,因为产生技术性失业不在于其本身,而在于技术进步的应用和制度环境。在资本主义条件下,存在着资本有机构成不断提高的趋势;资本有机构成的提高导致人口相对过剩和平均利润率下降;这又迫使资本家再提高资本的有机构成,从而导致人口相对过剩和长期失业。技

---

① 参见牛润霞:《技术变迁中的失业问题研究》,人民出版社2007年版,第19页。

术进步对就业岗位有摧毁和催生的双重效应。补偿机制包括：一是新机器补偿机制。某种导致工人被排挤的技术进步必然有新机器出现，这将在生产这种新机器的部门创造新的就业机会；解雇工人所节约的工资可用于投资，以雇用新的工人，从而补偿被技术进步排挤的工人。二是价格补偿机制。技术进步导致工人被排挤，使得生产总成本下降；在完全竞争条件下，这将引起价格下降，需求随之增加，产出和就业随之上升。三是新产品补偿机制。由于技术进步不一定都是工艺创新，它还可能以新产品的发明及其商业化的形式出现，这时就会出现新的生产部门，从而创造出新的就业机会。[①]

我国科技进步对就业的"补偿机制"有局限性。一是新技术导致的产业衰退和产业创新，仍存在要素转移的障碍。行政区划分割的地方保护主义、土地使用权、劳动力转移的户籍和就业歧视等，使得要素流动受限。二是劳动力供给结构及其素质，在短期内难以适应产业结构和技术结构的变化。多数劳动者受教育程度低，社会化劳动技能培训体系不完善。三是非公有制经济在生产要素的可获得性和市场准入仍受到限制。四是随着改革的深入，外商凭借先进的技术和雄厚的资本，与我国产业展开竞争，会使一些民族工业倒闭。外商高技术生产系统的引进所带来的就业扩张效应可能小于就业摧毁效应，国内企业因竞争失败所造成的失业数量可能要大于外商创造的就业岗位数量，从而使补偿机制发生逆转。

（三）治理技术性失业的公共政策

技术进步与产业兴衰关系紧密。不能实现技术进步的产业可能会逐渐衰退，其劳动者转移就业是解决技术性失业的关键，但不同层次劳动者有不同的技术结构和转移障碍。除了知识结构和专业技能方面的因素外，非熟练劳动者年龄和体力是其转移的主要障碍。有些失业者几乎不可能再学习和掌握其他专业知识。熟练劳动力的技术具有通用性，向其他产业转移的可能性较大，其转移障碍来自于其他产业中这类劳动力的过剩。这些专门人才可以通过学习和培训来掌握与原专业相关的知识，从而实现跨行业

---

① 参见程永宏：《技术性失业：虚构还是现实》，载《经济学家》2003年第5期。

转移就业。① 政府要提供就业信息指导、职业介绍等;注重技术培训、转岗和再就业培训等人力资本投资,注重以技术、产品、产业创新创造就业机会;对雇用特定衰退行业的失业者的企业提供鼓励政策,如发放雇用资助补贴费等;失业救济以及就业保险金的延长支付。

五、季节性失业

(一) 季节性失业及其治理

季节性失业 (seasonal unemployment),是指一些行业或部门对劳动力的需求随着季节的变化而波动,如农业、旅游业、建筑业、航运业等;一些行业由于季节不同会产生购买的高峰和低谷,如服装业、制造业、汽车业等。在农闲时期,劳动力市场供给会出现集聚。此外,进入每年夏秋高校毕业季节,劳动力市场的供给过剩加重。大学生从事季节性较强的职业,市场对人才的需求又随季节变化而变化而造成的失业,诸如旅行社、冷饮店、啤酒企业等。这类失业是行业产品本身特点对人力资源需求的季节性决定的。从事前状态看,人们是自愿去那些能提供较高工资,但同时也比其他行业有更大失业风险的行业中就业的;从事后状态来说,一旦处于就业状态中,劳动者会对保持继续就业而不是被解雇有更大的偏好,季节性失业似乎可以被视为自愿性失业和非自愿性失业。从本质上讲,季节性失业更是非自愿性失业的范畴,因为即使从业者知道季节性工作的失业可能性较大,他们也希望能找到此类工作,而不是赋闲在家。

季节性失业有自身的特点:一是存在地区性差异,即季节变化大的地区与季节变化不大的地区的失业规模不同;二是存在行业性差异,即行业生产季节性强,其失业严重性要超过那些生产季节性不强的行业;三是失业持续期的有限性与可预见性,完全因为季节变换而失业的劳动者,通常失业期限不会太长,而且他们知道何时将面临失业。

季节性失业是一种自然失业,它给社会带来两个不良影响:一是由于季节性就业时间短,收入受到影响,其就业的稳定性比较差;二是季节性

---

① 参见蒋选:《我国中长期失业问题研究——以产业结构变动为主线》,中国人民大学出版社2004年版,第191页。

失业不利于劳动力资源的有效利用。①对季节性失业人员的职业指导应侧重于信息服务，指导他们在萧条季节以灵活的形式如非全日制工作实现临时就业。为减少季节性失业的影响，政府要加强对季节性失业期的预测工作，以利于季节性工人尽早做出就业淡季的安排。此外，他们还建议政府规定一个合理的失业补助期限，以减少季节工人的生活困难。② 这也就是美国经济学家弗里德曼所说的"自然失业率"，即劳动力市场处于均衡状态时的失业率。

（二）我国季节性失业及其农工就业连锁

我国农业就业人口的比例高，而农业生产季节性决定了季节性失业的农业就业者数量庞大。为了使家庭经济利益最大化，很多人在经营其主业外，寻找其他行业的工作以弥补主业工时不足。改革开放以来，我国出现了"兼业农"就业现象，就是一种季节性失业或农工就业连锁的反映。兼业问题可以分为两种基本类型：一是以农业为主业，以非农业为辅业，在农闲时兼营其他行业；二是以非农业为主业，以农业为辅业，在农忙时兼营农业。

以农业为主业的农业从业人员保留着所承包的全部土地，有些农民还转包了别人的部分土地。他们主要从事农业劳动，务工完全是以农业季节性和农事忙闲为依据。进入冬季，其主业工时几乎为零，处于失业或就业不足状态，很多人选择从事非农业经营活动，旨在弥补家庭收入损失和消解劳动力闲置。"他们之中多数人是中老年农民，又没有非农业的技术专长，文化素质较低，不愿意轻易地放弃土地。这种类型的劳动力多数发生在非农业资源缺乏，工业基础薄弱，商品经济不发达，多种经营路子窄，粮食和经济作物生产历来较为稳定的地区。他们的经济收入主要依靠农业劳动，非农业劳动收入只是作为一种必要的补充。"③ 以非农业为主业的工商业从业人员放弃了承包责任田，还保留着口粮田和自留地。他们是以工

---

① 参见何承金主编：《劳动经济学》，东北财经大学出版社2002年版，第308页。
② 参见杨河清主编：《劳动经济学》，中国人民大学出版社2002年版，第295页。
③ 参见李爱：《农村劳动力转移的政府行为》，山东人民出版社2006年版，第19页。

商业为主业，只是在农业生产的大忙季节参加农业劳动，其经济收入主要依靠非农业。他们向往从事专职的工商业劳动，但出于对土地保障的眷念和担心政策多变，以及他们经验不足与害怕工商业经营破产，仍将农业作为其就业退路，或是因资金短缺，难以扩大经营规模。

我国台湾省企业布局分散和中小企业众多的产业组织特征，为低技术的农民从事兼业活动提供了产业和空间的双重便利。兼业农民就业于城镇制造业，如食品、纤维、纺织、制鞋、制衣、玩具等行业，也从事营造业、零售业、餐饮业和服务业。临近大中城市的县辖市和工商业较为发达、交通便捷的中心镇逐渐成为兼业农民就业的主要地区，形成了以大中城市为骨干，以小城市为纽带，以数十个中心镇为细胞的合理的区域分布。农民在季节性失业出现时，积极谋求兼业就业缓解了农业隐性失业和就业压力，也为非农产业提供了重要的人力支撑，增强了劳动力市场活力，并减少了劳资冲突。①

六、知识型失业

（一）知识失业及其历史发展

知识失业（educated unemployment），是指受过较高教育的知识劳动者处于公开或隐性失业状态。从广义上看，知识劳动者委曲求全地从事原来较低教育程度劳动者所从事的工作。知识失业在发达国家、发展中国家都存在，特别是发展中国家格外严重。我国知识失业表现为本科生、硕士生寻找合适工作难度加大，单位用工标准抬高，以至知识劳动者不得不接受与所受教育专业关联度不大的工作或失业。知识失业是伴随着经济体制改革而出现的，是劳动力市场分割导致了大学生整体保留工资对供给数量变化不敏感，造成市场难以出清。公共部门和垄断行业就业得到社会认可，其待遇变化对大学生保留工资有较大影响，当其与竞争部门工资差距扩大时，知识失业将会恶化。② 大学毕业生就业发展大致经历了"统招统分"、

---

① 参见黄安余：《论台湾兼业农与就业关联》，载《产业与科技论坛》2006年第6期。
② 参见杨金阳、周应恒等：《劳动力市场分割、保留工资与"知识失业"》，载《人口学刊》2014年第5期。

"两制并行"、"双向选择"不同的发展阶段。

1. "统招统分"的就业制度

在计划经济体制下，国家对大学毕业生的就业政策是"统招统分"与全面安置就业。大学毕业生因此丧失了就业选择权，政府强调毕业生要服从国家分配，去国家需要的地方。1952年7月，政务院在《关于1952年暑期全国高校毕业生统筹分配工作的指示》指出："高等学校毕业生的工作由政府分配，这是完全符合我国的实际情况的发展与需要的。"计划经济时代毕业生"统招统分"的就业程序是，国家下达高校毕业生分配计划，中央各部门、各省市、自治区按国家计划分解，直至具体学校和用人单位。学校按分配计划派遣毕业生，用人单位按计划接收毕业生，毕业生凭派遣证去用人单位报到。

改革开放后，国家确立了国家、部门和地方三级办学体制。但是，我国高等教育问题较多，如招生制度僵硬、用人制度僵化、专业设置过时、学校缺乏办学自主权等。面对此种情形，国家提出了改革高校招生计划和毕业生分配制度，扩大高校办学自主权。要改革大学招生的计划制度和毕业生分配制度，实行国家计划招生、用人单位委托招生和招收少数自费生相结合，改变毕业生全部由国家包分配的办法。1985年5月，中共中央《关于教育体制改革的决定》指出："毕业分配办法，实行在国家计划指导下，由本人选报志愿，学校推荐，用人单位'择优录用'的制度"。这表明我国大学毕业"统招统分"的就业制度出现了松动，但大学生由国家包分配的就业制度并没有立即被终止，其制度惯性仍存在。

2. "两制并行"的就业制度

随着我国用工制度整体改革的推进，特别是劳动合同制的部分试行，大学毕业生就业制度的改革必须要配合国家宏观就业政策的改革，紧跟时代发展的步伐。这就要求改变"统招统分"的就业制度，赋予毕业生和用人单位自由选择的权利。1989年3月，国务院出台了《高等学校毕业生分配制度改革方案》，旨在逐步将毕业生计划分配就业制度改为社会选择就业制度。"方案"指出："高等学校毕业生分配制度改革的目标是在国家就业方针、政策指导下，逐步实行毕业生自主择业、用人单位择优录用的双向选择制度。"

"方案"将毕业生分为国家招生和社会调节计划招收两部分。对国家任务招生计划招收的学生，毕业后可在国家方针、政策指导下，按照有关规定在一定范围内选择职业，用人单位择优录用。毕业生可以到企事业单位就业，报考国家公务员，也可回原籍自谋职业。各类师范专业、农林、体育、民族、航海等专业招收的学生，毕业后在本系统和行业内择优录用。矿业、地质、水利、石油等部门及就业条件艰苦的地区所需要的高校毕业生，可根据工作需要实行定向招生，毕业后在定向的行业或地区内择优录用。社会调节计划招收的学生，包括联合办学、委托培养和自费生。联合办学、委托培养的学生到合同规定的地区、行业或单位择优录用；自费生自主择业，也可以请学校帮助推荐就业。

在政策的执行上，国家不实行一刀切做法。1988年前入学者，仍执行以国家计划分配为主的就业制度，但要逐步改变。1989年，国家教委直属、国务院其他部委、各省、自治区和直辖市所属院校开始执行新政策，力求1990年全面推行。大学毕业生就业制度改革的渐进性特征较为明显，表现为"两制并行"。

3."双向选择"的就业制度

1993年，我国就业制度市场化改革取得较大进展，国家推行全员劳动合同制，从而彻底动摇了计划经济体制下的用工制度。当年，国务院颁布了《中国教育改革和发展纲要》。该文件明确指出："改革高等毕业生'统包统分'和'包当干部'的就业制度，实行少数毕业生由国家安排就业，多数由学生'自主择业'的就业制度。国家任务计划招收的学生原则上仍由国家负责在一定范围内安排就业，实行学校与用人单位'供需见面'，落实毕业生就业方案，并逐步推行毕业生与用人单位'双向选择'的办法；委托和定向培养的学生按合同就业；自费生自主择业。随着社会主义市场经济体制的建立和劳动人事制度的改革，除对师范学科和某些艰苦行业、边远地区的毕业生，实行在一定范围内定向就业外，大部分毕业生实行在国家方针政策指导下，通过人才劳务市场，采取'自主择业'的就业办法。与此相配套，建立人才需求信息、就业咨询指导、职业介绍等社会中介组织,为毕业生就业提供服务。"文件还提出了加快中专、技校毕业生就业制度改革,使他们面向城乡多种所有制单位就业。

1998年,我国绝大多数大学毕业生通过劳动力市场选择实现了就业。当时,高校尚未扩招,毕业生供求矛盾并不突出,知识失业数量较小。2002年3月,国务院发出了《转发教育部等部门关于进一步深化普通高等学校毕业生就业制度改革有关问题意见的通知》。面对一些地方大学毕业生就业出现了困难,国家要求毕业生就业要围绕促进国家经济发展和社会稳定大局,采取积极有效措施,转变毕业生就业观念,"建立市场导向、政府调控、学校推荐、学生与用人单位双向选择的就业机制,努力实现高校毕业生的充分就业。""通知"提出了加强对高等专科学生的职业技能培训,鼓励取得职业资格证书,逐步在全社会实行学业证书、职业资格证书并重制度。为了进一步缓解毕业生就业压力,"通知"指出:"到非公有制单位就业的高校毕业生,公安机关要积极放宽建立集体户口的审批条件,及时、便捷地办理落户手续。用人单位要按照国家有关规定与所聘高校毕业生签订劳动合同,为其办理社会保险手续,缴纳社会保险费,保障其合法权益。从事个体经营和自由职业的高校毕业生要按当地政府的规定,到社会保险经办机构办理社会保险登记,交纳社会保险费。鼓励和支持高校毕业生自主创业,工商和税收部门要简化审批手续,积极给予支持。"

在扩招后大学生首次进入市场时,国家发布了《关于做好2003年普通高等学校毕业生就业工作的通知》,使大学生就业制度出现了革命性变化。国家鼓励毕业生到基层和艰苦地区就业,支持共青团中央、教育部组织实施的"大学生志愿服务西部计划"。[①] 此外,有关部门还实施了"选聘高校毕业生到村任职"、"三支一扶"(支教、支农、支医和扶贫)、"农村义务教育阶段学校教师特设岗位计划"等项目,引导更多的大学毕业生参与项目。

---

① 参见杨伟国:《转型中的中国就业政策》,中国劳动社会保障出版社2007年版,第250页。

（二）知识失业的危害与治理

1. 知识失业的主要社会危害

知识失业的危害不容忽视。首先，知识失业降低了国民对高等教育的期盼。对草根阶层而言，接受高等教育是他们改变社会地位和经济地位的重要途径，甚至是通向上流社会的主要渠道。高等教育提供了向上社会流动的通途，促使国民通过个人努力奋斗实现社会角色和身份的提升，有利于整个社会的认同与稳定。隋唐以后，我国古代社会出现的太平盛世，其共同特征就是科举制度规范，并将那个时代的精英分子延揽至体制之内，从而给民众一种成功的期盼。近年来，我国高等教育收费标准提高、涉及面有所扩大，但民众对高等教育投资的热情丝毫未减，这主要是出于未来谋求理想就业岗位的期盼。而知识失业的出现也将使更多的受过高等教育的人沦为失业者，教育投资的回报率下降、风险上升，民众萌发了一种莫名的悲观情绪并出现了对社会的埋怨言论。高等教育的神圣感大大降低，甚至在一些农村地区出现了新的读书无用论。[①]

其次，不同年龄组和受教育程度的失业将带来截然不同的社会问题。青年长期失业，既可能降低他们的社会责任心，又可能会降低未来的劳动力素质。因此，青年就业状况及其满足感，不仅是衡量一个国家未来的显性标识，同时它还将长期影响一个国家未来的社会价值观塑造、社会文化思潮取舍、社会行为内化与凝固。"失业队伍中有了知识劳动者的加入，失业人员结构就呈现出新的特点，对社会稳定的危害往往会更大，甚至导致高智商犯罪率的激增。"[②] 特别是在一个高风险的社会环境下更加如此。我国社会贫富分化加剧，社会心理业已出现较大变化，大量农民工跨区域流动就业与失业，如果大批知识失业劳动者加入其中，两个群体实现了合流，又会出现何种问题，是值得执政党政府密切关注并深入研究的课题。

再次，知识失业形成了劳动力市场对教育市场的挤兑，导致教育需求过度和教育资源浪费。由于一些大学毕业生求职未果而不得不继续接受教

---

① 参见黄安余：《高校就业教育刍议》，上海人民出版社 2007 年版，第 252 页。
② 陈晓云：《就业行为管理》，上海人民出版社 2007 年版，第 222 页。

育,从而出现了"过度教育"(over education)。1976年,美国劳动经济学家理查德·弗里曼(Richard Freeman)出版了《教育过度的美国人》,最早对过度教育展开了系统研究。过度教育是指个人实际教育水平与工作所需的教育水平不匹配。如果个人的实际教育水平超过了工作所需的教育水平,那么过度教育就产生了。几乎所有发达国家的劳动力市场都经历了一个从受教育劳动力短缺向日益过剩转变,教育资源供需间出现了失衡,从而导致了近年来本科生、研究生起薪过低、待遇较差,在浪费教育资源的同时,也造成了新的社会不公平现象。[①] 过度教育必将提高受教育者的就业期望值,如果这种高预期不能实现,有可能对学生、家庭乃至整个社会造成伤害。

2. 知识失业的主要治理措施

各级政府要制定出有效的公共政策,以治理知识失业,为大学毕业生的就业创造更多有利条件。首先,政府要有针对性地提升产业层次。有针对性地提高产业层次,并非一拥而上或跃进升级,而是针对特定产业部门和地区进行的。产业层次提升必将增加对高层次劳动力的需求数量,这就从根本上拓宽了知识型劳动者的就业渠道,使其就业有了坚实的产业载体。如果产业层次长期处于低端,不可能解决知识劳动者的就业问题。我国台湾省出现的"高学历、高失业"与产业层次较低有关联,大量中小企业和加工工业根本不需要雇用硕士、博士毕业生。从农业发展看,政府要配合社会主义新农村建设,促使农业逐步从传统农业转向现代农业。现代农业如育种、养殖、农业机械、园艺等并不是传统农民可以胜任的就业岗位,需要农学院培养的知识型劳动者,从而增加知识劳动者在农村的就业机会。

其次,政府要建立劳动力市场需求预测与发布制度,并将之与高校的专业设置和调整紧密挂钩,从而在源头上降低大学毕业生失业的可能性。高等教育必须要能适应劳动力市场的需求变化,根据市场人才需求的类型及时对专业设置进行调整,将那些不适应市场需求的专业加以压缩甚至取

---

① 参见李晓春、曲兆鹏编著:《劳动经济学》,南京大学出版社2011年版,第120—121页。

消，当然这是以保障基础研究类专业为前提的。众所周知，我国高校追求"大而全"的发展方向，专业重复设置与建设问题严重。这既丧失了办学特色，又造成了同类人才的大量过剩，使劳动力市场供给出现了结构性失衡。我国台湾省劳动力市场人才需求预测制度健全，大学是根据预测结果及时地增删相关的专业。上海市教委每年发布高校"预警专业"，直接将高校毕业生的就业率与招生规模挂钩，缩减那些就业率较低的本科专业的招生规模。笔者认为，应采取类似的政策从源头上治理知识失业。

  再次，政府要鼓励大学毕业生深入到基层和边远地区就业，充实那里的城市社区和农村乡镇基层单位。事实上，我国大学毕业生占总人口的比例并不高，知识失业只是一个劳动力供给的地区结构性矛盾，大学毕业生可以到西部区县的乡镇一级教育、卫生、农技、扶贫等单位就业，这些地区的企业特别是中小企业和民营企业对毕业生也有较大需求。要解放思想，冲破干部身份、户籍制度、用人指标等限制，促进他们在市场流动自由度。同时，政府要加强对高校的督促，帮助高校努力做好大学毕业生的就业指导与就业服务工作。一是指导大学毕业生积极自主创业或实行灵活就业。政府应提供创业税费优惠和小额贷款政策，组织开展创业培训、开业指导、政策咨询、项目论证和跟踪辅导等服务。二是高校要建立健全大学毕业生就业服务信息网络，提供职业介绍、职业指导等就业服务。三是指导大学毕业生转变就业观念，打破求编制和求稳定的思想，不要过分迷信公务员和事业单位的就业岗位。

第五章 失业的相关理论

数百年来，失业根源一直是世界经济理论界探究的课题之一，并形成了各种学派。古典经济学家和当代经济学者从人口和有效需求的层面研究了失业根源，出现了观点截然相反的两个学派，一派认为人口增长过快导致失业，另一派却认为人口增长停滞造成失业。一些经济学家从经济运行的角度研究失业原因，出现了天体运行、货币供给和技术创新失业论等观点。另一些经济学家试图从工资和劳动力市场分割角度解析失业。从凯恩斯、菲利浦斯等到新古典综合学派、新剑桥学派、新自由主义的供给学派、货币学派，以及理性预期学派等都对失业与通胀的关系展开了论述，形成了独到的经济思想，从学理高度阐释了失业原因。这些失业理论对我国目前存在的各种类型的失业有解释力，有些思想甚至成为学界分析失业的理论工具。需要指出的是，自由竞争资本主义和垄断资本主义阶段出现的失业理论顺应了那个时代的社会实践，带有资本主义经济体制的烙印，对此要加以具体分析。一切理论都需要与特定的国情相结合，才能焕发出强大的生命力。

第一节 失业归因理论

一、人口失业理论

一国人口数量和质量决定着劳动力供给数量和质量，同时人口又是商品消费者，对劳动就业产生影响。劳动力超量供给，经济增长缓慢，就业机会相对较少，必将导致失业或就业不充分，这是发展中国家的突出问题。人口大幅增长，抵消了发展中国家经济增长中相当比例的国民财富。由于贫富分化，造成消费不足与营养不良。低收入还导致低储蓄，资本积累难以达到经济"起飞"的临界值。① 在老龄化来临时，劳动力市场矛盾出现转化，可能产生劳动力供给不足。人口失业理论，包括人口增长过快和减缩失业理论。

（一）人口增长过快失业理论

马尔萨斯（Thomas Robert Malthus）对人口与经济发展持悲观论调。他在《人口原理》中提出，人口增长有超越食物供应的趋势，多数人注定要在贫困和饥饿的边缘上生活。从长远看，任何技术进步都不能改变这种趋势。如果人类不能限制人口，必将陷入幸福与灾难的循环往复。战争、疾病和其他灾难能抑制人口增长，但人们不愿看到这种方式，要从道德层面限制人口增长，鼓励人们实行晚婚。② 工资高低取决于劳动力供求状况。由于资本用于维持劳动的比例是既定的，在劳动力市场上因人口增加导致工人供过于求，使工人所得到的工资呈现下降趋势。其论断未能实现，因为技术进步增加了食物和其他消费品的供给数量；另一方面，收入增长减缓了人口增长。③ 客观而论，马尔萨斯揭示了人口发展规律，开辟了从消费领域研究人口的新渠道。他提出了控制人口增长的两种途径，并指明了消除贫困的手段和方向。④

---

① 参见王洪春、张占平等：《新人口学》，中国对外经济贸易出版社2002年版，第458页。
② 一些人口学者指出，人口增长过快所造成的人口压力使经济发展集中在消费品生产上，而不是生产资料生产领域。人口增长过快会阻碍储蓄，因为家庭人口增加，民众不得不将收入用于购买生活品，致使储蓄率下降。储蓄下降使投资减少，给经济增长带来负面影响，这在发展中国家更加明显。人口增长较快，使抚养负担和消费需求不断增长，结果储蓄和投资都有所降低，经济发展缓慢，可能会导致失业。
③ 参见勒帕日：《美国新自由主义经济学》，北京大学出版社1985年版，第100页。
④ 参见杨晋锋：《"扬弃"马尔萨斯人口理论》，载《思想战线》2011年人文社会科学专辑第37卷。

梅多斯（Dennis L. Meadows）等人撰写了《增长的极限》，提出了人口零增长理论。如果人口、工业化、污染、食物生产和资源消耗的增长不变，世界将在百年内达到增长极限。该书探讨了土地供给、粮食供给、自然资源、地球环境的承载力，认为这些投入最终是有限的。森林面积缩减、周期性饥荒、物种灭绝和全球变暖都给人类带来信号，资源极限已为期不远。要解决资源危机，就要控制人口过快增长。

纳尔克斯（Ragnar Nurkse）在《论发展中国家的资本形成》中指出，一国贫穷是因为它贫穷。发展中国家经济落后是由于资本积累不足，导致贫困恶性循环（vicious circle of poverty）。它是经济障碍的锁链，因为社会生产力低下，导致人均收入少，储蓄不足和投资减少，使生产力不能摆脱低水平的恶性循环。要摆脱这个恶性循环的锁链，就需要开拓销路和扩大市场，才能使资本扩大和劳动生产率提高。这种恶性循环是与人口增长过快所形成的人口压力分不开的，这种压力主要表现为大量隐性失业人口的存在，特别是在人口过剩的农业部门，它降低了人口和土地比例，使生产效益低下，并使资本与劳动、资源间不平衡状态恶化。[①] 事实上，发展中国家人口快速增长阻碍了经济发展。因为没有经济"起飞"，工业发展滞后限制了就业岗位的快速增长，人口迅速增长所带来的大量新增劳动力无法就业，由此形成各种各样的失业。大量过剩人口的存在，使就业结构趋于恶化，难以调整产业结构以适应经济增长的需要。

（二）人口增长减缩失业理论

配第认为，一国财富生产要求一定数量的人口，如果人口数量过少，对一国是不利的，人口众多是一国国力强盛的标志。斯密（Adam Smith）分析了人口和资本积累的关系，认为提高劳动生产率是增加国民财富的原因，而分工是提高劳动生产率的因素。国民收入增长会带来人口增加，人口增加扩大市场规模，有可能增加储蓄，扩大了劳动投资和对劳动力的需求。李嘉图（David Ricardo）认为，人口增加对生活资料的需求上升。西斯蒙第（Simon De Sismondi）的观点更有开创性，人口既是生产人口，又

---

① 参见李仲生：《人口经济学》，清华大学出版社2006年版，第79页。

是消费人口，财富和人口是互为因果关系。人口增长通过生产者和消费者的行为，与国民收入中积累和消费发生关系。马歇尔认为，经济增长通过劳动供需的扩大，带来了人口增长。人口增长给企业家带来乐观主义，激发他们发展新事业，即使投资过剩，不久也会因人口增长而期望资本的供需恢复均衡。

汉森在《经济进步与人口增长的减退》和《财政政策与景气循环》中指出，人口繁殖缓慢表明外延扩张的减退。人口迅速增长要求对住宅建设等大额消费增加，而人口增长停滞会导致人口老龄化，对投资小的个人服务需求增加。因此，人口从增长转入停滞，使社会消费结构发生变化，减少对生产总值的比率，不利于经济发展。人口增长导致劳动力增加，促进资本需求增加，有利于经济发展；反之，人口减少则引起劳动力数量减少，在劳动生产率不变时，促使资本需求减少，可能会增加失业。① 威克塞尔（Johan Gustav Knut Wicksell）的《适度人口论》指出，一定人口是社会分工的前提，人口增长可进行更精细的劳动分工，开展更有效的合作和协作，会出现更好的工农业生产组织，由于规模经济法则带来收益递增，从而提高劳动生产率。桑德斯（Carr Saunders）同样坚持"适度人口理论"，认为失业并非因人口过剩而是由于人口过密所造成的。要考虑到自然环境、技术使用与进步程度、民众的风俗习惯和所有其他相关因素，这个人口数量"提供按人平均的最大收益"。人口的"适度密度"应是使居民能获得高水平生活的密度。

（三）人口老龄化与失业关联

两者是通过储蓄和消费的传导机制影响经济增长，进而对市场就业产生作用。人口老龄化程度加深，总负担系数和老年人口负担系数高会抑制储蓄率。斯彭格勒（Joseph John Spengler）的《个人与人口老龄化经济学》指出，进入老年以后由于收入降低，带来了个人储蓄减少。退休使个人收入大幅降低，退休者的购买力可能会因通胀的影响而降低，而提前退休将会使个人的收入与储蓄能力降幅更大。由于老年人口的储蓄水平相对较

---

① 参见李仲生：《人口经济学》，清华大学出版社2006年版，第20—21页。

低,其增加会带来总储蓄水平的降低。一般在老年人口中,储蓄数量和利息收入是随着年龄上升而下降,随着人口老龄化的加速,特别是当老年人口内部的高龄老人增加时,势必要削弱储蓄,减少了资本积累。① 储蓄等于投资,储蓄减少等于投资减少,投资减少会削减社会扩大再生产并使失业增加。

市场是由人口、消费意向和购买力构成的,最终取决于消费,而其规模是由人口数量大小决定的。在人口老龄化国家,随着老年人口的增加和比重相对上升,引起了消费结构的变化,促使老年人专用商品的需求量增加,特别是对衣服、食品、医药用品和其他日用消费品需求上升,而对住宅建筑、汽车等耐用消费品的需求不会增加,这种消费结构不利于经济增长;同时,在老龄化社会消费支出呈现减少趋势,因为老年人的消费水平因收入下降,购买力和消费能力也在降低,从而缩小了内需的实现值,可能会增加失业。此外,部分老年人仍从事经济活动,其劳动经验和知识积累相对丰富,可弥补体力的不足。特别是在知识经济时代,有知识和技能的老年人口较为容易获得就业机会,可能要挤占青年人的就业岗位,在一定程度上加重青年失业。

(四)人口与失业的客观论说

坎南(Edwin Cannan)认为,在人的知识和各种条件不变时,当人口增加达到某点时,可获得最大收益,如果超过这个点就会减少收益。并非人口增加就意味着产业的生产率降低,人口减少就会使产业的生产率上升,而是人口增长到了一定程度,才可能使生产率下降,如果人口数量本来不足,再减少人口,只会使生产率下降;只有当人口超过这一限度时,人口减少才能使生产率上升。绝对不能轻易断定人口对经济发展的利弊。康恩(Herman Kahn)认为,只有经济增长才可能有资本和运用先进科技手段来解决资源和能源的消耗过多问题,减少环境污染,科技是节省物质资本的手段,经济增长有助于物质资本增加;只有经济增长使生产规模扩大,对劳动力的需求上升,才能提供更多就业岗位并减少失业。人口增长

---

① 参见李仲生:《人口经济学》,清华大学出版社2006年版,第227页。

对经济增长并非只有负面效应，一定人口增长能促进经济增长。人口增长有利于储蓄增加，从而有利于资本投资，扩大再生产和对劳动力需求；人口增长对规模经济和技术进步是有利的，从而有利于经济增长。由于人口与经济之间不仅有直接的相互作用，而且通过其他非经济变量而有间接作用，因此人口与经济发展之间有错综复杂的关系，人口变量与经济变量的直接因果关系是有限的。西蒙（Julian Lincoln Simon）认为，在科技不断进步的条件下，人口增长和需求的增加，是刺激人们开发和利用新资源的动力，人类可利用的资源是无限的，资源不会枯竭。他在《最终的资源》中指出，需求增加将推动人们去寻找新资源，去发明新的开采、加工和使用资源的技术和工艺，发掘各种代用品。随着经济发展和技术提高，可用资源也在增长，自然资源的供应是不竭的，经济增长中资源的潜力巨大。

二、经济运行失业理论

经济运行导致了失业，上文对此已展开了论述。此外，西方学者对经济运行的其他原因造成失业展开了研究，如天体运行、货币供给和技术创新失业论。长期以来，各派学者都提出了其理论，丰富了失业归因理论。

（一）天体运行失业论

杰文斯（William Stanley Jevons）父子提出了"太阳黑子活动周期论"和穆尔（Calakmul）提出了"金星运动周期论"，两者共同构成了天体运行理论。太阳黑子变化造成农业歉收和丰收的波动周期约为三年半，经过两个或更多的周期波动，农业产量的影响力才能积累到足以引起工业和商业的较大波动。因为太阳黑子活动频繁，导致农业减产和就业减少，农业减产会影响到工业和商业等产业，从而引起宏观经济下滑，就业数量减少，失业率上升。如果太阳黑子的活动减少，农业丰收，整个经济趋向繁荣，就业人数增加。此外，金星运动至太阳和地球之间，使阳光不能充分照射地球，引起降雨量变化，从而造成农业生产周期变化，农业生产周期波动就会导致整个经济周期波动。在经济繁荣阶段，就业人数增加，失业人数减少；在经济衰退阶段，情况则相反。

（二）货币供给失业论

首先，货币紧缩交替失业论。霍特里（Ralph George Hawtrey）提出了

"货币紧缩交替失业论"。在经济运行中,经济波动与金融部门扩大或缩减货币供给量有密切关联。当金融部门降低利率,扩大货币供给时,企业就会向金融部门增加借款,从而增加向生产者订货,于是引起了生产扩张和收入增加,而这又引起对商品需求的增加和物价上升,经济活动继续扩大并进入繁荣阶段,失业人数减少。当金融部门缩减货币供给时,企业难以得到贷款,不得不削减订单,经济逐步走向萧条,失业人数上升。在经济萧条阶段,资金逐渐回到银行,银行又会扩大货币供给量,促进经济复苏。可见,信用松紧对现代经济周期产生较大影响。

其次,货币投资过度失业论。哈耶克(Friedrich A. Von Hayek)是"货币投资过度失业论"的代表人物。货币因素是促使生产结构性失衡的决定力量。在经济繁荣时期,由于货币投资过度,许多企业在新建或扩建项目,这种繁荣必须依靠货币的供给来维持。但是,投资增加会引起对投资品需求的增加,进而引起投资品价格上升,可能带动整个物价上涨,这将会使储蓄率下降,可能会出现货币供给不足。一旦货币供给不足,投资活动被迫中止,正在新建或扩建项目不得不停工,从而引起经济萧条和失业人数增加。

再次,非货币投资过度失业论。卡塞尔(Gustav Cassel)、威克塞尔和斯皮托夫(A. Spiretuoff)是非货币投资过度失业理论(the nonmonetary overinvestment theory)的代表人物。该理论强调非货币因素在经济周期形成中的作用,并不否认货币对引起投资过度的作用,这种影响是次要的,导致投资过度的主因是新发明、新发现、新市场的开辟,以及农产品的丰收等。非货币投资理论与货币投资理论的区别在于,何种原因引起了投资过度。非货币投资失业论并不以货币为依据,他们也提到货币力量,但将之置于从属、被动地位,货币因素可被视为当然现象而不是推进力量。他们所强调的是属于生产范围内的那些因素,如新发明、新发现、新市场开辟等,也就是为新投资提供机会的那些环境。

(三)技术创新失业论

熊彼得(Joseph Alois Schumpeter)在《经济发展理论》一书中提出了"技术创新论"。"创新"是将一种从来没有过的关于要素和生产条件的

"新组合"引入生产体系和过程,是打破经济静态均衡、推动经济向前发展的根本力量,而企业家的职能就是引进新组合,实现创新。创新包括五个方面,即采用了一种新产品;采用了一种新生产方法;开辟了一个新市场;控制原材料或半制成品的一种新的供应来源;实现任何一种工业的新组织。企业家是经济发展的动力来源和经济主体,是以创新为职能的特殊类型的人。一个人是否能被称为企业家,关键在于他是否实际履行了创新职能。企业家之所以创新,并非享乐主义动机。企业家创新的动机归结于对个人财富,即超额利润的追求和企业家精神,整个资本主义经济的动机也来源于企业家对超额利润的追求和企业家精神。企业家精神概括起来体现在五个方面,即首创精神和甘冒风险的精神、成功欲望、以苦为乐的精神、精细与敏捷、事业心。[①]

熊彼得将引起经济变动的因素分为三类,即外部因素(战争、革命等)、增长因素(人口增加)和创新因素。即使不考虑外部因素和增长因素,资本主义仍会出现经济周期,因为创新、技术进步与经济周期及失业有直接关联。技术进步是经济发展的中心,整个经济系统都是依靠技术创新与扩散推动的,经济发展不是一种平稳、连续的转变过程,而是一个非均衡的演化过程。原因在于:一是创新不是均衡地随机分布于整个经济中,而是集中于某些关键部门,这必然要引起不同部门间的结构调整;二是创新扩散过程也是非均衡的,具有周期性;三是在创新发生后的迅速增长期间,利润预期发生变化,增长在达到一定程度后会因利润预期的变化而有所下降。创新的这些特征足以引起整个经济的波动,产生经济周期。大规模失业与创新在经济运行中是一致的,自然将技术性失业与周期性失业加以联系,两者是完全相同的。从其理论体系看,产生技术性失业的根源是资本主义市场经济特定的制度因素,而非技术进步本身,因为技术创新引发经济波动是通过企业家的利润预期而发挥作用的,这是资本主义制度下的特定现象。

---

① 参见王雪梅、谢实编著:《西方经济学简史》,云南人民出版社2005年版,第267页。

三、需求不足失业理论

所谓有效需求是指那些愿意支付商品自然价值的人的需求。马尔萨斯和凯恩斯运用有效需求不足理论分析了失业的原因。

（一）马尔萨斯失业理论

消费需求不足引起失业的观点由来已久。配第、马尔萨斯、西斯蒙第等提出了"消费不足失业论"。在重商主义（mercantilism）时代，一些经济学家提倡消费，反对节约和储蓄，因为节约和储蓄会造成失业，而消费和支出能带来经济繁荣。配第认为，支出特别是用于奢侈品的支出对经济繁荣和就业产生促进作用，而节约和储蓄则导致产量和就业量的下降，从使就业形势更加恶化。马尔萨斯晚年经历了拿破仑战争的伤痛，面对战争导致的经济萧条和失业，他的《政治经济学原理》提出了有效需求不足失业理论，即有效需求决定生产，有效需求不足会导致生产过剩，产生经济危机。当时，欧洲出现严重失业和萧条是有效需求不足使然。出现社会消费不足的根源是，由于国民收入的一部分用于储蓄，造成对消费资料需求不足，从而造成生产过剩的经济危机。刺激财富增长的要素只有在有效需求随着财富增长而增长时才会发挥作用，要素是倾向于供给而与需求无关，它不可能对财富的不断增长提供充分刺激，促进财富增长的关键是要创造一个对全部产品提供充分的有效需求。如果社会有效需求不足，有利的要素会因缺乏刺激而得不到发挥，市场上的商品会因为缺乏需求而出现过剩，进而出现失业和经济萧条问题。通过扩大非生产消费者的需求和兴建公共工程以解决有效需求不足。时至今日，马尔萨斯的有效需求决定生产、发展对外贸易以增加有效需求、稳定通货、国家适度干预经济等经济思想仍有实践价值。[①]

霍布森（John Atkinson Hobson）认为，资本主义体制最根本的缺陷在于国民收入分配不均，造成富裕者过度储蓄，因而造成了消费不足，解决办法是改善国民收入分配。由于社会储蓄过多，必然会引起投资增加，产

---

① 参见龙步海：《马尔萨斯的有效需求理论新探》，载《云南社会科学》1990年第6期。

品供给量上升,但消费却没有同步增长。这肯定要出现价格下跌,生产缩减,使经济走向衰退。因此,政府解决经济衰退和失业的办法就是实行收入分配均等化政策。

(二) 凯恩斯的失业理论

凯恩斯继承了马尔萨斯有效需求不足失业理论,并发展成为有效需求原理(the principle of effective demand)。他提出了以下观点:其一,有效需求决定就业量。有效需求,是指总需求价格等于总供给价格时的社会需求。当总需求价格大于总供给价格时,资本家有利可图,就会扩大投资,增加雇工数量;当总需求价格小于总供给价格时,资本家为了减少风险和损失,必将缩减生产规模,减少雇工数量。只有当总需求价格等于总供给价格时,资本家才会保持生产规模不变。正是这种有效需求决定着市场就业总量。其二,有效需求不足必将引起失业。资本主义社会存在大量失业,原因在于有效需求不足,这是消费需求不足和投资需求不足造成的。由于有效需求不足,产品滞销,生产规模缩减,就导致了大量工人的非自愿失业。[①] 其三,解决失业必须要提供足够的有效需求。一是提高消费倾向,扩大消费需求,要加大国家消费,举债消费,国家的一切消费都具有生产性。节俭对个人来说可能是美德,但对整个社会来说可能不是美德,而是罪恶。因为大家都节约,储蓄增加,如果这部分储蓄不能及时转化为投资,形成新的消费力量,那么社会需求就会减少,对国民经济活动造成紧缩压力,导致经济萧条,国民收入也会下降,失业增加。二是扩大投资需求。要加大政府投资,甚至实行赤字财政。在金融政策上,主张降低利息来刺激投资;在对外经济政策上,要扩大对外商品和资本输出。

四、工资失业理论

企业雇用劳动力,必须向劳动者支付一定数量的工资。工资对劳动者是收入,而对企业就是产品成本。在其他因素固定的条件下,工资越高,企业利润越少。对以营利为目的的企业来说,只有当雇用一个人为企业带

---

① 参见郭庆松、马道双:《国外失业理论述评》,载《国外社会科学》1998年第6期。

来的价值高于为此而支付的成本时，企业才有劳动力需求。因此，在其他条件恒定时，工资率与劳动力需求呈反方向运行。

（一）工资铁律理论

工资铁律（iron law of wages），是最早形成的工资理论。英国产业革命时期，李嘉图提出，工资决定于物化在工人得到的生活资料中的劳动量，利润是商品价值中扣除工资后的余额。工资铁律，即工人工资趋向于达到一种维持生存的水平，工资始终等于必要的生活资料价值，这是一个铁的规则。如果工资提高到维持生存的水平以上，就会出现工人生活资料的增加，从而会使工人生出更多的孩子，人口增长率就会上升，并导致劳动力供过于求，失业人口增加，工资下降到生活资料价值水平；如果工资低于生活资料价值，劳动力供给量将会因疾病、营养不良和人口出生率下降而减少，劳动力供不应求，工资又上升到生活资料的价值水平。[1] 因此，劳动自然价格是由工人维持生存所必需的生活资料价格所决定；劳动市场价格是由供求关系所决定。无论两者如何背离，工资变化总趋势是两者相适应。为此，必须将工资限定在维持生活的水平上。政府要禁止工人联合，以削弱工人与雇主斗争的力量。在工资确定上，政府应执行自由放任政策，让市场机制发挥作用。

（二）工资基金失业论

马尔萨斯提出了工资基金（wages fund theory）失业理论，即"维持劳动基金论"。他通过对人口与生活资料的分析，奠定了分析劳动需求、人口与劳动工资等人口经济关系的基础。企业用于雇用工人而留出的劳动基金是固定的，随着工人数量的增加，就必须产生失业和贫困。人口增长与工资基金的扩大存在速度差异，并揭示了过多的资本积累会产生全面的过剩供给。而这可能由于有效需求的不足而发生，从而主张为消除失业，克服危机，应扩大有效需求。[2] 穆勒（John Stuart Mill）提出了工资基金论，一国在一定时期内的资本总额是一个固定量。其中，用于支付工资的部分

---

[1] 参见孔微巍主编：《劳动经济学》，科学出版社2011年版，第209—210页。
[2] 参见李仲生：《人口经济学》，清华大学出版社2006年版，第16页。

也是一个固定量。就业水平与工资水平取决于工资基金与人口之间的比例。如果出现劳动力供过于求，一是保持现有工资水平，增加失业人数；二是降低工资水平，减少劳动力人数，都带来了失业问题。

他们提出了一些政策主张：一是反对通过工人集体力量讨价还价来使工资增加，这只能造成无组织或组织得差的那部分工人的工资下降。二是反对政府实行最低工资政策，虽然有利于少数最低收入工人，却牺牲了大多数劳动者利益，因而要实行自由放任政策。[1]

（三）边际生产率工资论

马歇尔在《经济学原理》中提出了边际生产率工资（marginal productivity wage theory）理论。追求利润最大化的企业主会发现，在达到劳动力的边际成本等于其创造的边际收入前，继续扩大劳动力的雇用量是有利可图的。劳动力边际成本，是指每多雇用一批劳动力而使总成本增加部分；劳动力创造的边际收入，是指每多雇用一批劳动力而使总收入增加部分。劳动需求价格是资本家购买它时愿支付的价格，它取决于边际工人的净产量，即资本家在不增加生产资本数量的条件下所增加的最后一个工人所提供的净产量，也就是边际工人的生产率。劳动供给价格是工人所接受的价格，取决于劳动的成本，即"培养、训练和保持有效率的劳动的精力所用的成本"。它不仅包括维持生命和保持正常劳动效率的必需品如衣、食、住、教育和娱乐等，还包括一切习惯上的必需品，如烟酒、嗜好、时髦衣着等。[2] 如果工人所增加的收益小于付给他的工资，工人就必须失业。

其政策主张是：其一，必须使市场保持一定的失业率，使劳动力供给有弹性；其二，要减少失业就要降低工资，使边际成本与边际生产率相适应；其三，要不增加失业就要冻结工资，抑制劳动力边际成本的提高；其四，要鼓励投资，因为工资的提高取决于工人边际生产率的提高，而在工人人数不变时，劳动力边际生产率的提高又取决于资本数量的增加。

---

[1] 参见童星、汪和建等编：《劳动社会学》，南京大学出版社1996年版，第211页。
[2] 参见王雪梅、谢实编著：《西方经济学简史》，云南人民出版社2005年版，第53页。

(四) 工资刚性理论

凯恩斯提出工资刚性，认为资本主义的劳动力市场是不完全竞争市场，由于工会垄断和非工会工人的攀比使货币工资有易升不易降的刚性。托宾在《通货膨胀与失业》中再次论述了工资刚性。在有工会的条件下，工资有向下刚性。如果失业多于职位空缺，连续失业增量对降低通胀的作用越来越小，这是由于职位空缺存在着抑制工资率下降的作用；如果职位空缺多于失业率，更会加速工资率上升，即使空位总数等于失业总数，劳动力市场仍然失衡，工资仍不会下降。

如果工资有完全的弹性，就可通过工资升降使愿意工作的人都就业。这种假设是建立在工资决定市场供求均衡基础上的，劳动力需求小于供给从而产生失业时，只要调节工资，将工资一直下降到所有工人均被雇用为止，失业就可得以解决。该理论将失业归结为人们不愿使工资收入下降的本性、工会和最低工资法限制了工资下降等，使工资出现黏性。希克斯提出了工资黏性理论。它是指相对于需求的变动，工资和价格调整是明显缓慢的、滞后的、小幅度的，即表现为黏性的。与此理论相联系的是新凯恩斯主义（New Keynesianism）。这是出现在美国的一个经济学派，代表人物有曼丘（N. Greogory Mankiw）、布兰查德（Olivier Blanchard）、伯南克（Ben Bernank）等。新凯恩斯主义提出了合同工资黏性理论。

1. 长期劳动合同论

劳动力市场涉及劳雇间的长期关系，多数劳动者希望岗位能保持。一些经济学家用长期劳动合同解释名义工资黏性。如果工资具有黏性，并且黏性的名义工资在长期劳动合同中被确定下来，那么工资率将不可能随着社会总需求的变化而调整。无论是企业还是工人的理性预期都起不了作用。因为一些有工会的大型企业的工资是由劳资双方谈判签订长期劳动合同固定下来，劳资双方一般签订为期三年或不同期限的长期劳动合同。这对企业和工人都是有利的，可降低谈判成本并减少罢工。所以，劳资都愿意通过谈判签订为期几年的长期劳动合同，以便预先规定两者的未来行为。不但在合同期内工资是固定的，而且合同到期后工资也不能迅速调整，因为如果对工资要求太高，企业就会去雇用那些工资尚未上调的工人。一些没有签订劳动合同的企业的工资也会受到有合同企业的合同工资的影响,使工资相对稳定在某一水平上,使工资具有了黏性,从而造成非自愿性失业。①

2. 隐含合同理论

隐含合同(implicit contract),是指企业和工人没有正式工资合同,但双方有将工资相对稳定的默契,实际工资刚性是双方的共同偏好。② 企业经营是有风险的,但劳资对风险所持的态度各异。企业对风险的态度是中性的,因为企业资本归分散的股东所有,企业提供给工人的工资,它至少要使工人不进行其他选择。企业需要根据工人对不稳定性的反应,预先确定刚性工资,以保证工人的效用最大化。股东不太在意企业风险,只要有一定的平均利润分成,经理不能分享利润更不在意风险。③ 只有生产工人最厌恶风险,因为工人相对固定在企业工作,不希望有不稳定的工资。如果一个企业的工资高度变动,而另一个企业能支付稳定的工资,工人愿意选择后者。经济周期变动过程中会涉及劳动力需求的增减,使收入稳定性的风险加大,而规定工资的稳定性和保证充分就业的隐含合同可以满足工人避免风险的心理。所以,劳资在确定工资时就可达成默契,使工资不随经济波动而相对固定。可见,隐含合同使工资具有黏性,使工资失去了调节市场供求的功能,当社会对劳动力需求减少时,不能用降低工资来扩大就业需求,从而导致失业增加。

3. 交错调整工资论

在短期内无论是通过合同机制还是理性预期机制来稳定工资,都会导致通胀和失业并存。交错调整工资,是指劳资通过雇佣合同来调整工资,经济中所有的工资合同并非在同一时间签订,所以,工资调整决策可交替执行,在一个时期内,形成一个交替调整工资的序列。劳动合同一旦签订

---

① 参见赵红梅、李景霞:《现代西方经济学主要流派》,中国财政经济出版社2002年版,第367页。

② 参见赵红:《西方失业理论及其就业对策》,载《云南财贸学院学报》2000年第5期。

③ 参见唐绍欣、刘雯:《80年代以来西方失业理论的新进展》,载《国外社会科学》1998年第6期。

后，总需求的变动对未到期的工资合同没有影响，只影响到期合同的工资调整。可见，总工资水平的惯性影响着产出和就业。使工资的稳定性和产出稳定性间有替代关系。当政府发行的货币量与总工资的增长相适应时，货币政策能使总工资水平保持较高的稳定性，其代价是通胀提高。在工资稳定时，货币投放量的变动会引起经济中超额需求的波动，总产量和就业率会出现波动，总产量和就业的稳定性差。总工资水平越稳定，产出和就业就越不稳定；反之，总工资水平越不稳定，产出和就业就越稳定。

合同机制有助于总工资的稳定，导致工资出现刚性。当国家力图稳定工资水平或预期要求工资稳定时，必然要求货币政策与总工资的增加相对应，其结果是出现通胀。由于货币与工资水平相关度高，超额需求波动剧烈，产出会下降，对劳动力的需求也会减少，失业增加。

4. 效率工资理论

效率工资理论（efficiency wage theory）对结构性失业提供了理论解释。一定失业率为在职工人提供了激励，在其他条件相同时，某一地区失业率越高，工人到其他企业就业的机会就越少，他们冒消极怠工而失去就业岗位的风险就越小。因此，雇主就不需要像在其他企业的就业机会很充足时那样去支付较高的奖励工资。如果其他要素保持不变，不同地区的平均工资率与失业率之间有反向关系，即地区失业率越高，平均工资率越低。[1]

5. 失业滞后理论

新凯恩斯主义认为，自然失业率并不是固定的，而是因为它受到前期失业的影响，自然失业率将会不断发生变化。既然自然失业率是可变的，那么由此得到的市场均衡就是多样的，实际失业率的变化引起自然失业率的变化。可见，两者之间并非不相关；相反，由于经济内生的一些传导机制，使得自然失业率是一个取决于实际失业率的变量。[2] 这有三个方面的原因：其一，短期失业者和长期失业者对工资的调整有不同的影响力。前者可对工资调整施加影响，而后者不能。短期失业者不是因为自身素质而

---

[1] 参见孔微巍主编：《劳动经济学》，科学出版社2011年版，第198页。
[2] 参见杨伟国主编：《劳动经济学》，东北财经大学出版社2013年版，第229页。

失业，而长期失业者有可能是因为自身素质而失业。长期失业者愿接受工资就业，就会降低在职人员的工作效率，同时长期失业者习惯于救济金，而对再就业缺乏信心。其二，劳动者在失业期间将会失去通过劳动而提高自身技能的机会，特别是长期失业者，技能萎缩与市场的无效供给相混合，将沦为更长时间的失业者。劳动者长期处于失业状态，其人力资本就会折旧，丧失重新就业的职业技能；另一方面，雇主对较长时间的失业者有偏见，认定他们的劳动态度不好、技能低下而拒绝雇用他们。这就使得较高的实际失业率再生一个较高的自然失业率，失业不仅取决于当前产生它的因素，而且还取决于失业率过去的发展。其三，失业硬核的存在，即由于体力、智力、年龄、歧视等原因造成的经常处于失业状态的那部分失业人员的存在，他们使失业产生不可逆转的惯性。此外，还有政府的社会福利制度的影响。西欧国家福利制度覆盖面广，失业保护时间长，享受人数多且缺乏灵活性，工人劳动力参与率低，自愿失业率高。

五、技术失业理论

"失业之所以发生，其主要根源在于，生产者在竞相利用具有可复制性的科学技术成果为自己创造相对利益优势的同时，也为他人创造了相对的利益陷阱。不难看出，当进入到边际效用递减这一利益陷阱的生产者越来越多时，生产者与工人的境况都会恶化，大批企业破产倒闭，大量工人失业的情况迟早都会发生。因为边际效用递减意味着供求缺口缩小，价格相对下降，利润收益率递减，进一步吸引新资本投资的可能性减小，现有的资本被转移的可能性增加。加上交换条件不断恶化，生产者越来越多地被迫进入边际收益递减区域，社会劳动的大量损失，工人的大量失业就成为必然的事了。"[①]

李嘉图在《论机器》中指出，使用机器的结果"对劳动的需求就必然会减少，人口也将过剩，劳动阶级的生活状况就会限于贫困"。"用机器来代替人类劳动，对劳动阶级是极为有害的"。在论述资本主义社会的过剩

---

① 牛润霞：《技术变迁中的失业问题研究》，人民出版社2007年版，第88页。

人口时，西斯蒙第把人口与资本周转相联系，认为大机器工业使社会财富迅速增加，但机器排挤了工人，使大批工人失业和小生产者破产。因为当用机器生产代替手工劳动后，一人可替代一百人。于是，资本对劳动力需求减少。工人一旦被解雇，收入就被剥夺了，失去了生活来源。"技术和实业的发展，也是财富和繁荣的发展，发明出用更少的工人生产一切劳动果实的经济方法，几乎农业中所有劳动都用牲畜代替了人，几乎工业中的所有工序都用机器代替了人。"① 这就造成了大批劳动者失业。机器发明造成人口过剩，但他并不反对机器和技术进步，并明确指出问题的根源是机器使用的资本主义方式，而不是机器发明本身。劳动资料一旦作为机器出现，立刻就成了工人的竞争者。通过机器进行的资本自行增殖，同生存条件被机器破坏的工人的人数成正比。机器不仅在采用它的生产部门，而且还在没有采用它的生产部门把工人抛向街头。随着机器的使用，流动资本向固定资本转化，从而形成了过剩人口和工人失业。

技术进步必然造成失业。威纳曾指出，工业革命的技术进步使人类和兽类不再成为动力的源泉，未来的工厂为计算机所控制，不再需要劳动者，劳动者失业可能严重。梅多斯在《增长的极限》中指出，应用技术加深了失业率，并认为现代社会的任务不在于保证就业，而是使全体社会成员得到有保证的最低失业。我国学者指出，先进的劳动工具和设备也在越来越大的程度上替代了劳动力，使生产中减少劳动力数量，降低劳动力总成本，从而提高劳动生产率成为可能。企业根据边际生产率决定对劳动力的实际需求。科技进步对劳动手段的革新的效应是减少了对劳动需求，即减少就业人数和工时。当然，不同行业和产品生产技术与要素组合不同，从而对劳动力需求减少的程度也不同。一个产业从劳动密集型、资本密集

---

① [法]西蒙·德·西斯蒙第：《经济学原理》，商务印书馆1977年版，第514页。

型到技术密集型的发展历程,都反映了科技进步对劳动力需求的变化。①

六、劳动力市场失业论

二元劳动力市场理论起源较早,19世纪末,穆勒、凯恩斯提出了劳动力市场具有非竞争性的理论。② 19 世纪 70 年代初,多林格(P. Doringer)和皮奥里(M. Piore)提出了劳动力市场分割(labor market segmentation)理论。该理论认为,传统理论无法解释劳动力市场的许多现实,如贫穷、歧视、人力资本与收入分配不相符等,未能注意妨碍工人选择的制度和社会因素,研究重点应是劳动力市场职业结构的性质和制度因素的作用。其主要特点包括:一是劳动力市场不再被视为连续的统一体,而是被分割为几个不同的市场,其特点各异,独立分配劳动和决定工资;二是劳动力市场间有相对封闭性,原因是集团势力的联合和制度因素的约束。

劳动力市场分割与失业有密切关系。主要劳动力市场(primary segments)的运行受制度因素制约,是一个政策市场,特别是工资形成是政策或制度力量使然,并非市场竞争的结果。而次要劳动力市场(secondary segments)的运行不受或较少受到制度因素的牵制,工资是市场自由竞争的产物,也是调节劳动力市场运行的力量。两类市场间劳动力难以互相流动;另一方面,两类劳动力市场的分割具有相对性,并不是截然分开、互不相容的。如果一部分高技能劳动者愿意委曲求全,接受次要劳动力市场的雇用条件,一般能实现再就业;反过来讲,在比较利益的诱导下,一些雇主为了降低生产成本从次要劳动力市场选拔工人,以填补岗位空缺,从而减少了失业数量。我国劳动力长期供过于求,特别是农业剩余劳动力巨大的"蓄水池",使主要劳动力市场的供给与运行不可能完全摆脱次劳动力市场的影响而孤立地存在,这种影响可能是经济利益的诱惑或是劳动

---

① 参见蒋选:《我国中长期失业问题研究——以产业结构变动为主线》,中国人民大学出版社 2004 年版,第 71 页。科技进步对就业造成的直接影响有四:一是影响劳动工具;二是影响产品,现有产品被淘汰和新产品开发;三是影响劳动者素质,随着劳动工具的革新和工艺复杂化,对劳动者的知识结构、技能水平和合作能力都提出了新要求;四是影响生产经营管理,涉及劳动分工、组织、协调和激励等。

② 参见张建武:《劳动经济学:理论与政策研究》,中央编译出版社 2001 年版,第 84 页。

社会心理的微妙变化。事实上,低廉的农业剩余劳动力成为一些雇主维持竞争力的秘密武器,他们会积极从次要劳动力市场选择工人而放弃在主要市场招聘,只要劳动者的劳动生产率相同。

第二节 充分就业与失业

一、充分就业的多种释义

大萧条后,充分就业(full employment)在经济学界得以普遍使用。多年以来,学界对充分就业的理解并未取得一致,出现了各种各样的释义,经过文献整理与归纳,国内外对充分就业的解读主要有以下几种。

(一)国外学术界的观点

第一种观点,充分就业就是劳动力全部就业。苏联《政治经济学教科书》提出,失业是资本主义社会特有的经济现象,而充分就业是公有制经济和计划经济决定的,是社会主义社会的经济规律之一。失业,这一资本主义制度下劳动者的灾难,在苏联已被消灭。充分就业是指社会人力资源的供给能全部获得就业岗位,或者说,充分就业是这样一种状态,全体劳动者对就业岗位的需求都能得以保证。这种观点对一些社会主义国家产生了较大影响,它们曾将消灭失业和保证人人就业作为宏观经济调控的目标之一。

第二种观点,凯恩斯提出,充分就业就是消除劳动力非自愿失业。充分就业就是消除了非自愿失业,失业仅限于摩擦性失业和自愿性失业范围内的就业水平。他在《就业、利息和货币通论》中指出,在实际生活中,没有不自愿失业的存在,这种情形被称为充分就业。摩擦性的和自愿性的失业都与充分就业不悖。

第三种观点,充分就业是失业人数等于空缺职位时的就业水平。贝弗里奇(Beveridge)认为,当失业人数很多时,劳动力市场的空缺职位很少,反之也是相反。如果超过某个波动数值,失业人数和空缺职位给出一条相当稳定的向下倾斜的曲线,我们就能在这条曲线上找出失业人数等于空缺职位的一点作为表示充分就业的数值。

第四种观点，充分就业就是通胀为零时的失业水平。菲利浦斯认为，在货币工资变化率和失业率之间，通过选择使工资膨胀率为零的失业率水平或使价格膨胀率为零的轻度增长的劳动生产率，研究者就能准确地确定充分就业的水平。因为在此基础上，再提高就业率，就必须以通胀为代价了。①

第五种观点，充分就业就是无通胀下的失业水平。米尔顿·弗里德曼将存在自然失业率时的就业称为充分就业。他反对菲利浦斯的观点，认为在长期中没有失业与通胀的交替关系，存在着自然失业率。因此，如果实际失业率被推进到自然失业率以下，将不仅有通胀，还会有加速的通胀。所以，可以选择非加速通胀下的失业率作为目标。

第六种观点，西方经济学家认为，充分就业就要排除摩擦性失业、结构性失业和季节性失业等失业类型，因为它们属于自然失业，是正常时期也会存在的失业，又被称为长期均衡失业。这种失业存在既是必然的，又是必要的。因为自然失业的存在能使劳动后备军随时满足经济对劳动力的需求，这种威胁迫使就业者提高劳动生产率。因此，充分就业并不是指百分之百就业，它是消除了周期性失业的一种就业状态。②

（二）国内学术界的观点

1. 建国初期理论界对充分就业的解释

新中国成立以后，中央政府反复强调建国初期的失业是帝国主义和国民党长期统治的结果，不是新社会制度的产物，而是国家处于新旧交替过程中出现的暂时现象，并提出了消灭失业的目标。因此，"全部就业"是计划经济体制下的就业指导思想。这种理论带有苏联意识形态的痕迹。因为失业是帝国主义战争造成的，不是社会主义制度固有的。全体公民都有利用公共生产资料、公共土地、公共工厂等进行劳动的权利。斯大林在联共（布）第十七次代表大会上宣布："在我们这里却再也没有找不到工作

---

① 参见胡学勤、李肖夫：《劳动经济学》，中国经济出版社2001年版，第309页。
② 参见吴琼编著：《西方经济学》，上海财经大学出版社2005年版，第282页。

和领不着工资的工人了。"斯大林在苏联宪法草案的报告中强调:"我们现在有了新的社会主义的经济,这个经济不会有危机和失业,不会有贫困和破产"。建国初期,我国多次派人赴苏学习,同时邀请苏联专家来华讲学。柯斯津和梁思尼阔夫的《劳动经济学》和《劳动经济》,相继在我国出版,成为当时劳动经济学的主要教材。我国理论界照搬苏联的就业理论,曾认为失业是资本主义特有的现象,社会主义国家没有失业,并宣布已消灭了失业人口,认为这是社会主义制度的优越性。改革开放后,我国出现了与失业相关的称谓,后来原劳动部和国家统计局对失业进行重新界定,认为失业是劳动力与生产资料处于分离状态或不能实现有效结合。资本主义制度下失业和社会主义制度下失业的根本区别在于:前者是由资本追逐剩余价值的本能所造成的,后者是国家对经济资源配置方式的选择。

2. 改革以来学界对充分就业的新解读

随着改革开放的深入和我国劳动力市场的发展,理论界逐步认识到充分就业并不是百分之百就业。即使社会实现了充分就业,仍存在着少量的失业,诸如劳动力结构性和摩擦性失业,是由于经济发展导致产业结构升级、科技进步、劳动年龄和需求偏好变化、劳动力进行就业岗位选择与转换、信息滞后等多种因素造成的。正因为如此,劳动力资源才能得到合理配置。从本质上讲,充分就业就是劳动要素与资本要素的合理结合,并推动经济增长的过程。就劳动者而论,它是指劳动者的能力和意愿与就业岗位的专业需求和技术要求等相符合,实现稳定就业和满意就业;就资本所有者而言,它是指在市场总需求条件下,社会资本要素被劳动要素充分吸收,实现资本效用的最大化。实现充分就业是指劳动力和资本结合在经济运行中呈现良性趋势,特别是那些有劳动能力且愿意就业的劳动年龄人口都能实现就业。[①] 要用辩证法的观点看待充分就业,它是随着社会生产力和市场发展而变化调整。

---

① 参见史及伟、杜辉:《中国式充分就业与适度失业率控制研究》,人民出版社2006年版,第239—240页。

二、充分就业与失业的关系

(一) 充分就业是各界孜孜以求之梦

充分就业是任何一国政府孜孜以求的发展目标或经济目标。战后,美国政府将充分就业作为宏观调控目标,相继颁布了《就业法案》,肯定了政府要对国民就业承担责任,争取实现最大化就业目标。上世纪六七十年代,美国通过的《就业法》规定,国家有责任保持高水平的就业、生产和贸易能力。美国通过了《充分就业与平衡发展法案》,宣布为所有的求职者提供就业岗位,提出力争失业率达到4%的充分就业目标。为了促进经济增长以实现充分就业,美国还建立了失业率和通胀预期指标体系,作为制定经济政策的参考。从里根、克林顿到奥巴马,历届政府对解决就业问题,实现充分就业目标都高度重视。尽管充分就业是一个宏观经济指标,但它与失业仍是相互交织的,充分就业时的失业率也是动态的。①

充分就业是任何一国政府社会政策的发展目标之一。政府制定任何公共政策或社会政策的根本出发点就是要实现社会的和谐与稳定,否则,任何社会政策将丧失存在的价值。如果一个社会不能实现充分就业,也将难以达到和谐与稳定发展。因为社会一面是嗷嗷待哺的失业者和贫困阶层,而社会另一面则是挥金如土的富裕阶层。阶层冲突会导致大量经济资源用于权力"寻租",以促成有利于本阶层的公共政策顺利通过,维护其既得利益;贫困阶层可能会产生出一种"仇富"心态和对社会的不满情绪,从而引发社会阶层间的冲突。当贫困阶层规模扩大或长期存在时,必然会引发它与政府的矛盾,如群体性事件增加。果真如此,哪有社会和谐可言。充分就业能缩小社会财富分配的两极分化,使各阶层各得其所,各安其业。

国际劳工组织对各国就业一直高度关注,因为就业权利是劳动者普遍追求的权利。早在在创建之初,它就发布了《失业公约》、《失业建议书》,以及《关于国际劳工组织目标和宗旨的宣言》,这些文件都将充分就业列

---

① 美国一般认为20世纪60年代的失业率是3.5%至4.5%,70年代的失业率是4.5%至5.5%,80年代的失业率是5.5%至6.5%。

为发展目标。1964 年通过的《就业政策建议书》全面阐述了充分就业的目标。1995 年，国际劳工大会对"全球充分就业的挑战"进行了论述，将"高度优先重点放在充分就业的目标方面"。①

（二）失业与就业相互交织难舍难分

保障人人都有就业岗位是永远无法企及的梦想，因为失业是劳动力市场运行无法避免的结果。失业是相对于就业而言的，而失业与就业之间并非泾渭分明，两者有复杂的联系。具体表现在以下几个方面：一是失业人员是经济活动中的人口和劳动力的一部分。人口包括劳动年龄人口和非劳动年龄人口，前者又包含劳动人口或经济活动人口和非劳动人口；劳动人口包括名义就业人口和公开失业人口；名义就业人口包括实际就业人口和隐性失业人口和隐性就业人口。这其中的复杂性可想而知。二是就业与失业与上述各个范畴都存在或多或少的联系。公开失业简单地表示为劳动人口与名义就业人口之差。如果考虑到隐性就业，即名义上是失业者，而实际上从事有酬劳动，公开失业的数量就会有所削减。另外，隐性失业可以随着就业政策和制度的变化转变为公开失业。三是失业的数量有时受到实际就业的影响。实际就业人员不一定是劳动人口，可能是小于或大于法定劳动年龄的少年或老年人，可能是非劳动人口中的学生。如果实际就业人口中非劳动年龄人口和非劳动人口的数量增加了，在劳动人口不减少或不断增加的情况下，显然容易造成更多的失业。可见，在总人口、就业人口和失业人口之间存在着复杂的交叉关系。

充分就业时仍存在失业的其他原因有：其一，经济运行有难以避免的摩擦性和自愿性失业。因为摩擦性失业是一种经常性失业，即使劳动力市场处于供求平衡状态时也会存在此类失业。它是由于劳动者在要求就业和获得就业岗位之间存在着时差而形成的。我国城镇摩擦性失业的主要表现是劳动者主动辞职或被企业辞退而使失业人口大量增加。其二，没有失业或过低的失业，会形成紧张型劳动力市场，减少雇主在市场所能保持到人才的存量。如果消除了失业，就会形成劳动力资源的低效率配置，劳动者

---

① 参见姚裕群：《论就业目标体系》，载《人口学刊》2001 年第 5 期。

出工不出力的情形就有可能发生。在关注失业和就业难问题时，也需要解决我国劳动力配置中普遍存在的学非所用和用非所长问题。其三，劳动者自身技能水平、心理感受、价值导向、身体健康状况、人际关系等多种原因，使一些劳动者市场处于市场的边缘地带，遭受失业的可能性较大。

(三) 平衡两者关系的公共政策选择

政府控制失业，也就是促进充分就业目标的实现。这是一个相辅相成、并行不悖的政策目标。控制失业率是政府宏观经济调控的目标之一。控制与减少失业，意味着要创造更多的就业岗位，增加对劳动力的雇用，这就朝着充分就业目标迈进了一步；反过来讲，充分就业目标的实现，也就是失业减少和控制失业的成功。可见，两者关系紧密。另一方面，在经济发展过程中，政府要将经济发展的成果惠及全体国民，有效的方法就是促成充分就业目标的实现，努力消除那种"有增长无发展"的局面。因为劳动力资源存在于大部分国民中，赋予他们就业岗位也就是变相赋予他们国民财富，是一种"授人以渔"的善举，是一种高层次的社会福利。有鉴于此，要辩证地看待这一届新政府提出的工资倍增计划。这是新政府改善民众生活的善意，但要考虑到当前就业形势和劳动力市场发展趋势。要实现社会充分就业，就业增长率必须要高于工资增长率，要尽可能避免因工资增长过快对就业岗位的摧毁。如果不顾国民就业，单纯考虑工资增长，也就脱离了充分就业与和谐社会发展目标。政府要考虑就业目标，不但要控制整个社会工资增长率，而且还要实现收入分配合理化。在就业恶化的形势下，日本很多企业并非首先解雇工人，而是执行劳动分享政策，降低企业全体工人的工资以扩大雇工数量，尽可能保住每一位工人的就业岗位。

三、充分就业的发展目标

(一) 我国实现充分就业的制约因素

我国与西方国家的国情不同，实现充分就业的制约因素较多。这体现在以下几方面：其一，发达国家是一元经济结构，我国却是二元经济结构国家。发达国家城乡差距小，各种经济资源在城乡之间的配置较为均等，是一个统一的大市场,特别是北欧一些福利国家更加如此。而我国城乡差距较大,城乡资源配置处于非均等状态。就市场统一程度而论,统一的大市场尚未形成,特别是劳动力市场仍处于多元分割中,两个市场就业条件相差悬殊,而且劳动者的信息不对称,这就使得农业劳动力蜂拥而至,城市市场处于超负荷供给。这必然会影响国民充分就业的实现。其二,发达国家人口数量较少,而我国人口众多。人口数量大决定了劳动年龄人口较多,再加上我国是发展中国家,国民并不富裕,很多人迫于经济压力不得不参与劳动,从而使劳动力参与率长期居高不下。由于历史遗留问题,我国在改革开放后要面对旧体制"蓄水池"的排洪,就业流量和存量都比较大,而经济增长所能提供的就业岗位数量相对有限,这使我国实现充分就业的发展目标比发达国家难度更大。其三,发达国家人口素质较高,而我国人口整体素质相对较低,特别是农村人口文化水平和职业技能较低。众所周知,劳动力素质与充分就业有直接关系。一国人口素质较高,结构性失业相对较少;一国人口素质低,劳动力结构性失业可能比较高。对我国而言,无论是农业剩余劳动力流动就业,还是整个社会实现充分就业,都将面临劳动素质低下的制约。特别是在产业结构转换较快的时期,劳动力素质对充分就业实现的影响更大。其四,一些发达国家(特别是北欧国家)国土面积较小,根本不存在地区差距,劳动力在整个国家内流动便捷、就业信息灵敏、流动成本较低,从而有利于劳动力在全国范围内快速调剂以实现充分就业。我国疆域辽阔,而且出现了地区发展非均衡问题。东南沿海地带经济发达,但人口密度过大,人均资源占有量较少,就业岗位是一种稀缺资源;西部内陆地区自然资源相对丰富,但经济增长缓慢,就业岗位创造能力较差,实现充分就业比较困难。由于市场分割的存在以及其他多种原因,地区间劳动力不能实现有效调剂,实现充分就业的区域制约因素较为突出。其五,发达国家和我国城市化发展程度不同。英国等国家的城市化是在工业革命以后推进的,有了工业化的坚实载体。我国并不是在工业化充分发展的基础上推进城市化,换言之,城市化缺乏工业化的有效载体。我国城市化发展出现了明显的非均衡性;城市化质量较低,历史上出现了"逆城市化",现在一些地区存在着"半城市化";城市化不如发达国家，大致相当于20世纪20年代的美国、60年代的日本和80年代的韩国城市化水平。由于城市化发展滞后限制了就业扩张效果，充分就业受到了城市化的制约。

改革以来所形成的产业结构对实现充分就业有直接影响。改革开放前，我国是一个农业国家，这可从农业在国民经济和就业结构中的比重得以证明，同时还能用城乡人口结构比和职业结构加以佐证。我国国民的主体居住在农村，就业主体在农业，工业就业份额低，服务业就业份额更低。虽然第一代领导集体竭力推行的国家工业化对产业结构有所改变，但对劳动就业结构却改变较小，这也是城乡分割二元就业制度存在的理由，也能从城市就业矛盾尖锐得以印证。"分割分治"的二元劳动力市场不仅无助于城市就业矛盾的消解，而且遏制了农业剩余劳动力的释放，两个市场的资源调剂被人为地隔断。在计划经济时代，我国没有实现充分就业。改革开放后，我国产业结构逐步走向高级化，表现为农业在国民经济中的比重逐渐下降，工业和服务业的比重稳步上升，特别是服务业发展较快。这带来了整个就业结构革命性变化。但工业内部产业结构不合理，高能耗、高污染产业较多，制造业结构偏重，同时还存在一个工业布局不合理问题，造成了经济发展难以持续和就业空间结构失衡。在产业结构调整过程中，高能耗、高污染产业和制造业产能过剩问题的解决，必将造成产业内部一些企业的退出和另一些企业的进入，这种产业兴衰与升级限制了充分就业的实现。我国经济回旋余地较大，虽然比较优势在下降，但还不至于像台湾地区那样出现了产业外移和"产业空心化"问题。在整个就业结构中，服务业的比重仍偏低，这将不利于就业扩大，也是实现充分就业的制约因素。

与任何其他国家不同，我国充分就业的实现，还要解决农业剩余劳动力的就业问题，是建立在农业劳动力非农就业的基础上。没有农民的充分就业，就没有中国的充分就业。这就涉及一个量与质的问题。就社会就业数量而言，政府需要竭力推动国民经济持续稳定增长，为大量农业剩余劳动力流动和非农就业提供载体。但是，我国经济增长对就业的贡献率不稳定，依靠经济增长不一定能化解失业矛盾，还需要在其他政策上挖掘潜力，如劳动力市场信息化建设与功能提升，适度人口数量控制等。就社会就业质量而论，要提高农业劳动力文化与技能，以增强他们对非农产业就业的适应性。农业劳动力能否顺利实现非农产业就业，关键在于劳动力自身的文化与技术，因为人力资本投资充分是获得就业岗位的必要前提。促进农业劳动力流动就业，需要政府对农民开展职业教育与培训。另一方面，要实行就业的产业多元化政策，即建立在更加充分的社会劳动分工基础上，在农村内部挖掘就业潜力，并非一定要转向城市就业。各级地方政府要在农民职业分化上开拓就业空间，实现农民职业多元化，即从农民转变成为现代产业工人、农业工人、农场主、非农产业的生产者、城乡个体经营者等。因为这可将农民就业从限定在农业甚至单纯种养殖业领域解脱出来，形成了包括农产品初级产品生产、加工和运输等各个环节的专业化生产经营格局，有利于对农业要素进行优化配置和产业组合，实现农产品的生产、加工、流通的专业化和规模经营，使农民成为多种类型的就业者。

（二）我国充分就业的政治经济意义

就业问题不但是一个经济问题，而且是一个社会问题和政治问题。如果一国失业率居高不下，在一人一票的政党政治国家，民众可以用选票赶走一个执政党政府；在非政党政治国家，多数民众失业又没有选票表达主张的机会，可能酝酿和埋藏着社会动乱的祸根。我国古代历次农民起义基本上都是由经济原因引起的，而农民战争的结果是王朝的覆灭与更替，这就不但是经济问题，而且是重大政治问题。民生好，社会安。从这个意义上讲，执政党政府对民生问题特别是就业问题的妥善解决，是代表民众利益和执政兴国能力的重要体现。

首先，就业权利是一项基本人权。劳动人权是与生俱来的人权，是实现人社会性和社会参与的重要前提。长期失业可能使失业者游离于社会之外，缺乏对社会信息的充分了解以及建立广泛社会联系。一个没有就业的人通常缺乏足够的自信，也缺少政治参与的信心、热情和动力。这个群体规模庞大必将延缓政治民主化进程。相反，如果社会实现了充分就业，绝大多数劳动者都能安居乐业，也将提高执政党政府的社会认同度，降低社会群体性事件和公共安全风险。因为劳动者有了就业岗位，担心丧失就业岗位，就会有所顾忌而不敢参与一些不法活动；劳动者有了好的就业岗位，心情更加愉悦，既能为社会做出贡献，又能发挥能力并证明自身的价值。就业是实现人全面发展的重要条件。只有每一个社会成员都得到全面发展，整个社会才能进步与稳定。

其次，充分就业为国民提供了可靠的经济保障。从宏观层面讲，充分就业为国家提供了更多的税收来源，改善一个政府的财政能力，并推动了社会进步。从微观层面看，充分就业可使绝大多数国民通过诚实劳动获得稳定的经济来源，从而改善劳动者和家属的生活，为民众参与其他社会活动提供有力的经济基础。民众加大教育和人力资本投资，为高素质劳动力的再生产提供物质保障。更高的国民教育水平不但有利于减少结构性失业，促进社会充分就业，而且能提高一个社会的政治参与度，加快政治民主化步伐。

第三节 失业与通货膨胀

一、通货膨胀的一般界说

通货膨胀（inflation），是价格水平上涨，货币购买力下降。物价上涨不是指一种或几种商品价格上涨，而是物价水平的普遍上涨，并且持续了一定时期。按价格水平上涨速度可分为三类：一是温和型通胀，物价水平较为稳定，通胀率在10%以内；二是急剧型通胀，物价水平持续走高，通胀率在20%、100%以上；三是恶性通胀，物价水平失去控制，价格水平以极高的速度上涨。[①] 现实经济中存在隐性通胀问题，它是指经济中有通胀压力，但由于政府实施了价格管制和配给制，使物价与市场供求关系脱离，过度需求未引起物价上涨，或物价上涨有限不足以反映过度需求。这

---

① 20世纪70和80年代，拉美国家如阿根廷和巴西，通胀率曾高达500%至700%。经济扭曲，货币严重贬值，民众囤积商品、购置房产等，资本逃往国外，通胀更加恶化，甚至出现社会动乱。

时，通胀不是以物价上涨，而是以商品短缺、供应紧张的形式表现出来，一旦解除价格管制并取消配给制，就会发生严重的通胀。

从财富再分配角度看，通胀降低依靠救济金、退休金、固定工资雇员的生活水平，使他们受损而雇主受益。因为工人实际工资降低，雇主仍按劳动合同向工人支付固定工资，会从中获得利益。另一方面，通胀对储蓄者不利，使他们的存款实际利率下降，还会在债权人和债务人之间进行收入再分配，牺牲了债权人利益。再就通胀的产出效应而论，温和的、由需求增加而产生的通胀对扩大产出和就业有积极作用，因为这时产品价格上涨先于工资和其他资源价格上涨，会扩大企业利润，刺激企业扩大生产并减少失业。随着通胀的发展，人们逐步认识到，由于物价上涨，其实际工资未涨甚至下降了，劳动积极性下降，不愿再提供更多的劳动，生产者也逐渐发现产品相对价格并未发生变化。由工资或资源价格上涨产生的通胀会降低企业利润，导致失业增加。

在全球化时代，要素在国际间流动空间和速度加大，从而使通胀和失业出现国际传播，即一国发生通胀和失业可能会对他国产生影响。其传播通过价格、需求、现金余额、资本流动等途径进行。价格途径是指直接的国际价格联系，在自由贸易的状态下，一切国际商品的价格，经过计算汇率，都有趋同倾向。一国需求过剩或不足可经国际贸易传播到他国，某国存在过度需求，则对输入商品的需求也增加，这会刺激他国出口的增加。任何一国货币量的增长超过了劳动生产率的增长，势必刺激该国对输入他国的商品需求，从而导致该国收支赤字，一国赤字就是他国的盈余。国际间收支差额的调节使一国的通胀率和失业率与世界通胀率和失业率相适应。一国的通胀率较高，国内货币供应量就多，信用膨胀，这时就会导致资本外流，使国际收支赤字增大。该国为了避免资本流出过多，将会紧缩信贷，减少货币流通量，使国内通胀率与国际通胀率一致，也就意味着本国通胀已向境外传播了；反之，世界通胀就传播到了本国。[①]

战后，主要资本主义国家普遍出现了高通胀率和高失业率，这成为各

---

① 参见吴琼编著：《西方经济学》，上海财经大学出版社 2005 年版，第 308 页。

国政府面临的一大难题,两者的关系也就成为西方经济学家关注的焦点。①凯恩斯的论述反映了资本主义大萧条时代的经济状况,菲利浦斯曲线反映了20世纪60年代前后的经济运行,而货币主义和理性预期学派论述,反映了20世纪70年代以后的情况。凯恩斯主义、货币主义与理性预期学派,围绕菲利浦斯曲线的争论,表明了他们对宏观经济政策的不同态度。凯恩斯主义认为,无论在短期与长期中,失业率与通胀率都有关系,从而认为宏观经济政策都是有效的。货币主义认为,短期中失业率与通胀率存在某种交替关系,而长期中不存在这种关系,从而认为政府宏观经济政策只在短期中有效,而从长期看是无效的。理性预期学派认为,失业率与通胀率根本没有交替关系,因此宏观经济政策是无效的。

二、凯恩斯主义论失业与通胀

(一)凯恩斯论失业与通胀

有效需求不足引起经济衰退和失业,需求过度则产生通胀,这两种现象是不可能同时出现的,因而失业与通胀不会并存,两者是一种非此即彼的关系。② 在未实现充分就业前,即劳动力资源闲置时,有效需求的扩大只会增加产量和就业量,总需求的增加只会使国民收入增加,而不会引起物价上升,一般不会发生通胀。只有在充分就业实现即劳动力资源得到充分利用后,总需求增加无法使国民收入增加,而只会引起价格上升,出现了通胀。这种对失业与通胀关系的论述适合经济大萧条时期,但不符合战后一些国家的实际情况。

菲利浦斯(Alban William Housego Philips)做出了深入论证。失业减少,货币工资增长就快;失业增加,货币工资增长就慢。因为失业率低意味着劳动力的短缺和较高的总需求水平,于是雇主竞相雇用劳动力,引起工资较快增长。反之,失业率高意味着劳动力的过剩和较低的总需求水平,工资增长将放慢。后来,经济学家提出了失业与通胀交替关系的理

---

① 参见武京闻:《西方经济学家论通货膨胀与失业的关系》,载《教学与研究》1996第2期。

② 参见杨培雷主编:《当代西方经济学流派》,上海财经大学出版社2003年版,第122页。

论,即失业率低时,通胀率就高;失业率高时,通胀率就低。

菲利浦斯曲线表明:一是工资成本推动了通胀;二是承认通胀与失业的交替关系,否定了凯恩斯的失业与通胀不会并存的观点;三是可以将自然失业率定义为通胀率为零时的失业率;四是政府要实现较低的失业目标,就必须以较高的通胀为代价;要实现较低的通胀,就必须以较高的失业率为代价。当失业率超过临界点时,政府应实施扩张性需求政策;当通胀率超过临界点时,政府应采取紧缩性需求政策。通过宏观调控,使通胀率和失业率都在安全区内。① 这符合20世纪60年代西方国家的实际。20世纪70年代末期,由于滞涨的出现,经济学家开始对失业与通胀的关系进行了新的阐释。

如果经济中同时出现了失业与通胀,根据两者的交替关系,政府可采取新的需求管理办法,既不要求同时消除失业率和通胀率,又不要求达到零失业率条件下的通胀率,或零通胀率条件下的失业率,而准备将失业率和通胀率两者都控制在"社会可接受的"范围内,使两者都不威胁经济和社会稳定。假设4%以下的失业率和4%以下的通胀率可以接受,那么4%的失业率和通胀率可以并存。于是,政府需求管理可将超过4%的失业率和通胀率作为干预对象,希望通过干预使两者达到合理水平。②

(二) 新古典综合派论失业与通胀

新古典综合派认为,滞涨的原因有三:其一,是由于微观经济部门的供给出现了异常变动。20世纪70年代,世界石油、农产品等原料供给短缺、价格猛涨、提高了生产成本,推动了通胀。这不仅无助于刺激需求扩大,反而使成本上升,产品价格提高,产品销路锐减,最终导致生产紧缩,失业增加,从而造成了通胀与失业并存,形成滞胀局面。例如,石油价格上涨导致汽车消费成本过高,销售量下降,生产压缩;农产品和某些工业原料价格上涨,通过国际贸易传导,引起各国相关产品价格普遍上涨。其二,是由于政府增加福利支出的微观效应。政府福利支出在财政支

---

① 参见胡学勤、李肖夫:《劳动经济学》,中国经济出版社2001年版,第310—311页。
② 参见马培生等:《劳动经济理论研究》,经济科学出版社2011年版,第30页。

出中占有相当大的比重，但它不同于公共工程支出，扩大公共工程支出，能扩大需求，增加就业。而扩大福利支出虽然也能扩大需求，对消费有所刺激，但不能促进就业的增加，特别是像失业津贴之类的支付增加，直接弥补了穷人的收入，使得失业者不急于求职，这即使物价不会下降，又不能减少失业，从而出现滞涨局面。其三，是由于工资和劳动力市场结构造成的。他在《通货膨胀与失业》中提出了劳动力市场的均衡和非均衡观点。劳动力市场不是完全竞争的市场，存在着垄断资本和工会两股力量。大公司控制着商品价格，工会控制着劳动力价格，造成物价易涨不易降、工资易涨不易降；同时，劳动力市场有工种、技术熟练程度的不同和劳动力流动的地区限制，容易造成失业和职位空缺并存的结构性失业，出现了失业与通货膨胀的并发症。[①]

希克斯从劳动力市场部门结构的角度分析了失业问题，并提出了"公平理论"（euity theory）。在不同部门的相互交往中，劳动者相互攀比，追求收入公平性。由于工会通常是按行业组织的，工会对工资标准或工资增长率总要相互看齐，某一个行业的工资提高了，其他行业的工会就认为本行业的工资也要按同等的幅度提高，于是他们要求增加工资，以求取得公平待遇。希克斯认为，劳动力市场存在"工资黏性"，即失业存在时工资不一定下降，劳动力缺乏时工资也不一定提高。[②] 由于经济各部门发展的不平衡性使有些行业扩张、有些行业停滞，而工人对公平的行动，推动了工资的普遍上涨，从而促进了通胀，又导致了失业增加。

该学派的政策建议有：一是将福利支出与技术教育、劳动力职业培训相结合。重视对劳动力开展再培训，包括对失业者的培训和在职人员的培训，使福利成为帮助失业者提高技能，使非熟练劳动力能适应劳动力需求，及时掌握新技术。二是实行工资和物价管制政策，抑制工资和物价过

---

① 参见赵红梅、李景霞：《现代西方经济学主要流派》，中国财政经济出版社2002年版，第40页。

② 参见刘家强主编：《缓解西部地区城乡就业矛盾对策研究》，西南财经大学出版社2007年版，第12页。

快增长。政府颁布法令，管制工资和物价，限制工资和物价上涨，必要时实行冻结政策。① 或者制定工资和物价指导线，即根据长期劳动生产率状态，由政府制定工资和物价上涨的增长标准，将两者的增长率限制在劳动生产率平均增长幅度内。或者执行税收调控政策，以增税处罚那些不守规定的企业，以减税奖赏那些遵守规定的企业。三是执行劳动力市场政策，解决失业与空缺职位并存问题，从而增加就业机会。发展职业介绍事业，提供劳动力市场信息，帮助企业和失业者及时了解准确的信息，使企业与工人匹配。政府要消除劳动力市场的流动障碍，增加劳动力的流动性，帮助劳动力和企业进行地区迁移等。四是通过各部门平衡发展来解决失业。对发展中国家来说，应选择适中的技术以消除失业。

（三）新剑桥学派论失业与通胀

20世纪60年代前后，在英国剑桥大学形成了新剑桥学派（Neochambridge School），它是凯恩斯主义的重要分支学派。代表人物有罗宾逊（Joan Robinson）、卡尔多（Nichola Kaldor）、斯拉法（Piero Sraffa）等人。卡尔多认为，世界经济可分为三个部门，即第一级是为工业提供供应如食物、燃料和原料的部门，称之为初级部门；第二级是指将原料加工为成品以供投资和消费之用的部门；第三级是指提供辅助其他部门的服务性部门。现代通胀是"成本推动的通胀"，它会抑制经济活动，造成产出下降和失业增加，物价上涨，其根源在于产业增长过程中初级产品部门和制造业部门间的比例失调，这是由于市场的不完全性造成的。持续和稳定的经济增长要求这两个部门的产量协调增长，然而只有价格机制才能调节其协调增长。由于两个产品市场的性质不同，影响了价格机制的调节，必然出现通胀和经济衰退并存的滞胀。如果市场是完全的或不存在垄断，产品价格完全由市场供求关系决定，那么市场机制可以自动调节并使经济稳定

---

① 事实上，冻结政策有较高风险。冻结工资，会引起工会的反对，甚至导致社会动荡，因此任何政府都不敢贸然冻结工资；冻结物价，会遭到企业反对，在成本难以下降的情况下冻结物价还会导致供给减少，甚至形成黑市，从而使物价上涨更猛。

发展。①

在初级产品市场，价格是由市场决定的，价格变动是调节未来生产和消费的信号。而在制成品市场，大部分产品的生产集中在一些大公司和集团，他们有力量可以操纵价格，因而其产品的价格就不是由市场决定的，而是由生产者确定的，是由成本和垄断利润来决定。这必然出现两个部门增长比例失调，初级产品价格下降和资本家的利润减少，这就抑制了对初级产品生产的投资并导致供给减少，生产萎缩甚至出现危机。初级产品供给减少会使其价格上涨，制造业成本提高，价格也会上涨，从而导致通胀。由于对通胀的预期，工会就要求增加工资，公司会提高产品价格，造成工资和物价螺旋上升，这种通胀使企业减少对劳动力的需求，又降低了工人的实际工资，工人为了保证收入不下降，就必须增加劳动力供给，从而出现了失业与通胀并存的滞涨。② 菲利普斯曲线彻底破产，物价与失业齐涨。

三、新自由主义论失业与通胀

（一）供给学派论失业与通胀

供给学派从供给的角度给出通胀的定义：由于需求和供给的分离，人们越来越相信一个人的购买力可以长期超过其供给力，相信一个人可以不劳而获并不断地从别人那里有所取而不必有所给。③ 税收会直接引起通胀，甚至在赋税影响劳动生产率前，赋税就有提高成本而引起通胀的趋势。税收导致产品成本增加，使企业的利润相对下降，只有较低利润的企业退出市场，边际供给增加需要更高的社会成本。在产量不变时，相对于社会总需求，现有供给商品的价格上升。高税率对生产不利，税收在减少商品供给时，不能限制货币的增长，形成过多的货币追逐过少的商品。

供给学派认为，以紧缩性政策反通胀会产生不利的供给效应，结果反而引起价格水平上涨。因为凯恩斯的控制需求的反通胀措施是提高税率和

---

① 参见杨培雷主编：《当代西方经济学流派》，上海财经大学出版社2003年版，第139页。
② 参见王雪梅、谢实编著：《西方经济学简史》，云南人民出版社2005年版，第157页。
③ 参见杨培雷主编：《当代西方经济学流派》，上海财经大学出版社2003年版，第237页。

减少货币供给。提高税率会减少劳动供给和资本形成，减少货币供给会提高利率，两者都会减少投资并增加失业。减低税率能增加劳动供给和投资，适当增加货币供给能降低利率，刺激投资增加并减少失业。当代经济存在的主要问题是通胀和失业，而美国失业问题是由于持续通胀造成的。当代经济的另一个问题是商品竞争能力较差，原因在于储蓄率下降和技术变革速度缓慢，两者的根源是政府高税率使投资者缺乏积极性，工作效率下降。

（二）货币学派论失业与通胀

物价是货币需求和货币供给相互作用的结果。当货币供给量快于产量增长时，就会出现通胀。米尔顿·弗里德曼提出了货币超速增长的原因：一是政府开支迅速增加导致货币供给量的增加；二是为了实现充分就业的目标，政府经常发行公债以增加政府开支；三是政府执行了错误的货币政策，它不是控制货币发行总量，而是控制它无法控制的利率，造成货币量和利率都大幅波动，从而加剧了通胀。

1968年，弗里德曼对菲利浦斯曲线提出了质疑，并对两者的关系进行了新的解释。失业与通胀交替理论是错误的，它不符合长期经济变动的规律。用提高通胀来降低失业率，或者用高失业率来降低通胀的长期政策是无效的，主张通过市场调节来增加就业，反对政府干预。因为菲利浦斯曲线根本的错误在于，它将名义工资和实际工资混淆，在于断定劳动供给量依赖名义工资率的变化而变化。实际上，劳动供给量是随着实际工资率的变化而变化，而不是随着货币工资而变动的。工人愿意向市场提供多少劳动，不是看他能得到多少货币工资，而是看他得到的工资能买到多少商品。菲利浦斯曲线将失业率与货币工资增长率相联系，同时又把货币工资增长率换成通胀率，使两者存在负相关的论断是不正确的。长期关系应是工资率与失业率之间的关系，而不是工资率的变化与失业率之间的关系。弗里德曼还以西方七国为例，阐述了在不同时期，通胀与失业的关系不同，有时两者只存在短期交替关系，两者不存在长期交替关系。

（三）哈耶克论失业与通胀

20世纪60至70年代，哈耶克建立了极端自由主义的失业与通胀理论。政府对货币发行权的垄断是经济不稳定的源头，失业与通胀都是由此引起的。资源有效配置和经济稳定有赖于市场机制的作用，其前提就是通货稳定。只有这样，价格才能准确反映市场的供求，引导资源合理配置。要保持通货稳定必须要有健全的货币制度。当政府垄断货币发行权并强调纸币流通时，就能大幅利用财政和货币手段干预经济，导致通胀，使价格不能正确反映市场信息，私人投资积极性下降，经济下滑并出现失业。而失业增加迫使政府刺激经济，形成了通胀和失业的恶性循环，最终发生滞涨。可见，失业与通胀都是源于政府垄断货币发行权。两者完全可以同时并存，那种认为失业与通胀可以彼此交替的观点是错误的。政府凭借独占的货币发行权，滥发货币造成了失业与通胀。依靠通胀来缓解失业，或者用增加失业来克服通胀都是徒劳无益的。

哈耶克提出了废除国家货币制度，用私人银行发行的竞争性货币。一方面，废除国家货币发行垄断权，国家不可能再利用这一权力来任意扩大财政赤字，这就从根本上消除了产生失业与通胀的根源；另一方面，实行了自由的市场经济，允许私人银行发行货币，它们就要承担过度发行货币的严重后果，肯定会谨慎限制货币的发行量，维持通货的价值，力争取得社会公众的信任。通胀消失了，经济运行正常，失业也将消失。必须注意的是，哈耶克将通胀、失业归因于国家垄断货币发行权，认为只要将货币非国有化，就可以保持适当数量的货币，从而不再发生通胀与失业，这是空想。货币从私人发行转为国家发行是历史的进步，并且央行掌握货币发行权是干预经济的一个杠杆。

四、理性预期派论失业与通胀

理性预期，是指人们对未来经济变量的变动做出合乎理性和正确的预期。经济主体是最有理性的，在做出预期时可以得到有关信息，在预期时不会犯错误，即某一经济变量的未来预期与未来实际值是一致的。一个符合理性的人，为了获得其利益，必须会用最有效的方式充分利用一切可以得到的信息，这些信息包括过去经济变动的信息，进入市场后的现在的信息，基层、市场的和上层决策部门的信息。根据这一理论，单个经济主体对未来经济状况的预期,是他们进行现期选择的决定因素。一方面,企业现期雇用工人数量的决定取决于下一时期市场对产品的需求状况的预期,这样雇用劳动力的数量就有了依据;另一方面,工会与企业进行工资谈判时,工资率的确定又会受到预期通胀率的影响,而预期通胀率与未来发生的通胀率总是一致的。因此,失业率与通胀率没有交替关系,两者并存是常态。

失业是由劳动力市场的供求关系、生产技术等因素决定的,与总需求的变动没有必然联系。劳动力市场主要不是靠价格来调节市场,而是靠就业人数或每人提供的劳动数量来调节市场。由于工会和工人通过理性预期要求保证一定的实际工资率而不是名义工资率,致使工资存在着刚性而不能发挥调节市场的功能。而工人只有在符合其预期收入的条件下才愿意提供一定数量的劳动,这样通过劳动力供给的变动来调节市场。因此,政府干预是无效的,反对政府通过财政扩张和货币政策来提高产量和就业量,反对将充分就业作为政策目标。①

理性预期学派认为,菲利浦斯曲线失灵是因为没有考虑人们的预期。人们对价格的预期不能及时调整,通胀可以换来失业率的下降;如果人们调整了对价格的预期,就业就会回到长期就业水平,高通胀刺激就业增长的作用自然丧失。20世纪60年代,美国政府利用通胀与失业的替代关系解决失业取得了成效,但到了70年代失业率回到了自然失业率,出现了高通胀与高失业并存的局面。在产品市场,虽然某个厂商知道自己商品的现时价格,但是了解其他市场的一般物价水平却需要一段时间。当某个厂商感到其他产品的当前市场价格上涨时,他必须判定价格变动反映的是对他的产品需求的实际变化,还是仅为遍及一切市场的需求的名义增加。前者可能需要厂商有理性地增加产量,后者不需要有任何行动。②

---

① 参见李仲生:《人口经济学》,清华大学出版社2006年版,第118页。
② 参见王雪梅、谢实编著:《西方经济学简史》,云南人民出版社2005年版,第217页。

第四节 失业与公平效率

一、失业与公平的关系

（一）公平的几种不同界说

公平是用同一尺度去衡量不同的人或事物。没有绝对的公平，只有辩证的公平，因为任何公平，从另一方面看，同时又是不公平的。公平具有历史性，没有抽象的公平，只有在不同的历史条件下的公平。随着社会的发展，公平的尺度将随之改变，取代旧尺度的新的公平尺度，将更能促进生产力发展和社会进步。因此，公平不等于平均主义，将两者等同起来，就否定了公平的历史性和辩证性，把公平观念限制在一个狭隘的视野内。①

我国学界对公平的理解并不一致。第一种观点是，公平是收入均等化，要求将民众的收入拉平到一个水平，从而形成平等。然而，这种收入上的强制性平等，是以另一种不平等为代价的，那就是生产要素投入多和投入少的人收入维持在同一个水平上，从而挫伤人们增加投入的积极性。十七大报告发展了社会主义市场经济条件下的收入分配思想：一是提出要"创造条件让更多群众拥有财产性收入"。国家既承认了居民财产来源的广泛性，又将继续完善市场体系，使更多群众拥有财产性收入，从而提高居民的收入规模。二是国家更加注重分配的公平性。"初次分配注重效率"意味着在初次分配中应发挥劳动、资本、技术等生产要素的作用，从而创造更多的社会财富。由于我国初次分配中过分强调效率，导致初次分配中收入差距过大，进而影响社会公平。"初次分配和再次分配都要处理好效率与公平的关系"表明在初次分配中不再只注重效率，同时也要兼顾公平。"再分配更加注重公平"则意味着分配公平在初次分配和再分配的强调程度上有所不同。初次分配应注重公平，但再分配中应更加注重公平，要"扩大转移支付，强化税收调节，打破经营垄断，创造机会公平，整顿

---

① 参见姚先国：《平等、效率和社会公正》，载《浙江大学学报》1990 年第 1 期。

分配秩序，逐步扭转收入分配差距扩大趋势"。① 可见，收入均等化是复杂的问题。第二种观点是，公平等于按劳分配。它忽视了按劳分配具有质的同一性和量的差异性，即不可能在全社会内实现等量劳动领取等量报酬，因而不是全社会范围内的公平。我国现阶段不可能实行单一的按劳分配制度，还存在着按其他生产要素分配的多样化分配形式。如果只承认按劳分配，就会抑制其他生产要素的作用，不利于经济发展。第三种观点是，公平就是机会均等。各行各业的机会应在平等的条件下对所有人开放，通过公开或隐蔽的力量对此加以限制都是不允许的。如果不重视机会均等，单纯谈论收入平等，并企图以牺牲效率来换取公平，不仅效率会遭到损失，而且可能会造成新的更大的社会不公平。当然，机会均等是相对的，社会只能为其成员发展创造一个较为公平的外部环境，不可能消除个体条件差异而引起的机会不均等。

如果按照公平的层次划分，第一种将公平界定为经济公平和社会公平。经济公平强调的是要素投入和收入对等，实行等价交换原则。民众为满足其经济利益而竞争的外部条件相同；按照人们投入要素的数量和质量进行收入分配。社会公平所强调的是将人们收入差别调节到合理范围，实现社会共同富裕。其内涵是人们的社会地位平等，享有同等生存和发展的权利；权利和义务基本对称；收入差距合理而不悬殊；收入分配保证每个成员最基本的生活需求得到满足。社会公平比经济公平的层次高。第二种将公平分为生存、社会定位、权责对称三个层次。生存公平是每个人应得到平等的生存权，社会定位是每个社会成员都应得到其在社会上的一定位置，权责对称是每个成员拥有一定的权利，并承担一定社会责任。有人要将公平放在首位，因为平等是天赋人权。主要理由有：一是市场竞争中各人拥有的资源不同，这些差别并非由个人努力所造成；二是人生活的环境、经历和教育程度不同，这些差别不一定反映个人勤奋程度；三是由于垄断因素和非经济因素存在，市场本身并不公平。有学者主张将效率放在

---

① 胡锦涛：《高举中国特色社会主义伟大旗帜，为夺取全面建设小康社会新胜利而奋斗——在中国共产党第十七次全国代表大会上的报告》，人民出版社2007年版，第39页。

首位。高效率与市场竞争紧密联系，高效率本身就意味着公平，因为效率来自于个人的努力程度，而按个人的努力程度来支付报酬是最公平的。

(二) 公平与失业的关系

失业与社会公平关系密切，社会公平的丧失会造成失业。这主要体现在以下两大方面：

第一，就业机会不公平直接导致失业。劳动力市场上存在着内部人控制现象。因为企业要雇用外部失业劳动力来代替已就业的内部人，会产生多种成本。当劳动力需求减少时，内部人不愿降低工资，外部人失业；当劳动力需求增加时，内部人的工资增加，外部人就业仍不会大量增加。

第二，收入分配不公平可能造成失业。这是指分配平均主义和收入分配差距过大。前者在短缺经济条件下既可能加重产品短缺，又可能会使失业情形恶化。因为平均主义分配使人们的消费倾向较高而储蓄和投资倾向较低，从而形成了长期的产品持续短缺和就业困难。在过剩经济条件下，收入分配差距或贫富差距过大，会造成购买力分布结构的不均衡，使社会总购买力的实现程度不高，不能形成有效消费拉力，在某种程度上讲，消费不足是收入分配问题。① 消费差距对国民经济增长的拉动产生不同影响，表现为中低收入群体的平均消费倾向和边际消费倾向比高收入群体要高，加之中低收入群体人数众多，所形成的有效消费拉力能推动经济持续增长。中低收入群体更加倾向于消费，购买力的实现程度较高，但购买力不足；高收入群体消费满足程度较高，购买力更加强大，但他们不需要更多消费。购买力的配置结构制约着总购买力的实现程度，而总购买力的实现程度影响到对经济增长的拉动。② 这种传导作用可能会造成有效需求不足的失业。

二、失业与效率的关系

效率是投入和产出的比率关系，这里的效率主要是指经济效率。失业

---

① 参见王晓鲁：《经济复苏要首先解决需求不足》，载《社会科学报》2009年7月16日。
② 参见林擎国、郑敏：《合理调控收入差距增强有效消费拉力》，载《统计研究》1999年第12期。

与经效率的关系是密切的。具体表现在以下几个方面：

第一，提高经济效率与减少失业存在着矛盾。因为要提高经济效率，就必须要依靠科技进步、加强劳动组织和管理、精简机构、裁减冗员，这就要缩减就业规模，造成失业人数上升。在计划经济时代，我国企业的工资总额是由国家包揽的，企业无需为利润而担忧。在不追求经济效率的情况下，企业雇用多余的劳动力是不违背常理的。[1] 就业扩大，工人闲暇就充裕了，工作量自然减少了。政府是通过计划手段，迫使国有企业多吸收劳动力就业。社会就业容量一再扩充，企业经营绩效却连年下滑。这种以牺牲经济效率换取就业岗位、以所谓充分就业换取政局稳定的行为，使国有企业存在着大量隐性失业或在职失业。[2] 在走向市场经济的过程中，微观经济组织必然要追求经济效益。为了实现利润最大化目标，生产经营者和资本投资者不断解雇劳动力，力求实现"减员增效"。国有大中型企业分流安置富余人员，下岗职工规模较大，缩小了就业容量。20世纪90年代中期，我国在追求国有企业经济效率的同时迎来了第三次失业高峰。国有企业、集体企业等传统正规部门丧失的就业岗位大于新兴行业及私营经济所创造的就业岗位，失业较为严重。

第二，提高经济效率与失业的静态和动态分析。就业岗位数量与总产出量成正比，产出数量越大，就业岗位数量越多；而就业岗位数量与劳动生产率成反比，劳动生产率越高，在产出量恒定时，就业岗位数量就会越少。从动态角度看，经济增长、扩大就业和劳动生产率之间有两种循环：一是良性循环，即安排适当数量的就业，劳动生产率增长较快，产出量较好。产出量大意味着政府、企业和居民的收入增长较快，其需求能力和需求结构同时向好，经济增长扩张了就业容量。二是恶性循环，即片面考虑就业，以牺牲经济效率扩大就业容量，造成产出量增长较慢。由于经济增长率和劳动生产率不高，政府、企业和居民的收入增长较慢，这就引起了

---

[1] 参见袁志刚：《失业经济学》，上海人民出版社1997年版，第8页。
[2] 参见戴家干：《社会主义初级阶段的我国劳动力资源分析》，载《北京师范大学学报（社会科学版）》1998年第1期。

投资和需求不足，形成了剩余劳动力。为了解决经济效益低下和劳动生产率过低的问题，就必须减少剩余劳动力，从而造成失业。

三、失业与两者的抉择

效率与公平问题时常难以兼顾。如何妥善处理失业与经济效率、社会公平的关系，成为困扰各国经济学家的难题，也是政府长期孜孜以求的社会政策目标，却未必能得到妥善解决。哈耶克、弗里德曼等强调效率优先于公平；罗尔斯、勒纳、罗宾逊夫人等反对片面强调效率优先，主张将公平作为优先目标，认为分配不公有损效率，导致两极分化；萨缪尔森、凯恩斯、奥肯等主张兼顾效率与公平，认为没有政府干预，市场经济自发形成的收入分配可能不公平。哈耶克等的效率优先于公平的观点，没有受到西方学界和政府的认同。我国不能将效率优先于公平的主张作为分配指导原则。[①] 事实上，处理三者关系时，要联系一国经济发展阶段才有意义。在经济发展的初始阶段，一国为了扩大就业或减少失业，可能会选择以经济效率优先兼顾社会公平的发展政策；当经济发展到一定的阶段时，如从短缺经济转向过剩经济，政府为了扩大就业或减少失业，可能会同时兼顾经济效率与社会公平；当经济进入发达阶段时，可能会选择社会公平优先兼顾经济效率的发展政策。可见，脱离经济发展阶段，谈论效率与公平可能会缺乏现实价值。

在计划经济时代，政府选择了"统包统配"的就业政策，当时这一政策对保证劳动者就业权利、实现社会公平产生了积极作用，但这种就业政策在确保社会公平的同时却牺牲了经济效率，直接造成了国有企业隐性失业的长期沉积。这种以牺牲效率换取公平的政策，也使得社会公平难以为继，因为整个社会缺乏保障社会公平的物质基础，这种社会公平是在生产力低下条件的低水平公平。如果一个社会不追求经济效率，那么社会财富的创造能力就会下降，政府税收稳定性被动摇，微观经济组织也不能进行扩大再生产。如果一个社会的再生产规模不能扩大，就业岗位的创造与再

---

① 参见卫兴华、胡若痴：《近年来关于效率与公平关系的不同解读和观点评析》，载《教学与研究》2013年第7期。

生能力必然受到抑制，就不可能为劳动者提供更多的就业机会，使他们处于失业状态，不得不忍受由此带来的贫困，这又制造了新的社会不公平。劳动者贫困不仅是一个社会不公平问题，而且削弱了潜在劳动力再生产质量，可能会使未来社会出现一批低素质劳动力，这又会降低经济效率。这就使一个国家或地区陷入了恶性循环的怪圈中。抛弃这种不要效率的就业政策是历史必然。

市场经济条件下，追求经济效率与效益成为微观经济组织的第一要务。企业适应市场就生存，不能适应市场则被淘汰，这也是一种合理逻辑。社会竞争日益激烈，特别是劳动力的就业竞争更加如此，因为劳动力市场长期供过于求。与计划经济不同，政府只能从宏观上制定市场规则，不能直接干预经济实体的用工行为，而经济实体为了追求经济效益必然会根据市场竞争的需要拒绝冗员，使那些边际生产率低的劳动者失业。从表面上看，似乎这个社会只追求经济效率而不要社会公平，其实则不然。整个社会经济效率的提高，使社会财富创造能力增强。实体经济效益的上升，既提供了更多的就业岗位，又保障了政府税收收入和社保基金来源，使政府有足够的财力改善社保和福利，以保障失业者的生活，从而在较高生产力水平下实现更高水平的社会公平。事实反复证明，缺乏效率的公平将难以为继，有了效率的公平才能持久。

政府如何在这两者之间寻求平衡，使经济增长与社会发展达到协调状态。社会政策不能过于偏执。在重视社会公平时，不能以牺牲经济效率为代价，必须保持经济增长速度，为社会公平的实现提供财力保障。如果影响了经济增长速度的社会公平，公平也将受到损害。在强调经济效率时，也不能以牺牲社会公平为代价，必须防止民众收入两极分化。社会公平的实现为经济增长提供社会环境，其本身也是经济发展的内涵。而破坏社会公平、影响社会稳定的经济增长，必然会对经济效率产生负面作用。[①] 如果蛋糕不做大，大家没有东西吃；现在蛋糕做大了，那就是给谁吃和如何吃的问题了。在激烈的市场竞争中，必然有一部分劳动者因自身原因和产

---

① 参见罗健、夏东民：《论效率与公平的有机统一》，载《理论视野》2012年第11期。

业结构等一些变量因素而成为失业者,其生存条件可能会受到威胁。为了防止社会竞争中出现"丛林法则",一些先发国家进行了社保制度设计和安排,以确保社会公平。欧洲一些国家将社保作为公民的一项权利,实行了较高待遇。由于失业救济金高,失业保障时间长,许多失业劳动者宁愿领取政府失业救济金而不愿再就业,是政府失业保障制度供养的懒汉,从而削弱了社会进步的动力,也损害了社会公平。而美国仍有一部分人未进入社保体系,从而引起国内学者对社保与就业关系的深入研究。如果我国能考虑经济发展水平,合理设计收入再分配政策,并根据经济发展水平对其进行适度调节,就可以实现效率与公平兼顾的政策目标。如果再分配政策设计与经济发展水平不相适应,那么旨在改善收入分配不平等的再分配政策就会阻碍经济增长。①

---

① 参见耿林、叶敏:《收入再分配政策能否兼顾效率与公平的经济学分析》,载《浙江社会科学》2012年第3期。

第六章 我国失业理论研究

改革开放后，我国经济转型加快，失业逐步显现，学界开始对此展开研究，并取得了丰硕成果。有些研究缺乏解释力，没有形成系统的理论和有影响力的学派。二十多年来，这种研究集中在以下六个方面：一是研究失业规模和失业率，涉及城乡显性和隐性失业，学界得出了与官方不同的失业率；二是研究失业统计制度与方法，探讨失业统计存在的问题以及解决对策；三是从多角度研究失业原因，出现了多种观点，诸如总量与结构失业、周期与转型失业、分工与技术失业、市场功能失调、人力投资与运用不当、行业垄断与制度缺失、有效需求不足，以及失业者自身原因等；四是研究失业与通胀的关系，两者没有交替关系；五是研究失业特征与治理，失业有高增长与高失业并存、结构与转型失业并存、隐性失业与隐性就业并存等特征，并提出了从战略层次、宏观层次和微观层次缓解失业的政策建议；六是研究大学生失业的规模和原因，提出了供求失衡、市场分割、教育弊端、素质失衡、社会资本等多种观点，认为大学生失业浪费了社会资源、削弱了民众教育信心、造成了新的社会不公平、埋下了公共安全隐患，并提出了解决大学生失业的对策。

第一节 对失业与失业率的研究

一、失业规模与失业率的研究

由于失业统计口径和方法不同，造成了失业率相差悬殊。境外机构与境内机构的数据不一致，而且反差较大；我国官方与民间得出的数据不同；不同民间机构和学者对失业率的解读结果相去甚远。我国失业率究竟是多少，一直没有统一的数据。由于不同研究者统计口径与数据采集方法等不同，使失业率数据的国际可比性受到了限制。不同研究者对失业率研究的时间点不同，国内机构与研究者的数据可比性存在着局限性，也只能将当年学者研究数据与官方统计数据互相参照，从而使读者了解大致的失业率数据，没有可能给出精准的失业率。因为我国失业问题复杂，各种失业矛盾相互交织，就业失业本身瞬息万变地转换，任何一级政府、机构或个人都难以将此精准地呈现给世人。当然，这并非不可知论，而是一种客观解析。正是由于这种客观存在，使笔者梳理有关文献较为困难，因为以同一口径集中研究某一时点的文献实在微乎其微，多数研究成果是以不同口径分散研究各个时点的失业问题。失业率又是研究就业失业首当其冲的问题，如果连这个问题都不予涉及或含糊其辞，其他问题就会更加令人生疑。尽管如此，这并不影响各界对失业的宏观把握，更不会影响学界对失业深层缘由的探讨，以及提出治理失业的政策建议。

长期以来，境外机构、我国官方机构和学界都关注和研究我国的失业率问题。这些研究主体采用的口径和方法不同，得出失业率数据差别较大。首先，境外机构对失业率研究。联合国开发计划署对我国1995至2000年城镇失业率的估计值介于4.0%至9.37%之间。其次，我国官方对失业率的数据发布。国家统计局公布的2012年末城镇登记失业率为4.1%。[①] 再次，学者对失业率的独立研究。胡鞍钢认为，失业人口为1.55亿，失业率为20.1%；[②] 冯兰瑞认为，失业人口1.53亿，失业率为21.40%；[③] 周天勇认为，失业人口在1.53亿，失业率为21.40%或更高。[④]

---

① 参见国家统计局编：《中国统计年鉴——2013》，中国统计出版社2013年版，第121页。
② 参见胡鞍钢：《跨入新世纪的最大挑战：中国进入高失业阶段》，载《中国人口科学》1999年第6期。
③ 参见冯兰瑞：《中国第三次失业高峰的情况及对策》，载《社会学研究》1996年第5期。
④ 参见周天勇：《究竟怎样才能扩大就业》，载《财经科学》2002年第3期。

2007年前的30年，我国整体失业率为6%至10%。① 对学者的研究成果只能相互参照。由于对失业的理解不同，失业率估计出现较大差异。官方登记失业率只将那些没有工作并到劳动部门登记的人员作为失业者，更高的失业率估计已将近年来下岗工人作为失业者，而高达20%的失业率已将大量农业剩余劳动力视为失业者。②

二、关于城乡隐性失业的研究

改革开放以来，学界对对城乡隐性失业的研究成果数量相对较少。牛仁亮的《劳力：冗员失业与企业效率》（中国财经出版社1993年版）、袁志刚、陆铭的《隐性失业论》（立信会计出版社1998年版）、孙立的《转型中国隐性失业分析与治理》（中国经济出版社2005年版）都是重要的研究成果。其他一些学者在城乡隐性失业研究领域也取得了成就。

隐性失业率高低与诸多因素有关，公开失业水平越高，隐性失业率就会下降；政府重大政策实施对隐性失业率的影响颇为复杂；经济增长使隐性失业率下降；产业结构优化和升级有助于降低隐性失业率；要素配置市场化越高，隐性失业率就越低；政府行政干预经济活动越强，隐性失业率越高；科技进步将降低隐性失业率。③

（一）对城镇隐性失业的研究

我国国有企业劳动者约一亿人，隐性失业率达到20%左右，大约有两千多万劳动者处于隐性失业状态。城镇隐性失业的结构性因素表明，失业者主要来自国有企业，一些国家机关、事业单位和受市场调节企业的职工；失业地区主要分布在老工业基地；失业行业集中在一些改制行业，如纺织业、制造业、煤炭、森工、仪表、机电等部门；隐性失业显性化速度

---

① 参见周晓津：《1978—2007年中国隐性失业、劳动力流动与整体失业率估计》，载《西部论坛》2011年第1期。

② 参见张车伟：《失业率定义的国际比较及中国城镇失业率》，载《世界经济》2003年第5期。

③ 参见柏培文：《1978—2008年中国隐性失业人口估算及影响因素分析》，载《中国经济史研究》2011年第4期。

较慢、规律性较差；其人员文化、技术水平等素质普遍较低。① 受教育程度低的就业者隐性失业更为严重，特别是未受过教育的就业者大部分人处于隐性失业状态。他们没有任何技术，劳动生产率低，主要集中在农业部门和少数劳动密集型工业企业。②

新旧体制转换产生隐性失业和就业不足，是我国劳动力从隐性失业转向公开失业或市场化就业的过渡就业状态。③ 城镇隐性失业有体制型、结构型和管理型三种原因。在计划经济体制下，超需求安置形成了国有企业冗员，市场化就业使之显性化剥离。因为政府出于社会稳定考虑，不得不以牺牲效率来维持高就业，企业为政府承担部分责任，不得不将再就业困难的职工留在企业内。④ 国有企业改革产品结构、技术结构调整催生了新冗员；宏观层面的体制转型和结构调整趋于定型，城镇隐性失业总量更多取决于微观层面的企业管理改革与发展程度。⑤ 政府不放弃对城市职工的就业承诺，推行隐性失业内部消化政策；另一方面，伴随国有企业改革，强化企业内部劳动竞争，效仿私有企业用工考评和工资奖惩制度，建立企业内部劳动力市场，以求逐步过渡到没有隐性失业的市场化就业。⑥ 在改革过程中，农村劳动力向城镇转移的制度障碍逐渐减少，大量剩余劳动力在城镇从事的工作也适合城镇隐性失业者，产生一些替代性。

城镇隐性失业影响了国家财政收入，因为国家用于安置富余人员的成

---

① 参见陈凌巍：《城市隐性失业的特征及其形成原因》，载《赤峰学院学报》2005年第4期。

② 参见王晓丹、金喜在：《基于数据包络分析的中国隐性失业问题研究》，载《首都经济贸易大学学报》2011年第3期。

③ 参见王诚：《中国就业转型：从隐蔽失业、就业不足到效率型就业》，载《经济研究》1996年第5期。

④ 参见吴萌：《转型经济中隐性失业和隐性就业并存的理论分析》，载《上海经济研究》1998年第11期。

⑤ 参见朱宝树：《转轨时期城镇隐性失业问题的再思考》，载《华东师范大学学报》2001年第4期。

⑥ 参见顾建平：《中国转型经济中的隐性失业和就业制度变迁》，载《江苏社会科学》2000年第1期。

本增加，而冗员创造的经济效益低下；增加了单位产品成本，降低了劳动生产率，因为工资使价格缺乏合理的成本基础，增加了企业的奖金福利支出，直接带来消费基金增长和通胀风险；大量冗员迫使企业工资基金必须在更多的职工中分配，阻碍了收入差距的拉开。① 隐性失业对国有企业的效率有负面影响，削弱了企业市场竞争力，降低劳动力的边际产出，从而使之陷入两者的恶性循环中。治理隐性失业可通过扶植非国有经济，完善资本市场，如减免税的直接财政扶植；利用资本市场实现国有资本的退出和向竞争力强的部门转移。② 但是，"低就业增长"不受隐性失业的影响，因为我国经济总量高速增长，冗员就业成本极低，从国有和集体单位释放出来的冗员在短期内被国有和集体经济较快吸收，从而造成就业增长速度和就业弹性较高的短暂现象。③

（二）对农村隐性失业的研究

我国农村隐性失业，是指工业化过程中从农业分离出来而没有影响到农业产出的那部分边际生产率等于或小于零的劳动力。④ 农村隐性失业集中于农业，是人口生产类型转型和从农业向工业化过渡的阶段性产物，具有发展中国家失业的共性。人地矛盾、"以粮为纲"、单一经营、城镇重型工业结构、社队集体劳动、户籍制度等是成因。⑤ 特别是重工业优先发展是以牺牲农业发展为代价，这不但造成了农业长期低速增长，而且也使农业内部剩余劳动力不断积累，农村隐性失业严重。⑥ 农民失业一是累积性失业，即人口政策失误导致人口增长快，特别是农村人口增长率高于同期

---

① 参见童星：《失业问题的症结：隐性失业和显性失业的分割运行》，载《探索与争鸣》1995 年第 1 期。

② 参见袁志刚、黄立明：《国有企业隐性失业与国有企业绩效》，载《管理世界》2002 年第 5 期。

③ 参见石昶、宋德勇：《隐性失业影响中国就业增长与经济增长的关系吗》，载《经济学家》2012 年第 5 期。

④ 参见龚东华：《浅谈农村隐性失业人口的统计方法》，载《现代商业》2008 年第 2 期。

⑤ 参见顾立新：《试论中国城乡隐性失业》，载《经济纵横》1994 年第 2 期。

⑥ 参见杨善林：《农村隐性失业人口的统计方法》，载《吉林省教育学院学报》2009 年第 5 期。

就业增长率，城乡二元管理模式限制农民流动并形成了失业，农业反而被政府视为可无限容纳劳动力的部门；① 二是替代性失业，即家庭联产承包责任制、传统农业转向现代农业、乡镇企业素质提高、资源转移出现了劳动力替代效应，使农业劳动力出现了新剩余；三是地域性失业，即农村劳动力剩余呈现出地域性，剩余量与人口密度呈负相关。② 农村隐性失业影响了农业机械化和规模化经营，延缓了农业现代化进程，阻碍了农村各项事业的发展。农村隐性失业是一种顽症，有可能随经济发展得以缓解，但市场机制未必能缓解这一问题，症结是数量大、素质低。③ 隐性失业对城市就业产生影响，涌入城镇劳动力市场的民工是隐性失业的转化形式；同时，它阻碍了农业劳动生产率和农民收入水平的提高。

　　农村隐性失业，失地农民无业应引起关注。因为我国现行征地安置政策不能预防失地农民贫困，无法恢复他们失地前的收入和生活水平，养老保险金微乎其微。④ 让渡劳动力可能是他们唯一谋生手段，只有就业才是预防贫困的有效途径。失地农民就业问题有：其一，农民没有退休制度，劳动年龄有伸缩性，一般坚持农业劳动，直到身体不能支撑为止。在失地农民中有劳动愿望的人可能更多，劳动年龄弹性扩大了农村隐性失业数量。其二，丧失土地对兼业农民的影响相对较小，而对全职农民打击更大，偏远地区失地农民就是失业者；近郊失地农民可能意味着隐性失业，因为他们会谋求非农就业以弥补失地损失。其三，由于失业硬核的存在，大龄失地农民就业更为困难。地方政府执行了"谁征地谁安置"的政策吸纳了大量失地农民就业。但是，随着劳动用工制度的改革和企业转制、兼并与破产，很多已被安置的失地农民又被迫失业，其中隐性失业或就业不足较为普遍。

---

① 参见隗斌贤：《对隐性失业统计理论与方法的探讨》，载《浙江统计》2000年第11期。
② 参见吴宏洛：《论经济转型中的农民失业问题》，载《当代经济研究》2004年第5期。
③ 参见侯鸿翔、王媛等：《中国农村隐性失业问题研究》，载《中国农村观察》2000年第5期。
④ 参见高勇：《失去土地的农民如何生活》，载《人民日报》2004年2月2日。

(三) 消除隐性失业的对策研究

从宏观政策上看，要用就业优先统领宏观经济政策和产业政策，清除不利于劳动力市场发育和扩大就业的政策与规制，并通过建立和完善社会保障制度，以及实施积极的就业扶助政策，帮助就业困难群体实现再就业。① 要降低隐性失业率，需要大力发展第三产业、促进经济快速增长，增加社会对劳动力的需求；加强科技进步、推动管理科学化，以消除无效劳动；打破市场分割和垄断、加快经济市场化，促进就业市场化；健全公开失业登记和失业保障制度、促进隐性失业显性化；建设服务型政府、减少政府对经济的行政干预。②

市场机制并不能彻底消解我国农村隐性失业矛盾，特别是农村庞大的人口与较低的劳动力素质是主要障碍。③ 要解决农村隐性失业问题，既能通过农业自身发展来实现，又可以通过非农产业的发展来完成。④ 政府应以政策导向促使生产资源流向农村，推动农村本身的发展。特别是要通过推进农业产业化经营，调整农业自身产业结构，向农业内部挖掘就业潜力，同时发展乡镇企业，带动小城镇发展，为农村劳动力提供非农就业机会。⑤ 发展农村教育事业，改良农村人力资本是根本出路。⑥ 在城市和农村乡镇企业实行失业抽样统计制度，对以农业收入为主要收入的农业失业人口采取科学合理的推测估算法。⑦

---

① 参见蔡昉：《中国就业统计的一致性：事实和政策涵义》，载《中国人口科学》2004年第3期。

② 参见柏培文：《1978—2008年中国隐性失业人口估算及影响因素分析》，载《中国经济史研究》2011年第4期。

③ 参见樊茂勇、侯鸿翔：《二元经济条件下农村隐性失业分析》，载《经济评论》2000年第5期。

④ 参见陆铭：《制度变迁与农村隐性失业》，载《世界经济文汇》1998年第1期。

⑤ 参见卢亮、唐宇凌：《中国农村隐性失业的制度变迁分析及治理》，载《湖南师范大学社会科学学报》2001年第3期。

⑥ 参见樊茂勇、侯鸿翔：《中国农村隐性失业分析》，载《经济问题》2000年第6期。

⑦ 参见林建惠、宗晓燕：《浅论我国隐性失业的统计问题》，载《新西部》2013年第18期。

第二节 失业统计相关问题研究

一、统计制度与方法的研究

我国失业统计面狭窄，城镇登记失业率造成统计口径弊端，失业人数仅限于当地就业服务机构正式登记的失业者，没有正式登记者不列为失业；已登记失业者可能已再就业而未注销登记；登记失业人数仅限于城镇居民。[①] 城镇登记失业率不能反映农村人口的失业；不能反映已进入城镇市场就业的农民工失业；不能反映在城市间迁徙流动而并未转移户籍的那部分城镇户籍人口的失业。[②] 城镇劳动力中的登记失业者，排除了公有单位下岗未就业者，城镇登记失业指标存在缺陷，造成了失业统计制度不能全面反映失业现状。[③]

各国通常都对在一定时期内的工时作了规定，凡是在一定时期内工时累加不足于这个规定标准的人，被视为失业，列入失业人口的统计范围。各国对工时规定不同，美国规定在调查周内工作15小时以上，法国规定每周工作20小时以上，而日本规定调查周内工作1小时以上视为就业，否则界定为失业。[④] 我国应考虑将就业与失业时间延长为一个月，在此期间工作时间不满法定工时三分之一视为失业。此外，还要规定最低收入标准，即虽有一定的收入，但达不到最低收入标准视为失业，标准可参照地方政府规定的最低生活保障线。[⑤] 我国劳动力廉价，单位劳动报酬较低，1小时劳动收入无法满足一周生活需要，如果采用这一标准，那么劳动时间在1

[①] 参见隗斌贤：《改进就业与失业统计方法的探讨》，载《财经问题研究》1998年第10期。

[②] 参见丁大建：《中国"城镇登记失业率"评析》，载《北京市计划劳动管理干部学院学报》2006年第2期。

[③] 参见张少为、贾明德等：《改革30年中国失业统计的测算与评析》，载《西北大学学报》2012年第6期。

[④] 参见程晞：《我国失业统计指标的主要缺陷及其完善》，载《人口研究》1997年第5期。

[⑤] 参见李臻：《浅议我国失业统计存在的问题及改革对策》，载《经营管理者》2010年第5期。

小时以上但无法满足自身生活需要的人将被界定为就业，而他们是一种非充分就业。①

统计频率太低，失业率采取年报和年末登记制，难以反映宏观政策的及时变化。失业指标只统计年末的城镇失业人数和失业率，缺乏规范的季度和月度统计。即使失业登记人数是按季统计上报，本季度失业人数是由上季度结转的登记人数和本期新增减变化的登记人数所组成。由于上期结转的人数占有相当比重，这部分人的劳动状也不易重新确认。② 失业统计时间指标简单化，降低了失业统计的时效性和使用价值。而大部分失业人员是一年中的某一段时间处于失业状态，而其他时间是就业，两者相互交替。随着社会经济的快速发展，劳动力资源和就业失业人数变化频率加快，仅利用年度统计指标已不能及时反映劳动力变化。③ 我国失业统计使用两种方法，一是定期报表的方法，就是将在各地方政府劳动管理部门登记的失业人数加以汇总而来。二是通过对住户抽样调查的方法进行。但由于我国存在隐性失业等特有失业问题，因此这种方法反映城镇范围内的失业是不够的。④

国外对失业者只有年龄下限没有上限，我国却规定了失业者年龄上限，而且它还低于城镇职工的法定退休年龄。这使一些未到退休年龄的城镇失业者未被包括在城镇失业人口的统计内；另一方面，超过退休年龄的人，有劳动能力和就业愿望，他们符合失业定义，但未被包含到失业人口中，使城镇登记失业人数及失业率与实际值偏离较大，使我国失业率低于世界主要国家，不能真实反映我国失业实际情况，低估了失业的严峻现

---

① 参见贾小爱、李云发：《中国失业统计口径的反思》，载《山东工商学院学报》2010 年第 1 期。
② 参见林正静：《我国失业统计存在的问题与改革建议》，载《中国证券期货》2011 年第 12 期。
③ 参见史及伟：《失业统计的问题比较与对策》，载《浙江社会科学》2006 年第 6 期。
④ 参见刘娜：《我国失业统计的问题和改进》，载《统计与预测》2004 年第 3 期。

实。① 此外，对求职方式的规定与国际惯例不一致。我国规定失业人员以是否在当地就业服务机构登记为标准，只有在服务机构登记的劳动力才被统计在失业人员内，而部分没有工作和收入，但通过其他方式进行求职的人员却未统计在内，从而使失业人数的统计数值和城镇失业率偏低。②

现行失业统计不包括隐性失业，这也是受到指责的原因之一。随着我国市场经济的快速发展，隐性失业逐步转为公开失业，它是过渡期的临时性问题，要建立隐性失业统计体系则没有必要。鉴于隐性失业统计的可行性较差，而多数国家未将隐性失业纳入统计，我国隐性失业不应纳入失业统计中。相反的观点是，我国隐性失业包括城镇隐性失业和农村隐性失业，应在显性失业基础上构建反映隐性失业人数的统计指标，包括城镇隐性失业率和农村隐性失业率，使我国失业统计指标体系更全面。③ 如果将隐性失业人口统计为就业人口，势必会使失业人口的统计数据失真。④ 农业隐性失业统计包括失业总数、各年龄段隐性失业人数、各文化层次隐性失业人数、不同性别隐性失业人数，以及反映农业隐性失业广度指标，隐性失业率越高，剩余劳动力面越广。⑤

对我国农村失业有两种不同观点：构成失业的基本条件是失去生产资料，农民拥有土地，因而不存在失业。另一种是，农村存在失业，要逐步将农村失业纳入到失业统计之内。⑥ 城乡社会经济环境不同，就业方式、特点等都有较大差距，不能按市民调查失业统计口径进行统计。应根据农

---

① 参见王玉洁：《我国失业统计现存缺陷及改进路径——基于中外比较的视角》，载《地方财政研究》2014年第3期。

② 参见史及伟：《失业统计的问题比较与对策》，载《浙江社会科学》2006年第6期。

③ 参见王玉洁：《我国失业统计现存缺陷及改进路径——基于中外比较的视角》，载《地方财政研究》2014年第3期。

④ 参见秦开运：《完善我国就业与失业统计指标体系的新方法》，载《辽东学院学报》2007年第3期。

⑤ 参见王萌：《新时期改进我国农业隐性失业统计的思路》，载《统计与管理》2012年第3期。

⑥ 参见李云发、贾小爱：《失业统计口径若干问题的反思》，载《西北人口》2010年第2期。

村劳动力特点，界定专门的村民失业统计口径，或采用逐步推进的策略以完善农村失业统计。① 国际标准的失业人数包括城乡失业人口，而我国"城镇登记失业率"只针对城镇，仅是报告期末城镇登记失业人数占城镇从业人员总数与实有城镇登记人数之和的比重，不能反映农民失业。农业人口数庞大，农民失业是失业的关键。只有充分考虑我国农村失业，失业统计包含的内容才完善，统计结果才有说服力。

二、统计弊端的原因与对策

我国失业统计存在问题有历史的、市场的和现实的原因。从历史上看，发展中国家失业统计通常不包括那些最贫困的人口，失业意味着要花费时间和费用求职，但发展中国家缺乏失业保险以及其他形式的社会保障，那些求职者需要依赖家庭的支持。② 我国对失业长期持避讳态度，认为社会主义国家没有失业，从而导致失业统计起步晚。从市场因素看，失业统计在概念界定和计算上与资本主义国家惯用的标准难以实现统一，如何对我国市场经济中存在的特殊问题进行科学分析仍有难度。从现实原因看，失业人口逃避失业登记，劳动者失业后不愿进行登记失业，多数人自发地通过亲朋求职；另一方面，已登记的失业人口通过自营或私有企业的雇用实现了再就业，却不能及时注销失业登记，这又造成了失业统计数据失真。失业统计调查实际操作存在问题，导致了失业统计数据不准确。③

应完善我国失业统计：首先，合理界定失业统计口径。失业统计口径取决于失业统计制度，原有的城镇登记失业制度造成了统计口径的诸多弊端，如失业人数只限于在当地就业服务机构正式登记的失业人员，没有正式登记者不列入失业人口；已登记失业人员可能已实现再就业而未取消登记；登记失业人数仅限于城镇居民等。④ 我国城乡社会经济发展非均衡性，

---

① 参见褚丽萍、沈孝来：《对我国失业统计的研究》，载《人口与经济》1998年第4期。
② 参见姜涛：《就业率统计问题探析》，载《职业技术教育》2007年第14期。
③ 参见高树红：《我国失业统计制度中存在的问题及对策》，载《统计与管理》2011年第1期。
④ 参见隗斌贤：《改进就业与失业统计方法的探讨》，载《财经问题研究》1998年第10期。

可以分别使用城镇失业和农村失业两个既有联系又有区别的统计标准，需要正视农村失业。我国农业人口数量庞大，对待农村失业统计不能操之过急。① 国际劳工组织对就业与失业人员只有年龄下限，没有年龄上限。我国过去所设劳动年龄上限受历史条件限制，符合当时的国情，现在可考虑将我国就业与失业年龄与国际标准一致，至少要保持与法定退休年龄一致。

其次，甄别选用失业统计方法。失业统计要以常住人口抽样调查为主，同时监测流动人口失业状况，这既可使失业统计更完整，又能从宏观上指导和调控流动人口就业。有学者提出了一些统计方法，如住户调查方法、产业活动单位调查法和劳动力调查法。在住户抽样调查中，调查表采用灵活问卷形式，可以体现国际标准的失业口径，并同时得到经济活动人口、住户社会经济状况的资料。② 劳动力调查法采用问卷形式进行，有覆盖面广、成本小、时效性强的优点，是已被国际劳工组织确认为调查非正规就业的合适方法。③ 要扩大样本采集范围，注重样本质量；提高抽样调查频率，加快调查数据的汇总和整理，增强数据的时效性；在进行随机抽样调查时，需要保持样本的相对稳定，不能频繁更换样本。④ 对不同地区和行业的失业统计应有所不同。在条件的允许下，要完善发达地区的失业统计系统，譬如在调查频率、调查范围上首先与国际接轨；对不同行业，可规定不同的就业和失业标准，可采取不同的统计方法，而且在分析失业结构时，可有针对性地设计一些指标，从而对该行业失业问题的解决发挥宏观指导作用。⑤ 在现实运行过程中，失业统计不宜使用全面统计报表制

---

① 参见潘小苏、孟南：《对我国失业统计指标问题的思考》，载《现代经济信息》2012年第4期。

② 参见刘娜：《我国失业统计的标准界定与指标体系构建》，载《统计与决策》2004年第7期。

③ 参见熊鸿军、戴昌钧：《就业与失业统计指标的国际比较及借鉴》，载《商业研究》2009年第10期。

④ 参见韦淼、李艳：《我国失业率统计存在的问题及改进建议》，载《成都大学学报》2012年第1期。

⑤ 参见师振华：《失业统计方法的缺失与完善》，载《中国统计》2009年第4期。

度，要建立以灵活高效的抽样调查为主，抽取足够数量的住户，确保样本的地区、行业、职业、年龄和性别等有代表性，每半年调查一次，及时公布我国失业状况。①

第三，建立健全失业统计指标体系。要改变我国失业统计指标过于单一的现状，将现行失业统计指标予以拓宽，一是增加标准失业人员、平均失业时间、长期失业者比重、就业不足等方面的统计；二是增加失业分类及成因统计，如周期性失业、结构性失业、摩擦性失业、隐性失业等；三是建立失业风险监测预警指标体系，以便有效控制失业风险。② 特别是建立"不充分就业"统计项目，并将之划分为"潜在的不充分就业"和"公开的不充分就业"项目加以统计，深入反映我国失业状况。③

第三节 失业原因的多角度研究

一、总量失业与结构失业

（一）劳动力总量过剩导致失业

总量失业与结构失业并存是两种主流观点。学界提出了"总量失业论"（quantitative unemployment）的观点。我国失业主要是人口总量过剩型失业。失业人口最悲观的估计有近三亿，最乐观的估计也在一亿以上。这么多的失业人口，绝不是可以用摩擦性失业、结构性失业或周期性失业能解释的。④ 目前，只不过是总量过剩型失业显性化，或是在总量过剩失业的背景上叠加了一个转轨型失业。⑤ 劳动力供给总量过剩，因为人口过快增长造成了劳动年龄人口增加，超过了经济增长所能吸收的劳动力而导致

---

① 参见罗建章、何志华：《论我国失业统计的主要问题及其完善》，载《云南财经大学学报》2002年第4期。
② 参见申春兰：《我国失业统计的现状及改革思路》，载《山西财经大学学报》1999年第3期。
③ 参见成建梅：《我国失业统计的国际比较与改进》，载《中国统计》2001年第2期。
④ 参见钟鹏荣：《跨世纪难题：谁为中国人造饭碗》，中国经济出版社1998年版，第25页。
⑤ 参见杨宜勇：《就业理论与失业治理》，中国经济出版社2000年版，第279页。

过剩。劳动力供给持续快速增长；另一方面，随着生产技术变化的加快，经济增长对劳动力需求能力在下降。劳动力供需失衡所造成的供给总量相对过剩，必然导致部分劳动年龄人口失业。我国失业是"总量性失业"，是由于总供给和总需求的非充分就业均衡所引发的失业。失业原因在于人口基数过大导致"劳动力总量供过于求"，劳动力资源存量过大而且增长迅速，导致供求不平衡产生失业。失业是"由于劳动力总供给与总需求的暂时失衡造成的"，长期以来劳动力大量积累，从而形成了充足的劳动力供给，于是总量大于就业岗位而造成了总量性失业。

面对就业压力，无论采取何种生育假设来测算，在未来相当长的时期内，劳动力供给持续增长的局面都难以改变。由于人口自然增长对已较高的失业率形成逐波推高之势，使失业更加恶化。上述观点不仅被学界所接受，而且见诸政府决策部门的研究报告，成为研究失业原因的主流观点之一。《中共中央国务院关于进一步做好下岗失业人员再就业工作的通知》明确指出，当前和今后一个较长时期内，我国就业形势仍十分严峻。就业矛盾是劳动者充分就业的需求与劳动力总量过大和素质不适应的矛盾。当前，主要表现在劳动力供给总量矛盾和结构性矛盾同时存在，城镇就业压力加大和农村富余劳动力向非农转移速度加快同时出现，新增就业和失业人员再就业问题相互交织。

（二）市场结构性矛盾造成失业

当经济高速发展时，产业结构调整随之加快，新兴支柱产业不断涌现，旧产业被淘汰。产业结构重组使适合新兴产业的劳动力短缺，旧产业因资本存量调整对劳动力需求下降而造成失业，市场出现了岗位空缺和失业并存。[①] 失业集中在近年发展较慢、需求相对疲软的行业，而新兴的正在高速发展和扩张的行业如邮电通信、金融保险等几乎没有失业问题。从就业方面考察，趋势恰好相反。失业严重的行业就业增长缓慢，新兴的扩

---

① 参见冯煜：《浅析中国转型时期失业的主要影响因素》，载《生产力研究》2001年第2期。

张行业就业增长速度较快,结构性失业明显。① 发展中国家劳动密集型产业未带动服务业增长,难以解决工业化过程中的就业矛盾。我国就业矛盾的实质是经济结构调整滞后,当劳动密集型产业因市场和技术丧失发展优势后,未及时发展技术和资本密集型产业以拓展就业空间,致使总就业增长趋缓。② 我国结构失业表现为有相应技能的劳动力供不应求,而国有企业失业人员却难以就业。经济周期波动对失业的影响本质是结构性的,至少是加剧了结构性失业。在产业结构剧烈变动阶段,周期波动造成失业本质是结构性的。经济波动造成劳动力总量供给过剩,但各产业的失业非均衡性,产业结构在总量波动中升级。经济波动是产业结构变化的表现,增长型波动是产业结构升级的表现。相对于结构升级而言,波动是短期因素,不能成为考虑失业问题的主线。③ 由于劳动力性别、年龄、劳动观念、知识结构、劳动技能和身体健康状况等因素的限制,使既定失业人员无法与就业岗位匹配,出现了结构性失业。一些企业用人低龄化与失业人员年龄偏大的矛盾,再加上就业观念导致了结构性失业。④ 结构性失业使我国城镇居民收入差距拉大,直接受损群体为低收入阶层。⑤

二、周期失业与转型失业

(一) 经济周期矛盾导致失业

我国失业是经济波动造成的周期性失业。在经济扩张阶段,就业问题能得以缓解,因为投资扩大了市场需求和企业订单,使企业隐性失业减少并可扩招正式和临时工人。特别是建筑业从农村招收大量建筑工人,出现

---

① 盛仕斌:《中国失业的性质与失业治理对策》,载《当代经济科学》1998 年第 11 期。
② 参见孙学工:《当前就业问题的深层原因分析与对策思考》,载《经济改革与发展》1998年第 3 期。
③ 参见蒋选:《我国中长期失业问题研究——以产业结构变动为主线》,中国人民大学出版社 2004 年版,第 58—59 页。
④ 参见史及伟、杜辉:《中国式充分就业与适度失业率控制研究》,人民出版社 2006 年版,第 96 页。
⑤ 参见晏艳阳、宋美喆:《结构性失业、周期性失业对中国城镇居民收入差距的影响》,载《经济与管理研究》2011 年第 12 期。

了农村劳动力向城市转移的高潮。在经济萧条时期，金融紧缩和投资缩减造成市场需求下滑和产品积压，工人失业，临时工、建筑工人又纷纷回流农村。失业主要是由宏观经济的周期性波动所引起。① 失业率反映经济波动所派生出劳动力需求变化，在现阶段对失业率变动的影响是宏观经济波动，失业率对经济波动比较敏感，而结构性和摩擦性因素还没有对失业率变动带来较大影响。② 改革开放以来，宏观经济经历了多次周期性波动。由于投资带动，市场需求旺盛，企业生产任务偏紧，不仅减少了隐性失业，而且增加了对企业外劳动力需求，城市就业压力得以缓解。相反，银根紧缩和投资下降，社会需求不足，导致企业产品积压，隐性失业和显性失业都有所增加。③

（二）经济体制转型导致失业

经济转型失业是指在新旧体制转换过程中，旧体制所遗留的就业矛盾在新体制下显现出的失业。我国失业主要是经济体制转型失业，是指从计划经济转变为市场经济、经济增长方式从粗放型转变为集约型而产生的失业，它集中在城市部门和国有企业。在计划体制下，公有制经济内部存在隐性失业，市场化改革使之显性化。因为市场经济体制追求就业效率，国有企业冗员释放就是失业，而计划体制的影响和惯性使失业者仍与原单位保持劳动关系。④ 从计划经济向市场经济转型，就业矛盾是原来处于隐性失业的劳动力公开化。建国以来，政府选择了重工业优先发展战略，形成了扭曲的宏观政策环境、资源计划配置制度、无自主权的微观经营制度，并对就业产生影响，表现为所有制结构单一、产业结构畸型和国有企业低效率所共同损失的就业岗位。⑤ 随着经济市场化程度加深，微观经济组织

---

① 参见袁志刚：《失业理论与中国失业问题》，载《经济研究》1994年第9期。
② 参见钱小英：《我国失业率的特征及其影响因素分析》，载《经济研究》1998年第10期。
③ 参见吕秉梅：《论城市失业治理的短期和长期对策》，载《江西社会科学》2000年第7期。
④ 参见李存先：《试析体制型失业与再就业问题》，载《济南大学学报》1999年第1期。
⑤ 参见程连升：《对中国"制度性失业"的理论分析》，载《中共中央党校学报》2002年第2期。

必然要将那些劳动边际生产率低于社会平均边际生产率的劳动力析出，从宏观层面看，那些设备老化、结构不合理、管理不善的企业将被迫倒闭，这就意味着职工也因此退出就业领域而成为失业者。① 体制性失业是指国有经济因体制僵化，不能适应市场经济的要求，导致生产经营困难，经济规模日趋萎缩而产生失业。② 从产业转型角度看，在以制造业为主的初期向以服务业为主的最后时期转型中，失业水平变化不同。初期所有工人都在制造业就业，最后时期一部分固定比例的工人离开现有的服务业厂商，而在新兴的服务业厂商中寻找工作。在这个转型中，失业水平将超过均衡水平，而制造业工人也重新配置到了新兴服务业和创新部门中。③

三、分工失业与技术失业

（一）社会分工矛盾导致失业

失业是社会分工发展的必然产物。社会分工使脑力劳动和体力劳动、城市和乡村、行业和职业出现了差别，使劳动力流动和重新配置成为现实，是否会引起失业要看分工的发达程度。当社会分工主要以手工劳动为主，劳动者的劳动能力在生产中还占主导地位，技术进步相对缓慢，土地对劳动具有无限的吸纳力时，劳动力流动的紧迫性和实际规模较小，即使出现劳动力流动，就业也具有稳定性和保障性，失业规模很小。只有当社会分工高度发达，进展到以机器生产为主的阶段，劳动力流动的紧迫性才随着产业结构和行业结构的变化而加剧。在流动过程中，劳动力会因各种原因而失业，如摩擦失业、技术失业、结构失业等。④ 我国失业是社会分工不足使然。国有企业改革与非国有经济并进，后者推动前者改革和市场的发育形成经济增量；另一方面，国有企业生产能力存量仍在发挥作用。前期改革给了自给自足向低水平分工跳跃的条件，这更多表现为分工扩

---

① 参见周培元：《我国失业原因和就业对策探索》，载《东南学术》2005 年第 3 期。
② 参见徐平华：《就业与增长——走向和谐社会的中国就业战略》，江西人民出版社 2006 年版，第 44 页。
③ 参见汤琼峰：《熊彼特式创新增长模型中的产业转型与失业——从制造业到服务业》，载《东北财经大学学报》2011 年第 1 期。
④ 参见陈朝龙：《失业根源探析》，载《河南大学学报（哲学社会科学版）》1989 年第 3 期。

张。然而,市场机制所需要的制度环境不完善,低水平分工效益已为交易效率低下所耗尽,而提高分工水平的专业化经济不能抵消交易成本的增加,因此分工出现了停滞,经济增长更多地来自熟能生巧,于是高增长率难以维持,失业率不断攀升。当乡镇企业不断提高的生产水平要求选择更优组织形式时,产权制度安排使产权交易成本加大,企业难以选择高效率的组织形式,只能在低水平的分工下不断萎缩。[1] 在一体化市场内,如果技术劳动力增长率大于非技术劳动力增长率,制造业产业分工程度将加深;反之,产业分工程度降低。产业分工程度加深促使非技术劳动力工资上升、失业率下降,并未如预期会威胁工业国家非技术劳动力。当然,即使产业分工程度加深、非技术劳动力失业率下降,也可能出现非技术劳动力失业量上升问题。[2]

(二)技术进步因素造成失业

在现代化过程中,产业结构升级和技术创新加快,使技术和资本对劳动的替代优势日益强化。在农业生产中,大量人力和畜力耕作被机械化取代;在制造业,大量手工操作过程变成了机器流水线;即便在管理领域,电脑广泛应用使很多人力就业岗位缩减。[3] 技术进步加快意味着在生产中更多采用先进技术和工艺,在企业要素组合中表现为技术构成的提高。这使企业可用更少资本推动更多生产资料。如果企业原有要素的技术构成提高,出现了对劳动力的排斥;如果追加资本技术构成提高,会导致劳动力需求相对减少。改革开放以来,我国研发和引进了大量先进技术设备,科技已渗透到国民经济的各部门,在经济增长中的作用加大,科技发展及应用加快使许多原来就业的工人成为过剩人口。此外,科技发展会使社会产业结构发生变化,社会就业结构也随之变化,虽然脑力劳动者的就业会增

---

[1] 参见郭永清、雷鹏飞:《我国失业原因新解:分工不足》,载《经济学家》2003年第4期。

[2] 参见胡洁、陈彦煌:《经济一体化、产业分工与失业》,载《当代经济科学》2010年第4期。

[3] 参见李培林:《中国就业面临的挑战和选择》,载《中国人口科学》2000年第5期。

加,整个物质生产部门的就业总量却相对减少。① 纯技术进步对就业有显著的负效应,当期技术效率的改善对就业没有显著影响,而滞后期技术效率的改善却对就业量的增加有负效应,同时,经济增长对就业总量的增加有较强的拉动作用。经济就业总量的增加并非由技术进步拉动,而主要靠经济增长及其他因素带动。只有加大技术进步和教育科研的投入,才能促进产业结构优化,最终改变就业结构,从而促进就业增长。②

技术进步推动增长方式转变。投入先进技术要求劳动者技能有所提升,那些难以适应技术进步的劳动者将面临失业。市场是推动增长方式转变的持续性力量,对自然失业造成的影响有长期性和持续性。政府是推动增长方式转变的阶段性力量,对自然失业造成的影响有短期性和周期性。我国经济增长方式转变阶段性失业的特征之一是,就业结构转换滞后于增长方式转变,由此造成财政支付较高的失业成本。市场退出型失业成本和结构转换型失业成本是转型初期政府所需支付的主要失业成本。③ 另一方面,经济增长方式转变伴随着科技进步和产业升级,必将导致部分被淘汰产业劳动力结构性失业。要在经济发展方式转变的过程中通过制度、政策等创新,创造新的就业岗位,充分考虑结构性失业人员的未来就业问题。④

四、失业的其他原因研究

(一)劳动力市场功能失调造成失业

我国劳动力市场是由城乡两个分割部分构成。城市市场包括正式部门、非正式部门中待遇较高的部门和非正式部门中待遇较差的部门。由于分割导致了劳动价格、保障制度、用工制度和劳动力供求关系的不统一,致使在某项政策下对市场的调整信号并不能在整个分割的市场得到正确反映,甚至会得到相反的结果。我国缺乏失业登记、救济发放、职业培训、

---

① 参见周培元:《我国失业原因和就业对策探索》,载《东南学术》2005年第3期。
② 参见刘书祥、曾国彪:《技术进步对中国就业影响的实证分析:1978—2006》,载《经济学家》2010年第4期。
③ 参见薛白:《经济增长方式转变的失业成本研究》,载《经济体制改革》2010年第3期。
④ 参见刘铮:《经济发展方式转变与广义生态文明观的"悖论"与"破解"——技术进步与结构性失业》,载《福建论坛》2012年第3期。

职业介绍、救济终止等完整配套的制度。政府人力资源部门对市场监督和管理缺位，表现为对企业在劳动关系中的违法行为查处不力、对损伤失业者权益的行为缺乏监管等。职业介绍与就业服务工作滞后，特别是市场信息不对称制约了市场功能发挥并造成失业。我国就业培训管理者对培训的市场需求缺乏了解，培训内容设计不能适应市场变化，以至政府部门投入了大量人力物力，而职业培训效果和再就业实效不佳。①

（二）人力投资与运用不当导致失业

失业是"人力资本投资体制的失败"，是旧体制未解决劳动力素质结构与产业结构不适应问题。② 人力资源运用不当，就业者长期处于超出社会平均工时和强度的就业状态。过度劳动是承担超工时和超强度劳动的就业，是人力资源在就业环境不正常、经济发展特殊时期所处的一种就业状态，如采掘业、建筑业、服装加工业、技术含量较低的制造业加工生产线、出租车行业等。在劳动力供过于求和劳动管理缺位时，低工资导致长工时。这必然对行业其他就业者产生挤压，使实际就业人数小于应就业的数量，使很多本来能就业的人员不得不失业。由于过度劳动的存在，使某些行业和领域丧失了不同程度吸纳就业的机会。而这些行业和领域的产量增长并未因此出现下降，造成了经济增长与就业增长的不一致。③

（三）行业垄断与制度缺失造成失业

行业垄断是指政府对某些生产行业进行行政干预和控制，设置准入壁垒限制竞争，而造成对该行业在产量和价格上的垄断状态。政府对"夕阳产业"过度保护延缓了产业结构调整，导致行业内部隐性失业，而对"朝阳产业"的垄断和过度保护导致行业低产出、低效率和高物价、高工资并存，使本来能进入该行业竞争的劳动力成为失业者。④ 我国失业本质上是

---

① 参见朱力：《失业下岗问题的特征、难点与突破》，载《南京社会科学》2003年第3期。
② 参见毛炳寰：《制度创新与持续性就业——我国转型时期的失业政策选择》，载《劳动经济与劳动关系》2001年第1期。
③ 参见王艾青、杨兆兰：《中国经济高增长与高失业并存原因探析》，载《理论导刊》2007年第2期。
④ 参见王诚：《当前经济增长中的失业治理》，载《浙江社会科学》2000年第5期。

制度失业。由于经济体制和政治体制改革不同步，造成了劳动者无法接受市场经济观念，或虽然在消费行为上接受市场观念但在就业行为上不接受市场观念，他们并非花时间求职而是等待政府给这些"国家主人"体面的工作，失业恐怕也难成为"自然的"。我国劳动力配置的市场机制和行政机制并存，农村和城市市场并存。

（四）有效需求不足造成失业

造成我国失业上升在于"有效需求不足"。经济增长每年创造出数百万个就业岗位，而新增劳动力高达两千多万，经济增长对劳动力的有效需求不足。因此，要提倡大力增加对劳动力的有效需求以提高就业率。但是，由于投资需求和消费需求的不足，致使社会总需求明显不足，社会总供给超过了社会总需求，导致物价下降，产品滞销，就业机会减少和失业人员增加。"大量的失业和下岗人员难以找到新的就业机会，与总需求不足有较大关系"。虽然经济处于高增长，但劳动力供过于求，如果经济增长出现下降，有效需求不足会使失业上升。[1]

（五）核心就业不足造成失业

核心就业，是指与企业创新活动相联系（即产生、促进和扩展企业创新）的就业。非核心就业或虚拟就业是指通过与企业的创新活动无关的其他手段所创造的就业。核心就业构成一国总体有效就业量的核心和基础，是企业的核心竞争力，能拉动国民经济和总体就业的扩展。从表面看，就业或失业来自于国有企业改革力度的加大和政府部门、事业单位的机构精简改革的深化，以及农村剩余劳动力的释放速度加快，造成当前就业困难的根本原因，正是这些改革没有真正深化的苦果。从本质看，这些年就业困难的积累是企业创新和核心就业扩展缓慢和滞后的结果，而这种结果又是经济三个方面改革和发展的偏差和滞后所造成的。[2]

（六）失业人员自身的原因造成失业

部分失业人员仍不能适应失业现实，其技能、思想准备不足。失业者

---

[1] 参见钱小英：《我国失业率的特征及其影响因素分析》，载《经济研究》1998年第10期。
[2] 参见王诚：《中国就业发展新论——核心就业与非核心就业理论分析》，载《经济研究》2002年第12期。

年龄偏大、技能单一、文化偏低,以较低的人力资本参与市场就业竞争,处于明显劣势。失业者缺乏经济安全感,一些失业者处于茫然、情绪低落状态,甚至感到低人一等。他们对现实不满,埋怨政府和企业领导无能,特别是长期失业者的埋怨情绪更大。失业者在择业方面,部分人认为社会主义不能有失业,失业对职工是不公平的,一些老职工为企业辛劳几十年,失业不合情理。①

第四节 失业与通胀关系的研究

一、对我国通胀原因的研究

出现通胀是由对货币需求的人为直接干预造成的,是不当行为所招致的,是宏观管理违背了市场自然规律的恶果。② 我国学界对通胀的原因展开了研究,提出了以下五种有代表性的观点。

第一种观点是,抑制型通胀。改革开放前,我国实行物价管制政策和物资配给制度。国家对物价实行全国统一管制,绝大多数产品的价格由国家按生产成本加平均利润得出,一旦价格确定就成为刚性定价,不能随意改变。在此情况下,劳动者工资上涨提高了企业生产成本,但它并不带动商品价格上涨,因为成本增加部分由利润减少来补偿,增加工资所引起的消费缺口,是通过各种票证及物资配给制度予以控制,市场过量需求并未反映到物价上。改革开放后,我国消费市场逐步开放,一些消费品票证配给制被取消,消费需求大于供给,价格呈现上升态势。改革还使工资与效益挂钩,效益高的企业职工收入明显增加。改革使这种抑制型通胀逐渐转化为公开通胀。③

第二种观点是,体制型通胀。长期以来,国有企业和专业银行不是独

---

① 参见朱力:《失业下岗问题的特征、难点与突破》,载《南京社会科学》2003年第3期。
② 参见孙中才:《失业与通货膨胀》,载《山东财政学院学报》2014年第1期。
③ 参见张宗斌:《经济增长、通货膨胀与就业关系的研究》,载《山东师大学报》1997年第3期。

立的产权主体。国有企业没有动力提高效率,出现了成本上升和盈利下降。为了减少亏损和确保盈利,国有企业提高了产品价格,直接导致通胀。因为国有企业没有产权,不能根据市场需求和价格变化调整经营方向,出现了产品结构失衡。国家专业银行不得不对亏损企业放款,从而加剧了产品结构失衡并造成通胀。产品结构失衡造成滞销,并致使失业增加。产品滞销与亏损削减了国有企业上交国税的数量,造成了财政赤字。大额赤字是通过银行透支解决的,必然引发通胀。财政赤字加剧削弱了政府对国有企业的投资能力,又形成需求不足失业。①

第三种观点是,需求拉动型通胀。我国需求拉动型通胀,是投资过多导致的需求过大。通胀是由于总需求超过总供给引起的,是由于流通中的纸币和信用货币超过了按现行价格可得到的供给所造成的。社会总需求增加能否引起通胀,要看供给弹性大小。当社会资源利用不充分,存在大量失业、总供给弹性较大时,增加总需求相应也会增加总供给,不会引起物价上涨。当有些资源和技术变得稀少、供给弹性减少时,增加总需求和总供给会使工资和边际成本增加,部分地引起物价上涨。②

第四种观点是,成本推动型通胀。在需求没有明显增加的情况下,供给方面的成本增加所导致的通胀。③ 在不完全竞争市场,由于存在垄断,工资不再取决于劳动力供需,而由工会和雇主议定,议定工资高于供求决定工资,使工资增长率超过了劳动生产率的增长率,工资提高加大了成本,从而引起物价上涨。工资提高引起物价上涨,物价上涨又引起工资提高。国家增加货币供应量,以刺激企业投资。但企业倾向于投资利润高的加工工业,产业结构趋同。一些基础原材料供不应求,物价上涨并带动下游产品价格上涨,造成成本推动型通胀。劳动密集型工业的发展会增加就业机会,我国由于基础原材料短缺,企业开工不足。增加货币供应量使劳动生产率高、市场潜力大的部门、行业迅速发展,劳动力价格上升,行业

---

① 参见江春:《我国通货膨胀与失业并存的原因及对策》,载《经济评论》1995年第4期。
② 参见奚惟华:《失业和通货膨胀理论》,载《中央财政金融学院学报》1996年第8期。
③ 参见吴小锋:《通货膨胀、失业与菲利普斯折中》,载《管理观察》2008年第9期。

攀比会推动工资物价螺旋上升。农产品价格上涨，会直接或间接提高以农产品为材料的产品价格，引发通胀。① 降低通胀率不能采取降低基础产品价格，因为提高基础产品价格是调整产业结构的需要，也是提高社会经济效益、增加有效供给的需要，是为了抑制通胀。

第五种观点是，国际输入型通胀。全球流动性过剩造成了资产价格上涨和通胀。随着资产价格的波动，过多流动性会对实体经济产生冲击。次贷危机加剧了美元贬值，进而导致全球通胀，美元贬值原本是美国解决大量贸易逆差以及全球失衡的措施之一，而这使人们对美元丧失信心，从而加剧其贬值。美元大幅贬值，进而推动了全球初级品价格上升，引起全球通胀。为应对次贷危机，美国采取财政扩张、注资以及减息等政策，加大了未来全球通胀压力。全球流动性过剩，形成了过多的国际资本并引起大量外资流入。大量资本加上我国贸易顺差，积累了巨额外汇储备，从而将这种全球流动性转化为国内流动性。② 可见，国际市场价格上涨影响我国通胀。③

二、通胀并非减缓失业良方

通胀不是解决我国失业的良方，会造成严重的社会后果，对不同人群产生不同影响，工资劳动者遭受损失最大。国有企业困境是体制原因，不能用货币扩张政策来缓解。低失业率的保持只能以高通胀率为代价是一种误解。在有些经济体中为保持零通胀率，需要付出很高失业率代价；而在另一些经济体中，在出现零通胀率时，失业率不并太高。解决我国国有企业问题的出路在于落实各项改革政策。④ 用通胀来刺激经济，缓解失业，只能破坏经济。南斯拉夫、阿根廷实行通胀政策并未减缓失业，反而出了内乱，德、日、韩等国控制通胀带来了经济高增长。因为高通胀促使劳动

---

① 参见于淑艳：《论通货膨胀与失业》，载《辽宁工学院学报》1997年第4期。
② 参见张明文：《当前我国通货膨胀成因及对策研究》，载《黑龙江对外经贸》2010年第1期。
③ 参见厉以宁：《失业和通货膨胀，政府调控的警戒线》，载《理论导报》2010年第2期。
④ 参见吴敬琏：《论通货膨胀政策之不可行和根本出路在于落实各项改革措施》，载《改革》1994年第2期。

者要求增加工资，致使劳动成本和原材料价格上升，企业产品不能热销和涨价就会亏损，使失业增加。① 因为劳动者对通胀有预期，预期通胀率等于实际通胀率，货币工资增长率等于通胀率，预期的实际工资率没有变化，因而既不会增加又不会减少劳动力供给，市场均衡于自然失业率状态；预期通胀率大于实际通胀率，预期通胀率要高于货币工资增长率，劳动者的实际工资率下降，就会减少劳动力供给。②

在经济上升期，尽管增长率和物价上涨率在上升，但城镇失业率却不降低；而在经济波动的回落期，在增长率和物价上涨率降低的同时，城镇失业率上升。单纯依靠刺激总需求和经济增长的办法来解决城镇失业，效果不会显著，而且有使物价反弹的风险。解决失业问题比解决通胀更难，需要更长时间，必须针对引起失业的各种不同因素，采取相应措施进行综合治理。适度通胀能促进经济较快增长，并创造出更多就业岗位，但严重通胀不利于经济发展和就业增长。要根据经济发展把握两者的平衡点，只顾降低通胀率而不顾经济增长下滑和失业率上升，或只顾降低失业率而不顾经济过热和通胀率上升均不可取。③

三、失业通胀交替关系之争

（一）失业与通胀不存在着交替关系

我国失业与通胀没有交替关系，并且缺乏理论依据。用这种理论治理失业和通胀只能起到应急作用，从长远看，以增加失业率来抑制通胀，或以提高通胀率来降低失业率都会使问题复杂化，不能用牺牲一个指标来换取另一个指标。④ 作为宏观政策目标，就业和物价基本稳定同等重要，但政府可根据不同时期经济形势选择解决失业和通胀的顺序。通常而论，应

---

① 参见尹伯成：《失业、通货膨胀和经济增长》，载《世界经济文汇》1995年第2期。
② 参见车圣保：《略论通货膨胀预期对劳动力市场的影响》，载《价格月刊》2005年第9期。
③ 参见王双正：《经济增长、通货膨胀与就业关系研究——兼论西方菲利普斯曲线在中国的适用性》，载《山西财经大学学报》2009年第10期。
④ 参见李建雄：《失业与通货膨胀关系不同理论的比较及启示》，载《中外企业家》2013年第3期。

当就业优先兼顾物价稳定。因为失业更容易引起社会动荡,政府对付通胀有许多办法,而对付失业引起的社会动荡却没有更多办法。失业率上升对宏观经济运行的干扰大于通胀率增加的干扰。失业和通胀都是全局问题,就业优先就是发展优先。健全完善的市场经济体制、工业化过程基本完成、市场价格自由波动等菲利浦斯曲线假设条件在我国是不完全具备的。

在一个静态的市场中,通胀能减轻失业;但在动态市场中,这一关系未必存在,因为企业的理性预期对通胀已有了经验。通胀不必然促进就业。[1] 在经济波动时期,通胀率和失业率不一定是替代关系。目前,我国通胀率高,而多年来就业形势也未出现好转,不存在牺牲此换取彼的可能。由于我国通胀形势已越来越严峻,政府应继续治理通胀,防止全面通胀的出现,致力于合理稳定的经济发展,用经济发展来解决高失业问题。[2] 当然,不能全然不顾失业率,针对推高失业率的具体原因,如针对大学生的就业问题,进行就业教育改革,培养更多适应社会需要的专门人才,通过改善劳动力供需结构问题来提高就业率。部分地区开始了后工业化进程,这意味着两者并非此消彼长,从增长周期和发展过程看,两者没有表现出相关性。相反,我国存在着发生经济增长率低、失业率高和通胀率高的"滞涨"风险。[3]

货币政策的变化只能在短期内影响经济活动和失业,从长看,失业率只由市场的基本条件决定;货币政策的效果在长期是有界限的,短期内货币变动能对实际经济产生影响,但人们对市场条件的预期不会持久偏离实际水平,因而经济和就业终究会回到自然水平,试图将长期失业率降低到均衡失业率以下必然造成通胀率连续上升。央行在制定货币政策时要考虑到其行为改变经济预期的程度。[4]

---

[1] 参见茅于轼:《也说通胀与失业》,载《改革》1996年第2期。
[2] 参见唐美霞:《我国失业与通货膨胀关系的实证分析》,载《时代经贸》2008年第6期。
[3] 参见李培林:《老工业基地的失业治理:后工业化和市场化——东北地区9家大型国有企业的调查》,载《社会学研究》1998年第4期。
[4] 参见喻国平:《通货膨胀与失业率之间关系的理论与政策涵义》,载《江苏商论》2007年第7期。

(二) 失业与通胀存在显著交替关系

改革开放前，我国通胀率和失业率没有替代关系，但改革开放后，两者有显著的替代关系。价格管制松动刺激需求对价格的拉动，价格对成本的依赖性小于对货币的依赖性，价格变动滞后于经济变动的时间缩减，而且这种时间与就业变动滞后于经济变动的时间相同，所以价格与就业同步变动。价格与工资关系不如与就业的关系密切。可见，就业变动并非直接通过工资变动影响价格变动。就业变动所引致的福利、保障变化和投资变化间接影响价格变化。① 我国通胀与失业有替代关系。虽然企业对通胀会发生预期，但只要企业产品价格上涨，销路有保障，企业就会利用商品价格上涨与原材料价格上涨的时差，扩大生产，从而增加就业，不会因发生预期而停止生产。就工资上涨而言，即使工人存在正确预期，工资上涨绝不会先于商品价格上涨，具有滞后性，而且上涨幅度低于商品价格上涨幅度。我国劳动力供给充足，低工资并不影响劳动力供给。即使通胀与失业的替代作用只是短期内存在，也不能因此否认宏观政策对这一替代关系的利用。② 当经济处于周期性扩张时，一般是失业率下降伴随通胀率上升，或者是失业率与通胀率同时下降；当经济处于周期性收缩时，通常是失业率上升伴随通胀率下降，或者是失业率与通胀率同时上升。③

总之，要治理失业与通胀，需要采取多种措施。首先，市场机制不健全是导致失业与通胀的原因。要建立由市场形成价格的机制，改革现有商品流通体系，发展金融、劳动力、技术和信息等市场，完善分配和社保制度，加强市场监管。其次，改善投资结构。政府要加大对农业、矿业资源、能源、基础原材料的投入，有计划地发展房地产开发项目，调整工业与农业发展比例和速度。再次，调整货币信贷投入结构，保持货币信贷供

---

① 参见栗树和、梁天征等：《经济增长、货币供应与价格水平——建国以来我国物价总水平变动分析》，载《管理世界》1988年第1期。

② 参见刘兴海、李丽辉：《试论经济增长、通货膨胀和失业》，载《兰州大学学报》1997年第4期。

③ 参见陈乐一：《论中国环形的菲利普斯曲线》，载《南京社会科学》2006年第3期。

应量与经济增长相互协调。第四,平衡财政收支,控制消费基金的过快增长。①

第五节 失业特征与对策的研究

一、失业的主要特征研究

(一) 经济高增长与高失业并存

在一定时期和特定经济领域,如果资本密集型经济增长方式占主导地位,那么这不利于扩大就业。在这种模式主导下的经济高增长并不必然带来就业的高增长,学界对此取得了共识,并认为这是近年来失业的一大特征。我国经济高增长主要是非国有经济的增长,失业问题是国有经济衰退所致。我国第三次失业高峰的特征是,城镇贫困人口增加,女性失业人口增多,城镇就业压力加剧,国有单位就业主渠道弱化,职工择业有心理误区。② 我国失业与西方国家失业不同,后者是发生在经济衰退时期,经济高增长时期劳动力基本上处于低失业状态,而我国长期经济高增长并没有带来就业高增长,反而出现了失业高峰。因此,经济增长非均衡性及由此造成的高失业是我国失业的一大特征和根源。③

(二) 结构失业与转型失业并存

我国失业结构性特征明显,在改革开放比较早的东南沿海地区,由于经济发展快,吸收劳动力功能强,失业较少;失业行业结构有三个特征,即传统工业比新兴工业失业严重,城市比农村失业严重,国有企业、军工企业比民用工业企业失业严重;中年职工、女性职工和文化技术水平较低的职工在失业人员中占较大比重。④ 结构性失业有几大特征,即进口冲击

---

① 参见董贵新:《论失业与通货膨胀的经济危害》,载《经济工作导刊》1995年第9期。
② 参见冯兰瑞:《中国第三次失业高峰的情况及对策》,载《社会学研究》1996年第5期。
③ 参见郭永中:《当前我国失业人口问题的现状、成因分析与对策》,载《教学与研究》2002年第2期。
④ 参见胡学勤:《国有企业职工失业与再就业问题研究》,载《人口与经济》1997第6期。

型失业，进口产品替代国产产品，使某些国有企业的职工面临失业；名牌冲击型失业，是指名牌产品企业淘汰非名牌产品企业，使非名牌产品企业的职工面临失业危机；重复建设必然使同行业过度竞争，一批企业淘汰，一大批职工失业。城市职工失业是结构性和转轨性失业，带有某些"后工业化"的特征。这意味着依靠工业扩张实现高就业时期的结束，国有企业下岗形式与企业福利的存量和增量有关，福利差的企业倾向于采用市场化失业方式。① 由于国有企业改革和加入世界贸易组织后产业结构调整的加剧，构成了我国失业较大份额。②

伴随着国有企业制度转型所产生的失业是"制度性失业"。③ 有大量下岗工人的企业同时却雇用了大量临时工，很多城市外来劳动力比下岗工人多，下岗职工再就业存在所有制偏好。④ 我国失业带有体制及体制转型特征。在计划经济时期，国家垄断工业和商业，控制农业并实行城乡隔离就业制度。在这种体制下，劳动者通过市场实现就业的自由被剥夺。城镇劳动者依赖国家安置就业，农村劳动者不能随着工业化发展流向高效率的产业就业，无论是农村或城市都积累了大量剩余劳动力。

（三）隐性失业与隐性就业并存

我国失业的独特形式是隐性失业，它是传统就业体制和社保制度不完善，以及劳动力供过于求的产物。⑤ 失业具有隐性失业与隐性就业并存特征。前者主要在农村，通常使用农村剩余劳动力只不过是其另一种表达方式。城镇隐性就业人员数量也较为可观。隐性失业掩盖了劳动力供过于求

---

① 参见李培林：《老工业基地的失业治理：后工业化和市场化——东北地区 9 家大型国有企业的调查》，载《社会学研究》1998 年第 4 期。

② 参见蔡昉、都阳等：《就业弹性、自然失业和宏观经济政策——为什么经济增长没有带来显性就业？》，载《经济研究》2004 年第 9 期。

③ 参见顾昕：《单位福利社会主义与中国的"制度性失业"》，载《经济社会体制比较研究》1998 年第 4 期。

④ 参见刘昕：《等待性失业及其制度基础与制度变革》，载《财经问题研究》1998 年第 11 期。

⑤ 参见董克用、姚裕群等：《关于国有企业富余职工下岗与再就业问题的思考》，载《教学与研究》1998 年第 5 期。

的事实,降低了显性失业率,而隐性就业则不仅使隐性就业者得到更多实惠,而且还模糊了失业与就业界限。① 我国劳动者就业还遇到了户籍、社保、子女入学等关卡。户口问题不解决,他们在非市民的待遇下受到歧视,或返回农村重操旧业或从事其他行业。② 失业人员集中在制造业,其次是批发零售和餐饮业;失业群体的文化水平不高;中年失业人员居多,女性失业人员多于男性。③ 隐性失业与隐性就业并存,使政府、企业、个人利益存在博弈性。④ 在计划经济体制下,以社会稳定为目标的就业政策,阻止农村劳动力向城市转移就业,造成农村隐性失业;国有企业承担了解决社会就业的重任。家庭联产承包责任制使农村隐性失业显性化并从集体劳动中释放出来;国有企业实施减员增效、职工下岗分流政策,其隐性失业开始通过职工下岗的形式显现出来。⑤

二、缓解失业的对策研究

(一) 转变发展观缓解失业

政府要调整经济发展观,树立以人为本的发展理念。国家发展战略要从追求经济增长速度转向以创造就业为中心。⑥ 用牺牲经济效率来换取就业机会,可能会使国家丧失竞争力;追求经济效率又会使更多劳动者丧失就业岗位。但贫富差距过大、失业率居高不下,已成为公共安全的隐患,因此增加就业就是发展。政府在社会就业方面肩负重大责任,要在效率与公平、经济增长与就业增长之间做出战略选择,实行就业优先的发展战略。政府根据以人为本的发展观,将就业作为政府的第一目标,将就业优

---

① 参见郭飞:《我国失业的五大特征与对策》,载《经济学动态》2003 年第 11 期。
② 参见郭飞:《中国失业:特征与对策》,载《江苏行政学院学报》2005 年第 6 期。
③ 参见金志峰、王磊:《失业现状、原因以及对策的经济学分析》,载《中国软科学》2002 年第 7 期。
④ 参见石玉顶:《关于隐性失业和隐性就业并存的理论思考》,载《经济问题》2000 年第 1 期。
⑤ 参见陈仲常、金碧:《中国失业阶段性转换特点及对策研究》,载《人口与经济》2005 年第 3 期。
⑥ 参见周培元:《我国失业原因和就业对策探索》,载《东南学术》2005 年第 3 期。

先视为一项基本国策，实现从经济增长优先转向就业增长优先。① 不仅如此，失业单纯依靠政府难以有效缓解，应发挥非营利组织优势，鼓励非营利组织参与失业治理，与政府共同承担就业责任，减轻政府压力。②

（二）从战略层次缓解失业

如何有效地解决失业，一直是我国学界研究的重点之一，应将就业指标纳入国民经济和社会发展整体战略优先考虑。解决就业问题是一个长期过程，要从我国人口众多、就业问题严峻形势出发，将有利于就业问题解决作为制定政策和开展工作的原则，解决失业是基本国策。将失业率作为编制国民经济和社会发展中长期规划和年度计划的宏观调控目标之一，将就业优先置于宏观经济的战略位置。解决就业问题要依靠整个社会就业环境的改善，大力发展中小企业，而不应将注意力只集中于控制减员速度、建立再就业服务中心和清退农民工等消极措施上。③ 劳动力市场发育要优先于其他要素市场，就业岗位增加要优先于社会收入水平的提高。将就业优先纳入国民经济和社会发展的战略目标，有利于增加经济增长中的就业机会，增加劳动者收入，提高经济增长的就业弹性。

（三）从宏观层次缓解失业

在未来改革中，国家宏观调控政策应切实将扩大就业、降低失业率作为宏观政策目标。必须保持国民经济较高的增长速度，经济总量增长是扩大就业的基础；另一方面，政府在确定经济增长模式时，必须考虑有利于扩大就业和创造就业岗位，并要将之体现在制定国民经济社会发展计划和产业政策、财税政策、投资政策、金融货币政策等宏观政策上，以实现国民经济健康发展和促进充分就业的双重目标。④

---

① 参见施卫东：《失业——新世纪中国经济的难题之一》，载《云南行政学院学报》2003年第4期。

② 参见史册、杨怀印：《我国非营利组织参与失业治理的对策建议》，载《湖南社会科学》2014年第3期。

③ 参见吴敬琏：《发展小企业解决再就业》，载《中国国情国力》1998年第7期。

④ 参见"中国失业问题与财政政策研究"课题组：《中国失业问题与财政政策研究》，载《管理世界》2005年第6期。

选择恰当的产业政策是从宏观层次解决失业的重要途径之一，如调整产业结构，开发新经济部门，特别是发展非公有制经济；调整城乡结构，促进农村经济发展；调整生产力布局，实现产业空间布局合理化和地区经济协调发展。结构调整应发挥比较优势，注重采用适用技术和发展劳动密集型产业，正确确定要素价格和技术选择。为实现从计划经济向市场经济和粗放经营向集约经营的转变，要大幅提高资本和资源的价格并保持工资低水平，努力发展劳动密集型产业，提高资本和资源的利用效率而不必要求劳动的高效率，不要片面追求自动化和机械化。[1]

政府实施适度的货币政策和积极的财政政策，扩大国内需求，刺激经济复苏与增长，减轻失业压力。政府可以运用扩张性货币政策以增加流通中的货币总量，从而降低利息率和提高资金可获得性，最终刺激投资和消费，旨在扩大社会总需求。[2] 利率水平对失业的影响符合利率对失业影响的传统传导机制，即利率的降低会引起投资与消费的反方向变动，它通过乘数效应使得社会总需求增长，总需求的变动又导致总支出与总收入的增长，最后导致失业率降低。[3] 扩张性财政政策中的减税和增加补贴有刺激消费和投资效应，而直接扩大财政支出有弥补民间支出不足、通过政府支出扩大总需求的效应。当民众的物价上涨预期为正值时，其消费和投资需求上升；当民众的物价上涨预期为负值时，其消费和投资需求下降。政府货币政策能影响民众的物价上涨预期，从而影响支出和总需求。[4]

从人力资源角度研究解决失业，要调节我国劳动力供给，如降低劳动力参与率、实行劳动预备制度、加强职业培训和介绍等。我国劳动力数量庞大，成本较低，在国际市场仍有比较优势，扩大劳动力输出数量，有利于缓解国内就业压力。我国还要提高人才培养质量，使高校人才培养不仅

---

[1] 参见茅于轼：《也说通胀与失业》，载《改革》1996年第2期。
[2] 参见苏剑：《低利率有助于解决我国的失业问题吗？》，载《经济研究》1998年第10期。
[3] 参见易定红、白九梅：《中国利率波动性对失业影响的研究》，载《经济理论与经济管理》2009年第3期。
[4] 参见姜鸿斌、高效：《浅议我国失业类型及对策》，载《哈尔滨商业大学学报》2004年第2期。

要服务于国家宏观经济社会发展,还要服务于区域经济社会发展。高校办学要使人才结构与产业结构及经济发展相适应。①

(四) 从微观层次缓解失业

从劳动者角度看,要增强劳动者的就业能力并转变就业观念,特别是新增就业问题的解决更加如此。要改革中专、技校、职校的专业设置,尽可能实行订单式教学。我国中职学校以工业劳动力为培养目标,如机工、电工、电子以及轻工类的食品、烟草、造纸、印刷、服装等,许多职业学校专业分散,重复设置。要根据市场需求的变化增加服务业类专业。② 高校、社会和家庭有责任引导大学生树立健康就业意识。一是要引导大学生认识到高等教育已从精英教育进入到了大众化教育,在自我就业定位上要更加现实,要从基层做起;二是要引导学生做好职业规划,在制订职业规划过程中,要科学设定职业发展路径,将受挫和就业困境作为职业规划的一部分,提高大学生就业的心理适应能力。

从企业角度看,要加强企业管理,减少劳动力非正常失业。要实行劳动分享制度,缩短工时,可以减少劳动力供给,并增加劳动力需求,从而降低失业规模。我国就业岗位的绝对增加潜力有限,应依靠相对增加,如调整企业工时、社区服务职业化、调整企业用工年龄等。③ 国有企业要在市场竞争中肩负社会责任,不能将企业冗员推向社会,要追求社会效益,逐步消化企业富余职工。从地方政府角度看,消除失业不仅是经济问题,更要考虑各地失业承受力和家庭失业承受力。因为失业者是家庭的主要成员,其失业直接动摇了家庭经济基础,影响社区和谐与社会稳定。

(五) 从制度创新缓解失业

制度创新的内容是十分丰富的,并从各个层面影响就业。笔者仅涉及那些与就业直接相关的制度,并呈现学界的主要研究成果。首先,创新劳

---

① 参见杨钧:《大学生的失业类型、原因及对策研究》,载《河南机电高等专科学校学报》2012年第6期。
② 参见吴森富:《青年失业现象、原因及对策分析》,载《青年研究》2003年第1期。
③ 参见黄任民、王春秀:《就业岗位的绝对增加与相对增加》,载《经济理论与经济管理》1998年第5期。

动力市场制度以缓解失业。市场供给与需求制度同等重要，在增加经济对劳动力需求的同时，要减少劳动力市场的过度供给，降低青少年劳动参与率，政府在向青少年和失业者提供教育培训机会时，要通过市场的竞争压力和利益驱动，促使劳动者选择提高自身能力，选择推迟进入市场。① 要将就业岗位作为一种社会资源，实行家庭单职工制度。② 我国国有企业工资高、福利好，没有劳动差别，非国有经济部门就业和工资决定是市场行为。长期以来，城市政府反失业措施是对外来劳动力实行市场歧视政策，它强化了城市职工工资决定中的制度特征。要抛弃就业歧视政策，开放城乡市场，建立统一的劳动力市场，消除失业问题。③ 改革户籍管理制度，促进城乡市场的融合，已成为增加就业岗位，特别是加快农业剩余劳动力转移的迫切要求。④ 经济衰退背景下的失业治理不能只局限于遏制产出波动，还应加快市场的制度改革。建立适合国情的就业制度，不仅能减少制度摩擦所带来的结构性失业，还可以平抑产出下降所引发的周期性失业。⑤

其次，创新投资制度以缓解失业。要放弃国家对经济垄断权，开放民间投资渠道，创造公平竞争环境，培育市场竞争的就业制度，从而在促进经济高增长的同时实现充分就业。在相当程度上讲，结构性失业就是投资制度问题。投资制度创新关键是在投资领域实现三大转变，即项目决策主体从政府官员转向企业家，投资资金来源从银行贷款转向股票、债券直接融资，投资风险由国家承担或全民承担转向项目决策人和出资人共同承担。资金流向大规模基础设施建设项目，如学校、医院、道路、桥梁、植树造林、兴修水利、环境保护、市容清洁、垃圾处理等公共工程，从而为

---

① 参见姚先国、陈凌：《试论劳动力市场的供给管理》，载《管理世界》1997年第6期。
② 参见车安宁、周美瑛：《关于实行家庭单职工制的理论探讨》，载《兰州大学学报》1998年第3期。
③ 参见蔡昉：《二元劳动力市场条件下的就业体制转换》，载《中国社会科学》1998年第2期。
④ 参见程连升：《近年来中国反失业对策研究综述》，载《理论前沿》2002年第6期。
⑤ 参见丁守海、蒋家亮：《经济衰退背景下失业问题研究新进展》，载《经济学动态》2009年第11期。

更多的失业者提供就业机会。①

再次，实行因地制宜的制度以缓解失业。一是小城镇发展制度。要依托小城镇加快推进农村区域的工业化和城镇化，形成长期持续的经济增长点。小城镇发展能有效地减少农业劳动力总量，加快农业现代化速度。通过农村区域的工业化和城镇化使农村现有人口向小城镇转移，逐步实现农村绝大多数人口居住在小城镇，减少农村行政村、现有农户和从事农业的劳动力数量，从而增加从事农业的农村人口人均自然资源占有量，保证农业人员实现充分就业。二是区域人才均衡制度。由于中西部地区后发劣势，造成大学生不愿在这些地方就业，而任何地区经济发展都离不开高质量人才。高校应加大与这些地区政府机关、事业单位以及各种企业的联系，建立良好的合作关系，吸引大学毕业生到这些地区就业，这不但能改变大学生结构性失业，而且还有助于推动中西部地区的经济发展。国家应在中西部地区出台更多的能吸引大学生就业的优惠政策，实现各地区吸引人才的均衡化发展，推动社会全面进步。② 三是实行差异化失业评价制度。城市失业承受力随着城市规模的变化，大城市失业承受力相对较差，因此要实行全国、特大城市、大城市和中小城市四类不同的失业警戒线，以此作为国家调控城市失业率的标准并健全失业监测和预警系统。③

第六节　大学生失业问题的研究

一、大学生失业的现状研究

我国大学毕业生失业问题一直是学界关注的焦点之一。其失业人数已

---

① 参见陆铭、袁志刚：《过渡性失业保险方案与国有企业改革》，载《学习与探索》1997年第2期。

② 参见温晓慧：《目前大学生结构性失业的原因及对策》，载《中国成人教育》2008年第4期。

③ 参见国家计委社会发展研究所课题组：《我国失业的测度、警戒线及若干建议》，载《经济改革与发展》1998年第3期。

从 2000 年的 30 万人快速上升至 2006 年的 100 万人左右。[①]

  大学毕业生失业可分为多种类型：一是占据性失业，是指相当数量的就业岗位被素质不高者所占据，影响了社会向大学毕业生提供就业岗位的数量。二是自愿性失业，大学毕业生择业定位过高，有些用人单位要人，大学生毕业生不愿去，从而造成了失业。[②] 一些大学生毕业生失业是自愿性失业，这其实是一种理性选择。[③] 三是结构性失业，是指大学生培养定位与社会需求脱节，或专业设计与市场需求不相符。大学生结构性失业包括观念性和地域性结构失业。前者是指大学生就业观念滞后于就业形势变化，对就业岗位期望过高所造成失业；后者是指大学生地域分布与就业岗位地域分布不对称所造成失业。他们的地域性结构失业突出，表现为大学生在某些地方过剩，在其他地方却出现了供不应求。[④] 他们失业兼具多种类型，同时包含了总量性、结构性和摩擦性失业。[⑤] 四是摩擦性失业，毕业生对现在就业岗位的发展前景和工资待遇等不满意，在转换工作过程中出现了失业。这促使在校大学生认清自己，从而提高自我就业竞争力；另一方面可通过劳资双方反复博弈，逐步实现劳动力资源的优化配置。

  大学毕业生失业有以下特征：低学历毕业生就业比高学历毕业生难，本科层次以下的毕业生就业更难；冷门专业毕业生比热门专业毕业生就业难，纯理论型专业的人才比应用型人才就业难；专业不对口和人才高消费现象，许多大学生仅出于高工资和福利衡量，宁愿放弃专业对口的就业岗位。在工资相近时，用人单位无须考虑劳动成本，出于虚荣心理动机，更

---

  ① 参见孟桂云、邓晓丹：《大学生失业原因透析与市场化就业取向》，载《现代教育科学》2007 年第 6 期。
  ② 参见袁祖望：《大学生失业问题的辩证分析》，载《江苏高教》2007 年第 4 期。
  ③ 参见吴克明、赖德胜：《大学生自愿性失业的经济学分析》，载《高等教育研究》2004 年第 2 期。
  ④ 参见李宪印、陈万明：《高等教育大众化下高校毕业生结构性失业及其对策》，载《现代教育科学》2010 年第 2 期。
  ⑤ 参见黄敬宝：《浅析我国大学毕业生失业的类型》，载《企业导报》2012 年第 17 期。

倾向于聘用文化程度较高的大学生从事原先由较低文化程度者能胜任的工作。① 近年来，自愿性失业大学毕业生出现了新的特征，本科生多于研究生，文科生多于理工科生，东部生源多于中西部；他们大学所学专业多数与报考专业志愿相违背；就业地点、工资对他们的影响大于学习成绩与家庭经济状况；② 失业分布非均衡性，如地区分布、城乡分布和所有制分布不均衡性；③ 性别和院校分布失衡，男性、重点高校失业率相对较低。④

二、大学生失业的原因研究

（一）产业低端论

大学生就业难是由于我国制造业在国际分工中处于产业链的中低端。发达国家从事制造业的高级专业技术人员大大高于我国，因为我国制造业高技术含量和高附加值产品的比重过低，由此决定了制造业难以成规模、可持续地吸纳大学毕业生就业。⑤ 由于产业升级必然带来劳动生产率的提高，从而引发一部分大学生失业，在市场竞争中，产业结构调整与升级特别是企业兼并与重组，是他们失业发生的重要产业机制。⑥ 我国第三产业发展速度较缓、水平较低，就业容量较低，不足以吸纳扩招后的大学毕业生就业。⑦

（二）供求失衡论

总量失业不能不影响到大学毕业生就业。他们失业是由知识劳动者供

---

① 参见杨冬民：《对人才资源中"知识失业"现象的探析》，载《经济问题》2004年第4期。

② 参见王子蕲：《大学毕业生"自愿性失业"的成因及对策分析》，载《理论前沿》2013年第16期。

③ 参见黄敬宝：《我国大学生失业的特征分析》，载《北方经济》2012年第9期。

④ 参见项光勤：《大学生结构性失业的现状、原因和对策分析》，载《徐州师范大学学报》2009年第6期。

⑤ 参见陈根、宋长春：《大学生非自愿失业分析》，载《边疆经济与文化》2013年第10期。

⑥ 参见徐东辉、潘石：《"高学历失业"生成机制分析》，载《长春大学学报》2012年第3期。

⑦ 参见郑文力、邹碧芳：《中国大学生结构性失业机理与应对——基于贝弗里奇曲线》，载《华东经济管理》2012年第1期。

求数量不对称与结构错位所致，原因有二：一是劳动力供求数量不对称，大学生失业是相关市场供求矛盾的产物，有关部门对大学毕业生的需求相对或绝对减少；高等教育规模持续扩张并增加了其市场数量。二是劳动力供求结构的错位，大学毕业生求职预期与实现条件错位、普及化教育与精英就业错位、培养模式与市场需求错位、市场供需空间错位、学历文凭与实践经验错位、专业知识与综合素质错位。① 大学生失业是供求数量失衡和供求结构失衡叠加的结果。大学生就业难有制度性因素导致的供求失衡，这造成了两种不同的结果，既刺激了大学生的供给增加，又限制了大学生的需求增加，从而造成了大学生供求的严重失衡。②

（三）市场分割论

市场分割是造成大学毕业生失业的原因之一。用人单位接收大学毕业生有政策障碍，市场不适应大学生的需要是导致大学生就业难的重要根源。③ 由于非正规部门从属市场的不规范，导致大学生不愿到非正规部门就业，而正规部门提供的职位又不能满足其需求，因此产生大学生就业难问题。④ 在我国经济转型中，市场分割是造成大学毕业生就业难的原因。在分割的劳动力市场中，由于额外就业转换成本的存在，使大学毕业生的保留工资上升，同时，单位用人成本由于某些体制安排而被提高，从而导致劳动力雇佣量少于市场均衡时的最优量，这些都增加了大学毕业生的就业难度。⑤

（四）教育弊端论

大学毕业生失业是我国高等教育内部障碍，是高等教育结构与体制失

---

① 参见李薇辉：《对知识失业问题的理论探讨》，载《上海经济研究》2005年第3期。
② 参见谭庆刚：《制度性失业与中国大学生就业难》，载《人口与经济》2011年第1期。
③ 参见姚裕群：《论我国的就业政策与大学生就业问题》，载《人口学刊》2004年第4期。
④ 参见武秀波：《劳动力市场分割条件下大学业生就业难的原因探析》，载《辽宁大学学报》2004年第2期。
⑤ 参见赖德胜、田永坡：《对中国"知识失业"成因的一个解释》，载《经济研究》2005年第11期。

衡所致。① 其弊端体现在三个方面：其一，办学体制的行政性和计划性与经济运行的市场性发生矛盾，导致高校不能面向市场培养人才，毕业生不适应市场经济发展要求而出现失业。其二，供给结构与社会需求结构不相适应。我国培养专业性应用人才的大学相继合并，朝综合类大学发展，致使理论人才的培养与供给增长过快，而应用人才的培养与供给减少，与市场经济发展对专业性应用人才需求发生了矛盾。其三，学科专业结构失衡。我国高校行政化管理，大学自主办学的权力很小，在经济结构快速调整时，高校专业设置、学科建设与人才培养无法根据市场需求变化进行调整，导致大学专业设置陈旧，学科建设滞后，人才培养跟不上市场需求变化。② 高校扩招人数增长过快，与我国经济发展水平不相适应，导致市场供需矛盾突出，造成了大学毕业生失业。计划体制加供给导向的教育体制，直接影响大学生就业，在扩招情况下，高校未能有效调整教育体制、专业结构和突出能力培养。高校专业设置、教材、教师的知识陈旧，与社会脱节。特别是高校连续扩招后，教师工作量增大，整天忙于应付上课，没有时间补充新知识。③ 我国高等教育过度扩招使教育资源被稀释，影响了教育质量和大学生就业。

（五）素质结构论

大学毕业生失业是高等教育重知识轻能力，以及过于专业化、正规化和高级化所致。④ 由于成长环境的原因，大学毕业生求职容易出现期望值过高、追求高工资职业，而不愿接受低工资职业，大学生能力与现实出现了矛盾，失业在所难免。⑤ 高校就业指导存在问题，大学生职业生涯指导

---

① 参见郭疆蓉、刘丹：《浅议高等教育大众化与人才过剩》，载《湖北函授大学学报》2006年第3期。
② 参见徐东辉、潘石：《"高学历失业"生成机制分析》，载《长春大学学报》2012年第3期。
③ 参见郑功成：《大学生就业难与政府的政策导向》，载《中国劳动》2006年第4期。
④ 参见赖德胜：《大学毕业生就业难：现象、原因及对策》，载《中国高等教育》2001年第13、14期。
⑤ 参见吴森富：《青年失业现象、原因及对策分析》，载《上海经济研究》2002年第9期。

欠缺，没有建立专门从事职业生涯指导的师资队伍，缺乏对职业生涯理论的研究。① 大学毕业生就业能力不足造成失业，用人单位缺乏对岗位技能需求的调研，行业发展对专业人才需求缺乏必要的技能标准，人才市场需求信号不清晰，传递渠道不畅通，导致高校在对人才进行专业培养时只能闭门造车，培养目标和用人单位需求有差距，学生就业能力难得到有针对性的发展。另一方面，作为供给方的高校受体制束缚，在学科建设、专业设置、培养方案、教学方法、师资力量等方面存在不足。② 雇主看重大学生的综合素质，包括良好的专业素质和个性特征。在就业机会比率中，人力资本水平越高，就业概率也越高；加入个性特征变量后，原有人力资本变量系数虽然变小，但差异不大。社会用人需求既重视大学生的人力资本，又重视大学生个性，因此，高校要对学生进行全面的素质培养。③

（六）社会资本论

社会资本（social capital）影响大学生就业，成为近年来学界新兴的研究课题。社会资本，是指帮助就业者获取就业机会的各种社会联系及运用这些联系的能力。社会资本能保证创业资金供给，无论是国家、高校，还是大学毕业生本人，只有不断积累社会资本，才能有效谋求就业。④ 社会资本有利于降低就业信息的不对称、获取就业机会和降低就业成本。⑤ 大学生能通过社会资本去获取就业信息，建立起可信度比较高的信息网络，以求解决信息不对称问题，从而使他们在就业竞争中处于有利地位。社会

---

① 参见沈曦：《大学生职业生涯设计指导的探讨》，载《浙江工商大学学报》2004年第5期。

② 参见王霆、曾湘泉：《高校毕业生结构性失业原因及对策研究》，载《教育与经济》2009年第1期。

③ 参见胡永远、邱丹：《个性特征对高校毕业生就业的影响分析》，载《中国人口科学》2011年第2期。

④ 参见陈成文、谭日辉：《社会资本与大学生就业关系研究》，载《高等教育研究》2004年第4期。

⑤ 参见郑美群、于卓等：《大学生就业社会资本的开发与利用》，载《东北师大学报》2005年第3期。

资本可帮助大学生获得就业机会，减轻求职过程中的精神压力和精力投入。① 大学生的社会资本有二：一是指求职期间个人拥有并能为其所用的资源，包括网络规模、网络差异性、网络顶端等；二是指求职实际调用的社会资本，包括父母和关键帮助人的社会地位、帮助人的数量等。只有在市场尚未健全时，社会资本才能发挥作用；反之，社会资本的作用将会下降。拥有更多社会网络和所使用较多社会资本者在求职过程中更有优势，这既包括就业成本的降低又包括就业质量的提高。②

三、大学生失业的影响研究

大学生失业的影响是学界关注的又一重要问题，学界对此影响展开了研究，大学生失业的影响主要有四个方面。

首先，失业造成了社会资源浪费。我国是发展中国家，经济实力和教育投资有限，大学毕业生占总人口的比例微乎其微，是十分稀缺的人力资源。作为一种知识型劳动力，他们失业意味着教育资源和人才资源闲置，对经济和教育发展都是巨大损失，这是学界的共识。大学毕业生失业必然造成发展中国家的教育资源配置不当和效率低下，既是人力资源浪费，又是物质资源的浪费，还会造成知识人才外流和崇洋媚外倾向。③ 大学生失业造成人力资源和物质资源的浪费。受过高等教育的人失业或从事低素质劳动者的工作，意味着教育投资率的低下，并可能阻碍我国经济发展。④ 大学毕业生失业使我国原本严峻的就业形势雪上加霜，形成了市场对教育市场挤兑的恶性循环。

其次，失业削弱了民众的教育信心。高等教育是促进人口向上流动的途径，民众对高等教育怀有强烈的期盼，而近年来大学生失业却降低了民

---

① 参见王革、景琴玲等：《社会资本与大学生就业》，载《中国高教研究》2007年第9期。
② 参见陈宏军、李传荣等：《社会资本与大学毕业生就业绩效关系研究》，载《教育研究》2011年第10期。
③ 参见龚龙飞、陈犁海：《发展中国家的"教育过度"与政策取向》，载《社会》1999年第5期。
④ 参见袁宁：《我国知识失业现象及其负面效应解析》，载《四川理工学院学报》2008年第4期。

众对高等教育的信心与期待。大学生失业会增加就业压力，降低部分考生入学的积极性。知识失业影响民众教育投资与教育消费。一是知识失业会引起经济宽裕的家庭不断加大教育投资，盲目追求高学历，而教育投资的增加必然会影响家庭的其他消费；二是知识失业导致教育投资收益下降风险增大，这使贫困家庭减少甚至终止教育投资；三是知识失业向市场发出了错误信号。这些都影响民众教育投资与消费，不利于社会的可持续发展。①

再次，失业造成了新的社会不公平。大学生失业扩大了个人预期收入和个人成本的差距，加剧了收入分配不平等。知识失业不但造成人力资源浪费，而且会引发社会不公平，表现为：一是造成部分社会成员对更高学历的盲目追求，使教育投资加大，而处于社会分层较低位置的社会成员却无力投资，从而造成受教育机会不平等；二是导致供给主体在求职过程中更多地求助于经济资源和社会资源而不注重提高自身的知识和能力；三是使弱势群体的群体特征在其后代身上复制的可能性增加，因为弱势群体占有权力、经济和社会资源相对较少，他们期盼通过高等教育改变自己和后代命运的希望变得渺茫，社会向上流动的通道变窄。②

第四，失业埋下了公共安全的隐患。失业青年不但自己生活无保障，而且会影响社会治安，学界对此达成共识。大学毕业生失业会影响社会稳定，危及社会公共安全。他们工作和生活无保障，导致对社会失望，容易产生对社会的逆反心理。各国青年高失业率都伴随着突然升高的自杀率、犯罪率以及社会不安定。③ 当失业引发的经济社会问题突破了高学历者普遍心理承受力时，它将以社会冲突或其他方式释放出来，这必将引起社会

---

① 参见邵汝军、胡斌：《知识失业的成因、影响及对策研究》，载《特区经济》2006年第12期。
② 参见靳娟：《我国知识失业的成因与对策分析》，载《人口与经济》2006年第5期。
③ 参见曾湘泉：《青年就业：我国就业战略研究关注的重点领域》，载《中国劳动》2005年第10期。

动荡。① 大学生失业呈现群体化、游民化趋势,会对和谐社会带来严重冲击。失业带来的生活贫困、身心痛苦超过个人的承受力便会产生负面的应激反应,陷入心理危机和行为失范。不公正社会排挤事件刺激会加剧他们的反应,甚至引致各种形式的反社会行为。②

四、大学生失业的对策研究

(一) 对政府解决大学生就业的研究

政府解决大学毕业生就业可从四方面采取措施。其一,提升我国产业层级并调整产业结构。产业层级低就不能吸纳高层次人才就业,而产业结构不合理表现为它与需求结构不适应,产业结构与生产要素不匹配,以及产业内部组件的不协调等。产业结构与需求结构不适应直接导致了产品或服务结构失衡,进而间接导致可供选择范围。③ 其二,要采取有效的宏观政策,扩大劳动力的总需求量。由于大学毕业生供给数量呈现上升态势,政府应尽力提供相当数量的就业岗位才能使他们充分就业。政府可通过扩大基础设施建设增加创造就业机会,为大学生提供一些短期就业机会;政府应创造良好的创业条件和环境,鼓励更多的大学毕业生开展创业活动。其三,要着力加快高等教育改革步伐,使高校人才培养结构与市场对人才的需求结构相符合,从而实现就业结构的优化,避免大学毕业生结构性失业。政府要监督高校建立以就业能力为导向的人才培养机制,从教育内容、教学方法和教育管理入手,培养出更多适合社会和用人单位需要的大学生。另一方面,政府要采取优惠措施,鼓励大学生到农村和西部地区就业,建立全国联网的公共就业银行。中央政府鼓励大学毕业生参与西部开发,到农村和社区任职,鼓励大学毕业生当警察、担任国家安全部门工作或参军。其四,只有政府才具备加强市场建设的能力,任何用人单位都不

---

① 参见贾晔楠、李仙娥:《对我国当前"知识失业"问题原因的经济学分析》,载《教育探索》2006年第7期。

② 参见夏候宏、邹小华:《大学生失业群体的游民化及其社会干预》,载《南昌大学学报》2009年第3期。

③ 参见杨钧:《大学生的失业类型、原因及对策研究——基于经济学失业理论视角下的分析》,载《河南机电高等专科学校学报》2012年第6期。

愿也不具备建设市场的实力。政府要健全公共就业服务平台，提供成熟的就业信息服务，消除大学生就业信息不对称，减少大学生摩擦性失业。① 政府的职责是要为整个服务体系投入财政支持，并通过制定制度规范，对服务行业和服务部门进行监督与管理。② 政府需要加强对危害大学生就业行为的惩治力度，打击相关团体和个人，为大学生就业提供安全环境。③

其五，消除市场分割制度障碍，特别要破除户籍对毕业生流动的影响，维护大学生市场竞争机制。④ 要打破行业垄断，因为行业垄断减少了大学生就业机会、降低了大学生就业收入和损害了大学生就业公平。⑤

(二) 对高校促进大学生就业的研究

高校首先要区分不同层次的培养对象，不能整齐划一。专科层次应集中在职业技术教育上，培养高技能、具有解决实际问题能力的应用型人才；本科和研究生层次应强调培养学术能力和创新能力相结合的复合型人才，培养具有高层次职业岗位所要求的综合素质的专业人才。其次要根据市场需求变化和产业结构，调整高校专业结构，以适应产业结构变化。高校要对市场进行深入调查，对未来市场基本走向有所把握，在政府部门的指导下改革教学内容与专业设置，培养出适应市场需求的应用型人才。⑥ 要强化高校毕业生就业指导，对大学生开展就业观念教育和职业生涯教育。高校要帮助他们树立就业的理性预期，以塑造良好的就业心态；在大学教育中建立起合理的就业指导，通过大学生就业指导中心的设立以指导毕业生的职业寻求；要控制非国民教育文凭的颁发，严把非国民教育的质量关，以纠正高校学历文凭中的信息不对称，维护市场公平有序竞争。另

---

① 参见黄敬宝：《浅析我国大学毕业生失业的类型》，载《企业导报》2012年第17期。
② 参见陈成文、毛璐等：《完善就业服务体系与促进大学生就业：国外经验及其启示》，载《大学教育科学》2014年第3期。
③ 参见黎登辉：《试论大学生就业安全保障体系的构建》，载《理论前沿》2013年第14期。
④ 参见马廷奇：《大学生就业保障制度建设与政策创新》，载《高校教育管理》2014年第5期。
⑤ 参见吴克明、肖聪：《论行业垄断对大学生就业的影响》，载《教育发展研究》2012年第17期。
⑥ 参见李北群：《高等教育公平：构建和谐社会的基点》，载《学海》2007年第6期。

一方面,要加强大学生心理素质等软能力的培养,以适应日益激烈的就业竞争环境。①

(三) 研究提升大学生自身就业能力

首先,就业人格是大学生就业能力的核心。要具备适应社会变化的行为,无论是环境适应能力、沟通能力、社交能力、情绪稳定性还是合作能力;具备不以自我中心的特性,具有良好的亲和力,善于理解和尊重他人;拥有爱岗敬业的责任。其次,良好的社会兼容度。思考问题全面和长远,具有处理复杂问题的能力;独立自主,争取平等地位,上进心强;能经常审视自己,知道自己的长处和不足。再次,成功的职业形象。良好的职业形象需要诸如专业、诚信、自信等基本素质;着装要与个性因素相吻合;外在形象和行为标准要与企业文化一致,才能得到组织认同和接纳。②

提升大学生就业能力是高校的任务之一。在培养内容上,高校要融入能力训练,不局限于培养一技之长,要培养大学生适应社会和就业环境的能力;在培养方式上,高校要加大实践比重,应增加实践教学和实习环节的投入力度,并在大学生评价体系中增加其比重;在办学机制上,高校要开展社会合作,与用人单位建立良好的沟通机制,与政府部门、行业协会共同研究人才发展规划和能力需求结构,参与相关职业认证体系,强化人才需求信号。③

---

① 参见王霆、张婷:《扩大就业战略背景下我国大学生就业质量问题研究》,载《中国高教研究》2014年第2期。

② 参见贾利军、管静娟:《大学生就业能力结构研究》,载《教育发展研究》2013年第13、14期。

③ 参见王霆、曾湘泉等:《提升就业能力解决大学生结构性失业问题研究》,载《人口与经济》2011年第3期。

第七章 我国就业促进与失业治理

　　就业促进与失业治理是由主动治理和被动治理措施所构成。前者包括三部分：一是增加劳动力总需求。市场出现任何失业都是劳动力供需失衡，就业促进与失业治理要抓住关键问题，增加劳动力需求使之与劳动力供给达到均衡，竭力促成市场出清。通常采取促进经济增长与结构调整，提高经济增长对就业增长的贡献率；选择恰当的经济增长方式，重视劳动密集型企业的就业扩张；发挥宏观经济政策的作用并调整就业政策等方法。二是减少劳动力总供给。国家要调整人口与教育政策、健全劳动预备制度、实施弹性就业政策等，以减少或推迟市场流量；不仅如此，还要改善劳动力供给质量，因为市场存在着供给结构与需求结构不匹配，治理失业还要改变劳动力结构，提高其技能，使之与劳动力需求结构相匹配。三是修复劳动力市场缺陷。通过改善市场功能促进就业和消除失业，因为没有完美的市场，修复旨在增加市场灵活度，表现为劳动力使用灵活性和工资自由调整，以增加对劳动力的吸纳。被动失业治理措施是指建立健全失业保险制度，包括扩大制度覆盖面、加强基金征缴力度、规范给付条件、界定给付的支付标准和期限等。就业促进与失业治理是相辅相成的。

第一节 增加劳动力的总需求

一、促进经济增长与结构调整

(一) 提高经济增长率

劳动力需求取决于经济规模与增速。只有经济规模扩大，才能创造更多就业岗位。因此保持经济持续增长，使之高于就业增长率，是促进就业的关键。要扩大对外经贸量，不断增加商品和劳务输出。这是扩大就业和减少失业的措施之一。在国际市场有比较优势、容易引发贸易摩擦的多数是劳动密集型、吸纳就业的关键行业。在就业形势严峻时，这种贸易摩擦对就业产生的影响要引起重视。在制定就业政策时，要充分考虑国际环境；要采取稳健的汇率调整机制，将它对就业的负面影响降到最低。[①] 在短期内，如果技术、制度、效率、结构、劳动力等不变，城乡劳动力需求增长的首要前提是经济增长。我国没有持续高速的经济增长为依托，充分就业不可能实现。在未来的二十年，无论是从投资需求、消费需求，还是从出口需求看，我国经济有继续保持高速增长的可能，从而扩大对劳动力需求。[②]

我国就业弹性系数波动，是由于劳动投入在经济增长中的贡献率下降，资本、技术、制度因素的贡献率上升。因此，经济增长能否带来就业增长取决于增长方式。随着我国现代化的逐步实现，由资本、技术密集型引发的就业岗位的减少成为必然。面对就业压力，我国要选择就业增长优先型的经济发展模式。各级政府应将创造就业机会和增加就业人口作为首要发展目标。就业政策应成为优先的经济、社会政策，成为宏观政策的根本取向。然而，制约经济增长的因素是市场疲软、技术创新能力不足，要在这两方面寻求突破。

---

① 参见杨宜勇：《完善劳动力市场的政策着力点》，载《中国党政干部论坛》2007年第4期。
② 参见刘伟：《统筹城乡就业是发展中国家实现发展的实质所在》，载《中国党政干部论坛》2007年第4期。

(二) 促进经济结构调整

产业结构对就业有决定性影响。不同产业的生产技术不同,当社会固定资产不变时,在各产业间投资比例不同对劳动力需求就不同。① 产业结构相对稳定,固定资产投资形成不容易在产业间转移。产业结构还因劳动力结构易于陷入路径依赖,技术型劳动力形成费钱费时,人力资本形成的时间效应,会制约新产业增长并降低经济效率。② 我国就业弹性较高的产业和劳动密集型的服务业,并未获得快速发展。而工业增长对就业的贡献率下降,农业就业比重过大,导致产值结构与就业结构错位,从而使经济增长并未带动就业扩大。劳动力资源丰富和比较优势是劳动密集型产业,如果能顺应这种规律,不但促进增加资本积累量,改变要素禀赋结构,实现产业结构优化,而且能扩大就业空间。

首先,调整农业结构。增加经济作物面积,将部分农业劳动力从就业弹性较低的粮食生产领域析出,转向就业弹性较高的经济作物种植;提倡发展无污染、无公害农业,增加农家肥的使用量,减少化肥和农药使用量,提高农产品品质;西部地区要退耕还林还草,在国家支持下投入大量人力治理荒漠;要改变畜牧业粗放经营,发展牛羊圈养;因地制宜地发展特种农产品的种植及加工工业;发展为农业服务的产前、产中、产后服务的第三产业。这些结构调整既能扩大农村就业,又能提高农产品的附加值和竞争力。

其次,优化工业结构。一是发挥劳动密集型产业优势,增加服装、文体用品、纺织、家具、金属制品、非金属矿产品等优势产品的出口,扩大这类产业就业吸纳力。关键是提高产品质量、改善产品性能和增加品种。二是发展高新技术产业如电子信息、生物技术等,使产业结构从劳动和资本密集型向技术和知识密集型转变;加快机械、电子、石油化工、汽车制造和建筑业等支柱产业发展。这既能防止人才外流,又能为新增劳动力提

---

① 参见孔微巍主编:《劳动经济学》,科学出版社2011年版,第84页。
② 参见卫新华、侯为民:《中国经济增长方式的选择与转换途径》,载《经济研究》2007年第7期。

供就业机会。

再次,扩大服务业份额。近年来,服务业发展较快,与民众生活紧密相关的商业、运输、饮食服务业迅速发展。但高端服务业,如金融、保险、经济信息与技术咨询,以及法律、会计、审计等的规模和质量有待扩大,应采取措施加快发展。发展咨询、信息和各类技术服务业等与科技相关的新兴产业,能带动知识经济的发展;加强对交通运输、邮电通信、教育和科学研究等基础产业的投资力度,改善就业的职业结构。

第四,调整企业组织结构。国家要鼓励中小企业多元化发展,既要发展与大企业、大规模生产配套协作的中小企业,又要发展拥有独特技术、特色产品、特色服务和品牌的中小企业。鼓励建立中小企业间联合采购、销售、培训人才、开发新技术新产品,建立分工协作关系,降低生产成本,增强抵御市场风险的能力。再者,引导金融机构为产品技术含量高、环境污染小、就业创造大的企业融资。允许非国有中小企业享受自营出口,出口退税等政策,鼓励商业银行提供短期出口信贷和风险担保。

二、重视劳动密集型发展方式

(一) 劳动密集型是一个历史过程

劳动密集型发展方式是一个必然的历史过程。它是指劳动要素投入的价值量在全部要素投入的价值量中占有较大比重的产业,是在产品总成本中劳动成本相对于其他要素所占比重最大的产业。劳动密集型产业有劳动力配置密集性,产业涉及面广等特点。一国人口多、土地和资本少,其产业结构都要经历从资源和劳动密集型产业向资本和技术密集型产业演进的过程。在工业化初始期,劳动密集型工业占主导地位,工业化先是对既有农产品的利用,发展初级加工工业,劳动密集型产业是工业化的起点。之所以如此,是因为商品经济在工业化开始前就已存在,劳动生产率也有所提高,这导致了三种结果:一是农产品出现了剩余,农村开始有了提高消费层次的欲望;二是农村劳动力出现了剩余,但资本和技术相对不足;三是发展劳动密集型工业的技术已具备,这为工业化奠定了基础。只有劳动密集型产业才能使绝大多数农业劳动力逐步转向非农就业。农村劳动力技能低，难以从事复杂的工业生产，只有在技术含量低的行业才能就业，因此劳动密集型产业是吸纳劳动力的载体并为农村劳动力的转移就业提供市场；同时，它为工业上升到资本密集型产业积累资本。①

(二) 劳动密集型有助于就业扩张

要解决大量失业者的再就业问题，劳动密集型产业发展应受到重视。在工业化发展初期，日本、韩国、新加坡等国和我国台湾、香港地区都重视劳动密集型产业。我国正处于工业化发展中期阶段，工业结构从以劳动密集型转向以资本密集型，农业劳动力和人口比重下降，城市人口比重上升；农业增加值和对国民经济贡献率下降。而农业劳动力和人口比重，都高于产业转换期间其他国家和地区的水平。要急于实现以资本密集型、技术密集型和知识密集型产业为主的产业结构，既不符合国情，又不利于扩大就业。② 我国劳动力有数量和价格的比较优势，能支撑劳动密集型产业发展。由于发达国家劳动力成本较高，它们将低端劳动密集型产业转移到劳动力成本低的国家，这也是一种机遇。

(三) 劳动密集型的两个重要载体

首先，劳动密集型发展方式与中小企业有密切关联。中小企业资本有机构成低，等量投资能创造更多的就业岗位。不同规模的企业对创造就业的贡献不同，企业净的就业创造率与企业规模呈现出负相关。因此，重视发展中小企业是解决就业的首选，因为它是劳动密集型企业，是就业的主要载体，要扩大就业就必须促进其发展。中小企业多是以非公有制经济特别是个体私营经济的形式存在，它所创造的就业岗位一直是新增就业岗位的主体。然而，我国中小企业地区失衡，许多地方对其的歧视和限制未变，不仅在申请设立、审批、注册登记方面还存在环节多、手续繁和时间较长等问题，而且在经营范围、土地和能源使用、融资、项目审批等也受

---

① 参见胡军、向吉英：《转型中的劳动密集型产业：工业化、结构调整与加入WTO》，载《中国工业经济》2000年第6期。

② 参见史及伟、杜辉：《中国式充分就业与适度失业率控制研究》，人民出版社2006年版，第190—192页。

到歧视与排挤。这些都不利于中小企业发展。

我国政府制定了一些法律法规,旨在促进中小企业发展,以保障其合法权益,增加就业机会。政府应采取以下措施:一是扩大市场准入范围。在外贸政策方面,扩大中小企业的进出口权与服务代理权,使它们享受同等待遇与便利;应放宽私人资本在国民经济中的一些重要行业如银行、通信等的市场准入,扩大民营经济经营范围,以打破行业垄断、引入竞争机制、降低成本并扩大市场和就业。二是税收和金融政策倾斜。对那些接收大量失业人员的中小企业应加大返还增值税和营业税;对于经营中的中小企业,降低其各种税率,使其税负大大低于大型企业;个人投资创办中小企业,免征个人所得税、固定资产投资方向调节税和利息税;对失业人员兴办的中小企业,在申请营业执照后,可以提供定额的启动资金。三是完善中小企业服务体系。这既有利于中小企业发展,服务体系本身又增加就业机会。四是对待中小企业,除了和其他类型企业一样应在资源环境保护上加以控制以外,其他环节应享受平等待遇。对农业经营一体化企业、标准化农业、绿色农业等,在政策上要加以鼓励和扶持。

其次,劳动密集型发展方式与乡镇企业有密切的关联。我国乡镇企业多数是劳动密集型企业,其发展既在一定程度上解决了当地就业问题,又凭借低劳动力成本优势促进了企业加快发展,促进了劳动力产业转移和空间转移的同步完成,推动了小城镇建设,而这反过来又成为劳动密集型产业发展的依托,使劳动密集型产业与小城镇互相依存发展。

三、发挥财税政策的就业功能

财政政策(fiscal policy)在经济变动中有重要影响力。研究表明,财政支出每增长1%可使就业量增长5.5%。可见,财政政策对刺激经济增长及扩大就业有着巨大作用。从财政支出角度看,可通过加大公共投资项目,刺激经济需求,带动社会投资并促进就业。政府要贯彻积极的财政政策,增加就业资金投入,加大保护就业弱势群体的力度,通过财政投入增加促进经济发展,开辟新的就业岗位;加大财政转移支付力度,特别是要加大对中西部地区以及老工业基地等就业困难地区的转移支付;加大农村基础设施建设投入，促进农村经济发展，吸纳农业剩余劳动力，减轻城镇就业压力；加强职业教育与培训。通过各级财政对农村教育支出的增加，为劳动力市场培养合格的专门人才；要提高农村劳动力素质，加强对农村剩余劳动力的职业培训；加大投入并加强对城市贫困无业人员的培训，提高其再就业能力。①

政府采购（government procurement）是财政支出的一个组成部分，它通过调节国内总需求和经济增长进而影响就业容量。政府购买和直接消耗经济资源，成为社会总需求的组成部分，因此其数额变动会对经济总量产生影响。其支出增加会引起国民收入的加倍增加，其支出减少会引起国民收入的多倍减少，从而出现了乘数效应。利用政府采购的这种功能，政府根据宏观经济发展态势，在可操作的弹性空间内，合理实施政府采购，以便达到调节经济总量之目的。如果市场出现需求不足，民间投资低落，投资预期悲观，政府可以实行扩张的财政政策，增加公共支出数量，扩大政府采购，进而拉动基础设施和公益项目投资，或增加社会福利支出，这些将导致社会购买力上升，从而使市场容量扩大，企业前景向好，民间投资上升，经济增长有望恢复到一定水平。如果要抑制通胀，政府可压缩政府采购数量，从而在一定程度上减少货币流通量，使市场物价回落，抑制过热投资，实现经济平稳增长。政府采购变化引起国内总需求变化，这必将转化为要素收入的变化，而收入变化又将引起居民消费行为的变化。这种传导机制将导致均衡国民收入数倍的扩张或收缩。与税收和转移支付政策相比，政府采购对国民收入和消费市场的影响更大，进而催生对劳动力的派生需求。

一国税收政策（tax policies）将对就业产生重要影响。宽松的税收政策有助于提高微观经济组织吸纳劳动力的能力。从城镇就业扩张角度看，国家对城镇失业者创业和自谋职业，以及吸纳失业者就业的民间企业实行税负减免政策，对失业者和大学毕业生创业申请小额贷款提供补贴政策等，将能有效提高失业者的再就业能力和企业组织的就业创造能力。从农

---

① 参见孙胜利：《我国就业问题对财政的影响与压力》，载《经济学动态》2003年第1期。

业就业扩张观察，政府税收政策调整取得了良好效果。2006年1月，我国终止了《农业税条例》，在全国废除了农业税，结束了千年的"皇粮国税"。政策目标是减轻农民负担，扩大农民的公民权利与福利待遇。农民消费能力提高必将促进城乡消费市场繁荣，增加了国内有效需求的实现值，为工业品扩大了销路，从而促进城镇就业增长。不仅如此，农业比较收益上升，吸引部分农民回流农村从事农业劳动，扩大了农业就业，也减轻了城市就业压力。

四、鼓励立足社区的自主创业

十七大报告提出了"促进以创业带动就业"的思想。[①] 自主创业是高级就业形式，能有效扩大对劳动力需求，包含了相当程度上的创造市场需求的成分，能促进就业扩张。因为它通过直接为社会提供产品和服务，其中包括一些新项目、新产品、新服务，直接创造了社会需求；另一方面，社区自主创业能带动新的就业岗位产生，帮助政府解决其他失业者就业。[②] 从全国各地的再就业看，一些失业职工通过自主创业，安置了不少其他失业者。

立足社区的自主创业，就业扩张效应是肯定的，因而政府应开展创业扶植。首先，建立有利于自主创业发展的市场环境。打破行业的国家垄断和部门垄断，降低市场准入门槛，鼓励竞争，规范竞争秩序，促进非正规部门参与市场公平竞争；建立竞争公平、运行有序、调控有力、服务完善、城乡一体化的现代化劳动力市场，确立市场机制在劳动力资源配置中的决定作用，运用市场机制调节劳动力在正规就业与非正规就业之间的供求，使更多的劳动者通过劳动力市场实现非正规就业。其次，创业资金扶持。失业者一般没有资金来源，政府要适当承担一些创业成本，包括减税、免税或财政贴息，使创业者无偿地获得创业资金。失业者在社区、街道、工

---

① 参见胡锦涛：《高举中国特色社会主义伟大旗帜，为夺取全面建设小康社会新胜利而奋斗——在中国共产党第十七次全国代表大会上的报告》，人民出版社2007年版，第38页。

② 参见唐继宏：《社区就业的现状分析与对策》，载《江苏教育学院学报（社会科学）》2012年第6期。

矿区等从事商业、餐饮、修理等个体经营的微利项目的小额贷款，由财政按同期商业贷款利率全额贴息。这些微利项目包括家庭手工业、修理修配、图书借阅、旅店服务、餐饮服务、商品零售、搬家公司、家政服务、卫生保健、婴儿看护、教育服务、养老服务、病人看护、接送学生等。

我国所有制结构变化的方向是国有经济比重下降，民营经济比重与就业份额上升。在鼓励民营经济增长的政策导向下，社区经济将有更大的发展空间，因为社区经济很多属于民营经济成分。出于扩大就业的需要，政府应扶持社区经济发展与扩大就业数量。具体政策措施有：一是促进失业者在社区再就业，国家颁布了一系列鼓励和促进再就业的优惠政策，劳动和社会保障部下发的《关于开展再就业援助行动的通知》规定失业者社区再就业能享受税收减免、工商登记优惠和行政性收费优惠等政策。二是社区公益性和福利性就业岗位的创造通过政府采购的方式完成，并优先提供给失业者。上海市政府通过政府采购，出资开发新的就业岗位，并规定通过政府采购催生的社区公益性就业岗位必须安置就业困难者就业。三是将一些较为成熟的社区服务项目从政府包揽改为社团管理，既能转变政府职能和节约公共成本，又能扩大社区就业。四是加强创业培训服务。我国已引进国际劳工组织针对培养微小企业创办者的需要而专门开发的一个培训项目，采取小班化教学，注重师生互相交流。五是发挥中介组织的作用。将一些服务性、技术性、辅助性工作，改为政府指导、社会统筹、社团管理的方式，既可减少政府开支和工作量，又能充分发挥社会组织的功能。中介组织能充分挖掘就业岗位，因为中介组织掌握大量就业信息，发挥其集团优势，为就业者提供就业信息。①

五、调整与优化劳动就业政策

（一）改善就业服务政策

就业服务包括发展劳动力市场需求信息网络，促进就业指导和中介机构完善。要将政府、企业、市场、就业服务中介等加以整合，健全街道和

---

① 参见臧亚州：《试论我国城市社区就业存在的问题与对策》，载《辽宁行政学院学报》2012 年第 5 期。

乡镇公共就业服务网络，将公共服务延伸至基层。劳动力市场信息网络实现城乡联网，逐步形成政府、企业、中介组织、街道社区等多层次就业服务网络。公共就业服务要平等对待城乡劳动者，对登记求职的农村人实行免费信息咨询、职业指导和职业介绍。[①] 各级政府要对网络建设投入资金，随着失业人数的增多，基层就业服务机构的压力增加，现有力量难以应对，需要加大人力和物力投入。

首先是职业介绍，包括求职登记，用工调查与登记，市场信息搜集，用工指导咨询，以及就业预测。它能沟通供求信息，缩短求职与招聘时间，并通过信息发布调节市场供需。职业介绍连接就业失业管理和推荐培训。我国设置公立职业介绍所、技工交流中心、劳动力市场等机构。公立职业介绍包括收集和发布职业信息、进行职业咨询、为求职者开展职业能力与倾向测试等。政府人事部门设立人才交流中心、人才市场等机构，开展职业介绍工作。通过举办供需见面会，为择业、转业者提供服务和就业机会。政府还要规范民间职业介绍机构。

其次是就业培训，包括对失业青年、妇女和残疾人等开展就业前培训，对他们开展转业培训和下岗职工再就业培训。经费是财政拨款，企事业单位自筹与用贷款、学费、培训创收、社会资助、接受捐赠等多渠道筹资。国家规定企业职工工资的1.5%用于培训。由各地支付的就业经费和建立的失业保险基金，规定要划出部分经费用于失业者就业前培训和转业培训。

英国大多数大学都设立了专门的职业服务部门，提供大量职业服务。除了帮助毕业生求职，还为那些难以进入市场的毕业生提供特别服务。他们帮助学生开发职业管理技巧，提供建议。大学职业服务不仅为毕业生提供服务，而且也为所有在校学生服务。职业服务办公室是指导学生与校友进行有效的自我评估、职业开发和制定求职战略，学校提供职业咨询、校友咨询、校园招聘、研讨会与职业小组、职业资源中心以及毕业生就业报

---

① 参见莫荣：《统筹城乡就业是政府工作的一项重要职责》，载《中国党政干部论坛》2007年第4期。

告等就业服务。①

(二) 扶持特殊群体就业

它是指那些因自身或环境造成的就业困难者,包括初次就业者、残疾人、妇女、退伍军人、大龄失业者、城郊占地农转非群体,以及劳改释放者等。其就业观念落后、就业或创业信心不足、部分人员年龄偏大、文化偏低、技能较差,因而解决就业难度更大。就业促进措施有:一是降低其工资,或给他们就业的企业适当优惠,如减免税收、补贴等,使企业在其劳动生产率比其他人低的情况下愿意雇用他们。二是设法提高其劳动生产率,当其劳动生产率尚未达到正常水平时,企业可以用实习者的形式雇用他们,部分时间用于培训。消除市场歧视,采取就业优先政策,发放安置费等。

1. 妇女就业保护政策

我国坚持男女平等就业,保障了女性劳动权利,使大多数女性实现了就业参与愿望。女性就业比例较高,职业分布面广泛,其中农业就业份额大降低了女性的就业层次。就业女性会面临同工不同酬、就业隔离和职业发展空间狭小的困境;未就业女性要面对职业准入和选择的歧视。她们还要解决角色冲突,平衡就业与家庭矛盾。整体而论,女性失业和贫困化有所加重,这需要政府保护女性就业。

妇女就业保护政策有:首先,保护妇女就业权益。一是保障妇女享有平等就业权。用人单位在录用职工时,不能以性别为由拒绝录用妇女。二是保障妇女就业服务权。劳动部门及各类职业介绍机构在提供就业服务时,不得歧视妇女。三是保障妇女就业权不因生育受到侵害,任何单位不得以结婚、怀孕、产假和哺乳等为由辞退女职工。② 其次,保护妇女职业权。一是同工同酬,任何岗位的男女职工,只要付出同等劳动,就应获得同等报酬。二是晋级和评定专业技术职称及职业培训等方面,坚持男女平

---

① 参见曾湘泉:《变革中的就业环境与中国大学生就业》,载《经济研究》2004 年第 6 期。
② 参见武友政:《我国妇女就业政策的结构及其扩展》,载《重庆社会科学》2009 年第 12 期。

等,根据工作业绩给予男女平等机会。三是合理安排女职工的工种。为了保护妇女的健康,根据妇女生理特点,女职工禁忌从事高强度体力劳动。再次,保护妇女特殊劳动权。在妇女经期、孕期等,安排她们从事合理劳动。① 政府要制定和完善法律、政策,消除劳动力市场性别歧视,促进性别平等;采取减税、优先贷款、政府采购加分等手段约束,引导用人单位推进性别平等就业。政府还要完善生育社会保险制度,将之纳入社会保险法强制执行,提高生育保险覆盖率和待遇。②

2. 残疾人就业保护政策

残疾人多数处于长期或隐性失业,因为劳动力供过于求,普通人就业不足,残疾人就业难度更大。他们人力资本投资少,劳动生产率低,再加上就业歧视不利于他们就业。但政府没有回避残疾人就业,制定了一系列法律、法规和政策,形成了以《宪法》为核心,《劳动法》和《就业促进法》等为基础,《残疾人保障法》和《残疾人就业条例》为主体,相关条例和规章为补充的残疾人就业政策。③

第一,按比例安排的就业政策。《残疾人保障法》规定,用人单位应按比例安排残疾人就业,并为其选择适当岗位,比例由省级政府规定。凡安排残疾人就业达不到地方政府规定的比例,应按财政部发布的《残疾人就业保障金管理暂行规定》按年度差额人数和上年度本地职工平均工资计算交纳用于残疾人就业的保障金。这些经费用于补贴残疾人职业培训费用,奖励超比例安排残疾人就业的单位,有偿扶持残疾人集体就业和个体经营,适当补助残疾人劳动服务机构经费开支,直接用于残疾人就业的其他开支。

第二,集中安排的就业政策。它是指民政部门、企事业单位、残疾人组织、乡镇、街道等举办福利企业和其他经济实体集中安排就业。国家执

---

① 参见钟仁耀主编:《社会救助与社会福利》,上海财经大学出版社2005年版,第274—287页。
② 参见蒋永萍:《重建妇女就业的社会支持体系》,载《浙江学刊》2007年第2期。
③ 参见杨伟国、代懋:《中国残疾人就业政策的结构与扩展》,载《学海》2007年第4期。

行税收减免等优惠政策，扶持兴办残疾人福利企业、盲人按摩机构、工疗机构等残疾人集中就业单位。《关于民政福利企业征收流转税问题的通知》规定，民政福利企业享受先征后返还增值税优惠政策。安置"四残"人员占企业生产人员50%以上的民政福利企业，其生产增值税应税货物，经税务机关审核后，可采取先征后返还。

第三，政府鼓励残疾人自愿组织就业或个体就业，可以机动灵活，这是市场经济条件下残疾人就业的有效形式。工商行政管理、税务等部门要根据残疾人保障法和有关税收法律规定，制定和完善扶持残疾人就业优惠政策，在核发营业执照、办理手续、减免税收和落实经营场地等给予照顾。就业服务机构要在项目选择、申办营业执照等做好服务。对残疾人个体从事劳务、修理、服务业务取得的收入免征营业税，对残疾人从事商业经营的、营业额较小、纳税后生活有困难的，可由税务部门给予减免。

第四，就业能力培训政策。国家出台了教育培训政策对残疾人义务教育和职业教育给予了重视，保障了他们参加义务教育和职业教育的权利。除《宪法》中规定残疾人应享有教育权利外，《残疾人保障法》、《就业促进法》和《残疾人教育条例》都有相应的规定。《残疾人保障法》规定，残疾人教育实行普及与提高相结合、以普及为重点的方针，发展义务教育和职业技术教育。这些法规对高级中等学校和残疾人职业技术教育机构做了专门规定，要按国家规定开展残疾人义务教育和职业技术教育。

第五，就业服务配套政策。这些政策包括加强各级残疾人联合会就业服务机构建设，免费为他们提供就业服务；就业信息网络建设，发布用人单位用工信息，为用人单位和求职残疾人提供方便的服务；开展无障碍设施建设和信息交流无障碍工作，为残疾人就业提供更有利的物质条件等。①

3. 退役军人就业扶持政策

中央军委于2001年颁布实施的《军队转业干部安置暂行办法》，是我国退役安置政策的一次重大改革。它改变了原来对退役军人单一计划安置

---

① 参见许琳：《残疾人就业难与残疾人就业促进政策的完善》，载《西北大学学报（哲学社会科学版）》2010年第1期。

就业，实行计划分配与自主择业相结合的安置方式；① 对退役军人的安置从计划安置向市场安置、就业安置向经济补偿转变。《兵役法》规定，义务兵退役后，按返回原籍的原则，由原征集的县、自治县、市、市辖区人民政府接收安置。志愿兵退役后，服役不满十年者，按义务兵规定安置；满十年者，由原征集的县、自治县、市、市辖区政府安排就业，也可以由上一级地方政府统筹安排；自愿回乡参加务农或自谋职业者，给予鼓励，由当地政府增发安家补助费；服役满30年或年满55岁者作为退休安置，根据地方需要和本人自愿可进行转业安置。《关于扶持城镇退役士兵自谋职业优惠政策的意见》，从享受优惠政策的资格、就业服务和社会保障、成人教育和普通高等教育、个体经营、税收、贷款、户籍等七个方面，对自谋职业的城镇退役士兵能享受的优惠政策做出了规定。此外，建立退役军人就业协会能弥补就业机构服务力量、服务方式以及提供就业信息的不足，有利于增强政府就业服务功能，促进退役军人就业。②

（三）完善劳动用工制度

就业促进、失业治理都是与劳动用工制度和用工行为紧密联系的。国家要完善劳动用工制度并规范用工行为，切实保障劳动者的正当权益，否则就会降低就业增长。我国劳动用工因劳动保护法律不健全或得不到有效执行，劳动者的合法权益受损较为普遍，诸如劳动者工资过低并经常被拖欠，工时过长，劳动条件恶劣与保障欠缺，用人单位不与农民工签订劳动合同等。特别是劳动者工资过低，他们要改善生活条件，就会主动增加工时、加班加点、疲劳操作，这不但可能造成工业事故，而且会对新增用工产生排斥。一部分社会成员的低工资可能造成分配不公平，更会对就业增加产生不良影响。因此政府应根据各地区实际，确定当地的最低工资标准和最长工时，签订劳动合同，以建立正常的劳动用工秩序，保护劳动者的

---

① 参见王众：《新中国退役军人安置研究评述》，载《山东社会科学》2009年第9期。
② 参见廖国庚：《建立退役军人就业协会：一个值得重视的历史性课题》，载《经济与社会发展》2011年第1期。

正当权益。① 这些就业促进政策的配套政策应予以重视。劳动政策调整短期可能会增加用工成本并限制就业扩张，全国统一限制工时长远则能扩大就业。

第二节 减少劳动力的总供给

一国劳动人口的数量受到多种因素的制约。各国规定的劳动年龄上下限不同，其劳动人口的数量就不同。所以，当一国劳动人口数量不足时，会推迟退休年龄；而当劳动人口数量大于生产劳动中所能吸收的数量时，则会采取相反的措施，诸如建立劳动预备制度、延长义务教育期限和大力发展非义务教育等，会推迟劳动人口的增长速度。我国就业岗位的绝对增加量有限，应主要依靠相对增加。② 面对劳动力市场供过于求的状况，减少劳动力总供给，逐步降低就业人口占总人口比率，成为劳动力市场失业治理的关键环节之一。

一、调整人口教育政策

（一）我国人口政策的发展

我国人口与计划生育政策受到毛泽东的影响。新中国成立前后，毛泽东从政治层面思考人口问题，否定了过量人口和低素质人口影响经济发展。后来，其人口思想不断摇摆于人口规模与利弊之间，从而使人口政策在计划经济时代的大部分时间内处于时断时续中。新中国成立伊始，出于批驳美国人和医治战争创伤的需要，加上受到苏联促进人口增长政策的影响，我国执行了鼓励人口增长政策。这体现在这一时期颁布的《婚姻法》、《机关部队妇女干部打胎限制的办法》、《限制节育及人工流产暂行办法》中。由于我国鼓励生育，再加上传统的多子多福思想，人口出现了较快增

---

① 参见马良华、郑志耿：《经济增长、充分就业和农业发展——兼对中国长期经济增长问题的研究》，浙江人民出版社 2004 年版，第 296 页。
② 参见黄任民、王春秀：《就业岗位的绝对增加与相对增加》，载《经济理论与经济管理》1998 年第 5 期。

长,影响了民众生活与经济发展。

在"一五"计划实施前,政府进行了全国人口调查,既为经济决策提供依据,又为人民代表大会各级代表选举和选民登记奠定基础。这次调查数据暴露了人口问题隐患,并引发了人口问题大讨论。理论界就人口问题初步达成共识,认为在经济和生产力落后时,人口增长过快将会影响国家工业化和群众生活;要实行计划生育政策,以逐渐实现控制人口总量的目标;如果不注意控制人口,可能会出现人口问题。[①] 在此期间,马寅初的《新人口论》提出了控制人口数量、提高人口质量。但毛泽东对人口问题的态度举棋不定,再加上"反右倾"运动的影响,马寅初的人口控制思想遭到了错误批判,从而推迟了人口控制政策的执行。

"大跃进"使我国城镇人口快速增加,加剧了就业与物资供需矛盾。中央发出的《关于认真提倡计划生育的指示》,是人口控制政策的萌芽。国家要求节制生育,在全国开展思想宣传与普及节育知识,成立了计划生育机构,并颁布了《关于计划生育支出财务管理》,从经费上保障计划生育工作,人口控制在城市取得了成效。由于生育文化、人口增长惯性等因素的影响,人口自然增长率居高不下,导致了大多数农业合作社内部出现了剩余劳动力和就业工时不足矛盾,但它却被集体劳动方式所掩盖,我国农业隐性失业问题此时就开始发酵。

人口控制政策却因"文革"而中断。随后,人口出现了猛增,出现就业难、物资供给不足、国民贫困等问题。这使毛泽东等人感到人口问题的紧迫性和全局性,开始调整人口政策。卫生部提出了"晚稀少"人口政策。1979年《宪法》指出,国家提倡和鼓励计划生育政策,要求城乡普遍只生一胎。1980年9月,中央发表了《关于控制我国人口增长问题致全体共产党员、共青团员的公开信》,这是独生子女人口生育政策的正式出台与全面实施。

虽然我国执行了计划生育国策,但人口增长惯性短期难以消除,过度人口增长增加了劳动力市场供给以及经济发展压力。20世纪90年代中期

---

① 参见汤兆云:《当代中国人口政策研究》,知识产权出版社2005年版,第75页。

以后，人口增长与人口政策进入相对稳定期。2002年《人口与计划生育法》规定，"国家稳定现行生育政策"，"鼓励公民晚婚晚育，提倡一对夫妇只生育一个孩子；符合法律、法规规定条件的，可以要求安排生育第二个子女。具体办法由省、自治区、直辖市人民代表大会或者常务委员会规定。"这部法律考虑到现行计划生育人口政策既没有紧缩的必要，又缺乏放松的条件。《人口与计划生育法》的颁布与实施，标志着我国通过法律的形式确立了计划生育的基本国策。鉴于人口结构问题，2013年，国家出台了"单独二胎"政策。

（二）大力发展教育与培训

大力发展教育对减少失业有三方面的作用：一是推迟青少年进入劳动力市场的年龄，能缓解失业压力。劳动者受教育时间的长短对劳动力参与率有直接影响，受教育时间长，会相应减少就业时间，从而降低劳动力参与率；受教育时间短，必然提高劳动力参与率。随着经济发展和经济实力的增强，政府可以考虑将国民义务教育从9年延长至12年。二是提高劳动者素质，降低结构性失业，并缩小个人收入差距。因为收入差距的原因是受教育水平的普遍提高，是人力资本投资的结果。三是提高一国综合竞争能力。一国人均教育水平的提高，有利于提高劳动生产率，增加技术创新能力，开发新产品，提高国际国内市场竞争力等，这就必然促进一国经济增长，拓展就业空间。发展教育可以采取增加教育投入、完善终身教育体系、创新教育内容和方法等措施。对政府来说，提供就学机会比提供就业机会更容易，成本更低，而且这种政府行为对劳动力市场机制的影响是中性的。我国教育事业发展缓慢，青少年平均受教育年限较短，使他们过早参与劳动。要改变这种状况，需要增加教育投入，提高青少年受教育程度、推迟其就业年龄。我国由国家支付的教育经费占国内生产总值的比重低于世界平均值。教育经费不足既影响教育规模扩大，又影响教育质量提高。发展教育事业，不仅是降低青少年劳动力参与率、减少劳动力供给，而且是提高劳动力素质、从根本上提高经济活动效率、最终解决就业矛盾的关键性措施。①

这种功能要配合一个正常的劳动力市场，它吸纳高素质劳动者，排斥低素质劳动者，从而有利于降低青少年的劳动力参与率。在劳动力市场发生作用时，工资就要反映劳动力的相对稀缺程度，稀缺的高素质劳动力的价格会高于过剩的低素质劳动力，这种形势对是否考虑参加教育或培训的青少年带来的影响有三：一是接受教育或培训后，他将获得较高的预期工资；二是接受教育或培训后，他将成为较为稀缺的劳动力，他在就业竞争中将处于较为有利的地位，就业概率增大，失业可能性减少；三是扩大的工资等级使得学习阶段所支付的直接成本和机会成本相对于学习后获得的较高收入来说会变小，此时教育或培训的投资回报率将变大，从而有更多青少年愿意进行人力资本投资。② 长期以来，我国实行低工资制度，工龄对工资影响过大，导致民众教育投入不足，提前就业以及家庭劳动力供给规模扩大。

随着社会分工的精细化，各种职业的专业性和技能在不断提高，因此职业培训不仅对失业者是必要的，而且对就业者同等重要。职业培训是伴随终身的，否则，劳动者就存在失业风险。职业培训旨在提高失业者素质，为他们转岗提供可能，能有效降低结构性失业。特别是岗前培训和岗中培训。前者是针对首次就业的劳动者，使他们未来就业效率增加。对劳动者的岗中培训使劳动者能适应技术进步和新兴产业的技能需求。

农村青少年在完成义务教育后，不能继续接受高级的学历教育，流向社会不仅缺乏技能准备，又没有思想准备，大多数人沦为缺乏竞争力的低素质劳动力。如果政府要减少其数量，就要发展中等职业技术教育。③ 从外部因素看，要努力扭转社会重视普通教育轻视职业教育，重学历轻技能的风气。职业教育和技能教育被认为是无力进入普通教育的被动选择，无

---

① 参见刘泓：《未来十年我国的就业形势及对策》，载《南开经济研究》2000 年第 4 期。
② 参见姚先国、陈凌：《试论劳动力市场的供给管理》，载《管理世界》1997 年第 6 期。
③ 参见朱启臻、李敏等：《对城乡劳动力就业不平等的再思考》，载《经济与管理研究》2004 年第 3 期。

论在录取标准、学历层次上，还是在就业岗位和报酬上，都要比接受普通教育者低，从而使青年不愿接受职业教育。从内部不利因素看，其办学模式、课程设置、教学内容、教学方法等不能紧跟市场变化，教师对一线的经营管理、劳动组织、技术工艺缺乏了解，专业技能和实践教学能力差，教学方法和教学手段单调。职业教育的办学定位不明确，有些学校尚未真正摆脱学科型的教学模式，是以理论知识传授为本位，过分强调学科内容的系统性和完整性，不注重职业能力培养，没有面向市场需要，就业核心竞争力并未得到提高。

二、健全劳动预备制度

劳动预备制度（vocational training system），是政府为提高青年劳动者素质，培养劳动后备军而建立和推行的新型培训就业制度，旨在推迟就业年龄和减少市场供给。其一，根据九年制义务教育和职业技术教育的时间来确定就业起始年龄，可考虑各方面的因素适当推迟就业年龄。其二，执行职业资格证制度，劳动者凭身份证、学历证、职业资格证进入劳动力市场，提高青年劳动者的整体素质和就业能力。其三，禁止雇主使用童工，执行严格的童工检查和惩罚政策，落实就业政策法规。

劳动预备制度的建立有法律和政策依据。《劳动法》规定，"从事技术工种的劳动者，上岗前必须经过培训"。《职业教育法》规定，"国家实行劳动者在就业前或者上岗前接受必要的职业教育的制度"。《中共中央国务院关于切实做好国有企业下岗职工基本生活保障和再就业工作的通知》要求，"要普遍实行劳动预备制度，对城镇未能继续升学的初、高中毕业生，进行一至三年的职业技术培训"，《中共中央国务院关于深化教育改革全面推进素质教育的决定》要求，"积极推行劳动预备制度，坚持实行'先培训、后上岗'的就业制度"。《国务院办公厅转发劳动保障部等部门关于积极推进劳动预备制度加快提高劳动者素质的意见的通知》规定，"从1999年起，在全国城镇普遍推行劳动预备制度，组织新生劳动力和其他求职人员，在就业前接受一至三年的职业培训和职业教育，使其取得职业资格或掌握职业技能后，在国家政策指导和帮助下，通过市场实现就业。"

劳动预备制度的培训对象是，城镇未能继续升学的初中、高中毕业生，以及农村未能继续升学并准备从事非农产业就业或进城务工的初中、高中毕业生。对准备从事农业生产劳动的初中、高中毕业生，各地可从当地实际出发，单独制定培训办法。各地还可根据实际需要引导城镇失业者和国有企业下岗职工参加劳动预备制度培训。国家要求上述对象在就业前接受约三年的职业培训，使他们取得相关劳动领域的职业资格证书后，在有关部门帮助下，通过劳动力市场实现就业。按照职业分类和技能标准，对劳动预备人员进行职业培训，开设符合市场需求的培训专业。实施职业技能和专业理论学习，并进行必要的文化知识和创业能力培训，同时进行职业道德、职业指导、法制观念等教育。培训还包括各种社会实践活动。培训机构通常会根据培训对象和就业岗位需求，确定培训期限。初中毕业生初级技能培训期限一年以上，中级技能培训期限两年以上；高中毕业生中级技能培训期限一年以上，高级技能培训期限在两年以上。培训人员学习期满，通过考试合格，可获得劳动预备制培训合格证书。上海推出了针对青年失业者的"职业见习"计划，选择一些技术较先进、管理水平较高、在行业中有一定知名度的企业作为见习单位，让参加培训的青年失业者进入企业，在一些技术含量较高的见习岗位上，进行三个月至半年、最长不超过一年的见习，以提升就业竞争能力。政府对见习青年给予生活费补贴，并提供见习期间的综合保险；政府对见习单位给予经济补偿。这一计划得到了企业、青年失业者和家庭的赞誉。①

劳动预备制度的现实意义在于：其一，它减少了劳动力市场总供给，缓和了失业矛盾。我国劳动力市场出现了供需失衡，就业矛盾比较突出，在全国实施这项制度，起到调节劳动力供求关系的作用。因为延长青年受教育时间，开展必要的职前培训，既能提高其就业能力与就业质量，又能降低劳动力参与率和扩大教育消费。其二，它提高了企业竞争能力。企业竞争本质是技术和人才竞争。这项制度培养出有较高职业技能的劳动后备

---

① 参见游钧主编：《2005年：中国就业报告——城乡统筹就业》，中国劳动社会保障出版社2005年版，第201页。

军,使企业能直接从市场招聘到符合需要的人才,不但缩短了企业人才的培养周期,而且减少了企业对新招职工职前培训的费用,有利于企业提高产品质量,增强企业竞争能力和发展后劲。其三,它提高了青年劳动者的职业素质。他们取得了相关职业资格与职业技能,增强了在劳动力市场上的就业竞争力,失业可能性有所减少。

三、执行刚性退休政策

我国学界对于退休的概念界说不一。概括而论,老龄人口在退休后,有多种选择:离开劳动力市场后不再重新就业;逐渐减少劳动供给并最终退出市场;领取养老金或从社保体系中获得收入;离开原就业单位后在其他单位另谋职业等。① 面对各种情形,一国退休政策通常要考虑到退休年龄规定对养老保障和就业的双重影响。我国普通劳动者的法定退休年龄男性为 60 岁,女性为 55 岁。应实行男女平等的离退休政策,执行差别年龄退休不符合男女平等的立宪精神,也不符合市场经济公平原则,更无助于妇女解放与发展。在养老保障给付压力巨大的情形下,建议有关部门重新制定男女退休年龄政策,将男女平等原则纳入退休政策,体现男女共同发展、和谐发展的国家战略。② 考虑到人口预期寿命和老龄化的严重性,我国退休年龄在发展中国家处于普通水平。在计划经济时代,大多数劳动者既不提前退休,退休以后又不再求职。国有部门职工按照国家规定办理退休手续,退休后返聘者只是极少数。

改革开放以来,我国部分退休人员仍旧活跃于劳动力市场,其再就业理由包括退休直接造成了收入减少,并使其社会地位下降,由此产生了心理和生理的不良反应,生活品质和健康水平下降。许多老年人不愿退休,其就业呈现出以下特征:男性总就业率高于女性;发达地区的退休老年人口就业率高于不发达地区;老年人口再就业的职业集中于第三产业;老年人再就业岗位一类是专业技术水平要求高,年轻人难以胜任的岗位,另一

---

① 参见陈晓云:《就业行为管理》,上海人民出版社 2007 年版,第 189 页。
② 参见丁娟:《论男女平等享有就业权与实施同龄退休政策》,载《人口研究》2004 年第 2 期。

类是收入较低，年轻人不愿选择的就业岗位；用人单位不必为老年人支付额外福利；具有一定文化程度与技术专长的老年人口成为老年人再就业的主体。①

我国养老金保障水平低，导致有养老金的老年人提供更多的劳动力供给，这与养老金同劳动力供给呈反向变动相违背。② 许多老年人从原就业单位退休，他们没有后顾之忧，诸如解决了住房问题、享有养老保障、医疗保险等福利待遇。他们重新就业是出于精神需求，旨在消除退休生活的寂寞等，他们接受新雇主提供低工资的可能性更大。一些老年人是出于硬性政策规定等原因，提前离开就业岗位。这些人重新就业与上述老年人不同，多数是迫于经济压力而不得不再就业。因为他们多年以来工资都比较低，储蓄数量很少甚至毫无储蓄，而现在物价较高并有继续上涨的可能。通胀对工资劳动者和养老金领取者的生活冲击最大。如果能从家庭成员那里得到经济援助，也不一定必须再就业。但是，房价高企、子女经济负担沉重，能给予老年人的经济补贴有限。重返市场就成为许多老年人的无奈选择。特别是农村老年人没有退休金或只有微薄的养老补助，老年生活保障成为问题，其劳动力供给较高，影响老年人是否工作的因素主要是年龄、健康状况、所承担的责任、性别、居住方式和土地等家庭因素。随着农村家庭的核心化和青壮年劳动力向城镇流动，传统家庭养老模式正面临冲击，必须建立社会养老保障制度。③

老年人再就业和青年就业两者并不冲突。老年人再就业的职业分布与青年就业的职业分布并不形成排拒。老年人再就业集中在技术要求高的职业、第三产业和社会公益劳动，这些职业是青年劳动者不能、不宜或不愿从事的，因此不会与青年就业形成冲突。例如，一些拥有管理经验和技术

---

① 参见谢德琼、许雄奇：《中国老年人口的就业问题思考》，载《经济体制改革》2001 年第 2 期。

② 参见车翼、王元月等：《老年劳动者劳动供给行为的 Logistic 经验研究》，载《数量经济技术经济研究》2007 年第 1 期。

③ 参见庞丽华、Scott Rozelle 等：《中国农村老人的劳动供给研究》，载《经济学（季刊）》2003 年第 3 期。

专长的退休人员再就业后，能使一些企业扭亏为盈或使企业产品的产量和质量明显提高；一些担任技术工人的退休职工继续工作，保证了企业有步骤地实现职工队伍的更新换代。从事第三产业和社会公益劳动的退休职工，如当纠察员、交通协管员和从事里弄工作等，其就业岗位与青年人就业形成错位与互补。

面对老龄化的加剧和预期寿命延长，企事业单位对退休年龄将采取更加灵活多样的政策，政策退休将变为自然退休，即政府不再公布一刀切的退休年龄，而是确定一个大的范围，由企事业单位和个人决定退休时间。政府应鼓励企事业单位给予退休年龄前后的职工提供非全日制工作，从而使他们平稳地从就业过渡到退休状态，工资待遇可根据实际进行调整。

四、实施灵活弹性就业

灵活就业，是指工时、工资、就业场地、保险福利、劳动关系等不同于主流就业方式的各种就业形式总称。它包括非全日制就业、临时就业（诸如短期就业、派遣就业、季节就业、待命就业）、兼职就业、远程就业、独立就业、承包就业、自营就业和家庭就业。其特点是以自营就业和家庭就业为主；其产业分布以第三产业为主；其就业主体普遍存在文化和技能偏低，年龄偏大。

灵活就业产生和发展是与市场经济发展相适应的。改革开放初期，大批返城知青实现了自谋就业，同时农村实行家庭联产承包责任制，大批农民进城务工经商，他们大多数在交通运输、建筑工地、商品零售、餐饮服务或个体工商等领域就业，采用了灵活就业形式，使两方面的就业压力得以缓解。随着我国经济发展和社会进步，劳动者就业日益多样化，用人单位的用人方式也更加灵活，比如自由职业者，劳务派遣就业的发展等。由于灵活就业适应性强，近年来发展较快，反过来又推动市场机制革新。[①]

政府不能执行两性同样的就业制度，妇女可实行阶段性就业和自愿就业制度，这是女性生命周期相适应的。有人提出让妇女大部分回归家庭，

---

① 参见王东进：《完善劳动社会保障制度促进灵活就业健康发展》，载《经济与管理研究》2004年第3期。

实行一个家庭一人就业，并大幅提高工资。这个主张可能会遇到政治和社会阻力。随着职工工资的提高，就业压力增大，特别是非全日制就业增加，配偶有较高收入的家庭另一方减少劳动力供给，部分或全部退出市场是有可能的。由于我国妇女平均受教育程度要低于男性，家庭又有男主外、女主内的文化传统，妇女从事非全日制就业比例将比男性有更多增加。① 在计划经济条件下，我国没有全面考虑妇女社会角色，动员了过多的妇女就业，而且低工资政策也使妇女必须就业才能维持家庭生活。事实上，要提倡并在制度上创造条件实行妇女阶段性就业及半日就业，这既可以降低其就业率，又有利于提高儿童身体健康和心理健康水平。

女性劳动力供给的制约因素颇多：一是其参与率与其配偶的经济收入密切相关。配偶收入越高，其参与率就越低；反之，其参与率就越高。二是其参与率高低与一国女性受教育程度有关。受教育程度越高，女性参加就业的欲望就越强，而且劳动力供给的稳定性越好，供给的时间持续越长。三是与文化和观念的有关。在劳动力结构中，女性数量不断增长，这归功于男女平等思想的被提倡和妇女解放运动的兴起，从而导致国民传统观念的转变。男女平等就是融入社会，享有平等就业权利。四是女性劳动力供给与其生命周期性有关。妇女有两个就业高峰期，首次就业高峰期出现在毕业后到生育头胎，等孩童长大后，再次就业高峰期来临。企业雇用她们要么支付较低工资，要么尽量减少雇用女性数量。五是产业结构变动有利于扩大女性就业。我国产业结构逐渐从农业转向工业，再从工业转向服务业，劳动力市场性别局限性被削弱，女性就业领域被拓宽。

五、调整就业空间结构

劳动力供给空间结构，是指劳动力供给的空间布局，包括城乡空间和地区空间分布。首先，优化劳动力供给的城乡空间分布。城市是经济能量集聚地，有强大的吸纳就业能力，表现为土地集约效应、外部经济效应和规模经济效应。有鉴于此，要加快城市化发展，增加城市数量和扩大城市

---

① 参见姚先国、陈凌：《试论劳动力市场的供给管理》，载《管理世界》1997年第6期。

规模。城市规模越大，要素配置成本就越低，城市降低信息、交通、通讯成本，以及资源交换成本就越有效。因此，不同产业和行业有不同的城市依存度，一些行业的发展比另一些行业更依赖城市规模扩张。不同职业有不同的城市依存度。城市比镇、乡村更有利于高级职业的增长。城市比镇生产出更大规模的经理、技术和办事人员、商业服务人员和产业工人，镇比乡村更多地生产出了上述职业，而乡村生产出了大量农业职业者。因此只有当城市达到一定规模时，服务业职业比重才能保持较高水平，整个社会的职业结构才可能实现高级化。[①] 城市不但优化劳动力供给的空间结构，而且提升了就业质量。

我国城市在就业政策上设置了一些障碍，采取歧视政策以限制农村劳动力向城市流动就业。这加剧了城乡收入分配差距和通货紧缩，而且造成城乡居民的不平等。因为在现阶段城乡收入差距扩大，农村居民消费水平低下的情况下，限制低成本劳动力进城就业，表面上看是减少了城市市场供给总量，但却会使农村居民因缺少就业机会而导致收入增长缓慢，城市居民在不公平的政策保护下，工资继续快速增长，使企业劳动成本增加，减少了就业机会。

其次，优化劳动力供给的空间分布。由于各地区劳动边际生产率和价格差别，劳动力向高产出率和高收入地区流动是必然的。劳动力市场配置的最佳效果实现自由流动。在一元经济结构国家，经济发展比较均衡，地区差别不大，劳动力流动没有体制障碍，流动的推力是工资，不会导致就业的过度集中。我国是二元经济结构国家，城乡、东西部、沿海地区与内地，不仅收入差距较大，而且就业机会差别也较大，从而导致就业者选择地区。劳动力市场供给空间结构失衡，边远地区人才短缺，发达地区人满为患，失业人口增加。要促进就业，就必须改善劳动力供给的空间结构，这取决于政策和地区的经济发展均衡。在现阶段区域发展失衡条件下，应放宽户口限制和改变人事档案管理制度，创造劳动力流动的宽松环境，允许劳动力进出发达或落后地区没有户籍限制和居住限制，便于地区之间的

---

① 参见黄安余：《台湾职业流动及其成因探究》，载《台湾研究》2012年第2期。

劳动力自由配置；另一方面，有关地区应出台优惠政策，鼓励劳动者到边远地区就业或创业。

第三节 健全劳动力市场功能

失业是与劳动力市场调节功能紧密关联的，调节功能健全能减轻失业，因此改善市场调节功能，成为经济学家治理失业的必然选择，旨在使劳动力市场发挥作用的供求和价格机制自主调整，这包括两个方面，即劳动力使用的灵活性和工资的自主调整。

一、劳动力使用的灵活性

要实现劳动力使用的灵活性，必须使企业成为独立市场主体。一些垄断行业和大部分国有企业用工自主权逐步扩大，但市场主体资格有待于加强。非国有企业和职工的市场主体地位已确立，但行为缺乏规范，劳动合同和劳动关系的形成失范。为了确保企业竞争力，一个完善的市场要给企业充分使用劳动力的权力，企业从市场雇用劳动力数量符合生产需求。可见，从用人单位讲，劳动力使用量必须具有出灵活性，要能自主改变雇工数量。

（一）用人单位用工自由权

用人单位能改变外在的就业数量，随时根据经营状况解雇、终止劳动合同；企业也可从市场补充所需要的劳动力。如果以此标准进行衡量，在计划经济时代，国有企业没有用工自由权，实际是政府与个人进行交易和订立的合约，它规定了双方权利和义务，条款是由政府单方面制定的，个人只能接受，而没有就合约条款进行谈判的权利。政府取得了支配个人工时和人身的权利，承担了个人从出生到死亡的全部义务，个人丧失就业选择和不能自由支配自身的权利，换取了永不失业的保障。一旦缔约，政府成为企业的实际所有者，个人成为国家职工，合约对双方都有约束力，它甚至大于市场合约力量，即不能单方退出。[①] 这种用工是单边选择，包括

[①] 参见黎煦：《中国劳动力市场变迁的产权经济分析》，浙江大学出版社2006年版，第128页。

就业地点、单位和职务由政府单方决定，就业岗位由经营者单方决定，劳动者不能自由选择。国有企业对劳动者工资和福利有契约条款，劳动者不能讨价还价；人力资本价格有刚性下限，只升不低。一旦进入国有企业，就不能向其他企业流动。同时，无论企业经营如何，政府都不能关闭企业，双方都没有退出和变动自由。① 在此用工制度下，城乡两个劳动集团的就业被分割。城镇职工由国家负责安排就业，工人通常享有终身受雇权利，在企业获得固定的工资和其他福利。企业没有任何用工选择权，劳动力不能在企业和地区间自由流动。国家通过人民公社和农产品"统购统销"实现了对农民的控制。土地属于集体所有，个人只享有在集体参与劳动并获得收入，其他私人经营或非集体经营受到控制。农民不能进城就业，就业流动相当困难。

我国对传统用工制度进行了改革，旨在确立国有企业的用工自主权，建立工资分配能反映劳动绩效和失业机制。国有企业引进市场用工机制，逐渐开始与市场接轨。然而，国有企业未能建立真正的市场用工机制。虽然它们都实行了劳动合同制，但企业和职工还不是真正市场化劳动关系，这与产权改革不彻底有关。非国有经济迅速发展，出现了对劳动力的巨大需求，创造出新生的就业群体，主要由进城的农村劳动力构成。但是，私营企业用工有劳资矛盾，它们无视劳动合同的法律规定，不与雇工签订合同。劳动者有了决策的主体资格，可根据能力和对报酬及就业条件的预期，选择满意就业岗位。他们既可去国有部门就业，又能去全民、集体或个体经济就业。这种用人机制在为劳动者提供了自主性和流动性的同时，也为他们带来了风险。②

（二）缩短工时增加劳动力需求

雇工人数和工时具有替代关系。员工工时不变，即每增加一个工人所带来产出增加；另一种是员工总数不变，改变工时，即每增加一个工时所

---

① 参见张建琦：《人力资本交易与国有企业的契约关系》，载《中山大学学报》2000年第2期。

② 参见陈晓云：《就业行为管理》，上海人民出版社2007年版，第119页。

带来产出增加。企业要实现成本最小化,就要在劳动力需求决策时考虑不同要素组合给企业带来的成本变化,即企业需要权衡增加工人还是延长工时更能减少单位产品成本。企业可随意改变工时,只要不违反劳动法,因为工时长短与劳动力供给有关,表现为劳动生产率提高,它还随同劳动的节约而增长。工时缩短的直接影响可能是消费社会的来临。因为制度工时缩短可能改变居民的消费结构,从而导致产业结构的变化,增加新的就业岗位。[1] 在国家各项刺激消费政策中,"假日经济"已刺激了旅游业的兴旺,其就业扩张效果明显。增加劳动者休闲时间既促进了消费,又扩大了服务业的就业需求,而且对未来经济、社会发展产生影响。如果能实施每周35小时工作制,能增加就业岗位的绝对量,是促进就业的一种有效选择。[2]

工时僵化可能增加失业,要改变统一的工时规定,使之更加灵活,有可能大幅提高劳动生产率。发达国家除法定节假日外,还有企业假期、个人假期,在每周五天工作制外,许多人提出了每周工时再从40小时缩短为36小时。这能减少雇员的工时,并通过合理调整,灵活安排职工上班,借以刺激劳动时效的改善。不仅如此,工时缩短使劳动者有更多时间进修,提高技能和产出水平,增加社会总需求,提高就业率。

(三) 用人单位自由劳务派遣

劳务派遣就业,是指劳务派遣机构根据用人单位需求,将能胜任不同期限和完成不同任务的劳动者派遣到用人单位,并由它们使用并完成指定的工作。它可分为雇佣型和登录型劳务派遣两种。前者是指派遣机构与劳动者签订长期劳动合同,劳动者在等待派遣期间、两次派遣中断期间、派遣机构撤回或用人单位退回劳动者期间,即使劳动者未提供任何服务,派遣机构与劳动者的劳动关系仍存续,劳务派遣机构必须支付劳动者工资。这种类型的派遣劳动者多数是高端或技术型劳动者,他们和用人单位的劳

---

[1] 参见徐林清:《缩短工时与劳动力市场供求》,载《经济与管理研究》1995年第7期。
[2] 参见阎继臣:《缩短工时是创造就业岗位的现实选择》,载《郑州航空工业管理学院学报》2001年第1期。

动关系是临时的,而与派遣机构的关系具有长期性。后者是指劳动者在派遣机构预先登记,但不签订劳动合同,直至用人单位提出劳动力需求时,派遣机构才考虑签订劳动合同,并以与用人单位约定的实际用工期间为自己与劳动者的劳动合同期间,就业届满或解除,派遣机构与劳动者的劳动合同随之终止。①

用人单位不求劳动力单位所有,只求单位所用。在计划经济体制下,城市劳动力基本上是单位所有,并用人事档案限制其流动。农村剩余劳动者由于文化程度较低、技能单一,加上劳动力市场功能缺位,他们处于隐性失业状态。② 在市场经济体制下,劳动力流动成为常态。在劳务派遣中,雇佣关系和使用关系分离。劳动者并非为派遣机构而是为其客户提供劳动,雇用和使用劳动力出现了分离。用人单位不需要拥有而只求对劳动力的合理使用,用人单位的人事自主权扩大,人事负担有所减轻。

我国劳务派遣旨在解决下岗失业职工安置、农民工进城就业和毕业生就业难题。它经历了两个阶段。第一阶段,1999年初,北京采用劳务派遣就业,将失业者编入组织,利用这种方式实现再就业。通过"再就业中心"实行劳务派遣,对下岗失业职工来说,既得到了生活保障,又能获得再就业机会。用人单位对那些操作、临时、杂务、客服等辅助就业岗位不实行正式用工,既不占用正式编制,又能获得劳动力,节约用工成本。政府在保持经济高增长的同时要降低失业率,而用人单位降低用工成本、扩大就业符合政府的社会政策。劳务派遣产生的就业扩张效果,政府和用人单位都乐观其成。国有企业、党政机关和事业单位也出现了劳务派遣就业。政府维护劳务派遣,因为它能缓解就业矛盾,保持政局稳定。这正是劳务派遣得以快速发展的原因。第二阶段,2008年初,新《劳动合同法》实施,劳务派遣进入强制性制度构建阶段。这对劳动者并没有更多利好。

---

① 参见卢修敏:《劳务派遣的分类及其对立法的意义》,载《广州大学学报》2010年第7期。

② 参见叶菊香:《论我国劳务派遣市场的发展趋势》,载《贵州工业大学学报》2008年第6期。

因为新《劳动合同法》"无固定期限劳动合同"等条款，使用人单位长期正式用工的成本增加，而劳务派遣的边际效益有所扩大。在此之前，劳务派遣并没有国家层次的法律，是用人单位和地方的非正式用工行为，而并非政府行为；在此之后，这种用工行为合法化。①

劳务派遣具有就业促进功能。它使流动就业组织化，促进农村劳动力向城镇非农产业转移；使灵活就业组织化，解决了劳动力供需失衡的矛盾，降低了就业风险。家政服务公司有妇联等开办的、民营的、街道社区开办的社区服务中心，其中，大量业务是中介性质的，即公司收取劳资双方的中介费、押金，劳动者与用人单位进行交易。三方都有风险，一些小规模的中介公司，经常发生服务人员或客户违约。劳务派遣型家政服务公司降低了风险，促进体制内就业机制转换，并提高了用人单位的用工效率，也降低劳动力使用成本。用人单位可根据生产经营需要，适时要求劳务派遣机构增减人员，所形成的就业方式有利于扩大用人单位的用工自由度。劳务派遣机构以低廉的成本承担被派遣方的档案管理、社会保险缴纳、户口迁入等工作，降低用工单位的管理成本。②

由于派遣员工学历较低、就业能力相对不足，多数人从事生产操作等低端职位，因此其薪酬福利相对较低。其就业属于短期就业行为，企业出于利润最大化考虑，通常不会规划派遣员工的职业生涯。在匹配成本方面，派遣机构只要使劳动者进入用人单位就业，就能按月收取管理费。在利润的刺激下，派遣机构主动获取用人单位用工需求和求职者信息的积极性较高，作为劳动力供需的中介组织，它能使供求信息集约化，有利于减少市场供需信息不对称，从而提高匹配成功率。

近年来，独立合同工逐渐兴起。这是雇佣关系平等的用工形式，劳动者按照合同完成雇主的任务并获得报酬，行为不受他人左右，就业不受雇主监管。咨询公司、会计师事务所、律师事务所等，提供外包服务；再如

---

① 参见章哲、朱勇国：《我国劳务派遣制度变迁初探》，载《人口与经济》2010年第4期。
② 参见苏慧文、刘洁：《新形势下劳务派遣的问题和发展对策分析》，载《中国海洋大学学报》2008年第2期。

独立合同工并不出卖劳动力，而是依合同行事、依合同获酬，风险自负，责任自担。在此用工形式下，劳动者有高端技能且是稀缺人才，其收入相对较高。这种用工的不足是福利较差，并且就业流动性大、收入不稳定，合同终止就要另谋出路，否则会影响劳动者生活。随着民众价值趋向的变化，青年人以此作为职业选择。在经济萧条时，毕业生找不到高薪岗位，劳务派遣待遇又差，独立创业缺少启动资金和经验，独立合同工弥补了市场独特而稀缺的需求，扩大了就业数量。①

社会不要将就业视为只能受雇于企业并具有固定工时。用人单位用工自由，实质是拓展了就业数量，而用人单位随意外包工作任务，使企业对劳动力的使用更加灵活，不必为签订长期劳动合同而为难，特别是在经济波动和市场前景不明时，经营者顾虑雇用工人后，因为劳动合同的各种限制，当企业经营黯淡时，不能解雇工人。相反，雇主用工自由和用工数量易变，使企业敢于多雇用劳动力。而就业多样化旨在激励企业更多使用劳动力，劳动者也可通过更多种途径参与社会劳动，使失业人数减少。

近年来，劳务派遣就业的负面影响表现为：一是冲击了用工制度。我国劳务派遣就业的比重大，甚至成为一些企业用工的主渠道，用工制度受到动摇。二是损害了劳动正义。被派遣劳动者的个体劳权和集体劳权得不到保障，被派遣者与正规就业者同工不同酬、同工不同保、同工不同休。由于两种用工制度不同，劳动者的劳权差距悬殊，劳动公平受到损害。三是动摇了政治基础，对工人阶级队伍的稳定和团结不利。长期大量用派遣工，对企业发展不利。工人阶级是共产党的执政基础。劳务派遣侵犯劳动者合法权益，政权巩固受到动摇。②

二、劳动工资的自主调整

工资具有调节劳动力供需的功能，是影响劳动力效用和企业效用最大化的重要因素，直接影响劳动力供需。低工资鼓励企业雇用劳动力，但会减少劳动力供给；反之，则增加劳动力供给。在研究失业治理时，将部分

---

① 参见杨伟国主编：《劳动经济学》，东北财经大学出版社2013年版，第66页。
② 参见石云：《劳动合同法修改与劳务派遣转型》，载《工会理论研究》2013年第4期。

失业原因归结为工资,如工资黏性或劳动成本高,因此在寻找失业治理措施时,要使劳动者的工资有自主调整和易变性,从而使更多的人就业。学界提出了四种方法促使工资自主调整和易变,从而发挥其就业调节功能。

(一) 降低工会对工资的影响力

工会对劳动力市场工资的自主调整和决定有较大影响。这是因为工会通过集体谈判使雇员参与有关雇佣待遇和就业条件的制定,在就业、工资、住房、社保等直接涉及工人利益的问题上,代表工人利益。工会是以保护工人利益而存在的,代表供方与雇主进行谈判,内容涉及工资、社保、就业环境、工时和休假、雇工条件。双方谈判焦点是工资,其他条件可通过工资来补偿,诸如对恶劣工作环境可采取较高的工资来补偿某些不利影响。① 因此,会员的平均工资高于非会员。

工会会员具有工资优势,正是工会在工资决定方面影响力的体现。工会可通过罢工来控制市场供给,而厂商可能会以较高的工资为代价,尽量阻止罢工的发生。在完全竞争的行业中,厂商面对工会,在其他条件相同时,如果竞争对手都是非工会化组织,如果支付高于其竞争对手的工资,这个厂商就无法生存。工资优势意味着比市场价格更高的生产成本,这必然影响劳动力供需和就业,因为面临工会工资优势所造成的高生产成本,厂商会通过使用更多的机器以降低成本,从而减少雇工数量。高工资成本使产品价格上涨,市场需求减少,雇主通过裁员维持企业运转。② 在没有工会时,厂商对从事相同工作的工人可能支付不同的工资,这是出于对工人工作表现、工作年限长短甚至是个人偏好,而工会主张对从事相同工作的工人支付相同工资,从而使低技术工人的工资增幅较大,缩小了熟练工与非熟练工的工资差距。另一种情形是,工会除了在企业内部要求相同职业统一工资外,还要求不同企业执行相同工资。因为不同企业存在大幅工资差距将会削弱工会提高工资的能力,特别是在经济衰退时,高工资厂商很可能迫使工会将工资降到低工资厂商的工资水平。工会是造成市场工

---

① 参见张建武:《劳动经济学:理论与政策研究》,中央编译出版社2001年版,第55页。
② 参见程延园主编:《劳动关系学》,中国劳动社会保障出版社2005年版,第136页。

不能下降的主因,造成了劳动力需求下降并影响就业。这对工资影响不大,由于工资不能灵活下降,不能用工资下降的办法来缓解经济衰退对失业的影响,进而扩大就业。① 因此,要将工资谈判尽可能分散化,不要通过工会进行工资谈判。

工会凭借在劳动力市场的卖方垄断,通过集体谈判确定的工资高于竞争市场的工资水平,从而出现了失业效应。工会采取措施消除这种影响。工会游说政府部门,主张提高关税或降低进口配额,以此减少外国低成本商品输入对国内企业的影响;工会采取一致行动,在同行业提高工资和福利待遇,从而消除某企业工会单独行动导致该企业在本行业内所处的竞争优势;通过订立就业保障条款,限制管理方采用节约劳动和用机器替代劳动。

(二) 劳动力市场工资非指数化

工资指数化(wages and salaries indexation),是指劳动者的货币工资随着物价指数浮动,按价格指数自动调节工资的制度。在通胀时,工资合同将工资水平与价格指数的变动挂钩。实施办法是以工人的货币工资与职工生活费用价格指数挂钩,并将挂钩办法和指标的计算等通过法定形式予以确定。这旨在消除通胀对员工工资的影响,对工资制度实行物价补偿的原则,根据物价指数的变动而相应调整工资,使工资增长率高于或不低于通胀率,使职工生活水平不因通胀而下降。此外,还可以促进工资合同的长期化,有利于劳动关系的稳定。这些对经济和社会稳定都有积极作用。

工资指数化有利于工资正常增长机制的形成。近年来,工资增长有不确定性,从而造成了居民无保障心理和消费无预期性。消费需求对经济增长贡献率低,使经济增长过分依赖于投资和进出口。而工资指数化增长标准,可使工资增长有可持续性,减少工资不确定性的发生。另外,职工工资行业和企业内部分配不公,收入差距不断扩大,而工资增长指数化,将

---

① 参见张德远编著:《西方劳动经济学》,上海财经大学出版社1999年版,第105页。

有利于形成透明化、科学化的工资增长机制，减少分配不公和缩小收入差距。①

由于通胀损失难以得到全额补偿，货币工资调整通常滞后于通胀，还有部分非工会会员和中小企业工人得不到保护，特别是农民生活水平难以得到保障。而且工资指数化不适用于所有行业。企业管理层执行与业绩挂钩的年薪制，职工工资无法根据指数化确定，因此它难以惠及全部工人，却有可能加剧通胀。企业会将高工资成本转嫁给消费者，可能导致工资推进型通胀。特别是当劳动生产率增速下降，这就要求国民收入中工资份额缩减，但工资指数化保护了实际工资，其他经济单位为了维护自身利益，也提高工资，导致物价上升。当通胀不能较快得到治理，生产又不能迅速增长，根据通胀来调整工资就可能加剧通胀，工资指数化需要慎重。不能使工资与价格相联系，实行劳动力市场工资非指数化政策。

（三）允许劳动力市场工资差距

劳动力异质性决定了市场工资差距，其成因短期内难以消除。影响工资差距的因素涉及人力资本、物质资本、城市化、政府支出、外资引入和基础设施、产业结构、金融发展、就业等方面；其中，人力资本作用居首位。②尽管如此，政府可能从社会公平出发，对劳动力市场工资实行干预政策。最低工资标准，是政府为了保护劳动者的基本生活，在他们提供正常劳动的情况下，规定用人单位必须支付给他们最低工资报酬。《劳动法》规定，国家实行最低工资保障制度。用人单位支付劳动者的工资不得低于当地最低工资标准，并随着条件变化而由当地政府进行调整，它们包括居民生活费用支出、个人缴纳社会保险费、住房公积金、平均工资、经济发展水平、地区经济差距、就业水平等因素。特别是就业同劳动者收入和生活负担密切相关，并直接影响着劳动者的最低工资需求。最低工资标准应

---

① 参见李姗姗：《国外指数化工资调整方法及对我国的借鉴》，载《当代经济》2009年第6期。

② 参见魏下海、张建武等：《中国城市工资差距从何而来？——来自202个地级市面板数据的发现》，载都阳、张建武主编：《中国劳动经济学》，社会科学文献出版社2012年版。

具有与现实失业率相适应的保障作用,有利于实现高水平就业。[1]

工资率上升所引起的替代效益可减轻因劳动力供给减少与经济发展的矛盾,是符合从劳动密集型向资本密集型转变的发展战略。最低工资制度短期能提高劳动者工资水平,减少收入分配两极分化,促进社会公平;从长远看,能促进经济增长方式转变,提高效率。如何制定科学的最低工资标准并切实执行才是关键。[2] 尽管如此,最低工资政策虽然保护了工人的某些利益,但不利于就业,由于工人依靠工资生活,无法就业就谈不上脱贫。全部门、全行业都实行最低工资政策是得不偿失的。[3] 允许拉开工资收入的差距,不要设立最低工资限制,高低工资存有差距。更因为最低工资制度并不覆盖农民,并非对所有参与有酬劳动的劳动者都适用。相同行业和劳动生产率,在不同地区的最低工资不同,它是以劳动力尚未自由流动为条件的,不利于就业扩张。

最低生活保障制度的负面影响已引起学界和政府的关注。在实施过程中,各地民政部门反映,每年纳入制度的保障对象很多,但因为收入提高而退出制度者很少。特别是"低保"人口出现了年轻化现象。一些劳动人口赋闲在家,没有再就业。我国"低保"采取的是差额补偿制度,只要家庭成员的工资低于最低生活标准,那么实际总收入保持不变,此时劳动者通过劳动获得的收入增加将被"低保"金的相应减少所抵消,劳动者因此丧失了再就业动力。

(四) 降低劳动力非工资性成本

企业在追求利润最大化的同时,力求实现成本最小化。劳动者工资下降,企业成本就会降低。但并非所有劳动力成本都随着工资而变化,一些劳动力成本只与劳动者密切相关。只要企业雇用一名劳动者,就必须要承担一笔固定费用。这种非工资性成本,包括企业招聘成本、培训成本、缴

---

[1] 参见杨河清主编:《劳动经济学》,中国人民大学出版社2002年版,第356页。
[2] 参见童春、陆新文等:《劳动力市场分割条件下最低工资制度对就业的影响》,载《当代经济》2012年第12期。
[3] 参见胡学勤、李肖夫:《劳动经济学》,中国经济出版社2001年版,第77页。

纳社保金、住房和交通补贴等，它们不会因为劳动者工时或服务年限的长短而发生太大变化。此外，与劳动者相关的成本还包括岗位和管理变化带来预测的隐性成本。

企业在报刊和网站发布招聘信息，在高校举办招聘会，并根据岗位要求和任职资格对应聘者进行筛选，还要通知入选者参加笔试和面试，期间会发生各种费用。可见，企业甄选新员工需要成本。此外，企业还要对新员工进行培训，包括正式或非正式的入职培训，其内容有企业信息、企业制度、业务培训，由老员工对新员工进行指导，以便使他们较快掌握工作技能并融入团队。入职培训成本有可衡量的显性成本和比显性成本更大的机会成本。① 再如，职业培训包括一般培训和专有培训。前者受益面广泛，企业不会提供此类培训，除非员工承担费用。后者无法在市场形成竞争力，员工离开提供培训的企业，培训价值就丧失。专有培训使特定对象受益，因此企业通常会投资，在提升员工生产率的同时，也降低了其流动性。可见，职业培训作为劳动力成本，风险与收益并存，需要企业制定合理的雇用决策。

企业为职工缴纳的社保金、住房和交通补贴等费用。社会保险缴费率要适应投保者支付能力，如果标准过高，会加重劳动者和企业的负担，特别是企业会在成本衡量下减少劳动力需求。高社会保险缴费率不利于社会保险事业发展，是抑制社会保险和就业增长的行为。非工资性成本的增加，导致企业在比较雇用人数和工时组合时，发现新增雇员成本大于延长工时的成本，因此企业会选择加班而减少雇工人数。如果企业禁止加班，在面对大额订单、市场旺季时，就要增加雇工人数，从而不得不承担非工资成本，这可能造成企业在资本和劳动之间选择资本密集型生产方式，减少就业机会。可见，企业要降低劳动力非工资性成本。

综上，政府在健全劳动力市场功能中要发挥主导作用。首先，加强对现有劳动力市场的管制，保障劳雇双方利益，保护弱势群体利益以及工人的就业条件等。政府要对雇主使用劳动力形成制约，通过法律形式或集体

---

① 参见杨伟国主编：《劳动经济学》，东北财经大学出版社2013年版，第58页。

谈判予以实现，特别是对雇主解雇劳动力进行管制，如解雇程序、通知期间、遣散费、对集体解雇和临时合同的规定。其次，政府应根据社会需要，开辟新的劳动力市场，如下岗职工就业市场、保姆市场等，鼓励非官方中介机构发展。近年来，民间资本开办的职业介绍机构较多，它们在社保部门申请《职业介绍许可证》后，还要到工商部门申领营业执照，并依法纳税和接受两个部门的管理。

第四节 失业调控与失业保险

任何经济体都不可能消除失业，即使采取主动失业治理政策也只能使之得以缓解。社会总有一定数量的失业者，对失业者进行保障和救济是社会稳定与公平的双重诉求，从这个意义上讲，主动失业治理和被动失业治理相辅相成。[①]

一、我国的失业调控

（一）失业调控的基本目标

失业调控，是指国家通过法律、经济和行政的手段，控制失业数量增长，并通过落实国家促进再就业政策，开展就业服务，促进失业人员尽快再就业，以消解失业存量、缩短失业周期、减少长期失业数量；同时，对那些暂时不能再就业的失业者，在保障其基本生活的基础上，将他们组织到各项就业准备中，缓解失业人员数量增加可能给经济社会发展带来的风险，为经济社会持续协调发展创造有利环境。失业调控并非消灭失业，而是在经济规律下，通过适当政府干预，防止失业恶化。

主动失业治理政策，是将失业调控作为经济社会政策之一，实现社会就业比较充分。[②] 其一，控制总失业率是其核心目标。这就是要尽量减少失业数量，增加就业人员数量。要将失业率控制在一国经济社会发展水平

---

① 参见袁志刚：《失业经济学》，上海人民出版社1997年版，第221页。
② 参见江泽民：《全面建设小康社会，开创中国特色社会主义事业新局面——在中国共产党第十六次全国代表大会上的报告》，人民出版社2002年版，第19页。

所能承受内。控制总失业率既是政府职能的要求，又是劳动者的期望。其二，控制长期失业率。长期失业不但会使失业者生活水平下降、个人前途无望、子女教育困难等，而且其社会权利的行使也将受到影响。其三，控制失业群集。如前所述，失业群集可能对地区稳定产生影响，甚至可能波及整个国民经济和社会稳定。特别是对结构调整中的沿海城市、资源型城市、老工业基地、欠发达地区，政府要防范失业群集。① 其四，要保障失业人员的基本生活，按规定提供失业保险待遇，并采取措施促进再就业，或将其组织到再就业的准备活动中。

（二）失业调控的政策措施

我国主动失业治理政策有多方面构成：首先，规范企业裁员行为。企业用人自主权并非不受约束，而是不能损害社会公众和职工的利益。政府要加强对企业裁员监管，禁止企业随意裁员。② 一是控制企业关闭速度。它是使那些不具备生产经营资格、安全生产条件或资源枯竭、污染大的企业退出市场；企业破产，是使那些因经营不善而亏损、不能清偿到期债务的企业退出市场。它们被称为政策性关闭破产企业。在前期准备阶段，要指导企业制定可行的职工安置方案，并按国家政策规定，对方案进行审核。凡安置方案未经过职工代表大会通过、社保办法不明确、资金不落实的企业，建议有关部门暂缓进入破产程序。对职工就业的政策是，老职工通过退休或提前退休进入养老保险；固定工给予一次性安置；合同制职工支付经济补偿进入失业保险；集体企业职工分类处理；企业办社会职能和人员移交地方政府管理等。二是控制企业大规模裁员行为。严禁企业随意向社会释放失业人员，大规模裁员方案要经过职工代表大会讨论，并要向当地政府汇报。

其次，降低长期失业率。政府要缩短失业人员的平均失业时间，以缓解长期失业可能引发的危机。通过对失业者开展培训、指导和职业介绍等

---

① 参见毛健主编：《失业保险》，中国劳动社会保障出版社2004年版，第186页。
② 参见游钧主编：《2005年：中国就业报告——统筹城乡就业》，中国劳动社会保障出版社2005年版，第159页。

措施，使他们重返市场。要鼓励失业者减少依赖思想，自主解决就业问题。上海根据装备制造业和现代服务业对技能人才的需求，重点加强高级工、技师和高级技师的培养，加强"灰领"人才的培养，加强青年技能人才的培养和本市农村剩余劳动力的技能培训，带动劳动者整体素质的提高。上海为就业困难劳动者建立职业培训补贴账户，完善职业培训政府补贴机制，鼓励他们参加市场急需的职业技能培训，调动他们提升职业能力的积极性。[①]

再次，保障失业者基本生活并提供再就业服务。在确保保险金的同时，将失业人员尽可能组织到再就业准备中，为他们重新就业创造条件，这也是失业调控的内容。特别是通过加大职业培训和介绍补贴力度，向大龄就业困难者提供再就业援助，针对其不同特点提供个性化职业培训、介绍和指导，帮助他们增强就业能力。在保证失业人员基本生活的基础上，努力促进其再就业。

第四，落实并轨政策。一要因地制宜。老工业基地要将完善社保试点中的并轨与促进就业相结合，制定出配套的就业促进政策；中西部地区要以促进再就业为主线，制订计划使并轨和再就业结合；东部地区要以市场就业为导向，形成市场化就业和失业管理服务。二要分类处理。协议期满已出中心并实现再就业者，要继续落实再就业扶持政策，搞好保险关系接续，帮助其稳定就业；已出中心但未解除劳动关系者，要督促企业支付经济补偿，并偿还欠薪问题，维护职工合法权益；因经济补偿和债务未清，协议期满无法解除劳动关系者，政府和企业要保障其基本生活；那些不能再就业的大龄者，可通过企业内退解决生活保障和保险。

第五，要从宏观上把握总失业率、长期失业率、失业者增幅、保险给付人数、保险金收支、就业形势等数据变动。失业统计要显示失业者的规模与结构，并完善失业预测预警机制。前者是指通过对失业进行深入研究，旨在把握未来失业率的变化；后者是指通过对失业展开精细分析，利

---

① 参见张伯生、叶欣梁等编著：《工伤与失业保险：政策与实务》，北京大学出版社2008年版，第170页。

用有效的方式发出失业危险到来的信号,旨在唤起有关部门重视可能出现的失业,从而采取措施加以防范。① 失业保险覆盖面广,失业保险水平高,对失业人员保障程度大,失业人员对社会稳定造成的影响就小,失业警戒线可高一些;经济欠发达、产业结构滞后的地区,人口密度低,失业对社会的影响小,这些地区失业警戒线可高一些。② 要注重掌握失业预警的本质特征,就是其中蕴涵着"市场、职业、企业、行业、群体、区域"六大维度结构要素。遵循失业预警规律,关注各维度失业变化的根源、演进的历程。③

二、我国的失业保险

(一)失业保险制度构成要素

失业保险(unemployment insurance),是指劳动者并非因自身缘故丧失就业岗位,致使工资中断而失去生活来源,并在重新求职过程中从国家获得物质帮助以保障基本生活的制度安排,由国家通过立法强制实行,它是社保体系的组成部分。

1. 制度的覆盖范围。1999年,国务院颁布的《失业保险条例》规定了失业保险范围适用于城镇所有用人单位、城镇企事业单位职工,凡国有企业、集体企业、外商投资企业、私营企业以及其他企业及其职工,都强制纳入失业保险范围。社会团体及其从业人员、民办非企业单位及其职工、有雇主的城镇个体工商户及其雇主是否适用该条例,由地方政府根据当地情况决定。上海同年颁布的《上海市失业保险办法》规定,行政区域内的城镇企业、国家机关、事业单位、社会团体和经市人民政府批准的其他单位及其职工,都适用《上海市失业保险办法》。失业保险范围有所扩大。

多数国家未将公务员纳入失业保险,是考虑到公务员职业稳定,可采

---

① 参见毛健主编:《失业保险》,中国劳动社会保障出版社2004年版,第193—194页。
② 参见杨宜勇:《加入世贸组织后的失业统计与失业控制》,载《广西经济管理干部学院学报》2003年第3期。
③ 参见张林、黄小昶等:《构建系统性失业预警模型探索》,载《中国劳动》2014年第8期。

取其他办法保障少数失业者的基本生活，没有覆盖的必要性。多数国家未将临时工、季节工等就业不稳定人员纳入失业保险范围，是考虑到他们在就业和失业之间频繁转换，缺乏可操作性。

2. 基金的筹集方式。实行多渠道筹集资金，基金由用人单位、劳动者、国家按比例分摊筹集。雇主按雇员工资总额的一定比例缴费；雇员按工资的一定比例缴费；政府提供财政补贴。其一，雇主缴费是基金的主要来源之一。城镇企事业单位应按工资总额的2%及时足额缴费，以保证基金支付能力，保障失业者基本生活和促进再就业所需资金支出。它既是雇主对雇员失业应尽的责任，又是雇主从市场获得劳动力的条件。其二，雇员按工资的1%缴费。个人有义务分担风险成本，特别是在高失业的环境下，要求个人缴费的国家增多，这成为基金的重要财源。其三，政府承担失业保险的有限资金责任。在保险费不能满足需要时，政府要通过转移支付保证基金支出；政府要妥善组织保险费的征缴和管理，使基金按规定运营，取得利息并入基金，以保证基金不贬值。

3. 给付的基本条件。各国都规定了失业保险给付的条件。其一，失业者必须是非自愿失业。他们不愿中断就业，但被迫失业。《失业保险金申领发放办法》规定，终止劳动合同，职工被用人单位解除劳动合同，职工被用人单位开除、除名和辞退，用人单位违反劳动合同导致职工辞职。非自愿失业，是因企业破产而失业者；因工作技能不够而被解雇者；因经济衰退裁员而被迫失业者。如果没有正当理由自动离职，或因渎职违法而被解雇，或参加劳资争议而罢工离职者，不能享受保险待遇。[1] 其二，失业者有就业意愿。它是指失业者在领取保险金前，在职业介绍所登记求职，并愿意接受可能的就业机会。失业登记是为确认失业者的给付资格，是考虑到失业保险是促进失业者再就业。这是享受给付的前提，也是失业者应尽的义务。拒绝两次以上的职业介绍，不参加职业培训，不按法定程序申报失业并登记，给付将被取消。其三，符合法定年龄。起始年龄在16岁以上，而终止给付年龄差异较大。失业者是在劳动年龄阶段，排除了未

---

[1] 参见王怡等主编：《社会保障概论》，山东人民出版社2005年版，第127页。

成年人和已超过退休年龄者。禁止使用童工,未成年人不参加劳动就不存在失业。超过退休年龄者没有法定劳动义务,应享受老年社会保险。① 其四,满足特定合格期。一是就业期限,并非不工作者都可以领取。各国对就业期限规定不同,一些东欧国家规定在前一年必须就业六个月。法国规定失业者在最近八个月内至少就业四个月等。二是缴费期限,被保险人缴费要达到规定期限才能被给付。三是投保年数与缴费期限。意大利规定被保险人须投保两年,并在最近两年缴费 52 周。投保期限在各国不尽相同,但投保期限规定的筹资要求是刚性的。

我国规定了失业者停止领取保险金的事由包括:重新实现就业者;应征服兵役者;移居境外者;享受基本养老保险待遇者;被判刑收监执行或被劳动教养者;无正当理由,拒不接受当地政府指定部门或机构介绍就业者;有法律、行政法规规定的其他情形者。

4. 给付的支付标准。② 社会援助可追溯到早期工业化时代,因为消除贫困是被社会普遍接受的发展目标,民众早已认识到应确保每个人都有基本的生活资源。失业保障和救济资金最终是由就业者支付的,因此其数额

---

① 参见吴中宇编著:《社会保障学》,华中科技大学出版社 2004 年版,第 296 页。
② 失业津贴(unemployment pay),包括老职工、妇女、转业安置、培训津贴等,是向劳动者在非自愿失业期间提供收入保障,有利于促进消费平稳市场供求匹配。工业化国家失业保护有高、中等水平,包括按替代率衡量失业津贴;失业津贴支付期限;覆盖程度;就业保护立法的严密性。高失业保护国家如法国、德国、瑞士、瑞典等,其支付水平高、期限长、覆盖广。中等失业保护国家如澳大利亚、加拿大、新西兰、英国、美国等,其纯替代率在平均工资的 23% 至 58% 之间。20 世纪 90 年代,大部分经合国家都降低了失业津贴。在失业津贴领取期后,将提供就业或一项积极的劳动力市场措施。同时,津贴申请在大多数工业化国家变得更严格。改革旨在加强失业保险内缴费与津贴的联系,降低受保人落入失业陷阱,但也可能缩小覆盖范围,因为新进入劳动力市场人员或那些希望重返劳动力市场的家庭工作可能会被排除在外。中东欧国家失业居高不下引起失业津贴紧张,导致给付资格从严,替代率低,缩短津贴支付期和降低受益比。这又导致失业者日益贫困化。拉美多数国家依靠就业终止补偿制度帮助失业者度过失业期。这种制度仅是一次性支付津贴。中国、韩国建立了失业津贴制度。在提供正式津贴时,如中国、韩国,津贴似乎普遍较低。中国香港失业救助(unemployment relief)制度覆盖广,而韩国仅有半数雇员受到覆盖。在其他地方,保护只扩展到正规部门的少数雇员。孟加拉国、印度、巴基斯坦实行雇主责任制,发放解雇费。

会影响就业者的劳动成本。目前,西欧各国因为失业保障和救济金逐年上升,造成劳动成本增加,而导致失业上升,失业人数增加反过来又加剧基金的支付负担,形成恶性循环。① 给付标准通常要考虑社会平均收入、基本生活消费、资金支付能力、对再就业是否产生消极影响等。一些国家以失业者失业前收入水平为依据,作为其收入损失补偿,有些国家根据社会消费水平支付等额保险金,通常以最低工资为上限。东欧国家救济金都与原先收入挂钩,并取决于失业者的就业经历。多数国家最初救济金在原工资的50%至70%之间。

5. 给付的时间期限。领取失业救济金时间取决于就业时间和失业者年龄。很多国家都限制失业者领取救济金时间,旨在鼓励他们在享用救济金期限届满前重新就业,以提高劳动力参与率,防止对制度的过分依赖,出现向政府伸手要钱的懒汉。确定保险的给付期限要考虑就业总体状况和失业率高低,基金支付能力,失业者年龄或参保时间等。多数国家给付时间大约半年,少数国家长一些。年龄大的失业者再就业困难,其给付期限较长。投保时间是失业者曾做出的贡献。根据义务与权利对应原则,投保期限长者,其给付期限应长一些。失业率是各国普遍考虑的因素,由于许多国家就业恶化,迫使失业保险必须考虑失业率高低。②

6. 基金的经营管理。以缴费为资金来源的国家通常对基金实行封闭式管理,除用于法定项目外,不能用于其他支出。我国保险基金用于失业保险金;领取保险金期间的医疗补助;领取保险金期间失业者死亡的丧葬补助金和其他供养配偶和亲属抚恤金;领取保险金期间接受接受职业培训、职业介绍的补贴;国务院批准的与失业保险有关的其他费用。失业保险基金收支的预算和决算,由统筹地区社会保险经办机构编制,经同级社保行政部门复核、同级财政部门审核,报同级政府审批。失业保险财务制度和会计制度按照国家有关规定执行。

7. 保险的组织管理。失业保险涉及缴费、资格认定、待遇支付和基

---

① 参见何承金主编:《劳动经济学》,东北财经大学出版社2002年版,第323页。
② 参见郭士征编著:《社会保障研究》,上海财经大学出版社2005年版,第172页。

金管理等事务，必须明确管理机构和管理办法。一般是由政府行政部门负责政策制定和业务监督，另设经办机构负责操作。经办机构通常与就业服务是一体或紧密联系的。我国社会保险经办机构承办失业保险，其职责如下：负责失业者登记、调查、统计；按规定负责保险基金管理；按规定核定保险待遇，开具失业者在指定银行领取保险金和其他补助的单证；拨付失业者职业培训、职业介绍补贴费用；为失业者提供免费咨询服务；国家规定的由其履行的其他职责。

（二）失业保险制度的建立与发展

我国失业保险制度建立较晚，因国有企业改革不断与计划经济体制发生矛盾，迫切要求改变制约企业发展的固定工制度。于是，国务院决定对企业新招职工实行劳动合同，并允许企业辞退职工。一些企业破产使职工丧失了就业岗位。为了适应经营机制的转换和劳动制度改革，保障职工失业后的基本生活，1986年，国务院颁布了《国营企业职工待业保险暂行规定》，决定在国有企业实施职工待业保险事业，以适应就业制度改革需要。这是我国就业制度的重大改革。失业保险作为市场导向就业机制的重要环节，在法律上确保了其地位。它填补了社保体系的空白，成为整个体系的重要组成部分。失业保险制度的建立和实施，为就业制度从计划经济向市场经济过渡创造了条件，是建立独立于企业的社保体系的先导。[①]

失业保险的制度框架包括：一是保障失业者生活和促进再就业相结合，使保险在深化体制改革和保持社会稳定中发挥作用。二是突出了国家在失业保险中的地位，国家通过立法和制定政策，组织开展保险工作，并在必要时提供财政补贴，保险基金由用人单位和政府补贴所构成。三是兼顾了需要和可能，规定了失业者享受保险待遇的项目、期限和标准。四是明确了管理和经办保险业务的机构，为保险运行提供了组织保障。待业保险对象为宣告破产的国有企业职工；濒临破产的国营企业法定整顿期间被精简的职工；国营企业终止、解除劳动合同者；国营企业辞退的职工。但因覆盖面小和保障低，制度作用并不大。

---

① 参见毛健主编：《失业保险》，中国劳动社会保障出版社2004年版，第13页。

《国有企业职工待业保险规定》对失业保险制度调整如下：一是扩大保险覆盖面，将保险对象从原来四类人扩大到七类人，但仍局限于国有部门。二是针对原有统筹层次过高，将基金省级统筹调整为市县统筹，并规定在省和自治区建立调剂金。三是明确了保险应与就业服务结合。四是将缴费基数由企业标准工资总额改为工资总额，并规定了费率幅度，还改变了保险待遇的计发办法。这两部法规对失业保险制度建立有开创性，表明我国没有失业保险历史的终结。有些省市还扩宽了保险范围，跨越了所有制界线。1999年，国务院颁布的《失业保险条例》，首次以法定形式承认失业保险，认为失业是市场经济不可避免的问题。条例要求保障失业者的生活和促进再就业；城镇各类企事业单位的劳动者获得平等参保权利；将保险给付与投保期长短挂钩；使用人单位承担失业保险费率，缺口由国家财政予以补贴；将大部分地区实行的县级统筹提高到地市级层次统筹，直接推动了失业保险基金规模的扩大；① 规定了保险金给付标准；规范了保险金申领程序和发放方式；将城镇就业的农民工纳入保险中。

(三) 失业保险与就业促进

1. 我国失业保险制度的局限

我国失业保险制度还有一些局限性，并制约着其功能的发挥，这些问题有以下几个方面。

首先，覆盖面过窄，难以适应市场经济要求。失业保险制度应覆盖全体有劳动能力且愿意就业的失业者，但目前制度将部分人排除在外。《失业保险条例》规定，城镇企事业单位失业者依据本条例规定，享受保险待遇；地方政府根据当地实际情况，可决定本条例适用于行政区域内的社会团体及其专职人员、民办非企业单位及其职工、有雇工的城镇个体工商户及其雇工。后者非强制性与执行难度大，造成个体经营者、私营企业的工人、农民合同制工人等没有失业保险，这不利于劳动力流动。②

其次，保险费收缴困难，基金筹集不力。失业保险基金主要来自于企

---

① 参见郭士征编著：《社会保障研究》，上海财经大学出版社2005年版，第160页。
② 参见王怡等主编：《社会保障概论》，山东人民出版社2005年版，第139页。

业及职工缴费。各地都有欠费问题。1999年前，只有单位缴费，个人不缴费，因此造成缴费数额有限，保险基金承受力差。部分企业以经济困难为由不愿缴费，而银行也不愿配合托收。现行法律法规对这些企业和银行没有制裁措施，使有限的资金难以筹集到位。①

再次，难以甄别失业与就业，隐性就业无法解决。《失业保险条例》规定，重新就业者要停止领取保险金。由于缺乏相应的资格审核机构，难以有效对参保人特别是登记失业者的实际就业状态进行甄别，使一部分人既享受就业收入又领取保险金，这部分隐性就业者规模较大。隐性就业对保险制度有负面影响，加剧了保险金的流失。②

第四，基金统筹程度较低。《失业保险条例》规定，基金在直辖市和设区的市实行全市统筹；其他地区的统筹层次由省、自治区政府规定。很多地方基金只实行县级统筹，只有部分地区建立了调剂金制度。由于统筹层次低，目前基金承受能力脆弱。我国经济非均衡性决定了各地失业率不同，统筹层次过低会导致失业率高的地区保险金短缺，给付难以为继，而失业率低的地区出现了保险金存储。③

第五，管理混乱，制度运行成本高。我国失业保险是由多个部门管理，不仅涉及劳动、人事、民政，也涉及财政、银行、税务、保险等部门，政出多门、各行其是、互相制衡，人为地增加了工作难度。许多地区提取的管理费都超过了国家规定的标准。由于管理体制上的不完善和缺乏相关法律法规的约束，因此在基金运行中，行政干预时常发生，挤占基金难以避免，造成基金管理混乱。失业保险制度需要改革与完善。

首先，拓宽覆盖范围，增强基金征缴力度，确保基金足额筹集。失业保险享受范围应覆盖整个工薪阶层，包括不同所有制的全部单位和职工，城镇国有、集体、股份制、私营企业职工和外商独资企业中方职工，都应

---

① 参见吴中宇编著：《社会保障学》，华中科技大学出版社2004年版，第310页。
② 参见洪进、杨辉编著：《社会保障导论》，中国科学技术大学出版社2006年版，第219页。
③ 参见吴鹏森编著：《现代社会保障概论》，上海人民出版社2004年版，第325页。

享受失业保险和再就业机会。应将实行企业化管理的事业单位、有产权住房和固定职业的城镇农村劳动力纳入保险内,防止人为地分割城乡劳动力市场。要增强保险金的征缴力度,杜绝欠费现象,企业不能以任何理由欠费。保险基金不足部分应由财政及时补贴。

其次,提高基金统筹层次,扩大基金调剂能力。应根据大数法则,提高基金统筹层次,并集聚数额庞大的统筹基金。这既能缓解地区性劳动力短缺或过剩的矛盾,又能为建立正常的企业破产机制解除后顾之忧,增强风险抵抗能力。同时,应根据企业改革情况,动态调整基金支出结构,提高基金使用效率。

再次,加强基金财务和预算管理,规范和完善管理制度。失业保险制度是国家强制实施的社会保险制度,是整个经济体制改革的组成部分,是企业体制、劳动人事工资制度改革的配套措施。因此,财政部门应建立基金财务、会计管理制度,将基金作为专项收支纳入国家预算管理,按有关规定明确支出范围,及时足额发放救济金和促进再就业费用支出,坚持专款专用,将基金结余部分用于购买国债和各项安全投资。

2. 对失业保险促进就业的思考

就业是安邦之策。政府要维护国民就业及经济的健康发展,就必然要重视失业保险。随着就业形式的复杂化,各种临时工、季节工,以及弹性就业出现。这些人工时不确定,收入减少,实际处于半失业状态。失业保险应将他们纳入其中,向他们提供援助和就业服务。其劳动关系处于不稳定或无雇主状态,社会保险登记、管理、接续、转移都与传统的社会保险管理内容不同。要改变政策和管理方式,将服务对象从面向用人单位转向既面向用人单位,又面对单个劳动者。要确定灵活就业人员参加社会保险的缴费基数、费率、缴费年限、缴费方式及相应的保险待遇,对无用人单位的灵活就业者,应确立其个人缴费主体地位,实行社会保险经办机构、劳动保障代理机构、街道劳动保障工作机构等多渠道登记缴费。建立灵活多样、选择性强、简便易行的社会保险接续办法。要研究灵活就业人员社会保险关系的异地转移问题,适时提出实施办法,要做好其就业后的参保和续保工作。要探索灵活就业人员参加工伤保险问题,有用人单位的灵活就业人员，应由雇主替他们缴纳工伤保险费，而没有单位的灵活就业人员，应允许他们以个人身份参加工伤保险。①

长期以来，消极失业补贴并不能真正改善失业者的处境，只有提供有收入的就业岗位才是根本的解决办法。失业保险的初衷是预防失业，即能对失业劳动者的生活有所保障，这是失业保险长达几十年的主流思想。但是，保险不能只满足于生活保障，其终极目标在于就业促进。1988年，国际劳工大会通过的《促进就业和失业保护公约》要求采取适当措施，使失业保护能与就业政策相协调，失业保险金要更有利于促进就业。有了失业保险，劳动者失业不仅能获得生活保障，而且能借助于失业保险的帮助实现再就业。企业因为有了失业保险而能根据其需要更新员工，能在劳动力市场聘用到所需员工。

失业保险应将资源和运行重心转向再就业，更加注重就业促进，资金用途包括生活保障和就业促进。世界各国在保险基金分割上，都增加了再就业支出，就业支出占总支出的六成以上。如何有效利用这些资源，值得深入研究。目前，三种实践行为需要继续深化：一是将保险待遇与再就业挂钩，利用保险给付，对较快再就业的失业者给予较高给付；二是通过保险机制，如差额费率规定和资助企业办法等，利用保险基金，资助企业保留岗位，抑制企业解雇行为，减少失业人数；三是支持失业者培训，利用失业保险基金，提供生活补贴和职业培训费，以及增加参加培训者的失业保险给付等，以消解结构性失业。② 就业促进将成为未来失业保险的核心，既是政府社会政策的体现，又是失业保险在新世纪发展的动力。

---

① 参见王东进：《完善劳动社会保障制度促进灵活就业健康发展》，载《经济与管理研究》2004年第3期。

② 参见郭士征编著：《社会保障研究》，上海财经大学出版社2005年版，第158—159页。

主要参考文献

一、著作类

1. 孔微巍主编：《劳动经济学》，科学出版社 2011 年版。
2. 马培生等：《劳动经济理论研究》，经济科学出版社 2011 年版。
3. 胡学勤、李肖夫：《劳动经济学》，中国经济出版社 2001 年版。
4. 杨河清主编：《劳动经济学》，中国人民大学出版社 2002 年版。
5. 杨伟国主编：《劳动经济学》，东北财经大学出版社 2013 年版。
6. 国际劳工局编：《劳动力市场主要指标体系》，国际劳工与信息研究所译，中国劳动社会保障出版社 2001 年版。
7. 史及伟、杜辉：《中国式充分就业与适度失业率控制研究》，人民出版社 2006 年版。
8. 王雪梅、谢实编著：《西方经济学简史》，云南人民出版社 2005 年版。
9. 《列宁全集》第 3 卷，人民出版社 1984 年版。
10. 赵红梅、李景霞：《现代西方经济学主要流派》，中国财政经济出版社 2002 年版。
11. 杨培雷主编：《当代西方经济学流派》，上海财经大学出版社 2003 年版。
12. 李爱：《农村劳动力转移的政府行为》，山东人民出版社 2006 年版。

13. 刘家强主编：《缓解西部地区城乡就业矛盾对策研究》，西南财经大学出版社 2007 年版。

14. 徐林清：《中国劳动力市场分割问题研究》，经济科学出版社 2006 年版。

15. 陈桢：《经济增长的就业效应研究——基于经济转型与结构调整视角下的分析》，经济管理出版社 2007 年版。

16. 蒋选：《我国中长期失业问题研究——以产业结构变动为主线》，中国人民大学出版社 2004 年版。

17. 刘社建：《中国就业变动与消费需求研究》，中国社会科学出版社 2005 年版。

18. 李晓春、曲兆鹏编著：《劳动经济学》，南京大学出版社 2011 年版。

19. 牛润霞：《技术变迁中的失业问题研究》，人民出版社 2007 年版。

20. 李仲生：《人口经济学》，清华大学出版社 2006 年版。

21. 钟仁耀主编：《社会救助与社会福利》，上海财经大学出版社 2005 年版。

22. 汤兆云：《当代中国人口政策研究》，知识产权出版社 2005 年版。

23. 黄安余：《台湾经济转型中的劳工问题研究》，人民出版社 2010 年版。

24. 黄安余：《经济转型中的中国劳动力市场》，上海人民出版社 2010 年版。

二、论文类

1. 袁志刚、陆铭：《关于隐性就业的理论分析》，载《浙江社会科学》1998 年第 1 期。

2. 吕红、金喜在：《灵活就业与劳动力市场分割的关系研究》，载《经济纵横》2010 年第 7 期。

3. 赵建：《临时就业问题研究评述》，载《经济学动态》2011 年第 7 期。

4. 秦建国：《就业质量评价指标体系探析》，载《广东行政学院学报》2011年第2期。

5. 赖德胜、苏丽锋等：《中国各地区就业质量测算与评价》，载《经济理论与经济管理》2011年第11期。

6. 姚先国、陈凌：《中国人力资源开发与就业压力》，载《学术月刊》1999年第11期。

7. "中国劳动力市场及工资改革"课题组：《培育劳动力市场必须承认劳动力是商品》，载《经济研究》1993年第3期。

8. 汤国钧：《论劳动力是商品和培育劳动力市场》，载《经济科学》1994年第1期。

9. 谢晓凌、辛仁周等：《培育劳动力市场的若干理论与现实问题》，载《管理世界》1994年第4期。

10. 李相合：《论劳动力市场健全和完善的障碍及其对策》，载《内蒙古师大学报》1996年第1期。

11. 陈孝兵：《我国劳动力市场配置的两个问题》，载《经济学家》1998年第4期。

12. 杨晓波：《试论劳动力市场宏观管理》，载《行政论坛》2000年第5期。

13. 符钢战：《论劳动供给行为市场化趋势》，载《经济研究》1991年第4期。

14. 李棉管：《社会福利制度研究中的中轴原理——论社会福利制度与劳动力市场的关系》，载《社会科学战线》2014年第6期。

15. 张翼：《受教育水平对退休老年人再就业的影响》，载《中国人口科学》1999年第4期。

16. 丁仁船：《家庭经济因素对城镇个人劳动供给决策的影响》，载《人口与经济》2009年第4期。

17. 李浩：《农民工劳动力供给行为异动与或然走向》，载《改革》2012年第6期。

18. 付保宗：《农村劳动力供给变化与工业发展新趋势》，载《宏观经济管理》2013 年第 3 期。

19. 蔡昉：《刘易斯转折点与公共政策方向的转变——关于中国社会保护的若干特征性事实》，载《中国社会科学》2010 年第 6 期。

20. 胡汝银：《劳动力需求行为的微观分析》，载《南开经济研究》1992 年第 2 期。

21. 赖德胜、吴春芳等：《论中国劳动力需求结构的失衡与复衡》，载《山东社会科学》2011 年第 3 期。

22. 顾国爱、田大洲等：《我国劳动力需求变动的产业与行业特征》，载《中国人力资源开发》2012 年第 9 期。

23. 韩民春、张丽娜：《制造业外商直接投资撤离对中国就业的影响》，载《人口与经济》2014 年第 5 期。

24. 谷彬：《劳动力市场分割、搜寻匹配与结构性失业的综述》，载《统计研究》2014 年第 3 期。

25. 张杰、张建武：《我国城镇劳动力市场行业分割的测度》，载《求索》2014 年第 5 期。

26. 陈瑛：《中国劳动力市场分割向一体化演进的验证分析：从工资收敛角度》，载《云南财经大学学报》2013 年第 1 期。

27. 吴愈晓：《劳动力市场分割、职业流动与城市劳动者经济地位获得的二元路径模式》，载《中国社会科学》2011 年第 1 期。

28. 余向华、陈雪娟：《中国劳动力市场的户籍分割效应及其变迁》，载《经济研究》2012 年第 12 期。

29. 付文林、赵永辉：《价值链分工、劳动力市场分割与国民收入分配结构》，载《财经研究》2014 年第 1 期。

30. 孟凡强：《劳动力市场多重分割下的城乡工资差距》，载《人口与经济》2014 年第 2 期。

31. 沈琴琴、张艳华：《中国劳动力市场多重分割的制度经济学分析》，载《西安交通大学学报》2010 年第 2 期。

32. 伍艺、刘后平：《"两化"互动发展中的劳动力市场分割问题探讨》，载《农村经济》2014 年第 2 期。

33. 宋林、张丛：《劳动力市场分割下大学生低水平就业的困境解析》，载《西北大学学报》2012年第1期。

34. 蔡武：《劳动力市场分割、劳动力流动与城乡收入差距》，载《首都经济贸易大学学报》2012年第6期。

35. 孟凡强、吴江：《中国劳动力市场中的户籍歧视与劳资关系城乡差异》，载《世界经济文汇》2014年第2期。

36. 邓峰、丁小浩：《人力资本＆劳动力市场分割与性别收入差距》，载《社会学研究》2012年第5期。

37. 郭正模：《劳动力市场歧视及其经济规范性判定标准》，载《中州学刊》2014年第3期。

38. 蔡昉：《二元劳动力市场条件下的就业体制转换》，载《中国社会科学》1998年第2期。

39. 蔡昉、都阳等：《户籍制度与劳动力市场保护》，载《经济研究》2001年第12期。

40. 杨小苏：《中国农业劳动力转移模式述评》，载《江淮论坛》1991年第1期。

41. 黄祖辉：《我国农业劳动力的转移》，载《中国社会科学》1992年第4期。

42. 李实：《中国农村劳动力流动与收入增长和分配》，载《中国社会科学》1999年第2期。

43. 喻美辞、郑金铃：《贸易开放、农村劳动力流动与城乡收入差距》，载《华南农业大学学报》2014年第3期。

44. 梅艳：《农村劳动力区域性流动特征及其对粮食供求格局的影响》，载《中国人口科学》2010年第2期。

45. 刘春艳、李秀霞：《农村劳动力流动对农业及粮食生产影响分析》，载《吉林师范大学学报》2012年第2期。

46. 张永丽、王宝文：《农村劳动力流动对农业发展影响的研究》，载《调研世界》2012年第3期。

47. 夏海清：《经济增长、产业发展与就业结构在中国的实证检验》，载《经济问题》2012 年第 1 期。

48. 齐义军、付桂军:《促进经济与就业协调增长的路径选择》,载《经济纵横》2012 年第 5 期。

49. 孙文凯:《中国近年来经济增长与就业增长间数量关系解释》,载《经济理论与经济管理》2014 年第 1 期。

50. 曾湘泉、于泳:《中国自然失业率的测量与解析》,载《中国社会科学》2006 年第 4 期。

51. 丁守海、蒋家亮:《经济衰退背景下失业问题研究新进展》,载《经济学动态》2009 年第 11 期。

52. 章元、刘时菁等:《城乡收入差距、民工失业与中国犯罪率的上升》,载《经济研究》2011 年第 2 期。

53. 杨金阳、周应恒等:《劳动力市场分割、保留工资与"知识失业"》,载《人口学刊》2014 年第 5 期。

54. 柏培文:《1978—2008 年中国隐性失业人口估算及影响因素分析》,载《中国经济史研究》2011 年第 4 期。

55. 樊茂勇、侯鸿翔:《二元经济条件下农村隐性失业分析》,载《经济评论》2000 年第 5 期。

56. 张少为、贾明德等:《改革 30 年中国失业统计的测算与评析》,载《西北大学学报》2012 年第 6 期。

57. 王玉洁:《我国失业统计现存缺陷及改进路径——基于中外比较的视角》,载《地方财政研究》2014 年第 3 期。

58. 李云发、贾小爱:《失业统计口径若干问题的反思》,载《西北人口》2010 年第 2 期。

59. 钱小英:《我国失业率的特征及其影响因素分析》,载《经济研究》1998 年第 10 期。

60. 郭永清、雷鹏飞:《我国失业原因新解:分工不足》,载《经济学家》2003 年第 4 期。

61. 刘书祥、曾国彪:《技术进步对中国就业影响的实证分析:1978—2006》,载《经济学家》2010 年第 4 期。

62. 薛白：《经济增长方式转变的失业成本研究》，载《经济体制改革》2010 年第 3 期。

63. 王诚：《中国就业发展新论——核心就业与非核心就业理论分析》，载《经济研究》2002 年第 12 期。

64. 厉以宁：《失业和通货膨胀，政府调控的警戒线》，载《理论导报》2010 年第 2 期。

65. 史册、杨怀印：《我国非营利组织参与失业治理的对策建议》，载《湖南社会科学》2014 年第 3 期。

66. 王子蕲：《大学毕业生"自愿性失业"的成因及对策分析》，载《理论前沿》2013 年第 16 期。

67. 谭庆刚：《制度性失业与中国大学生就业难》，载《人口与经济》2011 年第 1 期。

68. 胡永远、邱丹：《个性特征对高校毕业生就业的影响分析》，载《中国人口科学》2011 年第 2 期。

69. 陈宏军、李传荣等：《社会资本与大学毕业生就业绩效关系研究》，载《教育研究》2011 年第 10 期。

70. 吴克明、肖聪：《论行业垄断对大学生就业的影响》，载《教育发展研究》2012 年第 17 期。

71. 王霆、张婷：《扩大就业战略背景下我国大学生就业质量问题研究》，载《中国高教研究》2014 年第 2 期。

72. 王霆、曾湘泉等：《提升就业能力解决大学生结构性失业问题研究》，载《人口与经济》2011 年第 3 期。

73. 童春、陆新文等：《劳动力市场分割条件下最低工资制度对就业的影响》，载《当代经济》2012 年第 12 期。

74. 黄安余：《台湾职业流动及其成因探究》，载《台湾研究》2012 年第 2 期。

图书在版编目（CIP）数据

就业失业论/黄安余著.—北京：
中央编译出版社，2015.12

ISBN 978-7-5117-2884-5

Ⅰ.①就… Ⅱ.①黄… Ⅲ.①就业-理论研究
②失业-理论研究 Ⅳ.①C913.2

中国版本图书馆 CIP 数据核字（2015）第 293395 号

就业失业论

出 版 人：刘明清
责任编辑：盛菊艳
特邀编辑：翟民刚
责任印制：尹 珺
出版发行：中央编译出版社
地　　址：北京西城区车公庄大街乙 5 号鸿儒大厦 B 座（100044）
电　　话：（010）52612345（总编室）　　（010）52612335（编辑室）
　　　　　（010）52612316（发行部）　　（010）52612317（网络销售）
　　　　　（010）52612346（馆配部）　　（010）55626985（读者服务部）
传　　真：（010）66515838
经　　销：全国新华书店
印　　刷：北京溢漾印刷有限公司
开　　本：787 毫米×1092 毫米　1/16
字　　数：300 千字
印　　张：21.25
版　　次：2015 年 12 月第 1 版第 1 次印刷
定　　价：62.00 元

网　　址：www.cctphome.com　　邮　　箱：cctp@cctphome.com
新浪微博：@中央编译出版社　　微　　信：中央编译出版社（ID：cctphome）
淘宝店铺：中央编译出版社直销店（http://shop108367160.taobao.com）　（010）52612349

本社常年法律顾问：北京嘉润律师事务所律师　李敬伟　问小牛
凡有印装质量问题，本社负责调换。电话：（010）55626985